Karam Khella
Arabische und islamische Philosophie

Karam Khella

Arabische und islamische Philosophie

Geschichte und Inhalte

– Ideen, Erkenntnisziele, Lehren, Aktualität –

und ihr Einfluß auf das europäische Denken

Theorie und Praxis Verlag

Die Deutsche Bibliothek – CIP-Titelaufnahme
Khella, Karam:
Arabische und islamische Philosophie – Geschichte und Inhalte
Karam Khella – Hamburg: Theorie und Praxis Verlag
ISBN 978-3-921866-98-6

3. Auflage 2016

Theorie und Praxis Verlag
Goldbachstr. 2
D 22765 Hamburg
Tel: 040 – 38 61 38 49
info@tup-verlag.com
www. tup-verlag.com

Liebe Leserin, lieber Leser!

„Uns beschäftigt das Nachdenken über die in der Welt existierenden Dinge und ihren Sinn. Wir forschen nach ihren Anfängen, ihrem Ursprung und Werden, ihrer Anordnung, Systematik und ihren Eigenschaften. Wir fragen, wie ihr jetziger Zustand ist, wie sie aus einem Prinzip und einer Ursache hervorgegangen, zu ihrer großen Vielfalt gelangt sind und wohin sie sich entwickeln. Wir stellen Hypothesen auf, um zu beweisbaren Ergebnissen zu kommen. Wir fangen ganz von vorne an und gehen Schritt für Schritt vorwärts, auf daß den Lernenden das Studium erleichtert, den Suchenden nach Wahrheit und Weisheit der Weg vorgeebnet, und gangbar gemacht wird. Philosophie und Wissenschaft zusammen werden Hikma (Weisheit) genannt.

Philosophie ist zunächst die Erkenntnis und die Wissenschaftsliebe. Im Mittelpunkt des philosophischen Interesses stehen alle seienden Dinge, was sie real sind, wie und warum sie zustande kommen. Wir wollen sie soweit verstehen, wie es der Erkenntnisfähigkeit des Menschen möglich ist. Der Weisheit letzter Schluß ist es dann, das zu sagen und zu tun, was der erzielten Erkenntnis entspricht.“

Geschrieben um das Jahr 970 n.Chr.

Zusammengefaßt nach der Einleitung der Lauteren Geschwister zu ihren zweiundfünfzig Lehrschreiben.

Anschrift des Verfassers
Prof. Dr. Karam Khella
Possmoorweg 42a
22301 Hamburg

Vorwort
zum Nachdruck 2014

Die arabische und islamische Philosophie ist schon längst keine nur arabische oder nur islamische Philosophie geblieben. Ihre frühe weltweite Rezeption hat zur schlagartigen Entfaltung des philosophischen Denkens geführt. Zu ihren wichtigsten Beiträgen zur Geistesgeschichte der Menschheit zählen der „Rationalismus“, die „Dialektik“, die „philosophische Reflexion der Theologie“, die „Makrotheorie der Evolution“ mit „Universalien und „Partikularien“ und vieles andere mehr. Eine philosophische Kompetenz an der arabischen Philosophie vorbei zu erwerben ist undenkbar.

Die klassischen Autoren der europäischen Philosophie haben ihre Quellen nie genannt, so daß ihr veröffentlichtes Produkt nach ihnen benannt wird. Das gilt uneingeschränkt für René Descartes, Emanuel Kant, G.W.F. Hegel, Ludwig Feuerbach, Karl Marx und Friedrich Engels, um nur einige Beispiele zu nennen. Sie erscheinen in einem anderen Licht, wenn ihre arabischen Quellen präsentiert werden. Dafür mussten sie Arabisch nicht beherrschen, denn die arabischen Werke waren sehr früh ins Lateinische übersetzt worden.

Das Studium der arabischen und islamischen Philosophie ist unabdingbar, will man ein integriertes Verständnis der philosophischen Evolution erwerben.

Der Autor des vorliegenden Buches ist grundsätzlich von dem Prinzip geleitet, sein Werk an den Originalquellen zu orientieren. Die erste Auflage der „Arabischen und islamischen Philosophie“ war nach ihrem Erscheinen rasch vergriffen. Lebhafte Diskussionen konnten nicht nur in akademischen Seminaren, sondern auch in einer breiteren Öffentlichkeit auf solider Basis geführt werden.

Dabei hat sich gezeigt, daß das Kapitel „Philosophenstreit“ von ganz besonderem Interesse ist und eine aktuelle Bedeutung genießt. Ich hielt es deshalb für notwendig, dem „Philosophenstreit“ eine eigene Abhandlung zu widmen. Der „Philosophenstreit“ versteht sich damit als eine Fortsetzung des vorliegenden Buches:

Karam Khella, „Der Philosophenstreit“, Hamburg 2013, ebenfalls im Theorie und Praxis Verlag erschienen ISBN 978-3-939710-19-6.

Allen Leserinnen und Lesern dieses Werkes wünsche ich viel Freude oder gar wahres Vergnügen in der Gemeinschaft der Philosophen und der philosophischen Ideen, die hier behandelt und vorgetragen werden.

Karam Khella

Hamburg im Wintersemester 2013/14.

Inhalt

Geschichte

Frühklassik

Dialektik

Die Naturphilosophie

Die arabische philosophische Klassik

Angewandte und praktische Philosophie

Abstrakte Philosophie

Der Philosophenstreit von Ibn-Sīnā bis Ibn-Rušd

Gesellschafts- und Geschichtsphilosophie

NB: Ausführliche, spezifizierte Übersichten stehen jeweils am Anfang eines jeden großen Kapitels. Inhaltsverzeichnis und -übersichten dienen vor allem dazu, über nachstehendes Stoffgebiet und seine Systematik zu orientieren. Aus Gründen der Übersichtlichkeit können geringfügige Abweichungen von der tatsächlichen Reihenfolge vorgenommen werden.

Zum Begriff

Der hier behandelte Stoff wird als „arabische und islamische Philosophie“ bezeichnet. Zur Erläuterung:

„*Arabische Philosophie*“ heißt: In arabischer Sprache verfaßte Philosophie.

„*Islamische Philosophie*“ bezieht sich auf die zeitliche Eingrenzung, d.h. Philosophie nach Aufkommen des Islams.

Zum Geleit

Ein arabischer Spruch besagt: „Ein Buch ist ein Garten, den man in die Tasche stecken kann“. Der Garten, den Sie gerade eben betreten haben, heißt Sie ganz herzlich willkommen. Er lädt Sie ein, sich hier lange genug aufzuhalten, sich Zeit zu lassen, jede einzelne Rose und jeden stehenden Baum genauer zu betrachten, damit ihr tiefer Sinn sich in Ruhe darstellt und entfaltet. Sie werden die Zeit, die Sie für dieses Buch aufbringen, nicht bereuen. Gehen Sie meditativ durch den Park. Denken Sie über das, was Sie sehen und lesen, nach. Die Philosophen, die in Frieden in diesem Paradies ruhen, sind nicht tot. Sie leben und sprechen zu uns – heute noch. Es lohnt sich, ihre Antworten auf unsere Fragen ernst zu nehmen und über ihre Lösungen für unsere Probleme nachzudenken. Vielleicht öffnet sich ein Weg aus unserer Krise.

Karam Khella

Hamburg im Wintersemester 2005/06

I.
Die Vorgeschichte
Entstehung des philosophischen Denkens

Lange vor der Entstehung der ersten Schriftsprache im fünften vorchristlichen Jahrtausend in Ägypten und im vierten vorchristlichen Jahrtausend im Irak standen die Völker der Region bereits auf einem hohen Niveau der Zivilisation – wohl noch ohne Schrift. Das Denken der Menschen war in der sogenannten „Steinzeit" noch zum großen Teil gegenständlich und an konkrete Objekte gebunden. Dabei entwikkelten sich Werte und Normen, die über die Gegenständlichkeit erhaben sind. Die Entstehung der Lautsprache und der verbalen Kommunikation in den Spätphasen der Jungsteinzeit ist die größte Abstraktion der Menschheitsgeschichte. Mit der Entwicklung der Sprache beginnt auch das philosophische Denken.

Die Sprache stellt eine allgemeine Abstraktion dar. Auf ihrer Basis entwickelt sich die besondere, die begriffliche Abstraktion. Diese markiert den Beginn des philosophischen Denkens. „Werte" müssen abgeleitet und begründet werden. „Normen" müssen vermittelt werden. Werte und Normen sind zum einen Inhalte der praktischen Philosophie. Sie sind aber auch Elemente der theoretischen Philosophie. Diese befaßt sich mit der Gesellschaft, den zwischenmenschlichen Beziehungen, Ethik, Moral und überhaupt mit Seinsfragen. Mit der Bildung von Abstrakta wird das „Allgemeine" gegen das Punktuelle, das „Konkrete", gegen das Gegenständliche abgehoben. Die Abstraktion ist eine neue Dimension des Denkens. Man fixiert nicht mehr nur auf das Faßbare, vereinzelt Vorkommende und Zufällige. Vielmehr werden die Ideen zunächst gedanklich entdeckt und vorgestellt, dann sprachlich vertreten und real praktiziert.

Der Schritt zur Ideenkonstruktion und zum immateriellen, nicht gegenständlichen Sachwert ist die Grundlage aller Philosophie. Philosophisch bedeutsam sind die Aufstellung des ethischen Satzes, die Definition einer Norm, die Herleitung und Begründung des Moralkodex. Eine Norm des Sozialverhaltens wird begrifflich umschrieben. Die entstandenen Begriffe bilden nicht nur die Basis von Konventionen und gesellschaftlichen Werten, sondern auch die Elemente des philosophischen Denkens: Warum gerade diese Werte? Welchen Sinn haben sie? Warum sollen sie menschlich verpflichtend sein? Wie verhalten sie sich zu anderen Werten, die davon abweichen oder gar entgegengesetzt sind? Die vom Dinglichen abgehobenen Abstrakta leiten zum nächsthöheren Schritt über, so daß Dinge, die nicht oder noch nicht real existieren, erst begrifflich formuliert werden können.

Das Vorhandensein von negativ belegten Begriffen weist noch deutlicher auf die Existenz vereinbarter Normen hin. Wer von diesen Konventionen abweicht, wird sanktioniert. Sie begründen die Ausformulierung sowohl der „Gebote“ als auch der „Verbote“: „*Du sollst nicht* (...)!“ Der Verstoß gegen eine Konvention wird verneint und als kategorischer Negativimperativ formuliert. Die „Negation der Negation“ ist die älteste, bewußt aufgestellte Dialektik.

Die arabische Sprache war Vorreiter auf diesem Gebiet. Es sind nicht nur Abstrakta gebildet worden, sondern auch deren Herleitung und Begründung. Es entstehen die Empfehlung von Geboten und die Warnung vor Verboten. Damit einher gehen Lob oder Tadel. Werte wurden aufgestellt und inhaltlich ausgearbeitet, der Moralkodex und Normen definiert und spezifiziert. Das ethische System wurde theoretisch reflektiert und für den Nachwuchs didaktisch aufbereitet. Wenn wir den relativ moderneren Begriff „Philosophie“ auf jene Zeit anwenden, so kann man z.B. von der Philosophie des „Karam“ sprechen, der Freigebigkeit, Gastfreundschaft und Großzügigkeit, des „Ikrām“ von Fremden, Reisenden und Fernstraßenfahrern. „Samāḥ“ ist die Bereitschaft zum Verzeihen und dazu, den Schuldigen gut zu behandeln. Unzählige tugendhafte Verhaltensnormen wurden aufgestellt, sprachlich erläutert und zu ethischen Grundsätzen erhoben, so daß der empfohlene Wert viel weiter geht als die wörtliche Bedeutung eines gewählten Ausdrucks. „Ḥilm“ bedeutet, besonnen zu sein in Situationen, wo Aufregung und kurzsichtige Reaktionen naheliegend wären. Durch Ḥilm verhilft man auch dem Gegner dazu, seinerseits sich zu besinnen, alles neu zu überlegen und fehlerhaftes Benehmen zu revidieren. Im Laufe der Jahrhunderte und Jahrtausende mehrte sich die Zahl der Werte, so daß umfangreiche Enzyklopädien nötig wären, um sie zu erfassen. Gerade die lange Tradition der Dimension von Werten macht es schwierig, die dafür gewählten Begriffe in die relativ jungen europäischen Sprachen zu übersetzen.

Die Verbalisierung von Werten und Normen bedingt den Schritt zur Aufstellung der Dialektik. Eine Norm wird durch ihren Gegensatz definiert. Ein Wert wird durch einen Gegenwert abgegrenzt. „Barmherzigkeit“ steht in Spannung mit „Gerechtigkeit“. In anderer Hinsicht wird „Liebe“ durch Verneinung des Gegensatzes, des „Hasses“, definiert.

Maʿat

Einer der höchsten Werte wurde im Alten Ägypten aufgestellt und umfassend definiert. Dieser erhabene Wert erhielt nicht nur einen Begriff, sondern auch eine Gottheit „Maʿat“. Wenn wir diesen Ausdruck mit „Gerechtigkeit“ übersetzen, so muß man daran denken, daß hier nur ein sprachliches Symbol gewählt ist, nicht aber der umfassende Inhalt übersetzt wird. Das Arabische stellt dafür den Begriff „ʿAdl“.

II.
Gnosis

Gnosis – Die „Erkenntnis“

Gnosis als Weltanschauung profilierte sich Ende des zweiten vorchristlichen Jahrhunderts. Aber auch die Gnosis hat ihre Vorgeschichte, die über die Hermetische Gnosis bis in die altägyptische Philosophie und Religion reicht.

Die infolge der Funde von Naǧʿ Ḥammādī gewonnenen Erkenntnisse lassen ein neues Denken über die Ursprünge des Christentums als notwendig erscheinen. Gnosis und Christentum standen von Anfang an miteinander in enger Verbindung und wechselseitigem Austausch. Frühe Kirchenväter betrachteten sich ebenso als Gnostiker wie als Christen. Mit dem Aufkommen der christlichen Orthodoxie schlug bald der konstruktive, intensive Austausch von Christentum und Gnosis in Rivalität um.

Die wesentlichen Züge der Gnosis lassen sich in den folgenden Grundaussagen zusammenfassen:

- Primat der Selbsterkenntnis,
- Selbsterkenntnis ist die Bedingung aller wahren Erkenntnis,
- Die Erlösung des Menschen ist ein Erkenntnisvorgang.

Die Gnosis geht in den Untergrund

325 fand das Erste Ökumenische Konzil statt. Das Römische Reich wurde vereinheitlicht auf ein klar definiertes und ausformuliertes Glaubensbekenntnis, die Reichskirche begründet. Von da an hat man zwischen Orthodoxie und Heterodoxie einen klaren Trennungsstrich gezogen. Allen devianten Strömungen drohen ab jetzt schwere Sanktionen.
395 vermochte es die Reichskirche, eine religionspolitische Monopolstellung zu erringen. Heterodoxe Auffassungen, Häresien und die Gnosis wurden in den Untergrund gezwungen. Von da an verläuft die Geschichte der Gnosis im Verborgenen.

Über ein halbes Jahrtausend – vom fünften bis zum zehnten Jahrhundert – verharrte und wirkte die Gnosis unterhalb der Oberfläche. Sie entwickelte sich weiter, bis die Umstände eingetreten sind, die es ihr erlaubten, ihre sichtbare Praxis wieder aufzunehmen und im Rahmen der Qarmaṭenbewegung und der Lauteren Geschwister (ab 970) öffentlich aufzutreten. Noch deutlicher ist die Verbindung in der Theorie, nämlich zwischen Gnosis und Iḫwān aṣ-Ṣafāʾ.

Die scheinbaren Brüche zwischen der vorgnostischen Geschichte und der Gnosis, dann wieder zwischen der Gnosis einerseits und den Qarmaṭen und den Lauteren Brüdern andererseits, werden durch die Geschichtsschreibung suggeriert. Die mangelhafte Materiallage fördert die Annahme von Diskontinuitäten. Bei tieferer Betrachtung ist hingegen die Kontinuität der Ideen erkennbar. Aus dem historischen Kontext wissen wir, wie sehr heterogenes Gedankengut der Repression ausgesetzt war. Aus der Überzeugungskraft und Entschlossenheit der Gnostiker leiten wir die Gewißheit ab, daß sie nicht vor der Unterdrückung zu kapitulieren bereit waren. Sie gingen in den Untergrund und organisierten sich konspirativ. Die wiederholten Funde lange im Wüstensand Ägyptens versteckter Bibliotheken sprechen eine eindeutige Sprache.

Die Hauptsprache der Gnosis und der gnostischen Literatur war Koptisch; ihm folgt Koine, dann Syrisch. Die koptischen Quellen, insbesondere die 1945 entdeckte Bibliothek im oberägyptischen Naǧʿ Ḥammādī (NHC) mit einundfünfzig Schriften aus den ersten christlichen Jahrhunderten, weisen inhaltliche Zusammenhänge in beide Richtungen auf: Sowohl zur vorgnostischen Philosophie und Religion Ägyptens als auch zu den später verfaßten arabischen Quellen der Iḫwān aṣ-Ṣafāʾ.

Die vielen ehrwürdigen philosophischen und theologischen Schulen des Altertums, insbesondere die von Theben, Achmīm, Asyūṭ, Aschmunain, Memphis, Alexandrien, Damaskus und Antiochien, haben nach den arabischen Eroberungen weiterhin bestanden. Sie blickten auf jahrtausendealte geistige Traditionen zurück. Sie konnten die Verbindung zwischen den altägyptischen, aramäischen und babylonischen Wissenschaften einerseits und der arabischen Klassik andererseits herstellen.

Gerade die ideengeschichtliche Evolution durchläuft lange Epochen, bis sie zu ihrer vollen Ausreifung und Blüte gelangt. Die Gnosis liegt exakt in einem solchen Transmissionsstadium. Sie stellt das Bindeglied zwischen dem Maʿat-Prinzip einerseits und den Qarmaṭen/Iḫwān aṣ-Ṣafāʾ andererseits her. Diese Kontinuität wurde in der bisherigen Forschung zumindest nicht in gebührender Deutlichkeit gesehen. Die koptischen Quellen, insbesondere der NHC (Naǧʿ Ḥammādī-Codex, bezeichnet die 1945 entdeckte Bibliothek von Naǧʿ Ḥammādī), sind der beste Beweis für die hier angesprochene Kontinuität. Das Maʿat-Prinzip kann und darf in keiner Weise von den späteren Gerechtigkeitsbewegungen seit dem neunten Jahrhundert nach Christus abgekoppelt werden. Die Gnosis bildet zwischen ihnen die Brücke. Durch die gnostische Literatur lassen sich Zusammenhänge zu den später verfaßten arabischen Quellen herstellen.

III.
Die arabische Sprache

und ihre besondere Eignung für Dialektik, Logik und Philosophie

Dialektik der Sprache
Sprache der Dialektik

Die arabische Sprache
Es herrscht die Auffassung, daß Arabisch eine der ältesten noch lebenden Sprachen ist. Dem traditionsbewußten Umgang der arabischen Völker mit ihrer Sprache ist es zu verdanken, daß auch das moderne Hocharabisch an klassischen Sprachformen reich ist. Das Arabische weist bedeutsame Merkmale auf, die es zur idealen *dialektischen Sprache* qualifizieren. Zur Dialektik des Arabischen wollen wir im folgenden auf die wichtigsten Besonderheiten hinweisen.
Die Wortbildung im Arabischen geht nicht vom Nomen, sondern vom Verb, von der Handlung, aus. Am Anfang steht nicht das Wort, sondern die Tat. Die Sprache ist die Theorie, welche die Praxis wort- und satzförmig widerspiegelt.

Arabisch – Eine dialektische Sprache

Dual: Der dialektische Zug im Arabischen kommt im Dual sehr eindrucksvoll zum Ausdruck. Neben den Numeri Singular (Einzahl) und Plural (Mehrzahl) besteht eine besondere Zahl, die in anderen lebenden Sprachen selten und, wenn überhaupt, nur noch rudimentär vorkommt – die Dualform. Sie drückt zwei zusammengehörige Dinge, Mengen, Erscheinungen oder Wesen aus. Das Verhältnis zwischen *beiden* Phänomenen kann unterschiedlicher Natur sein:
Komplementär wie in „wālidān“: „Eltern, beide Elternteile, Vater und Mutter“;
gegensätzlich wie in „tarafān“: „beide Parteien, zwei Seiten“;
antagonistisch wie in „ʿaduwwān“: „zwei Feinde“.

Es existieren im Arabischen zahlreiche Dualverhältnisse. Ein Fall scheint mir jedoch zur Demonstration besonders geeignet zu sein:

Dualitätsprinzip: Im antagonistischen Bau des Körpers kommen bestimmte Organe paarweise vor. Während z.B. die deutsche Sprache nur die Numeri Einzahl (das Auge) und Mehrzahl einschließlich Dualis (die Augen) kennt, sondert das Arabische den Dual ab. Vom arabischen Sprachgefühl her würde es als sehr störend empfunden werden, wenn von den beiden Augen im Plural gesprochen wird, denn zwei Augen drücken nicht nur eine bestimmte Quantität, sondern auch eine besondere Qualität aus. Während zwischen drei, vier, fünf etc. *quantitative* Unterschiede bestehen, gibt es zwischen „zwei" und allen anderen Zahlen eine *qualitative* Differenz. Mit zwei Augen sieht man nicht etwa doppelt; Doppelsehen ist eine Pathologie. Die zwei Augen des Menschen befähigen zum konsensuellen und dreidimensionalen (räumlichen) Sehen. Zwei Ohren ermöglichen das Richtungshören. Die zwei Hände stellen ein dialektisches Verhältnis dar („*eine Hand wäscht die andere*"). Die beiden Beine sind eine neue Qualität, sowohl gegenüber der Geißel vom Geißeltierchen als auch dem Tausendfüßler als auch den Vierbeinigen. Die beiden Beine erlauben Stehen und Gehen, schrittweises Laufen und schließlich koordinierte Handlungen (Standbein und Spielbein). Die beiden antagonistischen Muskeln begründen das Aktionsprinzip des Bewegungsapparates. Der Agonist ist der eine von paarweise wirkenden Muskeln; er ist der Muskel, der eine Bewegung bewirkt, die der des Antagonisten entgegengesetzt ist: Kontraktion des Agonisten bei gleichzeitiger Dehnung des Antagonisten und umgekehrt. Zu den Beugern gehören die Strecker. Durch das Zusammenspiel der entgegengesetzten Kräfte von Muskeln und Gegenmuskeln, hier am Beispiel der Flektoren und Extensoren, ist die Bewegung überhaupt erst möglich. Im biochemischen Haushalt kontrollieren sich die Hormone gegenseitig und halten die Körperphysiologie im Gleichgewicht. Männer wie Frauen verfügen sowohl über weibliche als auch männliche Sexualhormone, z.B. Östrogene und Androgene.

Das hier ausgedrückte Verhältnis zweier zusammengehöriger Teile oder Organe soll kenntlich machen, daß der Dual zwar eine Quantität (aus zwei Komponenten) ist, die aber der Qualität dient. Man kann auch sagen: Der Dual stellt eine Einheit aus zwei Seiten dar. Diese Feststellung ist zum Verständnis der dialektischen Funktion des Duals notwendig. Dualität ist *kein* Dualismus.

Nicht weniger eindrucksvoll ist die verbale Nutzung des Duals, welcher die *Dialektik der Handlung* direkt zum Ausdruck bringt. Zwei Parteien agieren aufeinander bezogen; es ist eine Interaktion besonderer Art. Dafür hat das Arabische die Sonderform des Duals geschaffen. Beispiel für die Dualkonfiguration der Handlung: „yataʿāraḍānī“ heißt: „die *beiden* (Seiten) widersprechen sich“. Der verbale Dual drückt die interne, gegenseitige Dynamik *zweier* Seiten, die Interaktion zwischen zwei miteinander zusammenhängenden Erscheinungen aus; daran läßt sich der Mangel anderer Sprachen deutlich erkennen. Während es im Deutschen z.B. heißt: „er/sie spielt“ und „sie spielen“, gibt es im Arabischen zusätzlich die Form „sie beide spielen“. Ihre besondere Bedeutung besteht darin, daß sie das Mit- und Gegeneinanderspielen, die Polarisation, die Spannung oder den Kampf zweier Kräfte anzeigt. Sie indiziert die Interaktion zweier Gegensätze: yataḥārabān – zwei (Feinde) bekriegen sich. Sie zeigt außerdem an, ob die beiden Parteien männlich, weiblich oder *communis* sind. Nicht zuletzt sei der Fall erwähnt, daß der verbale Dual auch dann benutzt wird, wenn die Zwei auf der einen Seite gegen Dritte auf der anderen handeln.

An all diesen Beispielen sieht man, daß der Dual kein linguistischer Luxus ist, sondern eine Notwendigkeit zur Charakterisierung von Erscheinungen und Handlungen. Es zeigt auch, daß die Menschen in der Urzeit der Sprachentstehung eine tiefe Sensibilität für die Dialektik besaßen. Sie verfügten bereits über ein sehr ausgeprägtes dialektisches Verhältnis zur Wirklichkeit.

Die dialektische Notwendigkeit eines linguistischen Duals besteht darin, daß die Wirklichkeit stets duale Beziehungen enthält. Die Analyse des Verhältnisses der beiden Seiten eines Duals und seine Dynamik machen exakt die Funktion der Dialektik aus. Die zwei Seiten eines Phänomens schließen einander aus und bedingen sich doch gegenseitig. Verschwindet die eine Seite, so verschwindet die andere. Damit aber geht das gesamte Phänomen unter. Dieser Untergang ist nicht absolut, sondern relativ. Aus dem alten entsteht ein neues Phänomen. Die beiden Seiten einer Erscheinung ziehen einander an, bilden jedoch eine Spannung. Ohne diese Spannung gäbe es nicht zwei, sondern nur eine Seite. So ist der Dual nur der linguistische Ausdruck der Beziehung zweier Seiten einer Erscheinung. Der Dual ist somit die grammatische Form des Polaritätsgesetzes.

Die Dynamik zwischen den beiden Seiten des Phänomens ist unterschiedlicher Natur. Zunächst kann sie auf *Konvergenz* oder auf *Divergenz* hinauslaufen. Konvergent ist z.B. die Beziehung zwischen beiden Augen oder beiden Ohren. Divergent ist die Beziehung zweier Konfliktparteien oder zweier feindlicher Armeen. Die eine besiegt die andere oder beide vernichten sich gegenseitig. Natürlich können sich beide versöhnen und konstruktiv statt destruktiv tätig werden. In diesem Fall laufen sie auf Konvergenz hinaus.

Arabisch – Sprache der Dialektik

Die Dialektik wird im linguistischen und kulturhistorischen Kontext als eine schon früh in der arabischen Sprache angelegte Erkenntnis eingerichtet. Diese Studie zeigt auf, daß lange, und zwar Jahrtausende – vor Hegel und Marx – die ersten Grundlagen der Dialektik in die Sprachstruktur eingebaut waren. Diese Dialektik entspricht nicht einer trivialen Paarung von Dingen, sondern stellt eine tiefe Einsicht in das Wesen der Interaktion zweier – komplementär oder antagonistisch – zusammenhängender Phänomene dar.

Der Dual – zu Deutsch: „Zweiheit" – drückt genauer betrachtet eine „Einheit" aus. Dabei ist zu betonen, daß jede Einheit polar ist. Die europäischen Arabisten haben den „Dual" (Muṯanna) als einen Plural aus zwei Einheiten begriffen. Der Muṯanna stünde in der Mitte zwischen der Einzahl und der Mehrzahl (drei und mehr). Dies ist jedoch eine grobe Reduktion, die den eigentlichen dialektischen Sinn des Duals nivelliert. Er setzt das Polaritätsgesetz sprachlich um. Es werden verschiedene duale bzw. dialektische Verhältnisse ausdifferenziert: Einander ergänzende, synergische, gegensätzliche, feindliche u.a.m. Die europäischen Sprachen kennen keinen Dual. Nur rudimentär begegnet er uns, z.B. bei „Eheleute", „(married) couple", „zawǧān"; „Eltern", „parents", „walidān".

In der Natur und im Leben begegnen uns viele gepaarte Phänomene, bei denen die eine Seite ohne die andere hinfällig wäre: Schloß und Schlüssel, Haken und Öse und analoge Beispiele. Ohne die andere Seite kann die eine ihre Funktion nicht realisieren. Verschwindet die eine, so verliert die andere Seite die Möglichkeit, ihren Sinn und sich selbst zu verwirklichen. Die „Einheit" der beiden Seiten hält das Phänomen zusammen, die „Spannung" ist die Ursache ihrer Entwicklung.

All diese aus zwei einander entgegengesetzten Komponenten bestehenden Phänomene finden in Muṯanna, dem Dual, ihren grammatischen Ausdruck. Muṯanna ist die linguistische Umsetzung der Dialektik.

Schon bei der Entstehung der Sprache im Neolithikum achtete man darauf, daß die Dialektik der Körperanatomie sprachlich widergespiegelt und herausgestellt wird. Dieser Umstand zeigt an, daß die Sprache eine bewußt strukturierte menschliche Erfindung ist, die eine tiefe philosophische Reflexion darstellt – hier am Beispiel der Abhebung gewisser Organe durch den Dual und das grammatische Geschlecht aufgezeigt. Die Regel, daß alle zweimal vorkommenden Organe feminin sind, hat keine einzige Ausnahme.

Diese Fälle der elementaren Dialektik sollen weiterhin den Beweis dafür liefern, daß Dialektik keine Späterfindung ist. Die Menschheit verfügte ursprünglich über ein dialektisches Herangehen an die Wirklichkeit, das erst später von undialektischen Weltanschauungen, Religion, Metaphysik und adialektischen Philosophien verdrängt und durch lineares, harmonisches Denken ersetzt wurde.

Der Gebrauch des Duals besagt nur, daß hier zwei Komponenten vorliegen, die beide zusammen das Phänomen bilden, das seinerseits ohne beide zusammen nicht bestehen kann. Der Dual an sich sagt aber nichts darüber aus, welchen Charakter die Beziehung der beiden Pole zueinander hat. Diese Beziehung kann nämlich sehr unterschiedlich sein. Stets bestehen gleichzeitig Anziehung und Abstoßung, wobei die eine die Hauptseite, die andere die Nebenseite ist. Die Anziehung begründet den Zusammenhalt des Phänomens, die Abstoßung seine Bewegung. Die Hauptseite kann zur Nebenseite und umgekehrt werden. So entstehen Entwicklung und Übergang in neuere Formen und Strukturen. Es zeigt sich, daß die Dialektik ursprünglich und die Sprache ein bewußt strukturiertes Kommunikationsmedium ist.

Es ist weder ein Zufall noch ein Unfall, daß die Entstehung der Dialektik – als eine systematische Wissenschaft – an die arabische Sprache gebunden war. Sie ist nicht als griechische Erfindung entstanden, wie europäische Autoren annehmen. Die Dialektikoi waren Araber. Sie schufen erstmalig in der Geistesgeschichte ʿIlm al-Kalām, die Dialektik; dazu unten ein eigenes Kapitel.

Von dieser linguistischen Analyse ausgehend gelangen wir zu einer der bedeutsamsten Erkenntnisse der Philosophiegeschichte. Sehr früh haben arabische Philosophen die These von der „Autonomie der Materie" aufgestellt und ausgefochten. Die Materie verfügt über die Fähigkeit zur Eigenbewegung – gewährleistet durch die in der Materie innewohnende Dialektik. Damit haben arabische Philosophen dem spekulativen Denken und den idealistischen Anschauungen den Boden entzogen.

Im weiteren macht uns die Dialektik der arabischen Sprache darauf aufmerksam, wie absurd es ist, Gründungsmythen von Dialektik und Philosophie zu konstruieren, die von der Langzeitgeschichte abgekoppelt sind.

Am Anfang war die Tat

Die Ursprünglichkeit der Dialektik hat ihre komplementäre Seite im elementaren Realismus. Die rationale Komponente in der arabischen Sprache kommt in der Wortbildung zur Geltung. Eine unmittelbare Erfahrung mit einem beliebigen Phänomen der Realität wird als eine sprachliche Widerspiegelung, eine Versprachlichung der objektiven und subjektiven Wirklichkeit ausgedrückt. Es beginnt die Symbolisierungstätigkeit.

Basis und Ausgang der Wortbildung ist das *Verb*, nicht das Nomen, die *Handlung*, nicht das *Bild*. In der Regel wird die Tätigkeit durch drei Radikale als Wortstamm symbolisiert. Die drei Stammkonsonanten deuten zwar auf eine Sinngebung hin, geben aber keine genaue Bedeutung an. Diese entsteht erst durch ein System von Prä-, In- und Suffixen. Die Stammform ermöglicht eine beliebige Erweiterung der Wortbedeutung sowohl in horizontale als auch in vertikale Richtung. Diese sprachliche Einrichtung flexibilisiert den Thesaurus soweit, daß jeder neue Wortbildungen erschaffen kann. Das Besondere dabei ist, daß der Ansprechpartner ohne weiteres den neuen Sinn wahrnehmen kann. Die Regeln der Worterweiterung sind durch die Sprachstruktur vorgegeben. Die entstandene Sinngebung ist – spontan – nachvollziehbar.

Diese Hinweise vermitteln einen Eindruck davon, welche großen Potentiale das Arabische für die Entfaltung von Dialektik, Philosophie und Wissenschaft enthält. Die arabische Sprache verbalisiert die Wirklichkeit aus sich selbst heraus; sie erklärt sie nicht metaphysisch, z.B.

durch einen Mythos, sondern aus dem Begreifen. Die äußere Systematik wird durch die sprachliche Systematik widergespiegelt. Die schier unendlichen Ableitungsmöglichkeiten des Wortstammes sind ein Vorgang, der insgesamt als System die Evolution in Natur, Gesellschaft und Denken in sprachlicher Abstraktion abbildet.

Die Betonung des Subjekts: Das Arabische hebt die Bedeutung der Handlung dadurch hervor, daß die Wortbildung vom Verb ausgeht. Das Verb ist Basis, das Nomen abgeleitet. Entsprechend wird auch der Handelnde herausgestellt. Ein etwas einfacheres Beispiel von der Bedeutung des tätigen Subjekts, auch dort, wo es unbekannt ist, zeigt das grammatische Passiv. Im Arabischen heißt es sinnvollerweise nicht Passiv, sondern „Konstruktion vom Unbekannten (al-mabnī lil-maǧhūl)“. Erscheinungen, deren Triebkraft unbekannt ist, werden nicht einfach einem höheren Wesen zugeschrieben, einem Gott in die Schuhe geschoben oder leichtfertig durch „man“ erklärt, sondern im Passiv formuliert: Nach dem Urheber wird noch geforscht.

Zum Thema „arabische Sprache“ wäre noch viel zu sagen. Wir behandeln sie an dieser Stelle unter dem Aspekt, daß ihre Struktur von tieferen philosophischen, logischen und dialektischen Einsichten ausgeht, die in Linguistik umgesetzt werden. Somit bildet sie ein wichtiges Startkapitel zur Philosophie- und Dialektikgeschichte. Zudem dient das Arabische qua Sprache als Quelle der Erkenntnis und Information über Leben, Arbeiten und Denken der Menschen in der Zeit vor der Entstehung der Schriftsprache und der schriftlich fixierten Dokumentation. Der Wortschatz einer Sprache erschließt sehr viel Wissen über das Milieu, in dem die Begriffe geprägt wurden, z.B. über das Vorhandensein gewisser Normen und Werte. Diese finden stets ihren verbalen Ausdruck und bereichern kontinuierlich den Thesaurus. Die Namen von Pflanzen, Tieren, deren Anatomie, Lebensäußerungen und Verhalten liefern grundlegende Kenntnisse von wissenschaftsgeschichtlicher Bedeutung. Sie dienen als Gradmesser für den Stand der Entwicklung auf den Fachgebieten Biologie, Botanik, Zoologie.

Die Sprache und ihr Wortschatz sind eine Quelle ersten Ranges zur Kulturgeschichte. Die Wörter Stift, Papier, Lesen, Schreiben belegen das Vorhandensein der Schrift, der Lesekundigkeit, der Papierherstellungskunst usw.

Das Altarabische bekundet auch die fortgeschrittene Anthropologie und den hohen Stellenwert des Menschen in der Gesellschaft. Das Menschenbild und die Achtung vor dem Menschenleben hinterlassen ihren Niederschlag in der Sprache. Ausdrücke der Liebe, Zuwendung, Zuneigung, Achtung, Anerkennung, Akzeptanz, Treue und Opferbereitschaft vermitteln nicht nur einen Eindruck, sondern oft auch genaueres Wissen über die zwischenmenschlichen Beziehungen und die Formen sozialer Kommunikation.

Diese Hinweise demonstrieren die ausgeprägte Sensibilität der frühen Araber für die dialektische Kategorisierung. Das Arabische hat schon lange vor der Schrift einen beachtlichen Grad an Ausdifferenzierung und Ausdruckspräzision erreicht. Die Produktionstätigkeit der Araber fand mit all ihren Einzelheiten ihren sprachlichen Ausdruck. Die Verhältnisse, Beziehungen und Besonderheiten des gesellschaftlichen Lebens und seine bewußte Organisierung fanden in der Sprache ihre Definitionen. Zur Regelung des Umgangs der Menschen miteinander wurde der ethische Kodex aufgestellt, der Sozialverhalten normiert und Werte empfiehlt. Schon in sehr früher Zeit war das soziale Leben weltanschaulich begründet. Das heißt, die Gesellschaft hat eine soziale und Lebensphilosophie angelegt und zu einem System konstituiert. Bildungsideale, die dem Nachwuchs vermittelt wurden, waren begrifflich umschrieben: wafāʾ – Einhalten von Versprechungen; karam – Freigebigkeit und Großmut; samāḥ – Verzeihung bei gleichzeitiger Freude am Geben. Das sind beliebige, willkürlich aufgegriffene Beispiele; eine vollständige Aufstellung würde ganze Bibliotheken füllen. Anzumerken ist, daß es sich dabei um Werte handelt, die lange vor Religionen, biblischen wie qurʾānischen Schriften aufgekommen waren. Es sind keine metaphysischen Imperative, sondern ausschließlich humanistische Werte; sie sollen spezifisch menschliches Sein gegen den unreflektierten Überlebenstrieb abheben. Schon in der primären Stammessozialisation war die arabische Persönlichkeit durch Verhaltensnormen und ideelle Werte geprägt.

IV.
Konstituierung

Frühe Entwicklung der klassischen arabischen Philosophie und Wissenschaften im historischen Kontext

Auseinandersetzungen um den politischen und sozialen Weg des arabisch-islamischen Reiches

Seit der Mitte des siebten Jahrhunderts war der heftige Meinungsstreit um die Konstitution des arabischen Staates entflammt. Hauptopponenten waren ʿAlī und Muʿāwiya. Ersterer trat für einen religiösen Staat ein, an dessen Spitze der Kalif als religiöses und weltliches Oberhaupt steht. Religion und Staat seien untrennbar. ʿAlī versprach Gleichheit und Gerechtigkeit in einem Staat, der nach den Prinzipien des Korans regiert wird und für die Einhaltung der Gebote sorgt. Ihm gegenüber stand Muʿāwiya, der den säkularen Staat forderte. Sie vertraten die Hauptströmungen des gesellschaftspolitischen Disputs. Beide Spitzenvertreter waren politisch erfahren und für das Amt des Staatsoberhaupts qualifiziert und kompetent. Jeder der beiden Führer erfreute sich einer breiten Basis. Die Debatte wurde öffentlich ausgetragen. Rhetorisch war der eine nicht weniger begabt als der andere. Publikumswirksam debattierten sie und konkurrierten um Anhängerschaft. Ihre Positionen haben sie deutlich profiliert und gegeneinander abgegrenzt. Zwischen diesen beiden Opponenten polarisierte sich die arabische und islamische Öffentlichkeit. Der politische Kampf wurde letztlich militärisch entschieden. Mit dem Sieg der Umayyaden hat eine neue Weltära begonnen. Die erste Maßnahme Muʿāwiyas war die Verlegung der Hauptstadt von Medina (Madīna), dem Sitz des Propheten und seiner ersten Nachfolger, nach Damaskus, dem traditionellen Verwaltungszentrum, das auf kein besonderes religiöses Erbe zurückblicken konnte. Diese Verlegung war durchaus von großer Bedeutung für den Aufschwung des Handels und der Kultur. Damaskus signalisierte aber vor allem den Beginn eines neuen politischen Zeitalters. Die Umayyaden sind die eigentlichen Begründer des säkularen Staats: Trennung von Staat und Religion, Pluralismus, Öffnung der Grenzen, Liberalisierung des Handels, ökonomische Organisation und Integration in großen Wirtschaftsräumen. Das Kalifat von Damaskus ist mit Sicherheit der Pionier des säkularen Staats, der sich bis heute durchsetzen konnte. Diesem Beispiel folgen heute die meisten Staaten der Erde.

Die politische Umwälzung war begleitet von großer Öffentlichkeit. Die Auseinandersetzung über die Politik, politische Moral und Ethik, Staatsform, Verfassungsfragen, und Regierungsprinzipien bestimmte allenthalben die Tagesdebatten. Auffassungen und Positionen wurden vorgetragen und erläutert, Differenzen offen ausgetragen. Der Gegenstand der Diskussion weitete sich zusehends aus.

Das Kalifat von Damaskus – Die Umayyaden (660-750)

Der Kampf zwischen sunnitischen Umayyaden und den Schiʿiten um ʿAlī und seine Nachfolger war im Jahr 661 n.Chr. endgültig entschieden. Mit dem Sieg der Umayyaden stabilisierte sich das arabisch-islamische Weltreich. Mit weit über 90% konnten sie den größten Teil der Bevölkerung hinter sich vereinen, während die Schiʿiten nur eine Minderheit von rund 7% hinter sich hatten. Indes gingen die politischen Debatten weiter. Nunmehr handelte es sich darum, Regierungsform und politische Vorstellungen im einzelnen zu entwickeln. Gesellschaftliche Entwürfe wurden vorgelegt und diskutiert. Die Kritik der Obrigkeit und ihrer Maßnahmen wurde konkret, die soziale Analyse geleistet. Die ideale Gesellschaft und der Wunschstaat stellten sich als reale Utopie („al-Madīna al-fāḍila“) dar.

In diesen Debatten seit den sechziger Jahren des siebten Jahrhunderts sind die eigentlichen Ursprünge der klassischen arabischen Philosophie zu suchen. Die Schulen von Madīna, Kūfa, Baṣra und Damaskus sind entstanden. Sie präsentieren ihre Ideen, begründen und erläutern sie. Oppositionelle Gruppen organisieren sich. Reformisten arbeiten öffentlich, Militante im Untergrund. Die wichtigste oppositionelle Bewegung wurde von den Muʿtaziliten gebildet. Ihre Anhänger und Sympathisanten waren Intellektuelle und Literaten.

In ihrer Darstellung der Geistesgeschichte führen europäische Historiker die Wurzeln der arabischen Philosophie auf die Rezeption des Aristoteles und anderer vermeintlich griechischer Philosophen zurück. Entweder aus Eurozentrismus oder aus tatsächlicher Unwissenheit bemühen sich diese Autoren krampfhaft, aber auch vergeblich, um den Nachweis, die arabische Philosophie als eine islamische Neuauflage des sogenannten Aristotelismus zu präsentieren. Selten weisen sie ihre Behauptungen mit inhaltlichen und textanalytischen Argumenten nach, als wäre die Rezeptionshypothese derart evident, daß sie des Beweises nicht bedürfe. Selbstverständlich liegt die Beweislast bei denen, die eine These aufstellen. Diese bleiben den Nachweis schuldig. Deshalb wollen wir das Gegenteil nicht nur feststellen, sondern auch beweisen. Zur Zeit der Konstitution einer profilierten arabischen Philosophie lag noch keine arabische Übersetzung des Aristoteles oder anderer Griechen vor. Übersetzungen kamen erst rund zweihundert Jahre später aus der Schule Ḥunain b. Isḥāq hervor. Die Behauptung, die arabische Philosophie sei aus der Rezeption der griechischen entstanden, ist nicht nur ahistorisch, sondern auch anachronistisch.

Wir haben den historischen Kontext der Entstehung und frühen Entwicklung der arabischen und islamischen Philosophie klar umrissen. Darin sind die Anfänge der arabischen Klassik zu suchen und nicht in damals noch nicht auf Arabisch verfügbaren Übersetzungen aus dem Griechischen.

Das Kalifat von Baġdād – Die ʿAbbāsiden (750-1258)

Mit ihrem Sieg gegen die Umayyaden verlegten die ʿAbbāsiden die Hauptstadt von Syrien in den Irak. Zunächst regierten sie von Fallūǧa aus, bis die neue Hauptstadt Baġdād von Manṣūr fertig erbaut und 754 feierlich eingeweiht wurde.

Das Kalifat der ʿAbbāsiden dauerte von 750-1258 n. Chr. Über ein halbes Jahrtausend herrschten sie von Baġdād aus über das arabisch-islamische Weltreich, das eine weit größere Ausdehnung hatte als je eine andere Macht der Weltgeschichte. Insgesamt handelte es sich um eine relativ friedliche Epoche, stabile Herrschaftszeit, gekennzeichnet durch blühenden Welthandel, fortgeschrittene Industrie und Wohlergehen breiter Schichten der Bevölkerung.

Die ʿAbbāsiden-Ära ist eine der bestdokumentierten weltgeschichtlichen Epochen. Es war die Zeit aus der die Historiker Balaḏurī, Yaʿqūbi, Ṭabarī, Schaibānī (Šaibānī) u.v.a. hervorgegangen sind, die für die Geschichtswissenschaft bleibende Werke hinterlassen haben. Betrachten wir diese monumentalen Abhandlungen genauer, so entdecken wir bei tieferer Analyse, daß die politische Stabilität der Zentralgewalt doch mit breiten oppositionellen Bewegungen konfrontiert war. Obwohl die Hofchronisten um die Relativierung ihrer Bedeutung bemüht waren, lassen sie die Stärke des Druckes von unten durchschimmern.

Die analytische Untersuchung dieses Zeitalters soll also bestrebt sein, die geistigen Auseinandersetzungen während einer der wichtigsten Epochen der Menschheitsgeschichte herauszuarbeiten, sie in ihrer Widersprüchlichkeit, ihren Stärken und Schwächen darzustellen und ihnen inhaltlich gerecht zu werden. Nicht einseitig, sondern dialektisch sollen das Oben und das Unten sowohl in ihren Spannungen als auch in ihren jeweiligen Leistungen präsentiert werden.

Unter den ʿAbbāsiden haben gesellschaftliche Widersprüche und damit der Widerstand zugenommen. Viele oppositionelle Strömungen lassen sich mit dem Begriff „Gerechtigkeitsbewegungen" zusammenfassen und umschreiben. Zu diesen zählen die Zinǧ, die Qarmaṭen, ʿAdl und ʿAql und viele andere. Indes waren die Qarmaṭen mit Abstand die bedeutendste Gerechtigkeitsbewegung. Ihnen war es gelungen, eine vom Kalifat unabhängige, egalitäre, sozialistische Gesellschaft ins Leben zu rufen und für einen Zeitraum von über zweihundert Jahren aufzubauen und aufrechtzuerhalten. Die Qarmaṭen übten eine bis weit über die arabische Welt hinauswirkende Ausstrahlungskraft aus. Sie waren sehr gut organisiert. Auch legten sie besonderen Wert auf eine hochqualifizierte Ausbildung ihrer Kader. Ein breites Schulsystem boten sie an. Bildung und Ausbildung standen im Bereich des Kalifats ebenfalls allen zur Verfügung. Die Qarmaṭen waren die größte und stärkste oppositionelle Bewegung, aber keineswegs die einzige. Das Spektrum aufständischer Bewegungen war recht groß. Breit war die Ausdehnung der widerständischen Kultur. Sozialrevolutionäre Bewegungen hatten ihre Theoretiker und anspruchsvolle Schulungen.

Entsprechend entfaltete sich die weltanschauliche Auseinandersetzung unter Schulen und heterogenen Meinungen. Die Philosophie konnte nicht außerhalb sozialer und politischer Fragen verharren, wie beispielhaft das Werk der Iḫwān aṣ-Ṣafāʾ zeigt. Während von den Qarmaṭen relativ wenige Quellen sichergestellt werden können, besitzen wir von ihren Zeitgenossen, den mit ihnen ideengeschichtlich verwandten „Lauteren Geschwistern", ein umfangreiches Lehrwerk aus 52 Abhandlungen.

Die ʿAbbāsiden, zwar eine Klassenherrschaft, haben indes Kultur, Literatur, Bildung, Wissenschaft und Philosophie großzügig gefördert. Ein Heer von Forschern und Schriftstellern konnte freigestellt werden, um sich wissenschaftlichen und literarischen Aufgaben zu widmen. Seit Maʾmūn (813-833) wurde auch die Übertragung fremdsprachiger Literatur ins Arabische staatlich subventioniert. Führend auf diesem Gebiet wurde die Übersetzerdynastie Ibn-Isḥāq.

In der Tat war das Kalifat der ʿAbbāsiden von einem geistig-kulturellen Aufschwung geprägt, welcher mit einer bedeutenden wissenschaftlichen und philosophischen Blüte einherging. Die Förderung und Verbreitung von Bildung und freiem Denken entfalten die ihnen innewohnende Dynamik. Abweichungen der Zentralgewalt von Idealen der Gerechtigkeit und der politischen Moral wurden zum Gegenstand der öffentlichen Kritik und riefen widerständische Bewegungen auf den Plan. Auch einzelne Schulen und Bewegungen wurden von Sozialkritikern nicht verschont, sondern ebenso unter die Lupe genommen.

Es ist das Charakteristische der arabischen Wissenschaft und Philosophie, daß sie nie den ethischen Diskurs aus den Augen verloren haben. Die stete Betonung von ethisch fundiertem Wissen und dessen gesellschaftsbezogener Anwendung wurde als Herausforderung an die Träger der politischen Macht und als moralische Stärkung der Opposition aufgefaßt. Widerständische Kultur dehnte sich trotz vorhandenen Wohlergehens breiter sozialer Schichten aus. Literaten und Philosophen forderten sozialpolitisch fortschrittliche Zustände und optimale Lebensformen. Dafür ist al-Madīna al-fāḍila von Farābī ein gutes Beispiel. Oppositionelle Weltanschauungen erklären sich nicht notwendig aus materieller Not.

Iḫwān aṣ-Ṣafāʾ, *die Lauteren Geschwister*, haben ihre Stimme erhoben und ihre Feder in Bewegung gesetzt. Sie lebten und wirkten um die Jahrtausendwende in einer Zeit relativen Wohlstands. Von ihnen liegen 52 Abhandlungen vor, ein weltgeschichtlich ungewöhnliches Erbe. Es gibt kaum eine oppositionelle Bewegung, die in Selbstdarstellung so gut dokumentiert ist, wie diese. Gleichwohl besitzen wir, wenn überhaupt, nur minimale biographische, personenbezogene Andeutungen auf das Autorenkollektiv. Die Namen der einzelnen Mitglieder der Iḫwān aṣ-Ṣafāʾ wissen wir, bis auf ganz wenige, nicht. Das Autorenkollektiv zog es vor, nur unter der Selbstbezeichnung der Gemeinschaft

„Iḫwān aṣ-Ṣafā'“ zu wirken. Der Name gilt sowohl für die Personen als auch für die Bewegung, die mit ihnen die Weltanschauung teilte.

Die „*Lauteren Geschwister*“ stehen in der Tradition gnostischer Erkenntnisorientierung. Der Mensch und seine Erkenntnisfähigkeit bilden das Zentrum der ṣafawischen Lehre. Erkenntnis, Wissenschaft und Philosophie sind nie neutral. Stets betonen die Iḫwān die Notwendigkeit, sie in konstruktiver Weise theoretisch zu entwickeln und praktisch anzuwenden. Die Lauteren Brüder und Schwestern stellen einen Höhenflug geistiger Entwicklung dar. Das gnostische Primat erlösender Selbsterkenntnis wird bei ihnen tiefer reflektiert. Bei Iḫwān aṣ-Ṣafā' entspricht „'Ilm“ dem Koinebegriff „Gnosis“. Analog dem „nous“ bei der Gnosis präsentieren die Lauteren Geschwister den „'aql“ und heben seine Hoheit hervor. Sie entwickeln eine vierstufige Erkenntnistheorie. Die Lauteren Geschwister betonen die Einheit in jeder Form: Einheit der Menschheit, die Einheit von Mensch und Universum, von Mikro- und Makrokosmos. Überhaupt haben sie die Einheit des Seins in den Mittelpunkt ihrer Philosophie gestellt, weiter entwickelt und als absolute Priorität vertreten. Durch fortschreitende Entfaltung von Erkenntnis schafft sich der Mensch stets neu. Gerechtigkeit setzt Erkenntnis von der Einheit des Seins voraus.

In der Forschung wurden Iḫwān aṣ-Ṣafā' als Sonderfall in der arabischen Philosophiegeschichte betrachtet. Nun bemühen wir uns in dieser Abhandlung um eine integrierte Darstellung der arabischen Klassik. Entgegen vorherrschender Auffassung zeigt sich eine große geistesgeschichtliche, evolutionäre Kontinuität, in der die Lauteren Geschwister ihren Ehrenplatz einnehmen wie ein Glied in einer zusammenhängenden Kette.

In Deutschland und in Europa allgemein werden Themen wie „Qarmaṭen“ und „Iḫwān aṣ-Ṣafā'“, wenn überhaupt, dann nur im Bereich der Orientalistik, kaum im Fachbereich Philosophie behandelt. Daraus erklärt sich der Rückstand nicht nur auf dem Gebiet der arabischen Philosophie.

Der Aufschwung der Philosophie, der durch wissenschaftsfreudige Kalifen eingeleitet und gefördert wurde, entfaltete seine Eigendynamik. Ihr absoluter Kritikanspruch konkurriert bald mit dem Herrschaftsanspruch der Kalifen. Diese regierten hilflos. Zwar nahmen sie Einfluß auf die Meinungsbildung, aber ein Philosophieverbot wurde nicht direkt ausgesprochen. Verordnet wird in der Spät'abbāsidenzeit die Verbreitung von rein theologischer Literatur. Aber auch diese Maßnahme vermochte es nicht, ihre Regierungsfrist zu verlängern. Als der Letzte der 'Abbāsiden um die Mitte des dreizehnten Jahrhunderts gestürzt wurde, hat sich im ganzen Irak niemand bereit gefunden, sich für ihn zu erheben. Paradoxerweise profitierte Ġazālīs „Iḥyā' 'ulūm ad-dīn" („Wiederbelebung der religiösen Wissenschaften") vom Theologieerlaß. Das war die erste Ironie der Geschichte. Die zweite hat Šaibānī (1160-1234) in den drei Worten formuliert: „taraka al-warrāqūna mihnatahum".[1] Alle, die am Buchwesen arbeiteten, von der Papierherstellung über die Vervielfältiger bis zum Vertrieb, gaben ihren Beruf auf. Es hat keine Kunden gegeben, die sich für religiöse Schriften interessierten. Nachfrage gab es für philosophische Schriften, die nicht mehr öffentlich angeboten werden durften. Der Satz von Šaibānī ist auch so zu interpretieren, daß die Werktätigen im wichtigen Wirtschaftszweig „Literatur" in den passiven und aktiven Streik getreten sind. Aus der Geschichte wissen wir, daß die Zentralgewalt vor der öffentlichen Meinung kapitulieren mußte, nicht umgekehrt.

Zur Vervollständigung des historischen Kontextes ist darauf hinzuweisen, daß während der zweiten 'Abbāsidenzeit die Zentrifugalkräfte sehr stark waren. Die zentrale Macht der Kalifen war sichtlich im Verfall begriffen. In den einzelnen Ländern waren autonome Staaten proklamiert worden, die nur um der Einheit des Reiches willen die nominelle Hoheit der Kalifen anerkannten. In Kairo und im Maġrib wurden sogar Gegenkalifate ausgerufen. Die Kapitulation des Iraks vor den Mongolen im Jahr 1258 erschütterte hauptsächlich nur Baġdād. Die arabischen Metropolen im Osten und im Maġrib blühten weiterhin. Spätestens seit den Fāṭimiden ist Kairo kulturelle Hauptstadt der arabischen Welt geworden.

---

1 Šaibānī, al-Kāmil fī at-Tārīḫ, Band 3. Es will heißen: Der Generalstreik der Branche wurde ausgerufen: Warraqūn: Berufsträger, die mit „Buch" zu tun haben: Papierhersteller, Multiplikatoren (Abschreiber), Buchmacher, Buchbinder, Buchhändler und nicht zuletzt Autoren, die vom Verkauf ihrer Bücher lebten. Šaibānī schreibt: Die Warraqūn haben ihre Berufsausübung eingestellt.

Die neue Philosophengeneration

Mit den großen Denkern Kindī, Rāzī und Farābī beginnt eine neue Ära der Philosophiegeschichte überhaupt. Iḫwān aṣ-Ṣafā', Ibn-Sīnā und Ġazālī zählen zu den Repräsentanten der klassischen arabischen Philosophie, die mit Ibn-Rušd einen neuen Höhepunkt verzeichnete. Indes sind selbst Kindī, Ibn-Sīnā und Ibn-Rušd ihrerseits Vertreter einer relativ späteren Phase der arabischen Philosophie, die jedoch von den vorausgegangenen nicht abkoppelbar ist. Die eben namentlich genannten Philosophen waren Universalisten. Zur Vollständigkeit ihres philosophischen Wirkungsbereichs nahmen sie sich eine Revision der bisherigen Philosophie, unter anderem der des Aristoteles, vor. Sie sahen einen Handlungsbedarf, fehlerhafte Positionen zu kritisieren und zu korrigieren. Anerkennenswert ist die Bescheidenheit arabischer Autoren, die ihre Arbeiten nicht unter dem Titel „Kritik", sondern als „Kommentare" veröffentlichten. Der Inhalt spricht jedoch eine eindeutige Sprache. Die arabischen Werke über Aristoteles stellen nicht nur einen großen Fortschritt der Philosophiegeschichte dar, sondern auch die Überwindung des vermeintlich griechischen Denkens. Indes waren sie nichts mehr als ein Stoffgebiet der weiten Arbeitsfelder arabischer Philosophen.

Eigenständige arabische philosophische Schulen sind bereits mit dem literarischen und wissenschaftlichen Aufschwung unter den Umayyaden, d.h. *vor* Beginn der Übersetzungen aus der Koine (dem sogenannten „Griechischen"), zur Geltung und vollen Entfaltung gekommen. Unter den 'Abbāsiden, besonders seit Harūn ar-Rašīd und seinen drei Söhnen, war ein vorläufiger Höhepunkt erreicht. Ma'mūn erkannte die Bedeutung der Wissenschaft als eine vorrangige Produktivkraft, Machtfaktor und ideologische Stütze. Mit der Förderung von Wissenschaft, Technologie und rationalem Denken versprach er sich, nicht nur das Bruttosozialprodukt des Reiches zu steigern, sondern auch den religiös motivierten aufständischen Bewegungen, z.B. chiliastischen Strömungen, den Boden unter den Füßen zu entziehen. Damit förderte er aber auch emanzipatorische Einstellungen und – ungewollt – herrschaftskritisches Denken. Jedenfalls nahmen Lernwillige die wissenschaftlichen Angebote wahr. Forscher wurden gefördert und waren fleißig. Der Meinungsstreit unter den Philosophen und Wissenschaftlern stimulierte die Bildung von Thesen, Antithesen und Synthesen. Debatten über philosophische Auseinandersetzungen wurden mit großem Engagement öffentlich geführt. Sie fanden stets ein interessiertes Publikum. Die er-

haltenen Protokolle bereiten den Lesern von heute einen wahren intellektuellen Genuß.
Das arabisch-islamische Weltreich, das sich gegen Ende der Umayyadenzeit von Südfrankreich bis zum Verghanatal und der chinesischen Grenze hin erstreckte, verband viele Völker, Kulturen und Religionen zu einem großen Verband. Ökonomie in großen Wirtschaftsräumen wurde organisiert. Die Sicherheit auf den Fernstraßen förderte nicht nur den Austausch der Güter, sondern auch den der Ideen.

Ein internationales Medium der Verständigung setzte sich selbsttätig durch. Die arabische Sprache fand breiteste Akzeptanz und Rezeption. Arabisch verband den Osten mit dem Westen. Sehr bald wurde Arabisch die einheitliche Weltsprache der Wissenschaft und Philosophie, und sie war es über ein Jahrtausend lang. In dieser Funktion ist es einzigartig in der Geschichte der Sprachen. Vom siebten bis zum achtzehnten Jahrhundert war es so weit dominant, daß sich Wissenschaft und Philosophie hauptsächlich des Arabischen bedienten. Seit dem siebten Jahrhundert haben sich nicht arabischstämmige Denker des Arabischen bewußt angenommen. Unter ihnen finden sich Wissenschaftler und Philosophen, die sich ausdrücklich zur arabischen Kultur und Sprache bekennen, ohne daß sie im ethnischen Sinn Araber wären. Al-Bīrūnī (st. 1048) begründet mit leidenschaftlich vorgetragenen Argumenten, warum er nicht in seiner Muttersprache, sondern auf Arabisch schreibt und lehrt. Die gemeinsame arabische Sprache und die offenen Grenzen zwischen Mašriq und Maġrib begünstigten die fachliche Kommunikation und die inhaltliche Auseinandersetzung. Der wissenschaftlich-technische Fortschritt und die Entfaltung philosophischer Systeme konnten nur davon profitieren.

Die kulturellen Zentren des arabischen Reiches, Damaskus, Baġdād, Kairo, Qarṭaǧanna (Karthago), Marākiš und Qurṭuba, wetteiferten miteinander. Jede Hauptstadt wollte in allem den größten Fortschritt erzielen, die besten Wissenschaftler haben, die umfangreichsten Bibliotheken bieten. Die Kalifen rivalisierten auch in konstruktiver Hinsicht miteinander. Jede Metropole hatte den Ehrgeiz, die andere kulturell zu übertreffen. Dieser Wettbewerb kam dem wissenschaftlichen und technischen Fortschritt zugute. Wissenschaftler, Philosophen und Literaten wurden für die Zwecke der Forschung, Lehre und Bildung freigestellt. Sie bezogen Staatsgehälter und konnten sich ausschließlich der Wissenschaft widmen. Gelehrter, Forscher und Philosoph sein war ein gut besoldeter Beruf. Sie brauchten keine Lohnarbeit zu leisten, um sich ernähren zu müssen. Um die Jahrtausendwende herrschte im gesamten Bereich der arabischen Welt große wirtschaftliche und politische Stabilität. Es existierten zwar drei Kalifate nebeneinander – Baġdād, Kairo und Qurṭuba –, doch bestanden nunmehr eine gegenseitige, stillschweigende Akzeptanz und friedliche Koexistenz. Die arabische Öffentlichkeit hat von den rivalisierenden Dynastien abgesehen und die Bildungsangebote jenseits der jeweiligen Kalifatsgrenzen wahrgenommen. Durch die gemeinsame Sprache und die kulturelle Zusammengehörigkeit standen die Möglichkeiten der Aus-, Fort- und Weiterbildung allen offen. Von der wirtschaftlichen Blüte, der äußeren Sicherheit und dem guten Lebensstandard breiter Teile der Bevölkerung konnten auch Wissenschaft, Kunst und Kultur profitieren. Das breite Wohlergehen versetzte die Menschen in die Lage, die kulturellen und fachlichen Angebote wahrzunehmen und voll auszunutzen. Dafür mußten die Anbieter auch immer wieder Neues bringen, um Erfolgserlebnisse zu ernten. Belletristik, Sachbücher und Fachliteratur, die an einem Ort geschrieben wurden, konnten in sehr weit entfernten Regionen gelesen werden. Sprachbarrieren hat es nicht gegeben. Diese Tatsache gab Wissenschaftlern und Literaten den Ansporn, Bücher und Lehrwerke zu verfassen und diesem Zweck Jahre ihres Lebens zu widmen. Es war üblich, daß die Lernenden nach einem Studienaufenthalt an einem Ort zum nächsten zogen, um gelehrsame Professoren aufzusuchen und sich von ihnen schulen zu lassen. Aus erhaltenen Biographien wissen wir, daß Studierende vom Osten Asiens bis zum Westen Maġribs und Andalus wanderten und bis in das Alter auf Studienreisen und -aufenthalten waren, um möglichst alle führenden Wissenschaftler ihrer Zeit zu hören. An einem wissenschaftlichen Zentrum war stets eine internationale Studentenschaft zu sehen. Auszubildende hielten sich an einem Ort so lange auf, bis sie Sicherheit in diesem Stoffgebiet gewonnen hatten. Wissenschaftsgeschichtlich stellte das zehnte Jahrhundert eine radikale Wende dar: Abschied von dem – in Europa und Griechenland bis ins 18. Jahrhundert dominierenden – spekulativen Denken. Der Rationalismus ist ein genuines Produkt der arabischen Philosophie. Bevor ein Wissenschaftler die Lehrbefähigung erhalten hat, mußte er sich einer schweren schriftlichen und mündlichen Prüfung unterziehen, wie die erhaltenen Fragebogen noch bezeugen. Dann kam die Anhörung vor dem hohen wissenschaftlichen Rat. Im Erfolgsfall erlangte er die Berufung auf einen Lehrstuhl – kaum anders als in der Gegenwart. Lehrende haben neben Lehre, Forschung und Bildung auch geschrieben und ihre Fächer praktiziert. Viele leiteten neben ihren Professuren wissenschaftliche Zentren. Wissen hat eine lange Geschichte; doch mit dem achten

Jahrhundert und ganz besonders seit Maʾmūn (813-833) hat eine neue Ära der Wissenschaft begonnen, deren Wellen bis heute zu spüren sind und ohne die unsere eigene Forschungs- und Lehrpraxis undenkbar wäre.

Geschichtliche Bedingungen für den Aufschwung der klassischen arabischen Philosophie

Historisch prominent gewordene Philosophen sind als Repräsentanten ihrer Generation zu betrachten. Die Gipfel existieren nicht isoliert; sie gehen aus dem Breitspektrum hervor. Als die Stellvertreter einer Epoche wählen wir die Spitzen der Pyramiden, ohne den Unterbau zu übersehen. Auch der Schachweltmeister springt nicht isoliert nach oben, sondern geht aus dem breiten Tischsport hervor.

Kindī, Rāzī, Farābī und Ibn-Sīnā leiten den Höhenflug der arabischen Philosophie ein.

Farābī und Ibn-Sīnā begründeten den philosophisch abgeleiteten Materialismus. Im Kontext der arabischen Philosophie bezeichnet er die „Unanfänglichkeit der Materie“ als eine streng logisch abgeleitete Aussage zur Erklärung des vorhandenen Seins, in das wir hineingeboren sind. Die „Unanfänglichkeit des Alls“ ergibt sich mit Notwendigkeit. Sie ist die Konsequenz einer systematisch gezogenen Ableitung. Die Auffassung von der Unanfänglichkeit der Welt hat sich rasch durchgesetzt. Dabei ist zu beachten, wie die Schulen die Unanfänglichkeit der Welt „qidam al-ʿālam“ näher erläutern: Die Welt ist dem Prinzip, nicht der Form nach alt. Die Form folgte. Damit entsteht die Bewegung, die ihrerseits die Dimensionen von Zeit und Raum schafft. „Qadīm“ ist wörtlich übersetzt „alt“. Da aber das Sein noch vor der Zeit bestand, ist es ewig.

Europäische Autoren geben sich große Mühe für den Nachweis, arabische Philosophen der Klassik als Rezipienten oder nur Rezipienten einer vermeintlich griechischen Philosophie hinzustellen. Es ist aber geschichtlich unbestreitbar, daß die klassische arabische Philosophie zu einem Zeitpunkt auftrat und ausstrahlte, als es gar keine griechischen philosophischen Schulen mehr gegeben hat. Jahrhunderte vor der arabischen Klassik verlor Byzanz die geistige Kraft, aktiv zur Ideengeschichte beizutragen. Eher spielten Indien, Persien und China eine ungleich wesentlichere Rolle. Dennoch führt uns die integrierte historische Forschung unbeirrbar zu den endogenen Entstehungs- und Entwicklungsbedingungen der arabischen Klassik. Aus einer Position intellektueller Redlichkeit heraus haben arabische und arabisch schreibende Philosophen die Aufgabe in Angriff genommen, sich mit vorausgegangenen Schulen auseinanderzusetzen. In diesem Rahmen haben sie auch eine Aristotelesrevision souverän durchgeführt. Die arabische Kritik an Aristoteles war Ausdruck des eigenen philosophischen Denkens, also keine Rezeption. Die Revision des Aristoteles findet bei arabischen Philosophen eher als Spätwerk statt. Ihr Ziel war es, fehlerhafte Auffassungen des Atheners zu korrigieren.

Die historischen Bedingungen, die zur Entfaltung der philosophischen arabischen Klassik führten, sind vielfältiger Natur. Die wichtigsten seien genannt:

1. Im Gegensatz zum Römischen Reich und zu Byzanz förderte das Kalifat Bildung und Ausbildung für die breiten Schichten der Bevölkerung. In allen Ortschaften waren Schulen eingerichtet, in denen zumindest Lesen, Schreiben und Rechnen gelernt werden mußten. Der Analphabetismus sank auf ein tiefes Niveau herab. Öffentliche Erziehung war für die Volksmassen offen.
2. Während in Europa den Gläubigen das Bibellesen verboten war, haben sich sowohl Muslime als auch orientalische Christen die Lektüre der Heiligen Schriften zur Pflicht gemacht und als Gebot der Frömmigkeit geachtet.
3. Die Anhänger nichtmonotheistischer Religionen sahen in der Mythologie eine treibende Kraft gegen die etablierte Herrschaftsordnung. Das Kalifat sah in der Verbreitung von Wissen ein Mittel gegen widerständische Glaubensformen. Aufklärung und schulische Erziehung sollten Feueranbetern, Masdaqisten und chiliastischen Anschauungen die Basis entziehen. Unter Ma'mūn haben Bildung, Ausbildung, Aufklärung und Rationalismus einen Höhepunkt erfahren und große Breite erreicht, so daß selbst muslimische Konservative sich bedroht fühlten.
4. Das arabisch-islamische Weltreich (632-1517) betrieb eine Politik der nach allen Seiten offenen Grenzen. Spätestens seit den Umayyaden haben die Kalifen – weltgeschichtlich als Erste – das Wirtschaftsdenken in großen ökonomischen Räumen entwickelt und entfaltet. Offene Grenzen und Sicherheit auf den Fernstraßen förderten den kulturellen Austausch. Denker, Wissenschaftler und Schriftsteller nahmen die Gelegenheit wahr und intensivierten ihre Forschungstätigkeit. Studienreisen blühten. Heute noch besitzen wir die Korrespondenz zwischen Wissenschaftlern und Philosophen, welche um Hunderte, sogar Tausende von Kilometern voneinander entfernt lebten.

5. Gefördert durch die Toleranzkultur lebten Anhänger verschiedener Religionen, Anschauungen, Schulen und Tarīqas nebeneinander. Sie pflegten Auseinandersetzungen und haben Konsens und Dissens herausgearbeitet. Thesen, Antithesen und Synthesen wurden entwikkelt. Während Glaubensfragen die Besonderheit einer Gemeinschaft kennzeichneten, haben Philosophie und Wissenschaft die Gelehrten zusammengeführt.
6. Staatssäkularismus, Freiheit des Denkens und Wissenschaftsfreudigkeit wirkten dem Dogmatismus entgegen, öffneten der Aufklärung, dem Rationalismus und der experimentellen Forschung den Weg zur optimalen Entfaltung.

V.
Die Muʿtaziliten[2]

Eine Intellektuellenbewegung trat unter den Umayyaden auf und opponierte gegen sie. Sie leitete – neben ihrer politischen Bedeutung – das dialektische und rationale Denken ein mit Fortläufen, die bis in unsere Gegenwart reichen. Die Schule geht auf Wāṣil b. ʿAṭā (699-748) und ʿAmr(u) b. ʿUbaid (699-761), zunächst in Baṣra aufgetreten, zurück.

Der Name der Bewegung ist rein zufällig entstanden. Er geht nicht auf die Inhalte der Schule ein. Während eines Meinungsstreits verließ der Begründer der Schule als Ausdruck seiner oppositionellen Position den Raum. Der Sitzungsleiter kommentierte nur: „iʿtazalana (er hat uns verlassen) Wāṣil". Unabhängig dieser Begebenheit bedeutet der Ausdruck „Muʿtaziliten" „jene, welche Abstand von den Übrigen nehmen". So deutet der Begriff auf eine oppositionelle Einstellung hin und ist damit geeignet, eine Strömung zu umschreiben, die sich als „dissident" versteht.

Die wichtigsten Begründer der muʿtazilitischen Bewegung sind

Wāṣil b. ʿAṭā	699-748,
ʿAmru b. ʿUbaid	699-761,
an-Naẓẓām	gest. 814.
Abū-Huḏail	gest. 849.

Die geistige Vorgeschichte der Bewegung war durch die Reflexion über das wichtigste politische Problem der Zeit, die *Verantwortlichkeit des Menschen für seine Taten „Iḫtiyār"* (gegen *Ǧabr*), ausgelöst. Den historischen Kontext der Entstehung bildeten die anhaltenden Auseinandersetzungen seit dem Kalifat ʿAlī's und seinem Gegner und Nachfolger Muʿāwiya. Die Muʿtaziliten folgten keinem der beiden Führer. Zunächst arbeiteten sie im Stillen, bis sie ihre Anschauung profilieren konnten. Mit ausgeprägten, gut begründeten Positionen konnten sie sich verbreitern. Die Muʿtaziliten lieferten die theoretische Begründung und Legitimation einer oppositionellen Grundeinstellung. Es bestehe eine

---

2 Zur Wortbedeutung: muʿtazila (VIII. Stamm, Partizip aktiv, zu ʿazala): „Jene, welche sich zurückziehen"; „die sich heraushalten aus dem Bereich der konformistischen, herrschaftslegitimierenden Denkrichtungen".

historische Notwendigkeit für den Widerstand, wenn ein herrschendes System von den Prinzipien der Gerechtigkeit und der Vernunft abweicht, die Schriften zum eigenen Vorteil liest und auslegt. Somit lieferten die Muʿtaziliten nicht nur die eigene *raison d'être*, sondern begründeten überhaupt das Prinzip „Widerspruch“ – zunächst politisch, dann philosophisch. Sie schufen die „Dialektik“ als intellektuelles System.

Der „Iʿtizāl“ (=Annahme muʿtazilitischer Anschauungen) erwies sich als ein stabiles Denksystem. Über Jahrhunderte behaupteten sich die Muʿtaziliten als Opposition gegen die Umayyaden und gegen die gesamte ʿAbbāsidenherrschaft. Vom Ursprungsort Baṣra dehnte sich die Schule bis Baġdād aus, dann bis Ägypten, Syrien, Maġrib, Andalus auf der Iberischen Halbinsel und in mehrere wissenschaftliche Zentren Persiens. Die Muʿtaziliten traten öffentlich auf, wirkten aufklärerisch und übten Kritik an den herrschenden Verhältnissen. Die Strömung entwikkelte sich sehr schnell zu einer breiten Bewegung mit unterschiedlichen Fraktionen. Eine gemäßigte Richtung trat für Reformen ein, forderte die Anhänger zur Arbeit in den Institutionen und gegebenenfalls Infiltration der staatlichen Organe auf. Eine konsequentere Linie, die durch gut ausgearbeitete Positionen intellektuelle Dissidenten um sich sammeln konnte, begründete die Notwendigkeit einer Veränderung bestehender politischer Strukturen. Die Bewegung war auch Jahrhunderte später nicht weniger stark als zur Gründerzeit. In ihrer politischen Philosophie spielte die Frage Iḫtiyār gegen Ǧabr eine zentrale Rolle. Die Prädestinationslehre wurde von Muʿāwiya I. (661-680) zum Staatsdogma erhoben. Sie lieferte die erforderliche Herrschaftslegitimation. Die Muʿtaziliten stellten den politischen Bezug her. Das Dogma „Ǧabr“ diene den Machthabern als Begründung von Willkürherrschaft, Ungleichheit und Ungerechtigkeit. Ǧabr ist in der Konsequenz Diktatur und Tyrannei. Der Prädestinationslehre setzten die Muʿtaziliten ihren Begriff von Iḫtiyār, „Wahlfreiheit“; „freier Wille“, „Freiheit (im Handeln)“, entgegen. In diesem Sinne „frei“ sind sowohl Herrscher wie Untertanen. Ungerechte Herrscher sind eigenständig kraft ihrer Machtpolitik an die Spitze des Staates gelangt. Sie tragen die Verantwortung für ihre Gewalttaten. Deshalb müssen sie durch die bewußte Opposition zu Fall gebracht werden. Die Muʿtaziliten betonten die tätige Seite ihrer Philosophie, die gesellschaftliche Praxis. Politische Verhältnisse treten durch freie Entscheidungen ein. Sie können und müssen durch bewußtes Handeln verändert werden. *al-Insān muḫayyar, lā musayyar*: *Der Mensch ist frei, nicht gesteuert.* Im neunten Jahrhundert erlangte das philosophische Denksystem der Muʿtazila seine Vollständigkeit insbesondere durch die Wirkung von an-Naẓẓām (starb um 814) und Abū-Huḏail (starb 849). Im 12. Jahrhundert zählte az-Zamaḫšarī (gest. 1144) zu den prominentesten Vertretern der Muʿtaziliten. Auf der Höhe ihrer Entwicklung bildeten sich die Kernthesen der muʿtazilitischen rationalistischen Philosophie heraus:

1. Die Quelle des Wissens ist die Realität, die Welt, in der wir leben. Sie wird erfaßt vermittels der *Vernunft*. Damit ist die Voraussetzung einer „rationalen Erkenntnistheorie" gegen spekulatives Denken, vor allem aber gegen den Anspruch, die Offenbarung als ausschließliche Grundlage der Erkenntnis zu nehmen, geschaffen worden. Thesen, Argumente und Aussagen müssen *rational* und *logisch* abgeleitet und nicht transzendental begründet sein.
2. Aus der ersten These leitet sich die zweite ab. Phänomene müssen vernunftgemäß *theoretisch* erklärt, die Begründungen logisch und rational abgeleitet werden. Dieses Prinzip führte zur Aufstellung des „ʿIlm al-kalām", der Dialektik. Geistesgeschichtlich muß man die Muʿtaziliten als die eigentlichen Begründer der dialektischen Philosophie würdigen.
3. Daraus leiten sich die Notwendigkeit und die Begründung des *wissenschaftlichen*, d.h. rationalen Herangehens ab. Die eigene Vernunft ermittelt die Wahrheit. Diese wird nicht allein aus den Buchstaben heiliger Schriften hergeleitet.
4. Der Qurʾān sei nicht ewig, sondern erschaffen. Damit war der Absolutheitsanspruch der Offenbarung stark relativiert, die menschlich schöpferische Leistung rehabilitiert.
5. Alles Seiende befinde sich in Evolution.
6. Antworten auf ontologische Probleme und die Lösung aller Fragen des Seins müssen existentiell gefunden werden, nicht im äußeren Anschein (ẓāhir) koranischer Verse.
7. Damit einher geht die *Kritik* an der Dogmenherrschaft und den *metaphysischen Vorstellungen.*
8. Anerkennung der *Kausalität* als Entwicklungsprinzip, das vermittels Ursache und Wirkung zur Geltung kommt.
   Der progressive Sinn dieser These ist unübersehbar. Dem spekulativen Denken wird ein Riegel vorgeschoben. Das Nachdenken über Ursache und Wirkung stimuliert die Forschung und das Experimentieren. Die Natur ist autonom und entwickelt sich nach eigenen Gesetzmäßigkeiten.

9. Natur und Kosmos können nur vermittels adäquater *wissenschaftlicher Methoden* erforscht und erkannt werden.
10. Ziel der *wissenschaftlichen Forschung* ist die Ermittlung der Gesetzmäßigkeiten der Entwicklung von Natur, Gesellschaft, Denken und deren praktischer Nutzung.
11. *Ablehnung der Prädestinationslehre* („ğabr"). Die Muʿtaziliten sind konsequente Verfechter des „Iḫtiyār, des freien Willens" (wörtl. „freie Wahl"). Das emanzipatorische Potential dieser These ist unverkennbar. In seinem Handeln folgt der Mensch keiner göttlichen Vorsehung, sondern dem eigenen Willen, der freien Entscheidung und dem selbst gewählten Weg. Der Mensch ist frei in seinem Handeln. Er hat seine Taten selbst zu verantworten. Diese These begründet die Machbarkeit der Geschichte durch den Menschen und seine Wahlfreiheit.
12. Die Muʿtaziliten erkannten das Subjekt an. Sie proklamierten die Integrität des Individuums. Sie forderten den Respekt vor den *persönlichen Freiheiten*. Damit sind die Muʿtaziliten zu Protagonisten der Menschenrechte und Grundfreiheiten geworden.
13. Daraus leiteten sie die Forderung nach *sozialer Gerechtigkeit* und *Gleichheit* aller ab.
14. *Relativitätsprinzip*: Zum ersten Mal in der Geistesgeschichte wird die Relativität erkannt und ausformuliert.
    Die Muʿtaziliten begründeten als erste das *Relativitätsprinzip* und formulierten Thesen über den Relativismus aus. Es besteht eine Beziehung zwischen Zeit und Raum, die auf die Bewegung zurückgeht. Ändert sich die Bewegung, so ändert sich auch die Beziehung der beiden Dimensionen zueinander. In Abhängigkeit davon ändert sich der Charakter der Materie. Das war die Geburtsstunde der Relativitätstheorie – zwölfhundert Jahre vor Einstein (1905). Die Muʿtaziliten waren die ersten, die von der Ursprünglichkeit der Bewegung sprachen. Zeit und Raum sind sekundär.
15. In der Schule der Muʿtaziliten entstand die Philosophie der Vernunft. Die Muʿtazila läßt sich als der eigentliche Anfang des philosophischen Rationalismus auffassen.
16. *Dialektische Kategorisierungen*: Wesen/Schein, Wesen/Erscheinung, Wesen/Akzidenzien, Endlichkeit/Unendlichkeit und andere dialektische Kategorien, überhaupt die systematische Dialektik wurden von den Muʿtaziliten erarbeitet.

Fazit: Die Muʿtaziliten strebten eine Hebung der Stellung des Menschen gegen Gewalten – ob göttliche oder irdische – an. Im Mittelpunkt ihrer Philosophie steht der Mensch, dessen Würde sie unermüdlich betonen. Damit brachten sie eine humanistische Komponente in die Philosophie ein. Kernpunkt des Muʿtazilismus ist die *Freiheit des Menschen.* Gegen Ǧabriyya, die Prädestinationslehre, vertraten sie die These: Der Mensch ist frei in seinem Denken, Entscheiden und Handeln.

Die Muʿtaziliten müssen als Mitbegründer des Humanismus gesehen werden.

Schīʿitische Muʿtaziliten wandten sich gegen waṣṣiyya, hier im schīʿitischen Sinne von „Vermächtnis". Ferner stellten sie sich gegen ʿIṣma („Unfehlbarkeit").

Zu den großen Verdiensten der Muʿtaziliten zählt die Konstitution von ʿIlm al-kalām, „Dialektik". Sie entwickelten die dialektischen Kategorien von „Sein und Schein", „Wesen und Schein" (ǧawhar / ǧawāhir) u.a.m. Sie erhoben die Dialektik zum hermeneutischen Prinzip, zur Interpretation und praktischen Konkretion der Exegese. Darüber hinaus rehabilitierten die Muʿtaziliten nichtislamisches Gedankengut und erkannten es als vereinbar mit dem Qurʾān an.
Bei alledem lassen sich die Muʿtaziliten in ihrer Gesamtheit in der politischen Mitte zwischen der herrschenden Gewalt und dem militanten Widerstand einordnen. Sie blieben überwiegend reformistisch und pazifistisch. Sie sorgten für die Verbreitung ihrer emanzipatorischen Auffassungen in Wort und Schrift. Sie bedienten sich der Waffe der Kritik, nicht der Kritik der Waffen. Es waren aber gerade ihre Ideen, die agitierend wirkten und zu aufständischem Handeln motivierten. Dann aber versagten die Muʿtaziliten ihren eigenen Adressaten die aktive Unterstützung und begnügten sich mit der theoretischen Reflexion in ihren intellektuellen Zirkeln. Somit waren sie „Muʿtaziliten" im wörtlichen Sinn des Wortes „die sich zurückgezogen haben". Für die vornehme Zurückhaltung der Muʿtaziliten revanchierten sich die Herrschenden mit Duldung und Stillhalten. Die Muʿtazila versuchten sogar, prominente Persönlichkeiten für ihre Weltanschauung zu gewinnen. Zu ihr bekannten sich u.a. der große Herrscher der ʿAbbāsiden Maʾmūn und sein Nachfolger Muʿtaṣim. Auch andere Kalifen stellten Vertreter der Muʿtazila unter ihre Schirmherrschaft. Gleichwohl hat die rationale Philosophie der Muʿtazila ihre Wirkung nicht verfehlt. Die erwähnte Entfaltung des arabischen Rationalismus und damit die Brücke zum eu-

ropäischen Rationalismus wären ohne die muʿtazilitische Bewegung undenkbar gewesen. Wenn wir heute den Fortschritt von Wissenschaft und Technik erleben, dann sollten wir daran denken, daß es die Muʿtaziliten waren, welche die Menschheit vom Konservatismus (Schule von Kūfa, gegen welche die Baṣristen aufgetreten waren) befreiten und ihr den Weg zu neuen Entdeckungen und Erfindungen öffneten. Allerdings vernachlässigten die Rezipienten die ethische Komponente ihrer Philosophie, die uns die Zerstörung der natürlichen Umwelt und des ökologischen Kreislaufs erspart hätte. Die Muʿtaziliten trugen zur Entfaltung von Philosophie, Wissenschaft und Technik in der arabischen und der übrigen Welt maßgeblich bei. Die muʿtazilitische Anschauung läßt sich in den beiden Wörtern zusammenfassen „ʿaql wa ʿadl" (Vernunft und Gerechtigkeit).

VI.
ʿIlm al-Kalām
Dialektik

Arabisch – Die Sprache der Dialektik
„Al-Kalām" ist „das Reden". Damit wird bereits im Titel deklariert, daß Dialektik prinzipiell diskursiv, dialogisch gepflegt wird.

Grundlegung der Dialektik als Wissenschaft

Kenntnisse über die „Dialektik" als Denkprinzip sind alt. Dialektik erklärt die Ursachen der Bewegung, Veränderung, Entwicklung, den Übergang quantitativer in qualitative Veränderungen sowie das Vergehen und das Entstehen der Dinge. Im alten Ägypten wurde dem dialektischen Denken, dem Polaritätsgesetz, großer Wert beigemessen. Dialektik als Denkprinzip wirkt der Einseitigkeit entgegen und schützt vor der trügerischen Harmonisierung bestehender Widersprüche.

Die Araber sind nicht die Erfinder der Dialektik, aber diejenigen, welche sie verwissenschaftlicht haben. Bereits im achten Jahrhundert wurden Lehrstühle für Dialektik eingerichtet. Ihre Tradition reicht bis in die Gegenwart. Das Fachgebiet Dialektik wird als „ʿIlm al-Kalām" bezeichnet.

ʿIlm al-Kalām

Die Vertreter des ʿIlm al-Kalām, die Dialektikoi (=„al-Mutakallimūn"), lassen sich historisch als Begründer des Rationalismus einordnen. Sie stellten eine bedeutsame Strömung der Muʿtaziliten dar. Die Mutakallimūn waren bestrebt, auch Offenbarungsfragen und theologische Probleme rational zu erklären, so daß sie im Einklang mit der Vernunft stehen. Sie sollten logisch abgeleitet, daher auf anerkannte Prämissen aufgebaut sein. Sie sollten nicht im Widerspruch zur Vernunft und zu dem vernunftmäßigen Denken stehen.

Als Voraussetzungen für dialektische Ableitungen stellten die Mutakallimūn eine Reihe grundsätzlicher Thesen oder Prämissen (muqaddimāt) auf. Diese Systematik erwies sich als hilfreich und setzte sich als Konsens verschiedener Schulen als Basis der Dialektik durch. Auch außerhalb der Kreise von Mutakallimūn fand sie eine gewisse Verbreitung. In dem Maße, wie sie ihre Prämissen vertraten, haben die Gegner dieser dialektischen Schulen die Thesen kritisch aufgegriffen. In der Auseinandersetzung mit Mutakallimūn bildeten deren Thesen den Gegenstand heftiger Polemik. Nachstehend stellen wir die Prämissen thesenförmig vor. In der Präambel seien Grundsätze vorangestellt, auf die sich die Prämissen beziehen.
Die Dialektik der Mutakallimūn geht von der Einheit des Seins aus. Sie vertreten einen durchgehenden Monismus. Die Vielfalt in Natur, Gesellschaft und Denken weist Universalien auf, welche durch den gemeinsamen Ursprung aller Dinge zustande kommen. Die Entfaltung und Verschiedenartigkeit der Erscheinungen stehen nicht im Widerspruch zur Einheit des Seins. Die Phänomene unterscheiden sich voneinander durch Akzidenzien. Ihnen liegt die Dialektik von „Wesen (ǧawhar)" und „Akzidens (ʿarḍ)" zugrunde, die bei den Dialektikoi eine herausragende Bedeutung erlangt und entsprechend sehr ausführlich behandelt wird. Alles Seiende wird kategorisiert als „Wesen" oder „Akzidens" und danach, welches Akzidens zu welchem Wesen gehört. Daraus werden die Beziehungen unter den Wesen ebenso untersucht wie das Verhältnis von Akzidenzien zueinander. Die wichtigsten Anschauungen der Mutakallimūn (=Dialektiker) fassen wir nachstehend in Thesenform zusammen:

These 1: Dialektik von „universellem Wesen" und „Einzelwesen"
Aus diesem universellen Ansatz leitet sich unmittelbar die Unterscheidung von „Urwesen" und „Einzelwesen" ab.

These 2: Dialektik von „Universum" und „Leerem"
Die Bewegung und die Expansion des Alls bedingen das Vorhandensein des „Leeren".
(Beachte bitte den Unterschied: Vakuum ist ein Leerraum, der auffüllbar ist. „Leeres" (ḫalāʾ) ist nicht auffüllbar. Vakuum ist dimensioniert, „Leeres" ist dimensionslos).

Daraus ergibt sich (für die Mutakallimūn): Das Leere ist vorhanden. Seine Notwendigkeit wird abgeleitet aus der Bewegung. Ohne das Leere wäre die Bewegung nicht möglich. Unmöglich wären auch die Entstehung und Entfaltung der Systeme des Alls. Das Leere ist unabdingbar für die Prozesse von „Ansammlung" und „Auflösung". Das „Leere" (ḫalāʾ) ist absolut leer. In ihm befinden sich weder Wesen noch Körper. Ohne das Vorhandensein des Leeren gäbe es keine Bildung neuer Systeme und keine Expansion.

These 3: Dialektik von „Ansammlung (iǧtimāʿ)" und „Auflösung (iftirāq)"
Die Dialektikoi reden nicht von „Verwesung" der Dinge, sondern von Auflösung. Die „Bewegung", „Ansammlung" und „Auflösung" sind auf das Vorhandensein des Leeren angewiesen. Ohne es wäre die Entstehung neuer Dinge nach Quantität und Qualität nicht möglich. Iǧtimāʿ ist die Ansammlung von Teilchen zu einem Körper. Iftirāq ist die Auflösung dieses Körpers als Akzidens.

These 4: Das Atommodell
Die Entfaltung eines Dinges erfolgt punktuell. Die Mutakallimūn vertraten ein Atommodell, nach dem die Dinge aus Kleinstteilchen bestehen. Jedes Ding läßt sich zumindest gedanklich in immer kleinere Bestandteile bis zum kleinsten Teilchen zerlegen, das nicht weiter teilbar ist.

Diesen Aspekt sehen wir anders: In ihren unmeßbar kleinen Substrukturen gehen die Korpuskeln in den wellenförmigen Zustand über und bewahren damit ein Kontinuum, das schon immer bestanden hat.

Nach Mutakallimūn besteht die Materie aus diesen nicht weiter teilbaren Kleinstteilchen. Das Atom ist nicht quantifizierbar. Erst durch Ansammlung mehrerer Teilchen lassen sie sich quantifizieren.

Dieser Ansatz – das Ding als Ansammlung von Korpuskeln – wird auf Raum und Zeit übertragen.

These 5: Der Raum besteht aus kleinsten, nicht weiter teilbaren Raumeinheiten.
Gemäß ihrer Prämisse von der Materie wird nicht ein „Kontinuum", sondern ein „Teilchenmodell" vertreten, was auch mit modernen Korpuskelthesen vereinbar ist.

These 6: Die Zeit besteht aus kleinsten Zeiteinheiten.
Analog zum Raum wird die Zeit ebenfalls in kleinere Einheiten unterteilt. Die Einheit wird wiederum in kleinere bis zur letzten nicht weiter

teilbaren Zeiteinheit (gedanklich) zerlegt. Auch bei „Zeit“ besteht kein Kontinuum, sondern Summation einzelner Zeiteinheiten.

Der Zeitbegriff der Mutakallimūn ergibt sich konsequent aus ihrem Raummodell. Da zwischen „Weg“ und „Zeit“ eine gesetzmäßige Beziehung besteht, die sich aus dem physikalischen Koordinatensystem ergibt, folgt die Zeit dem Raum. Wenn die Zeit halbiert wird, wird auch der Weg halbiert; wenn der Weg verdoppelt wird, wird die Zeit verdoppelt. Die Prämisse, nach der das Atom nicht weiter teilbar ist, muß daher auf die Zeit übertragen werden. Andererseits würde die Teilung der kleinsten Zeiteinheit zur Teilung im Raum führen. Daher muß die Prämisse ebenso für den Raum wie für die Zeit gelten.

Am Beispiel der „Zeit“ wurde die Stunde in 60 Minuten, die Minute in 60 Sekunden, die Sekunde in 60 Teile, jeder Teil wiederum in 60 Teile usw. bis zu Zeiteinheiten von hohen negativen Zehnerpotenzen zerlegt. Die Mutakallimūn sind somit gedanklich in den unmeßbaren Bereich vorgedrungen, lange bevor ihnen geeignete Meßgeräte zur Verfügung stehen konnten. Sie vertraten indes die Auffassung, daß am Ende der Zerlegungskette ein letztes, extrem kleines, nicht weiter teilbares Teilchen resultiert.

Das schöpferische Potential dieser These ist unübersehbar. Sie motivierte die Entwicklung von sehr sensiblen feinmechanischen Meßtechniken, die auch heute große Bewunderung erlangen. Die Nulltoleranz wurde gefordert und erreicht (bei einem Präzisionsgerät aus dem zwölften Jahrhundert wurde eine Abweichung von der Nulltoleranz um 0,00045 ermittelt). In der Technik konnten Detailentwürfe erstellt werden, die von Kleinstdimensionen in Raum und Zeit ausgehen.

Nach unserer Auffassung ist die Bewegung primär. Raum und Zeit sind sekundär. Alle drei Dimensionen stellen jeweils ein Kontinuum dar. Brüche sind gedankliche Konstrukte.

These 7: Die Dialektik von „Wesen“ und „Akzidens“
Alles Seiende besteht aus „Wesen“ (ǧawhar) und „Akzidens“ (ʿarḍ). Letzteres geht aus ersterem hervor. Das Wesen währt, das Akzidens wird aufgelöst.

These 8: Das „Einzelwesen" ruft verschiedene Akzidenzien hervor und wird durch sie nicht aufgelöst. Ein Akzidens ist an Einzelwesen gebunden, d.h. ohne Einzelwesen kein Akzidens.

These 9: Das „Wesen" wird durch eine Vielfalt von Akzidenzien, die aus ihm hervorgehen, nicht aufgelöst.

These 10: Das Akzidens ist an seine eine Zeit gebunden. Es bleibt nicht für die Dauer zweier Zeiten.

These 11: Keine Verwesung (fasād), sondern Umwandlung
Ein System entsteht durch Ansammlung und löst sich auf durch das Auseinanderstreben seiner Komponenten und Einzelteile.

These 12: Sinnestäuschung
Sinnestäuschungen sind möglich. Den Sinnen bleiben viele Bereiche des Seins entzogen. Das Urteil der Sinne ist beschränkt und kann nicht als sicher und verläßlich angenommen werden. Die Mutakallimūn führen viele Quellen und zahlreiche Fälle von Sinnestäuschungen an. Die These erlangt für sie deshalb besondere Bedeutung, da die Mutakallimūn der Vernunft (ʿaql) absolute Priorität im Erkenntnisprozeß vor der sinnlichen Erkenntnis einräumen.

* * *

Die Heranziehung der Vernunft (ʿaql) in den Mittelpunkt des Interesses hat den Mutakallimūn mit Recht das Prädikat „Begründer des Rationalismus" eingebracht.

Die Prämissen der Mutakallimūn sind einheitlich, in sich konsistent und werden streng voneinander abgeleitet.

Im weiteren stellten die arabischen Dialektikoi theoretische Erörterungen zu der Dialektik von „Möglichkeit und Unmöglichkeit", „Endlichkeit und Unendlichkeit" und anderem mehr auf. Wirkliche und vorstellbare Phänomene wurden kategorisiert und eingeordnet. ʿIlm al-Kalām erreichte sehr bald einen sehr hohen Abstraktionsgrad. Nicht nur für reale Dinge, sondern auch solche, welche nur in der Vorstellung vorkommen, sollte eine Erklärung gefunden und eingeordnet werden. Viele Fragen wurden aus rein akademischem, dialektischem Interesse diskutiert, ohne daß sie eine existentielle Bedeutung hätten.

Die Mutakallimūn waren streitbar und disputfreudig. Wie in allen späteren dialektischen Schulen sind Entgleisungen in gewissen Kreisen der Mutakallimūn sichtbar geworden. Sie erfolgen durch die Tendenz, Prinzipien verallgemeinern zu wollen. Es bildeten sich verschiedene dialektische Schulen heraus, die zum Teil sehr unterschiedliche Wege gegangen sind.

Im Urteil der führenden Denker der Zeit fielen die Mutakallimūn unterschiedlich aus. Ibn-Sīnā legitimierte ihren dialektischen Weg. Ġazālī hingegen summierte: Sie richten mehr Schaden als Nutzen an. Ibn-Rušd wollte sich ausdrücklich zurückhalten in ihrer Beurteilung, da die Muʿtazila und die Mutakallimūn im Maġrib einschließlich Andalus keine wesentliche Rolle spielten und ihre Lehren nicht hinreichend bekannt waren. Ausführlicher hat sich Ibn Maimūn (Maimonides), der sich längere Zeit im arabischen Osten aufhielt, mit ahl al-kalām befaßt und sich kritisch mit ihnen auseinandergesetzt.

Im Gegensatz zu Ibn-Rušd und anderen Philosophen mit der Auffassung von der Unanfänglichkeit (qidam) der Welt lehrten die Mutakallimūn, daß die Welt einen Anfang hat (muḥdaṯ).

In Übereinstimmung mit ihren Denkansätzen vertraten die Mutakallimūn die Einheit des Universums. Es besteht nicht aus losen, nebeneinander existierenden Fragmenten, sondern aus zusammenhängenden Organen, die einen einheitlichen Körper bilden – analog der Person, die aus zahlreichen Gliedern existiert. Im Mikro- und Makrokosmos sind die Organe sinnvoll zusammengesetzt, koordiniert. Sie arbeiten harmonisch und komplementär. Sowohl das Universalsystem als auch die individuelle Person werden nur in ihrer Integrität und nicht in ihrer Zergliederung begriffen. Kein Ganzes ohne die einzelnen Glieder und kein Glied ohne das Ganze.

Die Sicht, daß aus einem Wesen verschiedene Akzidenzien hervorgehen können, ist durchaus mit unseren modernen Vorstellungen über die Entstehung komplexer Strukturen vereinbar. Es sei an die Ontogenese erinnert. Aus einer einzigen befruchteten Zelle gehen die unterschiedlichsten Strukturen hervor. Sämtliche Tochterzellen der Zygote sind gleichberechtigt. Jede ist mit dem gesamten biologischen Potential ausgestattet. Trotzdem spezialisiert sich jede der Tochterzellen auf die Bildung einer einzigen organischen Struktur des Körpers: Muskeln, Knochen, Blutzellen, Drüsen, Sinnes- oder innere Organe. Die einen bilden die einzelnen Strukturen des Auges, die anderen den komplexen Betrieb der Leber, wiederum andere den Bewegungsapparat bis hin zu den einzelnen subtilen Komponenten des Nervensystems. Alle arbeitsteilig funktionierenden Zellen stellen zusammen den integrierten, einheitlichen Körper dar, ohne Interferenz oder Lücken. Die Entwicklungsketten fügen sich zusammen, verbinden sich, koordinieren ihre Tätigkeit, ohne die jeweils andere Struktur zu stören.

Wir wissen auch, daß sich die Elemente des Periodensystems auseinanderentwickeln.

Die Arten, und zwar *alle* Lebewesen, benutzen dieselben vier Grundbasen, um ihre DNA aufzubauen. Von der Amöbe bis zum Menschen bestehen die DNAs aus denselben Basen. Sie unterscheiden sich nur in der Sequenz und der Länge des jeweiligen DNA-Stranges.

Das Universum entwickelte sich aus dem Urknall, der aus der Urenergie hervorging. Allmählich bildeten sich in Jahrmilliarden die verschiedenen Sonnensysteme, Gestirne und Planeten heraus.

ʿIlm al-Kalām ist die wahre Brutstätte der Dialektik. Darüber hinaus legte er den Ansatz der modernen Wissenschaften an. Die Dialektik der Muʿtazila lehrte die Menschen den logischen Diskurs, ohne den eine Fachsprache (Kalām) nicht möglich ist. Der Name „ʿIlm al-Kalām", „die Wissenschaft vom Reden" oder „der Fachdiskurs", ist gut gewählt und steht zu Recht. Die Grundlagen des Rationalismus sind in ihren Sitzungsräumen aufgestellt worden.

Die „Phänomenologie des Geistes" (erschien 1807), die Begründung der Hegelschen Dialektik, hat also aus einer langen Tradition geschöpft. Vom Gründungsmythos der Dialektik durch G.W.F. Hegel soll man Abschied nehmen. Über ein Jahrtausend vor ihm hatte die Dialektik ihre Ausreifung und Ausgeprägtheit erlangt.

Etymologen rätseln über den Ursprung des allgemein europäischen Wortes „Dialektik" (Parallelen). Die stereotype Rückführung auf das Griechische ist auch in diesem Fall falsch. Es ist ganz klar, daß es sich um eine sehr gelungene Übersetzung des Begriffs „ʿIlm al-Kalām" handelt.

VII.
Naturphilosophie
Relativismus und Relativitätstheorie

Übersicht

1. Einleitung
2. Was ist Relativität?
3. Platz des Relativismus in der Erkenntnispyramide
4. Die erkenntnistheoretische und praktische Bedeutung des Relativismus
5. Die Rezeption der arabischen Wissenschaften und Naturphilosophie in Europa
6. Praxisbezug

Die erkenntnistheoretische Bedeutung der Entdeckung der Relativität durch die Muʿtazilitenschule kann nicht hinreichend gewürdigt werden. Sie stellt einen entscheidenden Markstein im Prozeß der Entfaltung des menschlichen Denkens dar. Der Relativismus ist eine adäquate Theorie zum Verstehen der Beziehungen in Natur, Gesellschaft und Bewußtsein. Er schließt eine Lücke im Denksystem, wovon wir noch heute profitieren. Man darf geradezu von einer „Relativismus-Revolution" sprechen, die ein radikal neues Verständnis des Universums herbeigeführt hat. Die Naturphilosophie erzielte einen besonderen Gewinn daraus. Seitdem bewegt sich der Fortschritt der Physik auf einer höheren Ebene als z.B. im Aristotelismus. Seit den Muʿtaziliten befindet sich die Entwicklung der Naturwissenschaft in einem dynamischen Prozeß, für dessen Beschleunigung sie mitverantwortlich gemacht werden müssen. Ihre Erkenntnis über die Relativität ist genial, denn sie haben die „Bewegung" in Raum und Zeit nur unter irdischen Bedingungen gekannt. Sie konnten weder die Ablenkung eines Lichtstrahls beim Eintritt in ein anderes Gravitationsfeld empirisch feststellen, noch überhaupt Experimente auf anderen Planeten durchführen. Sie waren allein auf ihr theoretisches Denkvermögen angewiesen. Der Zeitpunkt, in dem der Relativismus erkannt und ausformuliert wurde, ist der eigentliche Anfang der modernen Naturwissenschaft – vor elfhundert Jahren. Die Aufstellung der Relativitätstheorie bedeutet einen qualitativer Sprung in der Wissenschaftsgeschichte hervor.

Was ist Relativität?

1. Beziehung: Ganz allgemein heißt Relativität, ein Phänomen im Verhältnis zu einem anderen zu betrachten. Da aber das Universum nicht eine Häufung von Einzelteilen, sondern eine Einheit darstellt, müsse ein beliebiges Phänomen in seiner Abhängigkeit von allen anderen gesehen werden.

2. Unendlichkeit der Bewegung: Ein beliebiger Stoß löst unendliche Wellen in Raum und Zeit aus und beeinflußt somit das Sein. Die Wirkung einer Bewegung beeinflußt grenzenlos das Umfeld. Relativität bedeutet, das menschenmögliche Maximum an Faktoren in die Betrachtung einzubeziehen, die sich gegenseitig beeinflussen.

3. Unbekanntes erforschen und erkennen (Heuristik): Relativität ist es auch, aus einem bekannten Phänomen A auf ein unbekanntes Phänomen B zu schließen (z.B. durch die Wirkungen, die A von B empfängt oder durch die Einordnung von A in ein übergeordnetes System).

4. Unfaßbares erfassen: Die sinnliche Wahrnehmung – auch durch Geräte und Apparaturen verstärkt – ist begrenzt.
Die Relativität begründet Möglichkeiten, von Wahrnehmbarem auf Unwahrnehmbares, von Erfahrbarem auf Unerfahrbares, von Faßbarem auf unfaßbares zu schließen, ohne dabei spekulativ zu werden. Relativität ist bestrebt, von Endlichem in das Unendliche vorzudringen.

5. Im *subjektiv*en Bereich ist eine Erkenntnis durch ein Interesse motiviert. Es will heißen, das erkenntnisleitende Interesse bestimmt die Korrelation zur Realität und Praxis.

6. Abschied vom Absolutismus: Relativität ist der Gegensatz zur Absolutheit. Relativität ist universell. Absolutes gibt es nicht.

Die Materie

Die arabische Naturphilosophie verdankt ihre rasche Entfaltung einer Reihe von Faktoren, welche ihre Entwicklung schon früh förderte und auf korrekte Bahnen lenkte. Die Lehren von Materie, Sein und Kosmologie waren geeignet, als festes Fundament zur Theoriebildung zu dienen. Als man an die Grenzen der unmittelbaren Sinneseindrücke gelangte, wurde der Handlungsbedarf geweckt, wenn nicht physisch, dann jedoch theoretisch Dimensionen jenseits der empirisch erforschbaren Welt zu erfassen.

Einer der wichtigen Streitpunkte war die Frage, ob die Materie einen Anfang hat oder unanfänglich ist. Die Meinungen polarisierten sich, doch erwies sich die Auseinandersetzung als sehr konstruktiv und fruchtbar für alle Beteiligten. Für ihren Teil haben die Muʿtaziliten die Position vertreten, daß die Welt einen Anfang hat, d.h. sie ist erschaffen. In der arabischen Philosophie hat sich hingegen die These von der Unanfänglichkeit des Seins durchgesetzt. In anderen Fragen der Naturphilosophie herrschte Konsens: die Materie ist autonom und agil. Die Bewegung ist die Eigenschaft der Materie. Die kontinuierlich in Raum und Zeit verbreitete Materie verbindet das Sein zu einer großen Einheit: Einheit des Universums, der Natur, des Mikro- und Makrokosmos.

Die Bewegungsgesetze der Materie wurden formuliert und verifiziert. Es hat sich aber gezeigt, daß eine – auch naturwissenschaftliche – Aussage unterschiedlich gewertet wird. Ihre Gültigkeit kann als unbeschränkt aufgefaßt werden oder die Geltung soll vorbehaltlich und Bedingungen unterworfen werden.

Die Gesetze der Natur können entweder als „absolut“ oder als „relativ“ begriffen werden. Was trifft zu? Während in Europa noch bis in das zwanzigste Jahrhundert die Absolutheit physikalischer Gesetze geglaubt wurde, nahm die arabische Naturphilosophie bereits im neunten/zehnten Jahrhundert Abschied von der Vorstellung des ehernen Nomismus. Kausale, deterministische Naturgesetze eignen sich nicht, das Universum adäquat zu begreifen.

Das Vordringen bis zu den Mikrostrukturen der Materie verlief parallel zu dem Aufsteigen in die höheren Sphären des Kosmos, die mit Sinnesorganen nicht wahrzunehmen sind. Es bedarf einer geeigneten Theorie, die beide Dimensionen erschließt: Sowohl die Substrukturen der Materie als auch den Aufbau des Universums. Die arabischen Naturforscher waren die ersten, welche die Grenzen der Sinneswahrnehmungen zu überschreiten vermochten, ohne dabei spekulativ zu werden. Sie entwickelten Vorstellungen über die fernen Sphären, die für die Sinnesorgane nicht wahrnehmbar sind und sich nur indirekt durch ihre Wirkungen auf die Materie bemerkbar machen. Schließlich wurde auch über das „Leere“ (nicht mit dem Vakuum zu verwechseln) nachgedacht.

Allgemeine Relativitätstheorie: Die Ursachen eines Ereignisses sind nie absolut. Ihre Wirkung hängt in jedem Fall von Bedingungen ab, die da sein müssen, damit ein bestimmtes Resultat eintritt. Dieses Prinzip gilt allgemein: Für die Natur, die Gesellschaft, den Organismus, für die Bewegung der Materie und alle anderen Prozesse, z.B. für Krankheit und Heilung. Die Entdeckung der Relativität bedeutet den Bruch mit allen als absolut begriffenen Gesetzen (wie sie heute noch in der Ausbildung vermittelt werden!). Man kann es auch salopp formulieren: Der Relativismus ist ein Schlag gegen die Absolutheit. Ganz recht! Der Relativismus kennt nur ein einziges absolutes Prinzip: Es gibt keinen Absolutismus.

Ein generelles Beispiel für die Absolutheit ist die Auflösung eines beliebigen Phänomens in Eins-Null-Einheiten (ja/nein, ein/aus, usw.). Dieser Vorgang ist die Basis der „scharfen Logik“, die Grundlage aller digitalen Systeme. Ein Schritt weiter war die Entdeckung und Anwendung der „unscharfen Logik“. Sie machte es möglich, daß Prozesse, die nicht in Eins/Null zerlegt werden, doch aufgelöst werden können. Das war eine der produktiven Anwendungen von Relativität.

Auch diese Entdeckung geht auf die Muʿtaziliten zurück. Sie formulierten es folgendermaßen: *Manzila baina al-manzilatain* „Eine Stufe zwischen den beiden Absoluten“.

Spezielle Relativitätstheorie: Aufmerksam auf die große Bedeutung der Relativitätstheorie sind die Menschen erst durch ihre Anwendung auf dem Fachgebiet der Physik geworden. Die Absolutheit physikalischer Gesetze, welche bis dahin herrschte, wird nun durch eine ganz andere Sicht abgelöst.

Es liegt auf der Hand, daß die Entdeckung der Kugelgestalt der Erde durch arabische Geographen und Mathematiker (!) nicht primär empirisch erfolgte – eine z.B. optische Feststellung müsse ja ausgeschlossen werden –, sondern zunächst theoretisch und mathematisch. Die arabischen Autoren des zehnten Jahrhunderts (sechshundert Jahre vor Galilei) sprechen mit Selbstverständlichkeit von der ballförmigen, ovalen Gestalt der Erde, wie z.B. bei Iḫwān aṣ-Ṣafāʾ. Al-Bīrūnī und Ibn-Sīnā schufen eine Wende in der Entwicklung der Naturwissenschaft, doch die Erkenntnis von der Kugelgestalt hatten sie bereits vorgefunden. Al-Bīrūnī war allerdings der Erste, der den Erdumfang messen konnte. Er ermittelte einen Wert, der nicht weit vom heute anerkannten Wertespektrum liegt (bedenke, daß die Länge des Umfangs unterschiedlich ermittelt wird, je nachdem, welche Achse man wählt).

Solange man glaubte, die Erde sei eine Ebene, eine flache Scheibe, waren geometrische Linien absolut definiert. Die Senkrechte, die Linie unten-oben, beschreibe mit an anderen Senkrechten gleicher Höhe auf gleichem Breitengrad eine Linie, die ebenfalls eine Ebene – parallel zur Erdscheibe – darstellt. Es gab also die „absolute Vertikale" entlang der Erde. Nun lernt man, die Vertikale „relativ" zum Standort des Beobachters zu definieren und auf den Erdmittelpunkt zu beziehen – und nicht mehr auf eine andere beliebige Vertikale.

In jenem absoluten Denken wurden Vertikalen auf der Erdoberfläche als parallel wahrgenommen und als solche definiert, die sich nie überschneiden. Dieses Beispiel demonstriert eindrucksvoll, wie kurzlebig gerade absolute Sätze sind.

Was von den parallelen Linien gesagt wird, läßt sich verallgemeinern. Eine Definition ist keine absolute Größe, sondern relativ und ist von anderen abhängig.

Der wichtigste Fall zur Anwendung der Relativitätstheorie ist die „*Bewegung*". Sie ist primär. Die Bewegung schafft die beiden Dimensionen Raum und Zeit. Letztere sind sekundär. Die Raum-Zeit-Koordinaten gelten – ohne Einbeziehung der Relativität – als absolut. Die Muʿtaziliten lehrten: Ändert sich die Bewegung, so ändert sich die Beziehung von Raum und Zeit. Man beachte: Nicht durch die Änderung der Geschwindigkeit durch Beschleunigung, denn die gesetzmäßige Beziehung von Raum und Zeit bleibt auch dann erhalten. Die Bewegung ändert sich qualitativ erst durch eine übergreifende Veränderung. Neben Raum und Zeit besteht ein drittes Parameter nämlich die Gravidität, welche maßgeblich über die Beziehung von Raum und Zeit mitentscheidet.

Die bis dahin absolut definierten Dimensionen werden nun relativiert. Man sieht nicht mehr nur die beiden Dimensionen, sondern vielmehr Raum, Zeit und Gravitation.

Ebenso ist die Beziehung Masse/Energie gravitationsabhängig. Das Verhältnis beider Größen ist nicht absolut, sondern relativ. Es ist abhängig von der Anziehungskraft.

Quantentheorie: Die Aufstellung der Relativitätstheorie öffnet dem Bewußtsein den Weg in die kleinsten Grundeinheiten der Materie, die weder mit Sinnesorganen noch mit Apparaturen erkannt und gemessen werden können. Den Muʿtaziliten gelang es – über ein Jahrtausend vor Max Planck – die Materie gedanklich zu zerlegen und ihre Kleinststrukturen zu beschreiben. So haben sie neue Wege über das Denken von Naturerscheinungen gewiesen.

Die Quanten gelten nach ihnen nicht nur für die Materie, sondern auch für die Zeit. Die Analogie von Raum und Zeit in bezug auf ihre Zerlegung nach muʿtazilitischem Konzept gibt eine plausible Lösung des Dualitätsproblems beider Dimensionen. Der Zusammenhang von Räumlichkeit und Zeitlichkeit erscheint bei ihnen noch enger. Sie lösen den Widerspruch jedoch nicht in der Weise auf, daß sie Raum und Zeit zu einer Dimension zusammenfassen.

Mit der Entdeckung des Relativismus durch die Muʿtaziliten beginnt ein neues Zeitalter des Denkens. Ihre Relativitätstheorie wirkt sich entscheidend auf die weitere Entwicklung der arabischen Wissenschaften und der Naturphilosophie seit dem neunten Jahrhundert aus. Es war die arabische Naturwissenschaft, welche seitdem durch hervorragende Leistungen und experimentelle Entdeckungen zur Theoriebildung beigetragen hat. Die Gründe für diese Erfolge sind vielfältiger Natur, dabei spielt das theoretisch korrekte, konstruktive Verhältnis zur Natur und Gesellschaft eine grundlegende Rolle. Die Relativität ist ein Aspekt des theoretisch reflektierten Verhältnisses zur Wirklichkeit. Die „Relativität“ ist ja kein Laborbefund, sondern eine theoretische Leistung. Die empirische Verifizierung folgt wie sonst oft nach gedanklicher Aufstellung der These.

Die nachfolgende Generation arabischer Naturforscher bauen auf der Basis des Relativismus auf. Neben dem „Relativismus“ kommt als weiterer, entscheidender Fortschritt die „*Objektivierung*“ hinzu. Physikalische Aussagen sollen durch den empirischen Nachweis ermittelt und bewiesen werden. Sie sollen vom Individuum unabhängig feststellbar und beliebig wiederholbar sein.

Um die Jahrtausendwende beginnt mit al-Bīrūnī und Ibn-Sīnā die empirische Verifizierung von Aussagen über die Natur. Sie führen fein abgestufte Serienexperimente durch, um den Nomismus der Natur zu erforschen und ihre gesetzmäßigen Reaktionen zu ermitteln. Mit ihrer

Forschungsmethode begründen sie die experimentelle Physik und Chemie.

Platz des Relativismus in der Erkenntnispyramide

Die Beziehungen zwischen dem Kollektiv der Wissenschaften und dem menschlichen Erkenntnisprozess werden durch die Erkenntnispyramide (letztes Kapitel dieses Buches) hergestellt. Der Relativismus ist ein bedeutsames Merkmal der Zusammenhänge:

Erste Ebene: Die „Physik" als Fachwissenschaft wird neben andere Disziplinen auf der ersten Ebene der Erkenntnispyramide eingeordnet. Weder die Physik noch ein anderes Fachgebiet kann auf den Relativismus als Denkprinzip verzichten.

Zweite Ebene: Die Empirie wird unter „Methoden" in die zweite Ebene eingereiht. Die Empirie bewährt sich u.a. als physikalische, gesellschaftsanalytische und historische Methode. Der Relativismus ist aber auch ein heuristisches Prinzip. Heuristik gilt ebenfalls als eine Methode.

Dritte Ebene: Die Empirie erweist sich als eine Vorstufe zur Theoriebildung. Die einzelnen festgestellten und nachgewiesenen Befunde addieren sich zu einer integrierten Gesamterkenntnis. Die Summe verschiedener Erkenntnisse führt zur Theoriebildung, z.B. zur theoretischen Physik, welche die gestreuten Thesen zu einer Gesamtsicht verbindet. Die physikalische Theorie ergibt sich aus einem Netzwerk unterschiedlicher, aber zusammenhängender Gesetze, Prinzipien und Verbindungen.

Vierte Ebene: Relativismus ist ein Bestandteil nicht nur der physikalischen Theorie, sondern auch anderer Wissenschaften. Somit reiht er sich als Epistemologie in die dritte, und als Erkenntnistheorie in die vierte Ebene ein. Die Naturphilosophie steht zusammen mit anderen Wissenschaftstheorien auf der vierten Ebene der Erkenntnispyramide.

Fünfte Ebene: Auf dieser Ebene thront der Relativismus, denn er solle zu jeder Weltanschauung gehören. Dabei hat der Relativismus einen besonderen Anspruch auf einen Platz auf der fünften Ebene; erst durch ihn ist eine haltbare Kosmologie möglich. Er begründet ein adäquates

Verständnis der Natur und des Universums. Durch ihn wird die Beziehung zwischen Mikro- und Makrokosmos und ihre Einheit nachvollziehbar. Die fünfte Ebene ist der Standort von „Kosmologie“, „Weltvision“ und „Weltanschauung“. Die fünfte Ebene ist die der Wissenschafts- und Erkenntnistheorie übergeordnete. Bei der Relativität handelt es sich um einen Aspekt, der prinzipiell die Anschauung über die Realität trägt. Relativismus begründet das neue Verstehen von Biologie, Physik, Gesellschaft, Anthropologie etc. Relativität gilt für Natur, Gesellschaft, Denken und Psychisches, d.h. eine Erkenntnistheorie wäre ohne Relativismus nicht überzeugend vertretbar.

Als Grundlage der Kosmologie und des Verhältnisses des Mikrokosmos zum Makrokosmos besetzt der Relativismus mit Recht eine Position auf der fünften Ebene.

Sechste Ebene: Nach alledem prägt das relativitätstheoretische Verhältnis zur Wirklichkeit entsprechend das Weltbild.

Siebte Ebene: Alle bisherigen Ebenen gipfeln in der Anthropologie, im Menschenbild und im Selbstverständnis des Menschen sowie in seinem Verhältnis zu allen oberen Ebenen gemäß der Erkenntnispyramide. Daher belegt der Relativismus auch einen Sitz auf der siebten Ebene.

Die erkenntnistheoretische und praktische Bedeutung des Relativismus

1. „Nisbiyya“ ist ein bedeutsamer Baustein im Begriffsinstrumentarium der Physik und der Naturphilosophie, der unsere Vorstellung von der Struktur des Universums auf eine neue Basis stellt. Es zeigt sich, daß die Relativität ihrerseits ein universelles Prinzip ist, das auch für die Gesellschaft, das Denken und das Psychische gilt. Fortschritte der Naturwissenschaft sind nicht zu trennen von denen der Gesellschaftswissenschaft und des Bewußtseins. Die verschiedenen Wissenschaften gipfeln schließlich in der Anthropologie und im Selbstverständnis des Menschen.

Die Relativitätstheorie begründet einen neuen Weg des Denkens über Naturerscheinungen und physikalische Vorgänge. Beispielhaft sei die Bewegung genannt. Ihre Gesetze waren als absolut begriffen, da nur die Dimensionen Raum und in Zeit gesehen wurden. Daß die Gravitation diese Beziehung qualitativ und quantitativ ändert, ist erst die Leistung der Relativitätstheorie.

Zur Analyse und Wertung gesellschaftlicher Prozesse soll zu den Parametern Zeit und Raum auf jeden Fall noch die Situation hinzu. Noch komplexer werden die Parameter bei der Analyse einer menschlichen Verhaltensreaktion, da neben die objektiven noch subjektive Faktoren hinzukommen, die nicht objektivierbar sind.

2. Überwindung von Positivismus und Empirismus: Unter dem Gesichtspunkt Relativismus versus Objektivierung lassen sich empirisch nicht verfizierbare Prozesse erfaßen. Beispiel: Der Begriff der „Gleichzeitigkeit“ ist rein hypothetisch. Sie kann nicht empirisch verifiziert werden. Doch unterstellen wir, zwei vergleichbare Organismen werden auf zwei unterschiedliche Planeten „gleichzeitig“ geboren, so kann der eine das Greisenalter erreichen, während der andere noch ein Baby ist. Oder ein Gegenstand wird mit einem Stoß auf eine weite Entfernung geschoben, auf einem anderen Gravitationsfeld aber kann derselbe Körper auf den selben Impuls stabil wie ein Berg reagieren.

3. Überwindung des physikalischen Absolutismus: Die Vorstellung von ehernen Gesetzen ist obsolet. Relativiert werden müsse z.B. das Newtonsche Axiom „*Reactio gleich actio*“. In seiner absoluten Formulierung trifft es nicht zu. Es gilt nur in beschränktem Raum, oder genauer formuliert. Es gilt relativ.

4. Analog gibt es auch nicht die absolute Wirkung vom Impuls.

5. Heuristik: Relativismus ist ein heuristisches Prinzip. Er fördert die Heuristik, denn sie selbst ist eine heuristische Methode. Man beschreibt die Bewegung unter anderen Bedingungen jenseits des menschlichen Erfahrungsbereichs. Es werden Aussagen angestellt über z.B. physikalische Verhältnisse unter anderen Umständen als jenen, welche die Erdlinge erfahren. „Heuristik“ ist das erfinderische Denken, die Anleitung zur Erfindung. Heuristik ist eine Methode, Unbekanntes zu erforschen und zu ermitteln. Relativität und Heuristik dienen als Anweisungen dazu, wie man Neues (er)findet.
Heuristik ist der Weg, traditionelle Auffassungen zu überwinden, festgefahrene Straßen zu verlassen, in *terra incognita* vorzustoßen, ohne dabei Spekulationen oder der Phantasie anheimzufallen. Empirisch (noch) nicht belegbare Punkte können mit theoretischen – einschließ-

lich logischen und mathematischen – Mitteln aufgespürt werden. Die Gratwanderung der Heuristik führt zwischen Entdeckung und Konstruktizismus.

6. Erfassung des Unfaßbaren: Ein weiteres bedeutsames Verdienst des Relativismus ist die Öffnung der Bahn zum Unsichtbaren, Unmeßbaren, sinnlich nicht Wahrnehmbaren, daher intellektuell nicht Faßbaren. Das Denken vermag es nun, in Dimensionen jenseits der empirischen Beobachtung, des direkten Erfahrungsbereichs und experimentellen Zugriffs vorzudringen. Was nun als Spekulation gegolten hat und daher aus der Kompetenz der Wissenschaft ausgeschlossen war, kann nun mit intellektuellen Mitteln erfaßt und erkannt werden, ohne daß man sich deshalb in Konstruktionen verstrickt. Der Mensch dringt, wenn auch nur gedanklich, in die Außenwelt ein und unterwirft ihre Existenz dem abstrakten Denken. Die Welt jenseits unmittelbarer Sinneseindrücke und menschlicher Erfahrung ist jetzt erkennbar. Darin steckt das Geheimnis für die Entfaltung der arabischen Kosmologie.

7. Historischer Optimismus: Der „Relativismus“ wirkte sich schließlich maßgeblich zur Überwindung des Pessimismus. Dieser baut auf dem Skeptizismus, der Annahme von der Unerkennbarkeit von Dimensionen jenseits der sinnlichen Erfahrung. Die arabische Philosophie ist in höchstem Maße optimistisch. Sie geht von der Erkennbarkeit und Veränderbarkeit des Seins. Sie hält an das Gute, dessen Hauptträger der Mensch selbst ist. Das ist die Grundlage des Humanismus, eines der Unterscheidungsmerkmale arabischer von der gegenwärtigen europäischen Philosophie.

Seit seiner Entdeckung erweist sich der Relativismus als eine kraftvolle, vorantreibende Methode der Naturphilosophie, des Naturbegreifens und der Wissenschaften überhaupt. Mit Hilfe der Relativitätstheorie werden Erkenntnisbarrieren überwunden und Hürden genommen. Es war der Relativismus, der die Muʿtaziliten zu ihrer Theorie über die Quanten geführt hat.

Die Rezeption der arabischen Wissenschaften und Naturphilosophie in Europa

Die europäische Rezeption vollzieht sich schrittweise seit den ersten Übersetzungen aus dem Arabischen ins Lateinische.

Das erste Stadium der europäischen Rezeption wird als Scholastik (Schulung) bezeichnet. Sie dauert von ca. 1200 bis etwa 1500. Das in Europa so genannte „scholastische Naturwissen" ist nichts anderes als die Rezeption arabischer Naturphilosophie. Die Rezipienten profitieren von den Lehren al-Bīrūnīs, Avicennas, Averroes und der vielen anderen arabischen und arabischschreibenden Wissenschaftler, während Aristoteles, der als Ausgangspunkt dessen behauptet wird, in der Scholastik bis ins dreizehnte Jahrhundert hinein völlig unbekannt war.

Die scholastische Rezeption zeichnet sich dadurch aus, daß die Rezipienten arabische Werke in lateinischer Übersetzung studieren und später als Multiplikatoren unverändert weiter vermitteln und lehren – ohne etwas hinzuzufügen oder etwas davon wegzunehmen.
Auf die Scholastik folgt seit etwa 1500 die *Renaissance*. Hauptautoren auf physikalischem und astronomischem Gebiet sind:

Nikolaus Kopernikus (1473-1543): Nach ihm wird die „kopernikanische Wende" benannt. Wissenschaftsgeschichtlich steht fest, daß Kopernikus weder eine neue Ära der Wissenschaft begonnen noch eine begründet hat, sondern nur rezipierte. Bei ihm ist insbesondere der Einfluß al-Bīrūnīs und Avicennas stark. Ein knappes Jahrhundert später trat auf die europäische Wissenschaftsbühne:

Galileo Galilei (1564-1642): Nach Meinung eurozentristischer Autoren habe Galilei die Grundlagen der empirischen Forschungsmethode geschaffen. In Wirklichkeit knüpfte er an die arabischen Forscher, insbesondere al-Bīrūnī und Ibn-Sīnā an.

Hauptsächliches Verdienst Galileis ist die Mathematisierung naturwissenschaftlicher Aussagen zur Beschreibung mechanischer Vorgänge. Er benutzte Gleichungen als Ausdrucksweise der Mechanik. Hingegen war er nicht der Erste, der die experimentelle Untersuchung mechanischer Abläufe einleitete. Er schloß sich an die Tradition arabischer Forscher an, zu deren Verdiensten die Begründung der experimentellen Physik zählt.

Festzuhalten ist, daß der Bruch mit dem ptolemäischen Weltbild nicht erst durch Kopernikus und Galilei vollzogen wurde, sondern ein halbes Jahrtausend zuvor. Es waren arabische Physiker und Astronomen, welche das geozentrische Weltbild verworfen und den Heliozentrismus begründet haben. In der arabischen Literatur des zehnten Jahrhunderts waren diese Erkenntnisse zusammen mit der Kugelgestalt der Erde und ihrer Drehung um die Sonne Bestandteil der Lehre. Wir wissen z.B., daß im dreizehnten Jahrhundert Ibn-Rušd sie für das Schulbuch mit aufbereitet hat.

Während der Ära der arabischen Klassik wurden die „Objektivierung" und die „Beweisführung" als Basis naturwissenschaftlicher Erkenntnisse festgelegt. Die „Verifizierung" wurde methodisch operationalisiert. Die Ergebnisse müssen vom einzelnen Forscher unabhängig erbracht werden können. Es war Ibn-Rušd, der mit seinem „al-burhān" den „Beweis" zu seiner wissenschaftsgeschichtlich bleibenden Prägung systematisch und theoretisch entwickelt hat (zweite, dritte und vierte Ebene der Erkenntnispyramide).

Isaac Newton (1643-1727) hat selbstverständlich arabische Physik rezipiert. Bei ihm lassen sich gewisse Mängel des Verstehens nachweisen. Defizite zeigen sich vor allem in der Formulierung der ihm zugeschriebenen drei Axiome. Sie wurden als *absolute* Gesetze aufgestellt, dabei war – fast ein Jahrtausend vor ihm – die Absolutheit durch die Relativität abgelöst. Der Wortlaut der Axiome belegt unmißverständlich, daß Newton an Absolutheit glaubte, den Relativismus hat er überhaupt nicht registriert. Die Newtonschen Axiome gelten in einem gewissen Raum als nur relativ.

Auf die Renaissance folgt eine Periode, die als „Idealismus", „Aufklärung" und „Rationalismus" bezeichnet wird. Das sind natürlich ideologisch geprägte Begriffe, die man auf den Boden der Realität zurückführen muß. Als Vertreter dieser Epoche wählen wir:

Charles Darwin (1809-1882). Er hat arabische Biologie und Evolutionslehre anhand englischer und französischer, vielleicht auch lateinischer Übersetzungen, fleißig rezipiert. Diese gab er aber als seine eigene Theorie heraus, daher geht er in die Literaturgeschichte als Plagiator ein.

Max Planck (1858-1947) und *Albert Einstein* (1879-1955): An diese beiden Namen knüpfen die Autoren den Mythos vom Ende der klassischen und dem Beginn der modernen Physik an, durch die von Planck um die Jahrhundertwende publizierte Quantentheorie und die etwas später von Einstein veröffentlichte Relativitätstheorie. In Wirklichkeit lagen beide Theorien in der Literatur, um nicht in der Luft zu sagen. Selbstverständlich sollen neben Planck und Einstein auch die Verdienste von Larmor, Fritzgerald, Lorentz, Minkowski, Poincaré, Muṣṭafa Mušarrafa, Baḫūm, Werner Heisenberg und Aḥmad Zuwail gewürdigt werden, erst recht aber die Begründer der Relativitätstheorie, die Muʿtaziliten, deren Name in diesem Zusammenhang so gut wie nie in der europäischen Fachliteratur genannt wird.

Quantentheorie: Es fällt auf, daß die europäische Ausgabe der Relativitätstheorie fast gleichzeitig mit der Quantentheorie publiziert wird. Die Formulierung der Relativitätstheorie durch Einstein im Jahre 1905 erfolgte nur fünf Jahre nach der Veröffentlichung der Quantentheorie (1900) durch Max Planck. Der Grund dafür besteht darin, daß zwischen den beiden zentralen Thesen ein tiefes inhaltliches Verhältnis besteht. Dies war genauso der Fall bei den Muʿtaziliten. Ihre Schule legte die Relativität zusammen mit der Quantentheorie der Öffentlichkeit vor. Planck und Einstein waren Fortsetzer, keine Begründer. Diese Richtigstellung soll ihre Bedeutung nicht mindern, sondern sie wissenschaftsgeschichtlich richtig einordnen.

* * *

Es gibt nichts absolutes außer Relativität. Bei jeder Betrachtung müsse sich der Mensch an einige ganz allgemeine Prinzipien erinnern, die ihn vor Fehlschlüssen schützen sollen: Er erkenne *nicht* das Phänomen *an sich*, sondern wie es sich dem Menschen darstellt. Die Erkenntnis ist relativ. Relativ ist auch das Phänomen in seiner Beziehung zu anderen Phänomenen. Erinnert soll der Mensch im weiteren daran, daß auch die Selbstbetrachtung relativ ist. Die realistische Selbsteinschätzung solle aber nicht in den Skeptizismus führen. Die Relativität ist – richtig verstanden – optimistisch, denn sie öffnet den Weg zur adäquaten Erkennbarkeit der Welt. Sie bewahrt uns auch vor späteren Enttäuschungen, die in Folge der Absolutheit unweigerlich folgen. Die arabische Philosophie hat als erste den Unterschied „bi-ḏatihi/li-ḏatihi“ scharf bestimmt. Durch Übersetzungen gelangte diese Differenzierung in die europäischen Sprachen; im Deutschen ausgeprägt bei Kant und Marx.

Praxisbezug

1. Von ***Raum und Zeit*** ist auch jede Verlautbarung abhängig. Es gibt keine Aussage, die von Raum und Zeit unabhängig wäre.
2. Dem Gravitationsfeld der Physik (welches ebenfalls auf die Menschen einwirkt) entspricht die ***gesellschaftliche Situation***. Konsequent folgt daraus das Prinzip
3. ***Historisierung***: Jede Analyse müsse die gesellschaftlichen Bedingungen und ihre Auswirkungen auf den untersuchten Gegenstand einbeziehen. Die Ableitung enthalte dementsprechend eine Berücksichtigung sowohl der allgemeinen Relativität der historischen Situation als auch die spezielle Relativität des Gegenstandes.
4. In der ***gespaltenen Welt*** ist auch das Denken, die Wissenschaft, die Technik und die Kultur gespalten. Im ***Dualismus*** gibt es also jede intellektuelle Leistung im speziellen Sinn bezogen auf den Standort des Betrachters.
5. Die ***Wahrheit*** ist nicht absolut. Sie entwickelt sich als Annäherung in Richtung einer nicht verfügbaren vollkommenen Wahrheit. Daraus ergibt sich die Notwendigkeit vom
6. ***Diskurs***: Teilwahrheiten werden im Diskurs gegenseitig geprüft, korrigiert und weiterentwickelt. Der permanente Streit zwischen Thesen, Antithesen und Synthesen begleitet den intellektuellen Fortschritt.
7. ***Didaktik***: Eine Unterrichtseinheit wird kaum vollständig, sondern von den Lernenden nur relativ rezipiert. Die Fachdidaktik soll daher das Stoffgebiet unter Prioritätensetzung aufbereiten.
8. ***Gedächtnisleistung***: Auch das beste Erinnerungsvermögen ist relativ.

Ein schönes, feinfühliges Beispiel von Relativität des Erinnerungsvermögens teilte mir mein Freund Johannes (82), Metropolitan of Nicaea, in einem Brief vom 5. September 2005 mit. Er schreibt, daß auch beim besten Bemühen um die Wahrheitsfindung, bleibt eine Darstellung „(…) right only to a certain extent. Clearly, we should normally not say that we remember an old matter ‘absolutely and in every respect’. When people write their memoirs and have neither diaries nor other notes, how much we can believe to be true?“

Die arabische philosophische Klassik

VIII.
Neue Ära der Philosophiegeschichte

Übersicht

1. Zur Definition der arabischen Klassik
2. Das philosophische und wissenschaftliche Klima in der arabischen Welt
3. Literarische Zirkel und intellektuelle Maǧlis
4. ʿAql wa ʿadl
5. Allein die Vernunft!
6. Die philosophische Welt arabischer Sprache
7. Thematisierung des philosophischen Diskurses
8. Synoptische Darstellung der wichtigsten Kontroversen
   Kontroversen zwischen Philosophie und Theologie
   Kontroversen zwischen Dialektikern und Philosophen
   Kontroversen zwischen Wissenschaft und Philosophie
   Kontroversen zwischen Materialisten und Idealisten
9. Universelle Bedeutung der arabischen philosophischen Klassik
10. al-Ḥikma – ihr systematischer Sinn und Standort in der Erkenntnispyramide
11. Integration und Zusammenschau von Wissenschaft und Philosophie – al-Ḥikma

Zur Definition der arabischen Klassik

Die arabische Klassik bezeichnet den Aufschwung von Philosophie, Wissenschaft und Kultur, der mit dem Kalifat einherging und der von der Mitte des siebten bis zur Mitte des sechzehnten Jahrhunderts andauert. Innerhalb dieser langen Zeit hebt sich die Epoche „Hochklassik" besonders hervor. Selbstverständlich bestehen Kontinuitäten rückwärts bis zu den Anfängen der Philosophie im engeren Sinn im alten Ägypten und vorwärts bis in unsere Gegenwart. Die spätklassische Epoche zeichnet sich durch Schwerpunktsetzung – Philosophie von Geschichte, Soziologie, Medizin usw. – aus, ohne dabei das Breitspektrum des Denkens und der Wissenschaften aus den Augen zu verlieren. Die arabischen Klassik läßt sich wie folgt einteilen:

Frühklassik: 660-800,
Hochklassik: 800-1200,
Spätklassik: 1200-1517,
Postklassik: 1517-1800,
Moderne: 19. und 20. Jahrhundert,
zeitgenössische arabische Philosophie.

Daß wir eine bestimmte Periode der Philosophie als „Klassik" und darin wiederum eine Epoche als „Hochklassik" definieren ist eine formale Frage, welche der Kontinuität keinen Abbruch tut. Es ist nur deshalb legitim, die Hochklassik abzugrenzen, weil die Pioniere dieser Epoche prinzipielle philosophische und wissenschaftliche Leistungen mit eigenem erkennbarem Charakter vollbracht haben. Bei genauerer Betrachtung und sorgfältiger Einsicht in die Philosophiegeschichte zeigt sich, daß gegenwärtiges Denken tiefgreifend von jener Epoche geprägt ist. Philosophen der Hochklassik von Kindībis Ibn-Rušdschufen die Grundlagen, auf die weitere Generationen aufbauen konnten. Mit Kindī, Rāzī, Farābīund den Lauteren Geschwistern trat die Philosophie den Höhenflug an. Der Philosophenstreit, der von Ibn-Sīnā begründet, von Ġazālī eröffnet und schließlich von Ibn-Rušd entschieden wurde, markiert eine Wende im philosophischen Diskurs. Von da an wird auf exakt definierte Voraussetzungen (Prämissen), einwandfreie Ableitung, Nachweisbarkeit einer jeden Aussage und intersubjektiv überzeugende Argumentation streng geachtet. Die Hochklassik erweist sich in der Tat als Gipfel der Philosophiegeschichte, deren Rezeption bis heute lange nicht abgeschlossen ist.

Das philosophische, wissenschaftliche Klima in der arabischen Welt

Die Dezentralisierungstendenzen in der arabischen Welt, die mit der Verselbständigung Ägyptens unter den Ṭūlūniden 869 begonnen haben, bedeuteten eine relative Schwächung des Kalifats. Zwar haben autonome Staaten die Hoheit des Kalifen anerkannt, dieser mußte es jedoch hinnehmen, daß manche lokale Gewalten ihren eigenen Willen durchsetzen konnten. Das war besonders dann der Fall, als der Alleinherrschaftsanspruch Baġdāds durch die Ausrufung eines zweiten Kalifats (der Umayyaden) in Andalus und eines dritten in Kairo (der Fāṭimiden) sehr eingeengt wurde.

Die Dezentralisierung bedeutete eine Schwächung des Kalifats, keineswegs aber der Gesellschaft und ihrer politischen Struktur. Insbesondere profitierten Wissenschaft und Philosophie von der Machtverteilung. Jedes Machtzentrum und jede politische Metropole waren bemüht, Wissenschaftler und Philosophen einzuberufen. Dafür müssen attraktive Arbeits-, Forschungs- und Lehrbedingungen angeboten werden. Kairo übte sehr bald große Anziehungskraft auf Philosophen, Wissenschaftler und Forscher aus, so daß sie auch ohne ausdrückliche Berufung nach Kairo zogen. Andalus bildete ein weiteres Zentrum der Gelehrsamkeit. Andere Metropolen wollten auch nicht im Schatten der größeren bleiben. Es gab in der Tat einen breitesten Aufschwung von Wissenschaft und Philosophie. Die Städte rivalisierten miteinander mit ihren kulturellen und wissenschaftlichen Angeboten. Es entstanden immer größere Bibliotheken, ruhmreichere Universitäten und Kunstzentren. Städte und Stadtteile werden mit diesem Anspruch gegründet. Entsteht im Westen die „Zahrā'“, die durch Wissenschaft blühende Stadt, so antwortet Ägypten mit einer noch blühenderen Universität „Azhar“. Kulturhistorisch war es insgesamt der Höhenflug von Wissenschaft und Philosophie.

Während eines Jahrtausends war Arabisch die hauptsächliche, stellenweise sogar ausschließliche Sprache von Philosophie und Wissenschaft. Dazu kommt noch ein weiteres, vorausgegangenes Jahrtausend der Koine-Ära, die in der europäischen Literatur fälschlich als Hellenismus bezeichnet wird. Die führenden Denker jener Epoche waren ägyptische, syrische, anatolische, irakische und arabische Wissenschaftlerinnen und Wissenschaftler mit Zentren in Theben, Asyūṭ, Aschmunain, Memphis, Alexandrien, Antiochien, Damaskus und Seleukia. Neben ihren lokalen Sprachen bedienten sie sich der Koine (nicht des Griechischen!). Ihr Erbe wurde vermittels des Sprachmediums des Arabischen weiterentwickelt. Wenn gegenwärtig Wissenschaftsgeschichte geschrieben wird, so solle sie auf dem im weiten Sinn arabischen Erbe basieren. In der europäischen Geschichtsschreibung hingegen wird diese historische Tatsache in den Schatten abendländischer Gründungsmythen gestellt. Revision ist notwendig.

Literarische Zirkel und intellektuelle Maglis

Mağlis

Mağlis (wörtlich: Sitzung, Jour fix) ist eine fachliche Kommunikationsform. Sehr früh verbreitete sich die Sitte, daß sich Intellektuelle und Interessierte regelmäßig treffen und nach Konzept und Plan langfristig verhandeln und diskutieren. Diese Mağlis erwiesen sich als Brutstätten philosophischer Ideen und fachlicher Erkenntnisse. Seit dem siebten und achten Jahrhundert verbreitete sich die Mağliskultur in Stadt und Land so weit, daß man sie nicht mehr statistisch erfaßte. Historiker berichten über wichtige Mağlis, ihre Lehr- und Diskussionsinhalte. Vorlesungen und Seminare verliefen nach einem abgestimmten Lehrplan zu festen Terminen. Der Verhandlungsgegenstand folgte einer curricularen Struktur. Die Einrichtung und ihre Veranstaltungen fanden auf öffentliche oder private Initiative hin statt. Die Gastgeber waren ebenso Aristokraten, Staatsbeamte, Geschäftsleute wie Literaten und Ideenträger ohne Finanzpolster. Aber auch oppositionelle Bewegungen pflegten ihre Mağliskultur – je nach Interessen und Inhalten – öffentlich oder konspirativ.

Aus den Biographien der Kalifen wissen wir, daß sie sich mit Denkern und Literaten umgaben. Nach Abschluß von Staatsgeschäften versammelten sich beim Kalifen Dichter, anerkannte Philosophen und Wissenschaftler. Die literarische Audienz mit dem Herrscher als Vorsitzenden war freilich nur die Spitze der intellektuellen Pyramide. Die Fürsten in den Provinzen taten ähnliches. In den Städten haben gewisse Mağlis besondere Berühmtheit erlangt. Man reiste von Ort zu Ort allein um den jeweiligen Stand wichtiger Diskussionen kennenzulernen. Die Mağlis beschränkten sich nicht nur auf aristokratische Häuser und den Mittelstand. Von Abū-Ḥayyān at-Tawḥīdī, einem Mağlisteilnehmer in Baġdād um die Jahrtausendwende ist ein Brief erhalten, in dem er klagt, daß er gerne einmal frisches Gemüse und Fleisch und nicht nur Brot und Oliven speisen möchte. Aus dem selben Brief schließen wir aber auch, daß es stets Förderer und Gönner gab, die sich um die Eliteszene gekümmert haben und gelegentlich mittellosen Intellektuellen unter die Arme gegriffen haben.

Intellektuelle Freizeitgestaltung

Die Einrichtungen und ihre Angebote erfreuten sich stets eines dankbaren, motivierten Publikums. Nicht selten lesen wir über berühmte Maǧlis mit ungewöhnlichem Zulauf, die bis spät in die Nachtstunden arbeiteten. Im Maǧlis von Yaʿqūb b. Qillis in Kairo Ende des ersten Jahrtausends versammelten sich donnerstags (vor dem Feiertag Freitag) extrem viele Menschen. Man war froh, sich einen Sitz- oder Stehplatz sichern zu können oder wenigstens in der Hörweite zu sein. Es wurde berichtet, daß an einem Donnerstagabend (vor dem wöchentlichen Feiertag) der Boden im ersten Stock unter der großen Hörerschaft einstürzte.

Es sei noch auf die Bedeutung nichtformalisierter Bewegungen aufmerksam gemacht. Über sie wird selten im einzelnen berichtet. Da wenig dokumentiert, drohen sie aus dem historischen Bewußtsein verlorenzugehen.

Die Beispiele lassen sich wohl als Ausdruck des allgemein verbreiteten intellektuellen Interesses verstehen. Aus diesen Kreisen gingen ausgereifte Strömungen und Schulen hervor. In oppositionellen Zirkeln sind reale Utopien ausgereift, die imstande waren, gesellschaftliche Veränderungen herbeizuführen. Aus solchen Kreisen sind z.B. Qarmaṭen und Iḫwān aṣ-Ṣafāʾ hervorgegangen, die lang anhaltende Sozial- und Geistesgeschichte schreiben konnten. Diese beiden historischen Phänomene seien nur exemplarisch für zahlreiche Bewegungen, die wir kennen oder nicht kennen, genannt. Es sind die Exponenten von Gerechtigkeitsbewegungen. Ihr erhaltenes Schrifttum zeugt von hohem intellektuellem Entwicklungsstand.

ʿAql wa ʿAdl

Neben den ausgeprägten philosophischen Schulen mit ihren profilierten Lehrmeistern und Vertretern sollten die unzähligen Zirkel nicht übersehen werden. In der Geschichtsschreibung verschwinden sie oft hinter der intellektuellen Prominenz. Indes waren die kleineren Kreise, die zahlreichen Maǧlis und die nicht formalisierten Strömungen nicht weniger bedeutsam für den Gang der Geschichte und Philosophiegeschichte als manche großen. Viele Gelehrte und intellektuelle Sympathisanten begleiteten die Gerechtigkeitsbewegungen, die unter dem

Kalifat (632-1258) wirkten, mit reflektiertem Denken, wertvollen Ideen und oppositioneller Theoriebildung. Geschwisterschaften, Brüderschaften, Arbeitskreise waren ebenso verbreitet wie deren Ideengut. Sie gingen in die Tiefe und waren mit dem Volke verbunden. Eine Reihe dieser Strömungen fassen wir unter dem populären Motto „ʿaql wa ʿadl (Vernunft und Gerechtigkeit)“ zusammen. ʿAql wa ʿadl ist rasch zu einer Volksbewegung gewachsen, die sehr viele Fraktionen zusammengeführt hat.

Allein die Vernunft

Insgesamt entstand die arabische Philosophie als eine Geistesrichtung, welche die Vernunft – keine außermenschliche Instanz – als Basis des Denkens proklamiert. Daher war sie notwendig stets vernunftorientiert, ratiozentriert. Diese Orientierung hat sie von der Gnosis übernommen. ʿaql entspricht *nous*. Der Begriff „falsafa“ wurde gerade als Gegenstück zum Glauben geprägt; nicht antireligiös, sondern religionsfrei. Während die Religion auf Offenbarung basiert, die geglaubt wird oder nicht, folgt die Philosophie strengen Beweismitteln und logischen Ableitungen.

Die philosophische Welt arabischer Sprache

Die arabischen Autoren haben sich unter anderem mit allem erreichbaren geistigen Erbe auseinandergesetzt. Das gehörte zu ihrem Ehrgeiz. Sie nahmen sich eine Revision des Aristoteles vor. Die Debatte über Aristoteles ging weniger um ihn als grundsätzlich darum, seine Fehler in bezug auf die Naturphilosophie zu korrigieren. Von Kindī, Rāzī und Farābī über Ibn-Sīnā und Ġazālī bis Ibn-Rušd wurde die Revision des Aristoteles geführt als eine der vielen Aufgaben der arabischen Philosophie, doch keineswegs die hauptsächliche.

Die heftigen Debatten, die um die Mitte des siebten Jahrhunderts in Gang kamen, haben offensichtlich eine Tradition begründet. Sie werden weitergeführt und am Tagesgeschehen aktualisiert.

Im achten Jahrhundert zeigen die Debatten den genuin arabischen Charakter der philosophischen Entwicklung. Der Diskurs ist ganz klar durch eine Begrifflichkeit geprägt, die durch die gesellschaftlichen, historischen Bedingungen und Ereignisse im Reich bestimmt sind. Es profilieren sich im achten Jahrhundert nach und nach philosophische Schulen, die neben- und gegeneinander aktiv waren. Die Auseinandersetzungen werden themenzentrierter und heftiger. Die Dialektiker und die Philosophen grenzten sich gegeneinander ab. Es bildeten sich idealistische und materialistische Schulen.

Thematisierung des Fachdiskurses

al-Ǧāḥiẓ (775-868), arabischer Wissenschaftler und Schriftsteller, der dem Kalifen Maʾmūn (813-833), dem Begründer der Universität von Baġdād, Dār al-Ḥikma, nahegestanden hat, verfaßte ein enzyklopädisches Werk der Zoologie, Kitāb al-Ḥayawān. Universalgelehrter al-Ǧāḥiẓ verfaßte rund 200 Werke, die alle damals bekannten Fachrichtungen abdeckten. Giftige Kritik an seinen Zeitgenossen handelte ihm Feindseligkeiten ein. Dafür brachten ihm geistvolle Essays und scharfsinnige Satiren schon zu Lebzeiten Sympathien, Berühmtheit und Ruhm.

Arabische Zoologen haben seit dem 9. Jahrhundert damit begonnen, sich um eine Systematik der Lebewesen zu bemühen. Für diesen Zweck wurde ein Begriffsinstrumentarium entwickelt, das die nähere Klassifizierung erlaubt: „ǧins (Gattung) “, „raʾs (Stamm)“, „nauʿ (Art)“ usw. Diese Arbeiten schufen die Voraussetzungen für die noch gültige Systematik. Die Forscher stellten Überlegungen über Kreuzungen an und führten solche im Experiment durch. Auch die beschleunigte Entwicklung von Fliegen und anderen Insekten aus Fäulnisstoffen wurde beschrieben.

Dies seien nur Beispiele dafür, wie sehr Forschungsergebnisse und wissenschaftliche Erkenntnisse die weitere philosophische Entfaltung motivieren. Die Naturforschung dynamisiert das philosophische Denken und schafft das Fundament für das Menschen- und Weltbild.

Schon Kindī (801-865) begründete eine eigene Methodik und Systematik der Wissenschaften. Die Krönung dieses integrativen, universalistischen Weges finden wir aber erst bei Ibn-Sīnā, dem eine arabische Biographie bescheinigt, alle Wissenschaften seiner Zeit beherrscht zu haben.

Ibn-Sīnā (980-1037) hat es verstanden, die Integration und den Universalismus der Wissenschaften nicht nur zu begründen, sondern sie auch verständnisorientiert zu vermitteln. Er gilt als ein Klassiker der Didaktik. An dem vertrauten literarischen Motiv „Ḥayy ibn Yaqḏān“ demonstrierte Ibn-Sīnā die Evolution und Integration der Erkenntnis. Dieses Werk hat eine lange, gepflegte Tradition. Es wurde immer wieder aufgegriffen, um es auf eine noch höhere Entwicklungsstufe zu stellen, die den jeweiligen Kenntnisstand der Wissenschaften widerspiegelt. Noch zwei Jahrhunderte später gibt Ibn-Ṭufail, Zeitgenosse und Freund Ibn-Rušds, sein eigenes Ḥayy b. Yaqḏān heraus. Sein Werk wurde bald ins Lateinische übersetzt zu dem „*Philosophus autodidacticus*“, dem literarischen Vorfahren der Novelle „Robinson“ von Daniel Defoe (1660-1731). Die europäische Rezeption dieses Typus fand also relativ früh statt, wobei sich die Europäer strickt an das von Ibn-Sīnā und Ibn-Ṭufail begründete didaktische Muster hielten. Charles Darwin standen aber nicht nur diese beiden Bücher, sondern weitere, aus dem Arabischen übersetzte Quellen zur Verfügung, denen er die englische Ausgabe der Evolutionslehre entnahm.

Die Evolution bedeutet, daß ein Kontinuum besteht. Das Leben und die Arten sind weder eine Geburt des Augenblicks noch über Nacht entstanden. Das ist nicht nur eine fachliche, sondern auch eine philosophische Aussage. Ebenso stellen die Erkenntnisse über die Phylogenese eine lange Entwicklungsgeschichte dar.

Evolutionslehre findet sich in ausgearbeiteter Fassung bereits bei Ḥayy b. Yaqḏān. Die Übersetzung arabischer Werke bildete den Anfang der europäischen Zoologie, deren Aufbau sich lange Zeit am arabischen Vorbild orientierte. Arabische Begriffe wurden teilweise unübersetzt übernommen, z.B. raās (= „Abteilung“, daraus deutsch „Rasse“ und Äquivalente in anderen Sprachen). Arabische Naturforscher haben sich bemüht, die logischen Beziehungen unter den Arten zu ermitteln. Die natürlichen Körper al-ǧismānyyāt aṭ-ṭabīʿyyāt wurden klassifiziert, um über die Phänomenologie zu einer Systematik zu gelangen. Es wurden Zusammenhänge zwischen der anorganischen und der organischen Natur, dann zwischen pflanzlichen und tierischen Lebewesen postuliert, um schließlich mit dem Übergang vom tierischen Leben zum Menschen den Kreislauf zu schließen. Bereits im 9. und 10. Jahrhundert waren solche Thesen Lehrinhalte. Als Beispiel dafür seien die Abhandlungen des Autorenkollektivs Iḫwān aṣ-Ṣafā' („Die Lauteren Brüder“) angeführt.[3]

An dieser Stelle reden wir jedenfalls von der Zusammengehörigkeit von Philosophie und Wissenschaft. Während man im europäischen Denken dazu neigt, Philosophie in die Nähe der Theologie zu bringen, verbindet der arabische Diskurs Philosophie und Wissenschaft zur „Ḥikma“. Wiederum steht die Ḥikma in diesem Diskurs als eigenes Gedankengebäude gegenüber dem der Theologie. So versteht sich, warum die Universität von Baġdād als „Dār al-Ḥikma“ bezeichnet wurde.

Seit dem neunten Jahrhundert macht die Philosophie Schlagzeilen. Sie bestimmt das Tagesgespräch. Die Ära Harūn ar-Rašīd (789-809) leitete eine Epoche des wissenschaftlichen und technischen Fortschritts ein, die von einer spürbaren Hebung des Lebensstandards der Bevölkerung begleitet war. Sie leitete aber auch die arabische Hochklassik ein. Philosophie war kaum mehr das Monopol prominenter Denker, sondern ein aktuelles Tagesgeschehen, an dem die Öffentlichkeit teilnahm. Die Literatur, die seitdem schwungartig angewachsen ist, vermittelt einen überzeugenden Eindruck von der Verbreitung der Lesekultur aber auch von der Breite der behandelten Thematik. Auch die Philosophie wird populär. Es wird das Verb geprägt „tafalsafa“ (den philosophischen Diskurs pflegen), das sich nicht mehr auf professionelle Philosophen bezieht, sondern gerade auf den „Menschen auf der Straße“, der in Abstraktionen spricht und damit „philosophiert“.

Seit dieser Epoche deckt der philosophische Diskurs (Adab falsafī) ein Breitspektrum von Positionen, Schulen, Lehrmeinungen, Auseinandersetzungen, Kontroversen und Debatten. Die Breite ist die eine Sache, die andere ist Tiefe. Wir beobachten die Ausgestaltung und Spezifizierung philosophischer Systeme. Debatten finden am Hofe um den Kalifen statt. Es gehört aber auch zum Ehrgeiz selbstbewußter Persönlichkeiten, ihren eigenen philosophischen Maǧlis zu etablieren und dazu einzuladen. Von einem Teil besitzen wir sogar Protokolle. Bis weit nach unten in ṣūfistische Bettlerkreise und selbst bei den Ṣa'ālīk wird die Diskussion ausgetragen. Philosophie ist wahrhaft diskursiv. Auch

---

[3] Rasā'il Iḫwān as-Safā' wa-ḫillān al-wafā', 4 Bde., verfaßt im 10. Jh. Zitiert nach der (arabischen) Ausgabe, ediert von Buṭrus al-Bustānī, Bairut o.J., Übersetzung von mir (K. K.).

Prosa, Poesie und Briefkultur werden vom Stand der philosophischen Diskussion geprägt.

Bei professionellen Philosophen läuft es relativ ruhiger, systematischer und nach Plan ab. In den Akademien werden die einzelnen Richtungen stärker profiliert und tiefer behandelt. Die Gelehrten pflegen regelmäßige Kommunikation. Mit Kollegen in der Ferne wird ein intensiver Briefwechsel geführt. Der Diskurs der Gelehrten ist spezifisch und problemorientiert. Wir resümieren:
- Auftrag und Aufgabenstellung der Philosophie werden näher definiert,
- Prägung von einer philosophischen Fachsprache, Begriffsbestimmungen und Definitionen,
- Profilierung einzelner Schulen und Lehrmeinungen,
- Klärung des Standortes der Philosophie und Abgrenzung ihres Zuständigkeitsbereichs gegen Theologie einerseits und gegen Wissenschaften andererseits.

Synoptische Darstellung der wichtigsten Kontroversen

Nachstehende Synopsen zeigen Übersichten über die wichtigsten Kontroversen, die seit dem achten Jahrhundert Gegenstand von Thesen, Antithesen und Synthesen waren. Zunächst setzt die Philosophie ihre eigene Autonomie und Unabhängigkeit von der Religion durch. Die Gegensätze sind:

Kontroversen zwischen Philosophie und Religion

Philosophie	**Religion**
Rationalismus	Theologie
Wissenschaft Evolution	Offenbarung Schöpfung
Zweifel als Erkenntnisprinzip	Vollkommenheit der Offenbarung
Ethik und Moral sind gesellschaftsabhängig und geschichtlich bedingt	Ethik und Moral sind vorgegeben (Metaphysik)

Kontroversen zwischen Dialektikern und Philosophen

Philosophen	**Dialektiker**
Welt unanfänglich	Die Welt ist anfänglich Ursprung war das Nichts
Materie ist unendlich (ewig)	Materie ist endlich
Ursprung war und ist Bewegung	Ursprung war Ruhe
Bewegung ist primär daher ewig	Bewegung ist sekundär daher vergänglich
Raum und Zeit ein Kontinuum	Raum und Zeit bestehen aus Partikeln
Totalität ist Ursprung Aus den Universalien entstehen die Teile	Teil ist Ursprung Aus dem Teil entsteht das Ganze
Es gibt kein Leeres	Außerhalb des Seins ist Leeres

Kontroversen zwischen Wissenschaft und Philosophie

Philosophie	**Wissenschaft**
Abstrakta (Muğarrad)	Konkretes (maḥsūs)
Rationale Erkenntnis	Erfahrung (Empirie) und sinnliche Erkenntnis
Vorrangigkeit der Logik und Mathematik	Vorrangigkeit von empirischer Forschung und experimenteller Physik
Wesen	Akzidenzien

Da aber die meisten Philosophen auch wissenschaftlich tätig waren, bildeten sich rasch Synthesen, weniger auf der Ebene der Theorie, wohl aber in bezug auf die Methodik.

Materialisten	**Idealisten**
Materie unanfänglich und unendlich	Materie hat Anfang und Ende
Materie und Vernunft stets synchron	Vernunft ist primär, Materie ist sekundär
Vernunft hat ein organisches materielles Substrat	Vernunft ist erste Emanation (faiḍ)

In der Polemik bildet sich ein eigenartiger Stil, der in die Fachsprache auch Wertungen einbezieht. Anhänger und Gegner werden mit entsprechenden Prädikaten belegt. Auch solche Ausdrücke wandern mit der arabischen Philosophie in die Welt. Ein Dialektiker oder ein Materialist, der durch spitzfindige Argumentation auffällt, wird z.B. verächtlich als sufisṭā'ī abqualifiziert. Daraus englisch *sophisticated* (verdrehen, verfälschen), *Sophism* (Trugschluß und Derivate, Parallelen) und anderes mehr. Aber auch positiv – entgegen Fehletymologien – wird der Ausdruck Philosophie aus arabisch „sūf" abgeleitet.

Bei allem Dissens darf der breite Konsens nicht übersehen werden. Es setzen sich insgesamt Humanismus und Universalismus durch. Es wird gefordert, die Analyse rückwirkend, komplemantar durch Synthese zu ergänzen wird (wie eine Uhr, die auseinandergenommen wird, um repariert zu werden. Nach der Reparatur muß sie wieder zusammengesetzt werden, um funktionabel zu sein). Das Studium des Teils und die Betrachtung des Ganzen sind einan der komplementär. Analyse ohne anschließende Synthese führt sich selbst *ad absurdum*. Das Detail muß auf dem Hintergrund des Ganzen gesehen und beurteilt werden.

al-Ḥikma – ihr systematischer Sinn und Standort in der Erkenntnispyramide

Die Entwicklung der Philosophie ist von der Entwicklung der Wissenschaften und umgekehrt abhängig. Die Wissenschaft liefert der Philosophie die Infrastruktur. Ihrerseits bildet die Philosophie den Rahmen der Wissenschaften. Sie begründet die Erkenntnispyramide, die Erkenntnistheorie und die Epistemologie. Die Philosophie definiert die Kompetenz der einzelnen Fachwissenschaften. Insofern soll man die Philosophie als eine Studiendisziplin, als Fachwissenschaft (wie z.B. Geschichte, Ökonomie oder Landwirtschaft) gegenüber der Philosophie als Wegweiserin und Theorielieferantin aller Wissenschaften, als Metaebene aller Theorien abgrenzen.

Die beiden Seiten des Denkens, Wissenschaft und Philosophie, sind einander komplementär. So haben die Fortschritte in Wissenschaft und auch Technik in der arabischen Welt zu der außerordentlich großen und breiten Entfaltung der Philosophie geführt. Wie ein Senkrechtstarter trat das abstrakte Denken den Höhenflug an. Gerade im Zeitraum von 800 bis 1200, den wir als die arabische Klassik bezeichnen können, hat die philosophisch-wissenschaftliche Ideengeschichte jene Sprünge vollzogen, die in dieser Breite, Tiefe und Geschwindigkeit nur seltene historische Parallelitäten kennen. Der philosophisch-wissenschaftliche Fortschritt erklärt sich aus seinem eigenen historischen Kontext in der arabischen Welt heraus und nicht etwa, wie die europäischen Autoren unermüdlich behaupten, aus der Rezeption der vermeintlich griechischen Philosophie und des angeblichen Aristotelismus. Es sei im übrigen darauf hingewiesen, daß, je leidenschaftlicher eurozentristische Verfasser die arabische Philosophie auf griechische Wurzeln zurückführen wollen, sie um so mehr ihre geistesgeschichtliche Unkenntnis demonstrieren. Selten belegen diese Autoren ihre Behauptungen mit Parallelen und quellenanalytischen Untersuchungen. Vielmehr handelt es sich bei ihnen um den Drang, den Arabern und arabischschreibenden Philosophen die Originalität absprechen zu wollen. Eurozentrismus und irrationale Araberfeindlichkeit führen nur zur Manipulation von Geschichte und zur Vernebelung historischer Tatbestände.

Die Stabilisierung des arabisch-islamischen Weltreiches unter den ʿAbbāsiden und der mit allen benachbarten Regionen geschlossene, bleibende Frieden mit über fünfhundertjähriger Dauer vergrößerten die Aufbaumöglichkeiten des Staates. Wissenschaft, Philosophie, Forschungsreisen, Übersetzungen, Literatur, Kultur und Kunst wurden großzügig gefördert. Wissenschaftler brauchten keine Lohnarbeit zu leisten, um ihre Existenz zu sichern. Ein Friedensheer von Literaten und Fachleuten wurde mit Staatsstipendium gefördert, um sich allein der Wissenschaft widmen zu können.

Es trifft zu, daß arabische Klassiker die Revision der bisherigen Philosophie in ihr Arbeitsprogramm aufgenommen haben. Dazu zählt freilich auch Aristoteles, der nie ohne Kritik und Korrekturen referiert wurde. Arabische Philosophen wirkten im Rahmen einer viel älteren Ideengeschichte als die Griechen. Die alten philosophischen Schulen von Theben, Asyūṭ, Alexandrien, Antiochien, Damaskus und anderswo haben noch bestanden. Arabische Philosophen und Wissenschaftler haben seit den Eroberungen des siebten Jahrhunderts Anschluß daran gefunden wie vor ihnen einst Plato, Sokrates, Aristoteles und andere mehr.

Das Kalifat förderte die Entwicklung von Technik, Wissenschaft und Philosophie. Die Gelehrten brauchten nicht Werksarbeit zu leisten, um sich ernähren zu können. Es öffnete die Grenzen (fatḥ) und regelte eine überregionale Ökonomie in großen Wirtschaftsräumen. Damit schuf es aber auch die Basis für eine universelle Kommunikation, welche der wissenschaftlichen Entwicklung zugute kam. Aus diesem historischen Kontext heraus erklären sich die ungewöhnlich breite und intensive kulturelle Blüte und der rasche Aufstieg der Wissenschaften in allen Teilen des arabisch-islamischen Weltreichs.

Hinzu kommt die einheitliche arabische Schriftsprache, die sich in allen Kontinenten der Alten Welt verbreitete und den Austausch unter den Kulturen möglich machte. Der Geist der Toleranz, des Humanismus und des Universalismus öffnete den Horizont des Denkens und stimulierte die geistige Entfaltung. Ohne die arabische Sprache hätten zahlreiche nichtarabischstämmige Gelehrte ihre Arbeiten nicht erst schreiben können, da es in vielen Regionen noch keine wissenschaftsfähige Schriftsprache gegeben hat.

Rasch eroberten arabische Philosophie und Wissenschaften die internationale Führungsposition. Studienwillige und Forscher reisen aus aller Welt nach Baġdād, Damaskus, Kairo, Qairawān, Marakesch (Marākiš), Fes, Qarawyyīn, Granada (Ġirnāṭa) und Qurṭuba, um bei den berühmten Gelehrten der Epoche zu lernen und Fachkompetenz zu erwerben. Unterrichtssprache war ausschließlich Arabisch. Wer anspruchsvolle Literatur lesen wollte, hatte zuvor die arabische Schriftsprache erlernen müssen. Auch fleißige Übersetzer u.a. ins Lateinische konnten nur einen kleinen Bruchteil der immer umfangreicher werdenden arabischen Bibliothek in Fremdsprachen übertragen. Wer über den aktuellen Forschungsstand informiert sein wollte, konnte auf das Arabische nicht verzichten. Auch heute ist ein Großteil der arabischen Literatur immer noch nicht gedruckt, geschweige denn ediert geblieben.

Integration und Zusammenschau von Wissenschaft und Philosophie – al-ḥikma

Zoologie, Botanik und Naturforschung sind einerseits Fachwissenschaften, andererseits Bestandteile der Philosophie, zu deren Aufgaben die Bestimmung von Welt- und Menschenbild gehört. Das gilt auch für alle anderen Wissenschaften. Ihre Entwicklung ist vom Stand der Philosophie nicht zu trennen. Die Entfaltung der Philosophie ist vom Entwicklungsstand der Geistes- und Gesellschaftswissenschaften abhängig. Die Fachwissenschaften Geschichte, Sprachforschung, Geographie, Astronomie und nicht zuletzt Logik und Dialektik motivieren die Aufstellung philosophischer Thesen. Der dialektische Zusammenhang von Philosophie und Wissenschaften veranlaßte die arabischen Philosophen dazu, in ihrem Diskurs die ʿulūm und die falsafa bei Bedarf zusammen zu betrachten unter dem Begriff ḥikma. al-Ḥikma sei in dieser Wortprägung ein Gegenstück zur Theologie, so z.B. bei Ibn-Rušd.

Der Philosophie kommt die Aufgabe zu, Wissenschaften zu integrieren, zu verbinden und zu vereinen. Die Philosophie ist den Wissenschaften übergeordnet. Sie hat den Auftrag, den Wissenschaften als Platzanweiserin zu dienen, d.h. jedem Fachgebiet Kompetenz und Abgrenzung zu geben. Sie dient aber auch als Platzhalterin der Wissenschaften, d.h. über sie die Dienstaufsicht zu üben. Es gehört ferner zum Auftrag der Philosophie, die Brücken zwischen den Disziplinen zu bauen, die Wissenschaften miteinander zu verbinden und die Einheit der Erkenntnis herzustellen. Wie noch nie im bisherigen philosophischen Denken wurde der wissenschaftliche Universalismus in der arabischen Klassik methodisch und systematisch hergestellt. Unser Ausdruck „klassischer Universalismus" bezieht sich auf die Periode der arabischen Klassik von 800 bis 1200 n.Chr. mit langen Vor- und Nachwellen. Bei ihrer Rezeption der arabischen Philosophie versäumte es die spätere europäische Entwicklung, dieses Prinzip – Integration der Wissenschaften – zu erkennen und anzuwenden. Auch heute noch vermissen wir diesen universalistischen Ansatz im europäischen Denken.

IX.
Kindī

(801 bis 865)
Abū-Yūsuf Yaʿqūb ibn Isḥāq al-Kindī

in Europa bekanntgeworden unter dem Namen „Alkindus“ bzw. „Alkendus“.

Der arabische Philosoph Yaʿqūb b. Isḥāq al-Kindī wurde um 800 in Baṣra, Irak, geboren. Er wirkte bis 865. Er starb in Baġdād (genaueres Todesdatum unbekannt). Kindī steht am Anfang des lang anhaltenden Höhenflugs der klassischen arabischen Philosophie. Von Kindī stammen rund 300 Schriften. Sie umfassen die Gebiete der Philosophie, Logik, Medizin, Mathematik, Physik, Optik, Astronomie, Musik, Ethik, Moral u.a. Ihm als Vorbild des Universalismus folgen seine Schüler und spätere Philosophen. Von den Abhandlungen Kindīs sind leider nur rund 70 Schriften erhalten.

Zu den großen Verdiensten al-Kindīs zählt die Aufstellung eines *Curriculums* zum Studium der Logik, Philosophie, Natur- und Geisteswissenschaften. Zu diesen Fächern verfaßte Kindī Einführungen. Die Grundlagenarbeiten von Kindī zur Einführung in das Studium der Wissenschaften sind durch streng systematisches Denken und planvolles Vorgehen gekennzeichnet. Sie trugen entscheidend zur Qualifikation der Studienwilligen und zur Entfaltung der Wissenschaften bei. Die Systematik des Kindī hat heute noch an Aktualität nichts eingebüßt.

Kindī vertrat die zeitliche Entstehung der Welt durch Emanation. Seine Kosmologie wurde von Ibn-Sīnā aufgegriffen und weiterentwickelt.

Von Kindī stammen einer der frühesten Kommentare und inhaltliche Korrekturen zu den Schriften Aristoteles über Logik und Physik. Allerdings lagen Kindī die in der Ḥunain-Schule entstandenen kompetenteren Aristoteles-Übersetzungen noch nicht vor. Erst Farābī konnte sie benutzen. Gleichwohl empfahl er die Lektüre des Aristoteleskommentars zusammen mit den Erläuterungen durch Kindī.

Literatur

Uno scritto morale inedito di Al-Kindi, ed.: H. Ritter – R. Walzer, in: Atti della Reale Accademia Nazionale dei Lencei, classe di scienze morale 336, seria VI, vol. VIII, fasc. 1, pp. 1-64, Roma 1938.

Rosenthal, Al-Kindi ad Ptolemy, in: Studi orientalistici in onore di Giorgio Levi della Vida, II, pp. 436-456, Roma 1956.

R. Walzer, New Studies on Al-Kindi, in: Greek into Arabic, London 1962.

N. Rescher, Al-Kindi – An Annot(at)ed Bibliography, Pittsburgh 1964.

Fāṭima Ismāʿīl, Minhaǧ al-baḥṯ ʿind al-Kindī, Herndon 1998.

X.
Rāzī

(865-955)
Muḥammad Abū-Bakr Zakariyya ar-Rāzī

Muḥammad ar-Rāzī wirkte in Andalus (dem arabischen Iberien, später Spanien), Mediziner, Historiker und Philosoph. Er war Freidenker und religionsfrei. Er leistete grundsätzliche Kritik an Aristoteles.

Auf philosophischem Gebiet war Rāzī entschiedener Anhänger des Rationalismus und des spekulationsfreien Denkens. Er begründete den Materialismus und den philosophischen Atheismus. In vielfacher Hinsicht war er seiner Zeit weit voraus. Selbst der große Ibn-Sīnā konnte ihm nicht zustimmen in bezug auf Thesen, die erst später rezipiert werden konnten.

Eine besondere philosophiegeschichtliche Bedeutung erlangt Muḥammad Zakariyya ar-Rāzī durch seine radikale Kritik an Aristoteles. Rāzī nahm sich insbesondere die Metaphysik vor, um durch dieses Werk das Gedankengebäude der Athener Schule zum Einsturz zu bringen.

Damit leitete Rāzī die Überwindung des Aristotelismus ein. Für diesen Schritt wurde er von Anhängern des Aristoteles und vom jungen Ibn-Sīnā schwer kritisiert. Er hat die grundsätzliche Kritik Rāzīs aufgegriffen und sich mit ihr auseinandergesetzt. Ibn-Sīnā war es aber nicht gelungen, die Kritik Rāzīs überzeugend zu entkräften.

Das Rad der Geschichte konnte nicht mehr zurückgedreht werden. Rāzī öffnete den Weg für radikal neuere Ansätze. Selbst der spätere Ibn-Sīnā mußte seine Bewunderung für Aristoteles stark relativieren.

Abū-Bakr ar-Rāzī trug dazu bei, den großen Rückstand in al-Andalus im Vergleich zum arabischen Osten zu überbrücken.
Zu seinen Verdiensten auf dem Gebiet der Medizin gehört die Entdekkung des Gebärmutterkrebses (Uteruskarzinom). Diesen behandelte er chirurgisch erfolgreich. Nach der Operation lebten Patientinnen viele Jahre tumorfrei.

XI.
Farābī

(873-950 n.Chr.)

Abū-Naṣr Muḥammad al-Farābī (260-339 Hiğrī), in Europa als Avennasar oder Alfarabius bekanntgeworden. Farābī wurde in Wāziğ im Distrikt Farāb (Turkestan), einer Provinz des arabisch-islamischen Reiches, geboren. Seine Sozialisation war geprägt durch den Geist der Zusammengehörigkeit der Völker der großen orientalischen Gesellschaft. Seine Ausbildung erlangte er an verschiedenen Bildungszentren während der Blütezeit der ʿAbbāsiden-Ära, die vielfältige Bildungsangebote zur Verfügung stellte. Besonders intensiv war seine Schulung bei syrisch-christlichen Philosophen und Theologen, die wie die Kirche Ägyptens gegen die byzantinische und römische Kirche eingestellt waren und es bis heute sind, auch „Jakobiten (Yaʿāqiba)“ genannt. In diesen Kreisen wurden die Lehren der alten ägyptischen und antiochenischen Schulen gepflegt und weiterentwickelt.

Großzügig förderten die ʿAbbāsiden Schriftsteller, Historiker, Philosophen und Wissenschaftler, die sich dank staatlicher Unterstützung der Forschung, Lehre und Buchveröffentlichung widmen konnten. Maʾmūn förderte auch die übersetzerische Tätigkeit, deren wichtigste Repräsentanten Ḥunain b. Isḥāq (809-873) und sein Sohn Isḥāq b. Ḥunain b. Isḥāq waren, die zu Gründern einer Disziplin der Translationswissenschaft geworden sind. Er wirkte im arabischen Osten, in Irak und Syrien.

Als Schriftsprache bediente sich Farābī ausschließlich des Arabischen. Er verfaßte über hundert Werke auf den Gebieten der Logik, Mathematik, Physik, Psychologie, Abhandlungen zur Musiktheorie, Gesellschaftskritik, Ethik, Politik, Philosophie und anderes.

Ḥunain b. Isḥāq und sein Sohn Isḥāq b. Ḥunain besorgten eine Übersetzung des Aristoteles, die Farābī für seine Arbeit über Aristoteles vorgelegen hat. Wie Kindī nahm sich auch Farābī eine Revision der bisherigen Philosophie vor, darunter Aristoteles, dem er einen hervorragenden Kommentar widmete. Die Aristoteles-Ausgabe der Ḥunain-Schule ver-

setzte Farābī in die Lage, sich genauer als Kindī mit Aristoteles auseinanderzusetzen.
Mit seiner Abhandlung ʿIlm al-lisān", in „Iḥṣaʾ al-ʿulūm", schuf Farābī eine Basis der Sprachwissenschaft, die dann von ʿAbd al-Qāhir al-Ǧilǧānī mit seinem ʿIlm al-Luġa ausgebaut werden konnte.

In einer Reihe von Punkten setzte Farābī die ägyptische Gnosis fort, insbesondere in bezug auf die Theorie der Vernunft und die Erklärung der Entstehung des Seins. Diese beiden Grundfragen der Philosophie erlangen bei Farābī eine entscheidende Weiterentwicklung und Ausreifung. Wie die ägyptische Gnosis und ihre Entwicklung bis Kindī erklärte auch Farābī die Entstehung des Universums durch Emanation „Faiḍ".

„Faiḍ", wörtlich Ausfluß, bezeichnet das Hervorgehen aller Dinge aus dem unveränderlichen, vollkommenen Urprinzip (der Gottheit). Erst die späteren Übersetzungen der arabischen Philosophie ins Lateinische prägten den Begriff „Emanation" als Äquivalent zu „Faiḍ", der sich dann auch durchgesetzt hat, während die früheren Übersetzungen wegen Unklarheit über die Bedeutung von „Faiḍ" zwischen unterschiedlichen Lexemen schwankten. Gemäß „Faiḍ" entspringt alles Seiende dem Urprinzip, der vollkommenen Gottheit.

Die existierenden Dinge sind notwendig aus dem Urprinzip hervorgegangen und damit unanfänglich. Da ihre Existenz nicht später als das Urprinzip besteht, was den zeitlosen Ursprung betrifft, wohl aber später in bezug auf ihre Realisierung gemäß der zeitlichen Entfaltung der Dinge, bedeute die Aussage über die Unanfänglichkeit der Dinge ebenfalls ihre Ewigkeit. Daraus leitete Farābī ab, die Materie und das All seien ewig.[4] Damit stand er in der Tradition der altägyptischen und gnostischen Philosophie.

„Faiḍ" bildet in verschiedenen graduellen Abstufungen die Vielfalt der Formen des Seins. Erst bei Ibn-Sīnā erreicht die Lehre vom Faiḍ („Emanation") ihre voll ausgereifte Ausformulierung.

Von beachtlicher Bedeutung sind die Beiträge Farābīs auf mehreren Gebieten der Physik. Er analysierte die Eigenschaften des Lichtes. Er ist der Pionier des Farbenspektrums. Farābī definierte die Farbe als Reflexion des Lichtes an den Körpern, z.B. an Luft, daher das Blau des

---

4 Farābī, in: as-Siyāsa al-madaniyya, S. 48.

Himmels. Farābī begründete eine Theorie der Sphäre und des Vakuums. Auf meteorologischem Gebiet erläuterte er u.a. die Entstehung von Wind und Sturm durch Temperaturverschiebungen in der Sphäre. Mit dieser These trat er den vorherrschenden spekulativen Deutungen über Wetterveränderungen entgegen und schuf die Grundlagen der wissenschaftlichen Meteorologie. Farābī: *Infolge der Aufwärmung auf der der Sonne zugewandten Erdseite dehnt sich die Luft aus. Auf der entgegengesetzten Seite kühlt sie sich ab, da die Erde die Wärme absorbiert. Als Folge zieht sich die Luft zusammen. Die Änderung der Gasvolumina verursacht die Verschiebung großer Luftmassen, die als Wind und Sturm wahrgenommen werden.* Farābī fährt in seiner Meteorologie fort und behandelt im weiteren die physikalischen Ursachen für Nebelbildung, Wolken und Regenfälle. Diese Inhalte wurden breit gelehrt – Jahrhunderte bevor sie in Europa bekanntgeworden sind.

Besonders hervorragend ist das Werk Farābīs „al-Madīna al-fāḍila“.

Die Republik des Farābī

Die bedeutsamste Abhandlung Farābīs ist „al-Madīna al-fāḍila“. Das Werk ist eine Zusammensetzung zweier zusammengehöriger Bücher von Farābī: „Arā' ahl al-Madīna al-fāḍila“, die Ansichten der Leute von der „optimalen Stadt“, und „(Kitāb) al-Ḥurūf“. Der Ausdruck „madīna“ in dieser Literaturgattung ist der klassische Begriff für die „utopische Gesellschaft“, die „ideale Republik“. Um seine soziale Vision abzuleiten, setzte Farābī grundsätzlich an: Er legte einen Entwurf über sein Gottes-, Welt- und Menschenbild vor. So entstand ein theologisch-philosophisches Werk zusammen mit einer Anthropologie, Ontologie und ihren Unterdisziplinen. Mit der Organisationsform der „idealen Gesellschaft“ befassen sich besonders die Kap. XXVI ff der „al-Madīna al-fāḍila“. Dialektisch analysierte Farābī seine virtuelle Stadt. Er hat es nicht versäumt, die möglichen Widersprüche zu prognostizieren, darzulegen und wie sie behandelt werden (u.a. Kap. XXIX). Sein Vergleich zwischen der „guten Stadt“ und den „Städten der Unwissenheit“ vervollständigt die Analyse.

Die universalistische Sichtweise und Kompetenz Farābīs erkennt man schon daran, wie er seine Utopie thematisiert und aufbereitet. Das Werk behandelt im einzelnen:

I. Kapitel, Über den Präexistenten, über das Urprinzip: Fī al-Mawǧūd al-awwal.

II. Zur Negation eines Beigottes = Über die Negation eines Teilhabers neben IHM: al-Qawl fī nafyi aš-šarīk ʿanhu taʿālā

III. Zur Negation des Antagonisten zu IHM = Über die Verneinung eines Gegengottes: Fī Nafyi aḍ-ḍidd ʿanhu.

IV. Zur Verneinung seiner Begrenztheit: Fī Nafyi al-ḥaddi ʿanhu subḥānihi.

V. Darüber, daß allein Er sich selbst ist, daß Er wissend und weise ist und daß Er Wahrheit, lebendig und Leben ist: Fī Innahu waḥdahu ʿainu ḏātihī wa innahu ʿālim wa ḥākim wa innahu ḥaqq wa ḥayy wa ḥayyāt.

VI. Über die Größe, Herrlichkeit und Ehre Gottes: Fī ʿAẓamatihī wa ǧalālihi wa maǧdihi.

VII. Wie alles Seiende aus Ihm hervorgegangen ist: Fī Kaifiyyat ṣudūr ǧamīʿ al-mawǧūdāt ʿanhi.

VIII. Die Abstufung der existierenden Dinge: Fī Marātib al-mawǧūdāt.

IX. Über die Namen, mit denen der Erste (Seiende) genannt werden soll: Fī al-Asmāʾ allati yanbaġī ann yusamma bihā al-Awwal.

X. Über die sekundär existierenden Dinge und wie die Vielfalt zustande gekommen ist: Fī al-Mawǧūdāt aṯ-ṯawānī wa kaifiyyat wuǧūd al-kaṯīr.

XI. Über die Seienden und die bei uns vorhandenen Körper: Fī al-Mawǧūdāt wa al-aǧsām allati ladaynā.

XII. Über die Materie und die Bilder: Fī al-Mādda wa aṣ-ṣuwwar.

XIII. Über die Einteilung zwischen den Stufen und den materiellen Körpern und göttlichen Seienden: Fī al-Muqāsama baina al-marātib wa al-aǧsām al-huyūlāniyya wa al-mawǧūdāt al-ilāhiyya.

XIV. Über die Gemeinsamkeiten unter den himmlischen Körpern: al-Qawl fī mā taštarik al-aǧsām as-samāwiyya fīhi.

XV. Darüber, worin und wohin sich die himmlischen Körper bewegen und warum sie sich bewegen: al-Qawl fī mā fīhi wa ilayhi tataḥarrak al-aǧsām as-samāwiyya.

XVI. Über die Zustände, in welchen sich die periodischen Bewegungen befinden, und über ihre gemeinsame Natur: Fī al-Aḥwāl allati tuwǧad bihā al-ḥarakāt ad-dawriyya wa fī aṭ-ṭābiʿ al-muštaraka laha.

XVII. Über die Ursachen, aus denen das erste Bild und die Urmaterie hervorgegangen sind: Fī al-Asbāb allati taḥduṯ ʿanha aṣ-ṣura al-ʾūlā wa al-mādda al-ʾūlā.

XVIII. Über die Reihenfolge des Zustandekommens der materiellen Körper: Fī Marātib al-aǧsām al-huyūlāniyya fī al-ḥudūṯ.

XIX. Über die Abfolge der Entstehung der Bilder aus der Urmaterie: Fī Taʿāqub aṣ-ṣuwwar ʿan al-huyūlāniyya.

XX. Über die Komponenten der menschlichen Seele und ihre Kräfte: Fī Aǧzāʾ an-nafs al-insāniyya wa quwāha.

XXI. Darüber, wie diese Kräfte und die Anteile zu einer einigenden Seele werden: Fī Kaifa taṣīr haḏihi al-quwa wa al-ʾaǧzāʾ nafsan wahida.

XXII. Über die sprachbegabten Kräfte, wie sie begreifen und die Ursachen dafür: Fī al-Quwa an-nāṭiqa wa kaifa taʿqil wa sabab ḏalik.

XXIII. Über den Unterschied zwischen „Wille" und „Freiwählbarkeit" und über die Glückseligkeit: al-Qawl fī al-farq baina al-irāda wa al-iḫtiyār wa fī as-saʿāda.

XXIV. Über die Ursachen von Schlaferlebnissen: Fī Sabāb al-manāmāt.

XXV. Über die Offenbarung und die Visionen: Fī al-Waḥyi wa ruʾyat al-malak.

XXVI. Über das Bedürfnis des Menschen nach Gemeinschaft und Kooperation: Fī Iḥtiyāǧ al-insān ila al-iǧtimāʿ wa at-taʿāwun.

XXVII. Über das leitende Glied: Fī al-ʿUḍwu ar-raʾīsī.

XXVIII: Über die Eigenschaften des Oberhauptes der „idealen Stadt": Fī Ḫiṣāl raʾīs al-madīna al-fāḍila.

XXIX. Über die Widersprüche der „idealen Stadt": Fī Muḍaddāt al-madīna al-fāḍila.

XXX. Über die Kommunikationsformen: Fī Ittiṣāl an-nufūs baʿḍiha bi-baʿḍ.

XXXI. Über Berufe und Glückseligkeiten: Fī aṣ-Ṣināʿāt wa as-saʿādāt.

XXXII. Über die Menschen dieser Städte: Fī Ahl hāḏhi al-mudun.

XXXIII. Über die Gemeinsamkeiten unter den Menschen der „optimalen Stadt": Fī al-Ašyāʾ al-muštaraka baina ahl al-madīna al-fāḍila.

XXXIV. Über die Ansichten der Leute in den unwissenden, verlorenen Städten: Fī Arā' ahl al-mudun al-ǧāhila wa aḍ-ḍālla.
XXXV. Über Gerechtigkeit: Fī al-'Adl.
XXXVI. Über die Anbetung: Fī al-Ḫušū'.
XXXVII. Über die Städte der Unwissenheit: Fī al-Mudun al-ǧāhiliyya.

Farābīs al-Madīna al-fāḍila, die „Virtuelle Stadt", Staat der Tugenden oder die ideale Gesellschaft, ist eine reale Utopie. Die Stifter des vortrefflichen Staates sind die Weisen und die Gelehrten (nicht wie bei Plato ein zu erwartender zukünftiger Philosophen als König). Die Machbarkeit einer humanistischen, menschengerechten Gesellschaft liegt nach Farābī also in unseren Händen. Alle Menschen sind ermahnt, ihren Aufbau in Angriff zu nehmen. Das Werk behandelt im einzelnen:

Die Salǧūken (Selçuken) förderten die Rezeption von Farābīs al-Madīna al-fāḍila. Niẓām al-Mulk gründete die Niẓāmiyya-Akademien u.a. in Baġdād und Nišapūr, um das Gedankengut al-Farābīs zu verbreiten.

al-Madīna al-fāḍila Farābīs ist ein Werk von weltliterarischer Bedeutung mit unvergänglichem Wert. Die Botschaft der Abhandlung al-Farābīs, al-Madīna al-fāḍila, ist heute nicht weniger aktuell als zuvor.

Farābī war zu alledem ein großer Musikwissenschaftler. Ihm und Ibn-Sīnā verdankt die Musik ihre Umwandlung von einer spontanen Kunst und reiner Ästhetik zur Wissenschaft. Beide – Farābī und Ibn-Sīnā – gelten als Begründer der Musiktheorie. Farābī erkannte die Bedeutung der Laute und entwickelte sie zu dem Stand, den sie lange Zeit beibehalten hat. Er baute sie aus Schnitten des Rohrgewächses, daher der arabische Name 'Ud, zusammen mit dem Artikel al-'Ud, daraus die europäische Bezeichnung La-Ute, Laute und Parallelen. Der Name dieses Instruments stammt auch von Farābī. Er konnte sie so aufbauen, daß die Wunschmelodie erzeugt wird. Farābī selbst pflegte die Kammermusik. Er wurde gerne zu Festen eingeladen und gebeten zu spielen. Man berichtete, daß er einmal Laute spielte, bis die Hörerschaft sehr heiter bis euphorisch wurde. Farābī durfte nicht mehr nach Hause. Das Publikum bedrängte ihn zu weiteren Zugaben und Spielen. Er nahm das Instrument auseinander, baute es wieder auf und spielte. Die Festversammlung war so gerührt, das die Augen tränten und schließlich weinten die

Menschen. Abermals hinderte das Publikum ihn daran, den Heimweg anzutreten. Der arme Farābī mußte wieder spielen. Diesmal schläferte er die Menschen mit seiner Melodie ein. Als alle in Schlaf versunken waren, nahm er sein Instrument und ging. Diesmal konnte niemand mehr ihn daran hindern.

Nach Farābī ist die Erkenntnis der Wahrheit realisierbar. Erreichbar ist sie vermittels der Philosophie. Noch vollkommener als die Offenbarung erschließt die Philosophie die Wahrheit.

Mit Kindī und Farābī wird die Lehrtradition eingeleitet, theologische Aussagen philosophisch abzuleiten und zu begründen. Ihnen folgen die theologischen Schulen des Mittelalters wie Ibn Maimūn und im Westen Thomas Aquinus. Hingegen fordert Ibn-Rušd die Trennung des theologischen und des philosophischen Diskurses (faṣl al-maqāl).

Aristoteleskommentare

Wie andere arabische Philosophen, welche Themen behandelten, die auch von Aristoteles aufgegriffen waren, hat Farābī seine Thesen im Rahmen eines als Kommentar zu Aristoteles betitelten Buches aufgestellt. Diese Tradition ist als Ausdruck der Bescheidenheit und Redlichkeit arabischer Philosophen zu werten.

Beispielhaft dafür ist der Kommentar der Rhetorik von Aristoteles. Wesentlich in diesem „Kommentar" sind tatsächlich die Vorstellungen Farābīs, nicht des Aristoteles. Zudem erklären sich die Thesen Farābīs aus dem Wesen und Stil der arabischen Sprache, nicht des „Griechischen", in der die Rhetorik von Aristoteles überliefert wurde.

In seinem Hauptwerk „al-Madīna al-fāḍila" bezieht sich Farābī auf viele seiner anderen Arbeiten. So spielt auch Kitāb al-Ḫaṭāba eine wichtige Rolle in der Republik. Die Rhetorik von Farābī thematisiert die menschliche Kommunikation und damit das bedeutsamste Medium sozialen Lebens. Auf die Thesen Farābīs zu der sprachlichen Verständigung und Einflußnahme, die er bereits in der Rhetorik behandelt hat, wird Bezug genommen.

Da Farābī bei einer Reihe seiner Abhandlungen hinter Aristoteles zurücktrat, ehrte man ihn zu Lebzeiten mit dem Titel „al-Muʿallim aṯ-ṯani", wobei der erste Lehrer Aristoteles sei. Der Rang „zweiter" wurde

also von Farābī selbst präjudiziert. Farābī erhielt aber auch viele andere, aristotelesunabhängige Ehrentitel.
Farābī starb um 950 bei Damaskus. Zurückgelassen hat er eine von ihm verfaßte Bibliothek von unschätzbarem Wert.

Werke von Farābī

Farābī, Iḥsa' al-'ulūm (Erfassung der Wissenschaften), Edition Kairo 1931.

Farābī, al-Maǧmū' min mu'allafāt al-farābī (Sammelband der Schriften Farābīs, cit. Farābī, OP, ediert und herausgegeben, in: Kairo 1907, enthält die folgenden Werke:

Farābī, Mā yanbaġī an ta'lam min al-falsafa? (Was sollst du aus der Philosophie wissen?), in: Farābī OP, Kairo 1907.

Farābī, Aġrād Aristoteles fī kitāb mā ba'da aṭ-ṭabī'a (Welche (Erkenntnis-)Ziele Aristoteles an mit seinem Buch über die „Metaphysik" anstrebte), in: Farābī OP, Kairo 1907.

Farābī, Maqāla fī al-'aql (Aufsatz über die Vernunft), in: Farābī, OP, Kairo 1907.

Farābī, 'Uyūn al-masā'il (Die eigentlichen Fragen), in: Farābī, OP, Kairo 1907.

Farābī Aǧwiba 'an masā'il falsafiyya (Antworten auf Fragen zur Philosophie), in: Farābī, OP, Kairo 1907.

Farābī, Nuṣūṣ al-ḥukm (Zur Urteilsfällung), in: Farābī, OP, Kairo 1907.

Farābī, al-Ǧam' baina ra'y al-ḥakīmain Iflāṭon wa Aristu (Zusammenschau von Ansichten der zwei Weisen Plato und Aristoteles), in: Farābī, OP, Kairo 1907.

Farābī, Fī ma Yaṣiḥḥ wa ma la yaṣiḥḥ min aḥkām annuǧūm (Was aus der Astrologie stimmt und was nicht) in: Farābī, OP, Kairo 1907 behandelt die Kritik Farābīs an der Astrologie.

Farābī, Risāla fī as-siyāsa al-aḫlāqiyya (Abhandlung über die auf Ethik begründete Politik), ediert und herausgegeben in Beirut.

Farābī, as-Siyāsa al-madaniyya (Zivilpolitik), ediert und herausgegeben in: Beirut 1964.

Farābī, Arā' ahl al-madīna al-fāḍila, ediert und herausgegeben in: Beirut 1959.

Das Hauptwerk al-Farābīs ist als Zusammensetzung zweier seiner Bücher, „Arā' ahl al-madīna al-fāḍila" und „Kitāb al-Ḥurūf", gesondert herausgebracht worden:

Farābī, al-Madīna al-fāḍila, ed. von Ṭāhā al-Ḥubaiši (Hubaischi), Kairo 1986.

Farābī, Kitāb al-Ḫaṭāba (Buch der Rhetorik).
Die Edition und Herausgabe des arabischen Texts mit französischer Übersetzung wurden besorgt von: J. Langhade und M. Grignaschi, Deux ouvrages inédits sur la rétorique: i. Kitāb al-Ḫaṭāba, ii. Didascalia in Rethoricam Aristotelis ex glosa al-Pharabi, erschienen in: Dar el-Machreq, Beyrouth 1986.

Literatur über al-Farābī

Leo Strauss, Philosophie und Gesetz, Berlin 1935.

R. Walzer, The Rise of islamic Philosophy, in: Oriens 3, pp. 1-19, 1950.

Rosenthal, F. und R. Walzer, Al-Farabius de Platonis philosophia (Plato arabus, II, in: Greek into Arabic), London 1953.

Leo Strauss, Persecution and the Art of Writing, Glencoe 1962.

N. Rescher, Al-Farabi – An annot(at)ed Bibliography, Pittsburgh 1962.

Yūḥannā Qumair, al-Farābī, in: Falāsifat al-ʿarab, Beirut 1983. Es enthält auch eine Anthologie aus Werken Farābīs.

XII.
Iḫwān aṣ-Ṣafā᾽

Iḫwān aṣ-Ṣafā᾽
Übersetzungen: „Die Lauteren Geschwister"; „Die Lauteren Brüder", „Die Lauteren Brüder und Schwestern", „Lautere Geschwister und loyale Freunde", „Frères de la Pureté", „Frères de la Sincérité".

Übersicht
1. Wer sind Iḫwān aṣ-Ṣafā᾽?
2. Historischer Kontext
3. Standort in der Philosophiegeschichte
4. Das Korpus „Rasā᾽il Iḫwān aṣ-Ṣafā᾽"
5. Die Lehrbriefe der Lauteren Geschwister lesen!
6. Inhalt der 52 Sendschreiben

Die Abhandlungen im einzelnen
7. Neue Wege in Wissenschaft, Philosophie und Theologie mit Wirksamkeit bis in unsere Gegenwart
   – Aufklärung, Erkenntnistheorie, Rationalismus, Verpflichtung zur Beweisführung u.a.
8. Zu einzelnen Lehrpositionen der Lauteren Geschwister
   – „Faiḍ" Emanation
   – Die Vernunft
   – Philosophie, Wissenschaft und Wahrheit
   – Sein und Nichtsein
9. Konzeptionelle Strukturmerkmale
10. Prinzipien der Lauteren Geschwister und Grundsätze der Darstellung ihrer Lehre
11. Die Zukunft von Lehre, Forschung und Ausbildung liegt in der Vergangenheit – Rückkehr zu Iḫwān aṣ-Ṣafā᾽: Interdisziplinarität, Didaktik, universalistische Sichtweise und andere Modelle.
12. Fazit
13. Evaluation
14. Aktueller Bezug

Wer sind Iḫwān aṣ-Ṣafāʾ?

„Die Brüder und Schwestern der Lauterkeit und Freunde der Treue" bilden eine Geschwisterschaft, die sich diesen Namen

Iḫwān aṣ-Ṣafāʾ
wa-ḫillān al-wafāʾ

gegeben hat. Sie sind seit 970 n.Chr. historisch nachweisbar. Sie lebten und wirkten im Süden des Iraks. Die genauere Identität der Lauteren Brüder kann nicht mit Sicherheit ermittelt werden. Aus dem Führungskollektiv stammten drei aus Baṣra und zwei aus Kūfa. Die Lauteren Geschwister kann man ohne weiteres als den Höhepunkt der bis dahin erreichten wissenschaftlichen und philosophischen Entwicklung würdigen. Es war ihr Ehrgeiz, die Wissenschaften nicht nur darzustellen, sondern sie auch zu einem einheitlichen fachlichen und philosophischen System zu integrieren und breit zu vermitteln.

Historischer Kontext

Die Epoche der Iḫwān aṣ-Ṣafāʾ vor und nach der Jahrtausendwende war in Europa buchstäblich – wie von den Historikern allgemein geprägt – finsterstes Mittelalter; in der arabischen Welt hingegen markiert sie den Höhenflug der menschlichen Zivilisation. Die ʿAbbāsiden führten das Kalifat. Sie leiteten ein stabiles politisches System. Öffentliche Bildung, soziale Versorgung und medizinische Dienste waren gewährleistet. Gleichwohl waren sie durch oppositionelle Bewegungen herausgefordert. Diese forderten mehr Gerechtigkeit und eine absolut egalitäre Gesellschaft. So standen die ʿAbbāsiden unter so großem Druck der Gerechtigkeitsbewegungen, daß sie nicht anders konnten, als Konzessionen an die Forderungen von unten anzubieten. Die entscheidende Bewegung dieser Epoche war die der Qarmaṭen. Ihnen war es gelungen, die utopischen Vorstellungen, die seit Urzeit die Menschen beflügeln, in Realität umzusetzen. Die Gesellschaft der Qarmaṭen erwies sich nicht nur als existenzfähige, sondern auch als stabile Ordnung von langer Dauer (etwa 900 bis 1100 n.Chr.). Wie jede revolutionäre Bewegung suchten die Qarmaṭen nach Verbündeten. Vor ihrem Machtantritt standen sie mit dem Zinǧaufstand in Verbindung.

Über die Verbindung der Qarmaṭen mit Iḫwān aṣ-Ṣafā' besitzen wir keine materiellen Dokumente. Doch gibt es auch in der Geschichtswissenschaft Indizienbelege. Die Ideenverwandtschaft ist so zwingend, daß es unvorstellbar ist, daß jede Bewegung unabhängig von der anderen handelte. Schriftliche Belege besitzen wir nicht. Diese verschwinden eher, wenn Verbindungen bestehen. Ihre Abwesenheit läßt sich durch die gebotene Konspiration aus Sicherheitsgründen erklären. Die Iḫwān lebten in unmittelbarer Nähe der Zentralgewalt, so daß sie peinlichst genau auf Sicherheit achten mußten. Ihr Standort im Süden des Iraks lag am Schnittpunkt zwischen dem Herrschaftsbereich der ʿAbbāsiden und dem der Qarmaṭenrepublik.

Die Utopie, welche von den Qarmaṭen in der Theorie vertreten und in der Praxis verwirklicht wurde, deckt sich vollständig mit den Vorstellungen der Iḫwān aṣ-Ṣafā' von der idealen Gesellschaft. Die Einsicht in die Notwendigkeit des Sozialismus wird aus Gründen der Menschenwürde abgeleitet. Als Gebot der Vernunft – bei Iḫwān das Kriterium der Argumentation – und aus ureigenstem Interesse müssen Gleichstellung und Gerechtigkeit für alle bestehen. Die Iḫwān betonen in jeder Abhandlung ihrer zweiundfünfzig Risālas die Ethik als Grundlage ihrer sozialen Utopie. Die Elemente, aus denen die Formen gesellschaftlicher Organisation geregelt werden, ergeben sich als Konsequenz von Moral und Wissenschaft. Unkorrumpiert strebe der Mensch nach Liebe, Zusammenhalt und Achtung der anderen wie sich selbst. In der humanistischen Gesellschaft der Insāniyyāt, wo Maʿat, Nous und ʿAql bestehen, sind Gerechtigkeit, Egalität und Selbstverwirklichung des Menschen möglich. Die Qarmaṭenrepublik setzte die Idee in die Tat um.

Die Vorstellung, Rasā'il Iḫwān aṣ-Ṣafā' gehörten zur Ausbildung der Träger der qarmaṭischen Idee, ist zwar nicht direkt schriftlich belegt, jedoch naheliegend. Nach Form und Inhalt eignen sich die Rasā'il für die Kaderqualifikation. Sie wurden für Dāʿīs geschrieben und nicht für den gemeinen Menschen. Ihre Übersetzung für Anfänger und die Allgemeinheit war vielmehr die Aufgabe der Dāʿīs, die ja für diesen Zweck ausgebildet wurden. Dazu dienen unter anderem die Rasā'il über Isagogik, Didaktik und Pädagogik.

Standort in der Philosophiegeschichte

Um die Jahrtausendwende haben arabische Philosophie und Wissenschaft einen Höhepunkt erreicht, so daß sich die Lauteren Geschwister an eine ruhmreiche Tradition anschließen konnten. Die Originalität und die große Eigenleistung der Lauteren Geschwister, die von europäischen Autoren (de Boer u.a.) oft bestritten werden, müßten für den Kenner der Ideengeschichte eigendlich evident sein. Ihr genuiner Beitrag besteht in der Struktur und in der erkenntnistheoretischen Zielsetzung, während die einzelnen Bausteine, die Fachwissenschaften, nicht in jedem Fall eine eigene Erfindung sein mußten. Das würde auch dem Sinn der Iḫwānschen Abhandlung widersprechen. Ihnen ging es ja darum, dem gehäuften Wissen und den akkumulierten Erkenntnissen einen existentiellen Sinn zu verleihen. Den Iḫwān ist es in der Tat gelungen, die verstreuten Bausteine in einen sinnvollen Plan zu integrieren. Es ist ganz klar, daß jede wissenschaftlich tätige Generation eine Rezeption und Revision des geistesgeschichtlichen Erbes vornehmen soll. Auch heute muß mensch das historische Herangehen an die Wissenschaft einhalten. Europäische Autoren tun es, wenn überhaupt, nur eklektizistisch, um eigene Gründungsmythen aufzustellen.

Die Lauteren Geschwister bilden ein wichtiges Bindeglied zwischen der ägyptischen Philosophie, der Gnosis und dem Koineerbe einerseits und der klassischen arabischen Philosophie der Folgezeit andererseits. Ein Teil des Autorenkollektivs könnte selbst Koine, deren fachsprachlicher Einfluß in den Rasāʾil sichtbar ist, gekonnt haben.

Iḫwān aṣ-Ṣafāʾ haben das gesamte Wissenschaftsspektrum ihrer Zeit erfaßt, weiterentwickelt und in dieser Vollständigkeit in der Geistesgeschichte erstmalig zu einer Systematik geordnet, integriert und zum einheitlichen Erkenntnisgebäude konzipiert. Zu ihren Methoden der Beweisführung zählen Empirie (Erfahrungsbereich), Mathematik, formale Logik und Analogien.

Das Korpus „Rasāʾil Iḫwān aṣ-Ṣafāʾ
Inhalt der Zweiundfünfzig Abhandlungen

Die Lauteren Geschwister stellten die einzelnen Wissenschaften in ihren 52 Risālas dar. Nach Ankündigung der Lauteren Brüder sollte es eine 53. Risāla mit einem Rückblick, Fazit und einer Evaluation geben.

Im Korpus ist mal von 51 und mal von 52 Risālas die Rede. Zweiundfünfzig Risālas sind textlich überliefert und auch ediert, nicht aber die angekündigte ar-Risāla al-ǧāmiʿa, das umfassende Sendschreiben. Die Lauteren Geschwister selbst geben an, daß sie „einundfünfzig – bzw. zweiundfünfzig – Risālas" verfaßt haben. Die an- und abschließende universelle Epistel habe ich nicht gefunden. Unklar ist, wo sie verblieben ist. Nach Art der Ankündigung erscheint sie als ein Dokument, das tatsächlich existierte. Das 53. Lehrschreiben „ar-Risāla al-ǧāmiʿa" könnte von ihnen selbst oder von einem ihrer Schüler bzw. Nachfolger verfaßt worden sein.

Jeder Lehrbrief behandelt einen Schwerpunkt, stets jedoch mit Verbindungen und Bezügen zu anderen Stoffgebieten, die in anderen Rasāʾil vorkommen. Nach den Hauptschwerpunkten erhalten wir folgende summarische Zusammenstellung: 14 mathematische (riyāḍiyyāt), 17 naturwissenschaftliche Lehrschreiben (ṭabīʿiyyāt), 10 über Psychologie, Vernunft und Erkenntnis und 11 zu Theologie und Recht.

Pro- und Epilog

Dem Werk ist ein Prolog vorangestellt, welcher die Leser und Leserinnen der Rasāʾil in das Korpus einführt. In der Hauptsache enthält er eine Inhaltsübersicht über die folgenden 52 Risālas, daher auch „Fahrist" genannt. Die Risālas werden nur kurz vorgestellt. Der Prolog ist erhalten, nicht aber der angekündigte Epilog.

Wie gesagt, ist das im Anschluß an die zweiundfünfzigste Risāla vorgesehene umfassende letzte Lehrschreiben Risāla al-ǧāmiʿa (Epilog) nicht überliefert. Wahrscheinlich war es nur jenen vorbehalten, welche den Lehrgang abgeschlossen und überzeugend bestanden haben. Wir vermuten, daß die Lauteren Geschwister zweiundfünfzig Risālas und noch eine verfaßt haben.

Die Einteilung der Zweiundfünfzig Abhandlungen in vier Gruppen (= 4 Bänden) stammt von den Iḫwān aṣ-Ṣafāʾ selber; ebenso der Titel, unter den jede Gruppe eingeordnet wurde. Die gedruckten Ausgaben folgen – mit drucktechnisch bedingter Flexibilität – dieser Einteilung.

Zweiundfünfzig Risālas in vier Bänden

Erster Band – Mathematische Wissenschaften (14 Risālas): Dabei darf man nicht den Fehler machen, die Begriffe „mathematisch" oder „theologisch" im engeren, reduzierten Sinn des modernen Wissenschaftsbetriebs zu fassen. Bei Iḫwān aṣ-Ṣafā' handelt es sich um eine universelle Interpretation der Stoffgebiete. In den „mathematischen Teil" (Band 1) geht z.B. die Musikwissenschaft mit ein, die auch mathematisch erläutert wird.
Der erste Band wird ausdrücklich als „ta'līmitisch" („Unterrichtsmaterialien") bezeichnet.

Zweiter Band – Naturwissenschaften und Biologie: Auch dieser Teil wird universell begriffen. Er umfaßt die Evolutionstheorie, den Übergang der anorganischen in organische Materie, die Entstehung und Entfaltung der lebenden Organismen von den kleinzelligen bis zu den höchstentwickelten Lebewesen.

Dritter Band – Über Psychologie und Geisteswissenschaften: In diesem Teil finden sich auch neuroanatomische Details und Erörterung der höheren und höchsten Nerventätigkeiten.

Vierter Band – Theologie und Religionen: In diesem Band entwickeln die Iḫwān aṣ-Ṣafā' ihre Religionsphilosophie. Sie gestehen jeder Religion den Zugang zur Wahrheitserkenntnis und prinzipiellen Frömmigkeit zu. Sie sehen Gutes und Wahres in jeder Glaubensrichtung. Nirgends stellen sie Präferenzen; eine Einstellung, die sich mit ihrer Grundhaltung deckt. Sie mahnen eindringlich zur Toleranz und warnen vor der Überheblichkeit einer Religion gegenüber einer anderen.

Die Inhalte Geschichte, Politik, Geographie, Astronomie und andere Stoffgebiete, insbesondere Anthropologie und Humanismus, verteilen sich auf alle Rasā'il, die die Iḫwān stets interdisziplinär aufbereiteten. Nach eigenen Angaben haben die Iḫwān „wāḥidwaḫamsūna Risāla fī al-Insāniyyāt" verfaßt. Das sind „ein- (oder zwei)undfünfzig Sendschreiben über Anthropologie und Humanismus". Sie betrachteten also jede Abhandlung als eine Vorlesung über Aspekte des Humanismus.

Da das Werk der Iḫwān aṣ-Ṣafā' insgesamt als eine philosophisch-wissenschaftliche Abhandlung konzipiert ist, steht auch die Glaubensfrage unter diesem Aspekt. Sie vertreten den Ansatz von der „doppelten

Wahrheit". Philosophie und Glaube sind zwei Wege zur Wahrheit. Sie sind nicht identisch, aber sie widersprechen sich nicht. Indes wehren sich die Iḫwān aṣ-Ṣafā' gegen den Aberglauben, insbesondere gegen schreckliche Bilder, die geeignet sind, angstgeladene Religiosität zu begründen und den Menschen durch Furcht vor Gott zu beherrschen. Sie lehnen ein solches Image ab, das Gott als fürchterliches und ungnädiges Wesen erscheinen läßt. Ebenso verwerfen sie das Dogma von Teufeln, die zur Peinigung des Menschen eingesetzt wären. Solche Auffassungen, so lehren Iḫwān aṣ-Ṣafā', stammen vom Menschen selbst. Dafür geben die Lauteren Geschwister eine rationale Erklärung, wie der Mensch selbst seine eigene Hölle oder sein Paradies erfindet. Niemand, außer der Mensch selbst, setzt sich in den Glauben, ob er sich zur Sklaverei oder zur Freiheit berufen fühlt. Eschatologie insgesamt wird von Iḫwān aṣ-Ṣafā' intellektuell gedeutet.

Es wurde oft darüber gerätselt, was Iḫwān aṣ-Ṣafā' selber glaubten. Schon zu ihren Lebzeiten, wie wir von Abū-Ḥayyān at-Tawḥīdī erfahren, stellten sich die Menschen diese Frage. Auch am Hofe der 'Abbāsiden interessierte sich der Kalif dafür. Wahrscheinlich, sagte man vor tausend Jahren, haben sie eine eigene, d.h. von ihnen selber begründete Religion. Sicher waren Iḫwān aṣ-Ṣafā' Fortsetzer der Gnosis („Die erste Schöpfung Gottes war die Vernunft"). Die Gnosis ist vom Prinzip her allen Glaubensformen und Weltanschauungen gegenüber offen. Aus meiner Sicht standen Iḫwān aṣ-Ṣafā' jenseits aller Religionen, ohne die eine zu diskriminieren oder die andere zu begünstigen. In jeder Glaubensrichtung sahen sie Schwächen und Stärken. Sicher waren sie nicht antireligiös. Sie waren weder Dogmatiker noch Atheisten. Ihr Gottesbild war ein aufgeklärtes. Ihr Glaube war rational und areligiös. Über den Verdacht des Agnostizismus sind sie erhaben. Man gewinnt den Eindruck, daß sie Rationalität und Spiritualität vereinen konnten. In jeder Religion sahen sie eine Teilwahrheit und haben diese auch anerkannt. Wissenschaft, Philosophie, Glaubensformen einschließlich Mystik und Sūfismus ergänzen sich gegenseitig und widersprechen sich nicht. Was man im einzelnen glauben sollte, bleibt einer Gemeinschaft oder einem Individuum überlassen.

Die Lehrbriefe der Lauteren Geschwister lesen!

Auch über tausend Jahre nach ihrer Redaktion sind die Rasāʾil Iḫwān aṣ-Ṣafāʾ aktuell geblieben. Heute, in einer Zeit, in der der ethische Diskurs verkümmert ist und die zwischenmenschlichen Beziehungen Warencharakter angenommen haben, sind Iḫwān aṣ-Ṣafāʾ aktueller denn je. Der Verkehr unter den Menschen ist total verrechtlicht und bürokratisiert und ersetzt Liebe und Solidarität. Möge die Botschaft der Lauteren Geschwister eine erneute Renaissance erleben.

Die gedruckte Ausgabe der arabischen Originalfassung der Abhandlungen der Iḫwān aṣ-Ṣafāʾ erschien in vier Bänden. Auf diese (nicht auf die Ismāʿīlītische mit 5 Bänden) beziehen wir uns, wenn wir z.B. vom ersten oder zweiten Band sprechen. Das Werk enthält die 52 Abhandlungen „Rasāʾil" (wörtlich „Sendschreiben", „Lehrbriefe") der Iḫwān aṣ-Ṣafāʾ. Sie sind wahrscheinlich aus Vorlesungen hervorgegangene Unterrichtsmaterialien. Sie behandeln in systematischer Abfolge die mathematischen, naturwissenschaftlichen, philosophischen und theologischen Fachgebiete sowie alle anderen Disziplinen.

Die Lauteren Geschwister sorgten dafür, daß die innere Verbindung zwischen dem einzelnen Fach und den übrigen Disziplinen hergestellt und vermittelt wird. Ihnen ist es gelungen, die innere organische Einheit der Wissenschaften zu demonstrieren und nachzuweisen. Jede Risāla baut auf die vorausgegangene auf, setzt sie fort und leitet die nächste ein. Vor dem Hintergrund der Integration und Zusammengehörigkeit erscheint jede einzelne Disziplin anders, als wenn sie isoliert dargestellt wäre. Ein Fachgebiet erläutert nur einzelne Aspekte der einheitlichen Wirklichkeit und kann nur in Verbindung mit dem gesamten Spektrum der Wissenschaften richtig und integriert begriffen werden. Die Abhandlungen umfassen das gesamte Wissensspektrum. Jede Risāla steht für einen Fachbereich. Demnach stellt das Korpus ein Lehrgebäude mit 52 Türen dar. Von welcher Tür wir auch immer in dieses Haus der Wissenschaften treten, gelangen wir zum Thema „Mensch", dem Zentrum des Seins und dem Mittelpunkt des iḫwānschen philosophischen Interesses. Von der Anthropologie der Lauteren Geschwister und ihrem fundamentalen Humanismus ist jedes Fach geprägt. Eine jede von ihnen behandelte Disziplin geht vom Menschen aus und führt zu ihm hin. Von den ersten Lehreinheiten Zahlenlehre, Mathematik, Geometrie über Geographie, Mineralogie, Botanik,

Zoologie, Astronomie bis hin zur Geschichte, Gesellschaft und Politik sind wir stets mit Anthropologie und Humanismus konfrontiert.

Die Arbeiten der Lauteren Geschwister haben in vielfacher Hinsicht „moderne“ Erkenntnisse vorweggenommen. Auch die Entwicklungen und Forschungsergebnisse des 19. und 20. Jahrhunderts haben viele Thesen der Rasāʾil nicht erschüttert. Im Gegenteil, das Korpus der Iḫwān aṣ-Ṣafāʾ erschüttert Gründungsmythen der europäischen Wissenschafts- und Philosophiegeschichte. Bei Iḫwān aṣ-Ṣafāʾ begegnet uns eine ausgereifte und ausgeprägte Evolutionslehre, welche die Entwicklung der Arten als Vorstufen der Anthropogenese darstellt. Sie begreifen das Leben als einen kontinuierlichen Prozeß der Selbstschöpfung.

Die Risālas sind miteinander organisch verbunden, so daß am Ende ein einheitliches Werk steht. Keine der Risālas ist von der vorausgegangenen abgekoppelt (wie heute im modernen Wissenschaftsbetrieb, in dem die Disziplinen voneinander getrennt behandelt werden). Die iḫwānsche Lehre von der Einheit des Seins widerspiegelt sich in dem Zusammenhang der Wissenschaften. Sie werden zwar jeweils als selbständige Lehrstoffe angeboten, dabei wird jedoch stets der Zusammenhang herausgestellt und betont. Ein Bruch mit der vorangehenden oder der folgenden Disziplin ist bei keiner der Risālas zu sehen. Aus der Gesamtheit der Stoffgebiete erhebt sich ein universelles Lehrgebäude.

Bekanntlich ist das Bewußtsein von der Einheit der Wissenschaften durch die falsch verstandene Spezialisierung im modernen Wissenschaftsbetrieb verlorengegangen, so daß die Aktualität der Iḫwān aṣ-Ṣafāʾ ein weiteres Motiv erlangt.

Erst das Studium der Rasāʾil macht klar, was Humanismus wirklich bedeutet. Er wird an den Wissenschaften konkretisiert. Iḫwān aṣ-Ṣafāʾ legen größten Wert darauf, in jede fachliche Abhandlung Ethik und Moral konstituierend zu integrieren. Die Lauteren Geschwister haben einen bleibenden, tiefgreifenden Einfluß auf das weitere Denken der Menschheit hinterlassen.

Nachstehend wollen wir auf den Kern und die Zielsetzung einer jeden Risāla aufmerksam machen sowie eine Inhaltsangabe und Zusammenfassung des Sendschreibens vermitteln. Eine Anthologie gibt in deutscher Übersetzung wertvolle Aussagen der Lauteren Geschwister wieder.

Die Zweiundfünfzig Abhandlungen im einzelnen

Erste Risāla – Über die Zahl, Zahlenlehre, Zahlentheorie, Quantität und Qualität

Von der ersten Risāla an wird uns ein Musterbeispiel von Unterricht angeboten, der sämtliche Stufen der Erkenntnispyramide durchläuft und integriert. Von dem spezifischen Thema „Zahlen“ (der ersten Ebene) bis zum Menschenbild (siebten Ebene) ist die Erkenntnispyramide vermittelt. Man kann also jedes Kapitel als angewandte Erkenntnistheorie betrachten. Nirgends ist Streuung, sondern immer strenge Einheit festzustellen. Das Thema ist lebensnahe vermittelt. Der Bezug des Lernenden zu seinem eigenen Leben ist aufbereitet. Zugleich koordiniert die Unterrichtseinheit die Konkretion mit der Abstraktion, das Besondere mit der Verallgemeinerung. Sie verbindet den Lernstoff mit der eigenen Betroffenheit. Auch heute empfiehlt sich das didaktische Prinzip der Iḫwān aṣ-Ṣafā᾽. Das Problem ist nur, daß in der gegenwärtigen Schule die Infrastruktur für den Universalismus fehlt.

Dann aber wird die Abstraktion allmählich, jeder Altersstufe entsprechend, geübt. Die Abstraktion der Eins ist die Einheit, die der Zwei die Polarität. Die Zwei bietet einen wertvollen Ansatz zur Thematisierung des aufrechten Gangs. Schon jetzt sind wir bei der siebten Ebene. Die Abstraktion der Drei ist die Bewegung. Der Dreischritt macht es auch dem sehbehinderten Menschen möglich, sich mit dem Stab ohne fremde Hilfe im Raum zu orientieren. Die Abstraktion der Vier ist die Stabilität. Pferd und Ochse, Tisch, Stuhl und so weiter stehen auf vier Beinen. Die Abstraktion der Fünf ist die Spirale, die aufsteigende Entwicklung.

Von der Zahl eins aufwärts wird der Aufbau des Zahlensystems abgeleitet. Höhere Zahlen ergeben sich aus Addition niedrigerer. Die Zwei ist eine Verdoppelung der Eins. Man kann aber die Addition rationeller ausführen durch die Multiplikation. Die vier Grundoperationen der Arithmetik sind schon gelernt.

Es wäre zu reduktiv, denke man, die Voranstellung der „Zahlen“ als erster Abhandlung erfolgte aus formalen Gründen. Man wundert sich, wie sehr die Zahlen philosophische Bezüge entfalten, wenn sie nur tiefer betrachtet werden. Zwischen allem Seienden bestehen Beziehungen, die jeweils Logik und innere Verbindungen aufzeigen. Die Aufdeckung derartiger Beziehungen beginnt mit der Erkenntnis des Wesens in den Relationen zwischen den Zahlen. Aber das Denkprinzip und die Herleitung von „Beziehungen“, die Suche nach Relationen, ihre Analyse und Synthese müssen gelernt werden mit den Zahlen beginnend.

Am Anfang war die Eins

Zahlen, Arithmetik und Mathematik sind auch Logik, Philosophie und Theologie, Naturlehre und Kosmologie. Das Wissen ist einheitlich. Die Eins steht für die Totalität, die Einheit, die Zusammengehörigkeit des Seins aus dem gemeinsamen, einheitlichen Ursprung. Die Eins steht für den Universalismus.

Die Zwei ist zweimal Eins. Eine weitere Eins macht drei, die Verdoppelung der Zwei macht vier. Am Beispiel der „Vier“ und des „Quadrats“ werden Bezüge nicht nur zur Geometrie, sondern auch zu zahlreichen Phänomenen des Seins hergestellt. Vom Aufbau des Zahlensystems aus wird überhaupt auf die Evolution in Denken, Natur und Gesellschaft geschlossen.

Erkenntnisziel der ersten Risāla

Als Lerngewinn der ersten Unterrichtseinheit geben die Lauteren Geschwister an:
- Einübung in das philosophische Denken,
- Erkennen von Ursächlichkeiten alles Seienden,
- Einsicht in die Analogien zwischen Psychischem und Materiellem und in die Modellhaftigkeit des Weltlichen mit dem Überirdischen.

Das Thema Zahl soll ferner in die höhere Mathematik einführen.
Nach den Lauteren Geschwistern stellt das Stoffgebiet „Zahl“ den Anfang des Wissens und die Wurzel der Semantik.
Das Fundament aller Wissenschaften und das Element der Weisheit finden sich in der numerischen Systematik.

Sehr bald sind wir bei schwierigeren Stoffgebieten der Mathematik, die aber so leicht gemacht werden, daß sie bei Schülern und Lehrern gleichermaßen Motivation und Begeisterung auslösen, Freude am Lehren und Lernen bringen. Das war Schule vor über tausend Jahren. Also auch das schwierigste Fach kann leichtgemacht und sehr spannend vermittelt werden. Die Einbeziehung der einzelnen Stufen der Erkenntnispyramide sollte nicht verzetteln. Begegnen uns doch das Leben, die Natur und das Universum voll integriert – sowohl im Alltag als auch in der Schulklasse. Nirgends ist in der natürlichen Welt eine Tafel zu sehen, auf der die Zahlenfolge aufgeschrieben steht. Trotzdem erkennen wir eine numerische Ordnung. Frau und Mann lernen sich kennen. Bald sind sie mehr als zwei Personen.

Schule kann dennoch entfremden, denn die Zahlenabfolge eins, zwei, drei usw. ist Konstrukt. Der Konstruktizismus kann bei Entfremdung die Realität ersetzen.

Die Lauteren Geschwister entwickeln das Zahlensystem aus der Zahl „1". Von der Eins ausgehend gelangen sie zur Philosophie von der Einheit des Seins, die im Mittelpunkt ihrer Überlegungen steht. Sie stellen den Zusammenhang alles Seienden her und fordern die Rückkehr zur Einheit. Theorie und Praxis sind niemals getrennt. Ihrerseits bilden sie eine Einheit.

Bemerkenswert dabei ist die differenzierte Auffassung von der Einheit. An einer Kernfrage schließen sie die Forderung nach „Einheit" aus: Die „Wahrheit" wird nicht mit dem numerischen Attribut „eine" in Verbindung gebracht.

Das Thema „Zahl" bietet – wie andere Themen auch – unendliche Möglichkeiten zu universalistischem Begreifen des Seins. Die Faszination der ṣafawischen Umsetzung des Universalismus sei an einem eindrucksvollen Beispiel aufgezeigt, das auf keinen Fall ausgelassen werden darf. Zwischen der Zahl eins und dem Urprinzip (Gott) wird eine unübertroffene Analogie hergestellt: Wie aus der Zahl eins alle anderen Zahlen abgeleitet sind, haben sich alle Dinge aus dem Urprinzip entwickelt.

Es wird darauf geachtet, daß die innere organische Einheit aller Rasāʾil vermittelbar bleibt. Schon in der ersten Risāla werden die nächste und die weiteren Folgen vorbereitet. Es wird daran erinnert, warum die Lernenden überhaupt in Arithmetik unterrichtet werden und wie Mathematik mit Philosophie zusammenhängt. Jede Risāla gilt so als ein Lehrschreiben über Pädagogik. Jede Unterrichtseinheit ist zugleich Fachdidaktik.

Die klassische Mathematik ist relativ abgeschlossen. Ihre Basis ist die *numerische Systematik:*

1.
1 + 1 = 2.
1 + 1 + 1 = 3.
1 + 1 + 1 + 1 = 4.
usw.

Die numerische Systematik ist die Basis der scharfen Logik.

Wir sind aber im Begriff, eine andere Mathematik zu entdecken. Ihre Basis ist die

Einheitssystematik:

1 = 1.
1 + 1 = 1.
1 + 1 + 1 = 1.
1 + 1 + 1 + 1 = 1.
1 + 1 + 1 + 1 + 1 = 1.
usw.

Diese Gleichungen gelten nur bei der „1". Sie sind auf die Zahlen „2" aufwärts nicht übertragbar, da bei der Einheitssystematik die „Eins" nicht als Quantität, sondern als Qualität steht. Bei der Einheitssystematik wächst die Eins durch Addition, bleibt aber eine „Eins".

Ein Beweis für die Richtigkeit dieser Überlegung sei gegeben, wenn man die Summe aller Materie gleich 1 setzt. Die Materie befindet sich in ständiger Veränderung und Umwandlung ihrer Quantität nach, qualitativ bleibt sie jedoch identisch.

Die hier angesprochene eins ist indes Qualität, keine Quantität. Mit anderen Worten, diese „Eins" ist nicht relativ, sondern absolut. Sie ist nicht addierbar. Sie steht nicht in Relation zu „2, 3, 4" usw.

Das Gegenstück zur qualitativen „eins" ist die Qualität Zweiheit (in diesem Sinne gibt es nicht analog „Dreiheit", „Vierheit" usw.). Die „Einheit" und die „Zweiheit" sind Antagonismen, die einander ausschließen. Daher läßt sich die qualitative „Eins" nicht mehren. Sie wächst, läßt sich jedoch nicht addieren. Der Dualismus ist Entzweiung. Er zerstört die „Eins“: Einheit contra Dualismus und umgekehrt. Die gesellschaftliche Signifikanz dieser Aussage ist unübersehbar. Diese Dialektik ist nicht nur abstrakt; ihre praktischen Konsequenzen sind von großer praktischer Bedeutung. Sie sind für die Gedanken des Friedens, der Freiheit und des Humanismus tragend.

Zweite Risāla – Über Geometrie

Die zweite Abhandlung schließt sich bruchlos an die erste an und stellt ihre logische Fortsetzung dar.

Erkenntnisziele
Das oberste Lernziel wird bestimmt als:
- Übung in das abstrakte Denken,
- Überleitung vom Konkreten zum Begrifflichen,
- vom Körperlichen zum Intellektuellen,
- vom Materiellen zum Abstrakten,
- und vom Besonderen zum Allgemeinen,
- Überführung vom sinnlich Faßbaren zum geistig Erkennbaren.

Die zweite Risāla soll ferner hinführen zu den höheren und höchsten Kategorien, wie
- Bild und Abbild,
- Akzidenz und Wesen,
- zu dem, was nicht mit den Sinnen erkannt werden kann
- und zu den Dimensionen jenseits von Raum und Zeit,
- wie diese erfahrbar gemacht werden können
- und wie die Seele soweit aufsteigt.

Es folgt die anthropologische Applikation:
Notwendigkeit der Kooperation unter den Menschen.

Inhalt

Vordergründiges Klassenziel der zweiten Risāla ist die Geometrie. Sie verfehlt das Thema auch nicht. Indes bildet die Schulgeometrie nicht das Endziel, sondern nur das Mittel zum Zweck. Ihr folgt die *geistige*

Geometrie. Darin wird die eintausend Jahre später in der Sowjetunion aufgestellte Abbildtheorie vorweggenommen. Die Verbindung zur dritten Risāla wird hergestellt. Sie wird thematisch und didaktisch eingeleitet. Das erreichte Erkenntnisziel – räumliche und geistige Geometrie – wird präzisiert, seine Fortsetzung in der dritten Risāla, Einführung in die Astronomie, wird angekündigt. Stellen die Himmelskörper doch die geometrische Vollkommenheit und die faszinierendsten räumlichen Beziehungen dar, die aber dem menschlichen Bewußtsein nur zum geringen Teil zugänglich sind.

Auch die zweite Risāla stellt die innere Verbindung zur dritten her: Die Schulgeometrie der kleinsten Dimensionen führt zum Verständnis der überdimensionalen Geometrie, jener der Gestirne und ihrer Konstellationen, hin.

Dritte Risāla – Über die Himmelskörper

Der thematische Zusammenhang von „Geometrie" (2. Risāla) und dem Stoffgebiet der dritten Risāla liegt auf der Hand. Auch die dritte Abhandlung wird ausdrücklich als eine „Voreinführung" bezeichnet. Sie vermittelt zunächst elementare Informationen, geht aber auch bald zu den erweiterten Beziehungen, z.B. „Mondzyklus und Menstruationsregel", über.

Erkenntnisziel

Das Lernziel wird definiert als Motivation zur Befassung mit: „Sphäre", „Himmelsmechanik" und „Planeten". Erwähnt wird aber auch das höchste Heiligtum, der Wohnort der spirituellen Wesen. Diese werden jedoch philosophisch gedeutet als die „aktive Vernunft".

Inhalt

Das Weltbild der Lauteren Geschwister ist ausdrücklich heliozentrisch. Rasā'il Iḫwān aṣ-Ṣafā' sind das älteste Fachdokument über den Heliozentrismus. Die Lauteren Brüder begründen das wissenschaftliche Weltbild und die Himmelsmechanik auf der Basis des Sonnensystems, da sie die Kreisbahnen der Planeten um ein Zentrum zeichnen. Damit bereiten sie den Schritt vor, den al-Bīrūnī konsequent zu Ende führt. Iḫwān aṣ-Ṣafā' schätzen den Anteil des Festlandes realitätsnahe mit einem Viertel der Erde ein. Sie nehmen Abschied vom Geozentrismus

und entwickeln ein Weltbild, das dem Denken in Europa um Jahrhunderte voraus ist.
Zwar nicht als Mittelpunkt des Sonnensystems, doch als Wohnort der menschlichen Gattung erhält die Erde einen Ehrenplatz in der Kosmologie der Iḫwān aṣ-Ṣafā'. Demzufolge konstatieren wir: Die Kosmologie der Lauteren Geschwister ist anthropozentrisch. So auch ist ihre gesamte Philosophie.

Lerngewinn der dritten Risāla ist Sensibilisierung der Auszubildenden für die *Gesetzmäßigkeiten* der Natur und des Seins überhaupt und die Analogien des Nomismus unter den verschiedenen Phänomenen. Gesetzmäßigkeiten sind die abstrakteste Form mathematischer Beziehungen, die uns unmittelbar berühren.

Der Bezug der dritten Risāla zur vorausgegangenen und ihre Hinführung zur folgenden ist die Schulung des Bewußtseins für Ordnung, Regeln und Gesetzmäßigkeiten. Äußere Systematik schlägt in innere Systematik um.

Vierte Risāla – Über Geographie

Die Logik der Abfolge liegt auf der Hand. Nun wird von den fernen Himmelskörpern zum Planeten Erde geführt. Das Ferne läßt sich besser beobachten als das Naheliegende. Damit wird die Erde in den größeren Zusammenhang der Himmelskörper eingeordnet.

Für Iḫwān aṣ-Ṣafā' steht fest, daß die Erde keine Scheibe, sondern ein Globus ist. Die Erde wird als ballförmig charakterisiert. Sie schwebt frei in der Sphäre (!). Es wird begründet, warum und wie diese Lage zustande kommt und warum sie möglich ist.

Erkenntnisziele
Das übergeordnete Lernziel wird rein anthropologisch definiert. Das Stoffgebiet der Geographie lehrt, wie der Mensch seine Sinne und intellektuellen Fähigkeiten einsetzt und anwendet. Die Beobachtung der Phänomene der Erde und die Erkenntnisse über: Gewässer, Gebirge, Lebewesen und so weiter werden vermittels der Sinne gewonnen. Diese Feststellungen führen wiederum zu höheren Erkenntnissen. Es wird ferner auf die Beziehung der Schöpfung zum Schöpfer und auf die Notwendigkeit der Erhaltung der Schöpfung durch den Menschen hin-

gewiesen. Es wird eindringlich ermahnt, sich tiefer in die Strukturen der Welt einzufühlen, sie zu beobachten und zu interpretieren, weil darin nicht nur intellektuelle, sondern auch geistige Lehren bestehen, aus denen sich moralische und ethische Verpflichtungen für den Menschen ergeben.

Fünfte Risāla – Musikwissenschaft

Der Zusammenhang zu den vorausgegangenen Abhandlungen ist beim ersten Blick nicht sichtbar. Die innere Verbindung besteht indes nicht indirekt, sondern unmittelbar. Musik wird mathematisch aufgefaßt. Von der Arithmetik als Elementareinheit der Mathematik ausgehend werden die Beziehungen zueinander erweitert und graduell schwieriger aufgebaut. Die zweite Abhandlung befaßt sich mit Geometrie, die dritte mit der sphärischen, überdimensionalen Geometrie der Himmelskörper bis zur vierten Abhandlung über die Geographie. Die Musikwissenschaft zeigt die Mathematik von ihrer ästhetischen Seite.

Erkenntnisziele

Als Lernziele werden angegeben:

- Einübung in die Kompositionstechnik,
- noch breiter gefaßt, in die Kunst der Ideenzusammensetzung von Wort und Schrift. Diese wird als die Profession der Verfasserschaft (taʾlīf) bezeichnet, somit sollen die Lernenden
- Kompetenz als Verfasser und Komponisten erwerben.
- Zur musikalischen Erziehung zählt auch die Schulung des Gehörs zur melodischen Akustik.
- Der Effekt der Musik auf die Psyche ist analog der Wirkung von Therapeutika auf den Körper. daraus folgt das Lernziel
- Nutzung der therapeutischen Wirkungen der Musik zum Wohle des Menschen und anderer Lebewesen.

Inhalt und Bedeutung

Es ist unübersehbar, daß die Musik einen sehr hohen Stellenwert bei Iḫwān aṣ-Ṣafāʾ genießt. Sie legen Wert darauf, daß die Lernenden die Herstellung von Musikinstrumenten und ihre Reparatur beherrschen.

Im weiteren wird auf die natürlichen Melodien bis hin zu den Tönen der Himmelskörper, auf ihre Deutung und ihre Bedeutung für den Menschen eingegangen.

Die Musikabhandlung ist eine der ausführlichsten unter allen Rasāʾil. Die Autoren erörtern das Thema Mūsīqa mit großer Sorgfalt. Sie behandeln die Musik theoretisch, praxisbezogen, angewandt, technisch und unter dem Aspekt der persönlichen, immateriellen Bedeutung. Damit wird bereits die innere Verbindung zur sechsten Risāla hergestellt: Die Bedeutung des Ganzen für die Persönlichkeitserziehung und -entfaltung.

Sechste Risāla – Über die numerische und die geometrische Relation, die Aufziehung der Seele und die Aufrichtung des Verhaltens

Der Titel der sechsten Risāla ist beispielhaft für die ṣafawische Aufbereitung des Stoffgebiets und die Herangehensweise an ein beliebiges Thema. Es handelt sich um die sechste Risāla aus dem mathematischen Teil. Dabei ist sie für Lehrende und Lernende eine Unterrichtseinheit über die *Persönlichkeitserziehung*. Einmal mehr sehen wir hier die Stärke der Lauteren Geschwister, in allem Anthropologie und Humanismus festzustellen. Mit der sechsten Risāla befinden wir uns immer noch im mathematischen Teil mit seinen vierzehn Abhandlungen. Diese sind ebenso vierzehn Risālas über den Menschen. Das Stoffgebiet der numerischen Beziehungen wird auf eine komplexere Ebene gehoben als bei den vorausgegangenen Lehrbriefen über Zahlen und Geometrie. Die Unterrichtseinheit über die Relationen hängt auch mit dem Stoffgebiet „Gleichgewichte" und ihrer Bedeutung zusammen. Es wird ausdrücklich von „Wissenschaft der Beziehungen (ʿIlm an-nisab)" gesprochen. Beziehungen werden sowohl fachimmanent als auch interdisziplinär hergestellt.

In der sechsten Risāla wird noch deutlicher, was auch alle anderen Abhandlungen lehren. Die Risālas vermitteln Betrachtungen, die heute verlorengegangen oder nur noch rudimentär zu finden sind. Es ist noch sehr aktuell, die Risālas sorgfältig zu studieren. Die ṣafawische Methode ist einer Renaissance wert. Sie fordert uns auf, uns von oberflächlicher, fragmentarischer Betrachtungsweise abzuwenden.

Die innere Verbindung zur folgenden Risāla ist gegeben.

Die „Wissenschaft der Relationen“ endet mit der Erkenntnis von der überaus großen Bedeutung des Wesens der *Beziehungen unter allen Phänomenen des Seins*. Die sechste leitet somit zu der Theorie der Wissenschaften über, dem Thema der siebten Risāla.

Siebente Risāla – Über die wissenschaftlichen Professionen, die beruflichen Karrieren und was sie bezwecken

Die in der siebten Risāla behandelten Wissenschaften werden ausdrücklich als „theoretische“ vorgestellt. Zunächst wundert es, warum dieses Stoffgebiet in den mathematischen Teil aufgenommen wurde.

Wir erinnern daran, daß die Lauteren Geschwister in allem den anthropologischen Bezug herstellen. Diese Sichtweise hat keine Alternative. Unsere Erkenntnis ist eine menschliche. Nichts vermag der Mensch unabhängig seiner selbst zu betrachten. Daher bleibt das Thema „Anthropologie“ in allem stets aktuell.

Bereits zur Erläuterung der Überschrift betonen die Autoren die „Polarität (Dialektik) des Menschen“ („maṯnawiyyat al-Insān“).[5] Unter anderem werden die „Dialektik von Leib und Seele“ und die „Dialektik von Denken und Handeln“ erläutert. Wichtig sind ferner die Ausführungen über Pädagogik, Didaktik, Fachdidaktik, Fragestellung, Fragebehandlung, Problematisierung und Thematisierung fachlicher Inhalte.[6]

Die Anthropologie wird thematisiert durch die in systematischer Reihenfolge gestellten sieben W-Fragen plus der ersten prinzipiellen Frage:

Über den Menschen

Ist Er?
Was ist Er?
Wie ist Er?
Wieviel ist Er?
Wo ist Er?
Wann ist Er?
Warum ist Er?
Wer ist Er?

---

5 Iḫwān aṣ-Ṣafāʾ, ebd., Bd. 1, Risāla VII, ebd., S. 255 ff.
6 Iḫwān aṣ-Ṣafāʾ, ebd., Bd. 1, Risāla VII, ebd., S. 262 ff.

Auf diese Fragen wird sowohl in der vorliegenden siebten als auch in den folgenden Risālas Bezug genommen.

Iḫwān aṣ-Ṣafā' sind sicher die ersten, welche den lerntheoretischen und lernpsychologischen Ansatz entwickelt haben. Sie legten Wert darauf, daß die Lerntheorie im Rahmen der Anthropologie und Psychologie dargelegt wird.

Die folgende, achte Risāla scheint anders thematisiert zu sein. Aus der Sicht der Iḫwān jedoch bildet sie mit der vorausgegangenen, siebten Abhandlung eine dialektische und strukturelle Einheit. Die siebte behandelt die Theorie der Professionen, die achte Risāla die berufliche Praxis.

Achte Risāla – Über die Praxis, im einzelnen über die praktischen Berufe und die gewerblichen Richtungen

Das vorliegende achte Lehrschreiben ist die komplementäre Abhandlung zur vorausgegangenen Epistel, welche die Theorie zum Thema „Beruf" stellt.

Erkenntnisziel
ist zunächst das tiefere Eindringen in das Stoffgebiet „Beruf" als dem praktischen Ausdruck des Lebens. Das „*Wesen*" der Berufe, welches in den Gewerbearten steckt, jede und alle Professionen hervorbringt, wird in diesem Lehrbrief herausgearbeitet. Diese Wesen bewegen Körper und Hände derer, die ein Gewerbe ausüben. Es besteht ein übergreifender, universeller Sinn, der sich durch die funktionale Tätigkeit der Werktätigen, die Ausübung ihrer Kompetenz und die Anwendung ihrer Qualifikation verwirklicht. In den weiteren Ausführungen wird auf die Arbeitsmittel, das Werkzeug, die Energie und Energieträger eingegangen. Selbstverständlich gehören dazu auch die Fragen der Berufseignung und Berufsqualifikation.

Den Auszubildenden wird der eindringliche Hinweis darauf vermittelt, daß zu jedem Gewerbe Nachdenklichkeit und Prüfung von Sinn und Zweck der Tätigkeit gehören. Dieser Lernschritt geht weit über die pragmatische Zielsetzung hinaus. Vielmehr soll die Berufsausübung ihren Auftrag im Rahmen des Gesamtzusammenhangs leisten, der die Erfüllung des humanistischen, universellen Sinns von Leben und Praxis verwirklichen soll. Davon ausgehend wird der Begriff der „Berufsehre“ philosophisch reflektiert.

Aktueller Bezug

Die Botschaft dieses Lehrbriefes ist gegenwärtig aktueller denn je. Das heutige Verständnis vom Beruf ist karrieristisch reduziert und egoistisch geprägt. Man fragt nach Gewinn und Aufstiegschancen, nicht nach menschlichem Auftrag und sozialer Bedeutung. Der Bewerber ist getrieben von Selbstprofilierung, Konkurrenz und Rivalität. Falsch verstandene Spezialisierung spaltet die Einheit der universellen Praxis in einzelne, miteinander konkurrierende Sparten auf. Viele Berufe, von der Rüstung einmal ganz abgesehen, sind ausgesprochen destruktiv.

Die Mahnungen der Iḫwān aṣ-Ṣafā᾽ müssen heute auf die Tagesordnung gestellt werden.

Polytechnische Erziehung

Es ist nicht Makarenko (1888-1939), sondern es sind Iḫwān aṣ-Ṣafā᾽ gewesen, welche die „Polytechnische Erziehung“ – als pädagogisches System – begründet haben. Dies bedeutet nicht, daß jeder alles können muß, aber jeder muß in das allgemeine Basiswissen eingeführt und in ihm gefestigt werden. Man soll auch die Bezüge seiner Spezialisierung zu anderen Berufen herstellen und sein Gewerbe in die gesellschaftliche Gesamtarbeit integrieren. Im Idealfall bildet die Summe der einzelnen Arbeiten eine innere organische Einheit. Das Teilchen und das Ganze sind wie Glieder einer Kette und wie die Organe eines Körpers. Da aber alle Berufe von Menschen für die Menschen und ihr Wohlergehen geleistet werden, bestehen weder Konkurrenz noch Rivalitäten, weder Bevorzugung noch Benachteiligung. Die Schmalspurausbildung ist die falsche Art von Spezialisierung, jeder soll sowohl geistige als auch Handarbeit leisten.

Die Iḫwān aṣ-Ṣafā᾽ leiten die Theorie der polytechnischen Erziehung aus dem Prinzip ab, daß jede Teilarbeit, wenn sie richtig vollbracht wird, einen Teil der Wahrheit erfüllt. In allen Berufen wird die Gesamtheit der menschlichen Praxis als die praktische Realisierung der Wahrheit begriffen. Daher stellt die Zusammensetzung aller Berufe die Vergegenständlichung der Wahrheit dar: Handwerkliche und geistige. Die Umsetzung der Theorie in die Praxis entspricht der Umsetzung der theoretischen in praktische Vernunft.

Es reicht nicht aus, Hand- und Kopfarbeit miteinander zu versöhnen. Vielmehr soll jeder Mensch praktisch und geistig qualifiziert und entsprechend tätig sein.

Es kann nicht eindringlich genug betont werden, wie sehr es heute nötig ist, an diese Prinzipen zu erinnern und zu ihnen zurückzukehren. Im heutigen kapitalistischen Unternehmen ist der Mensch auf ein Zubehör zur Maschine reduziert worden. Der einzelne Arbeiter weiß nicht, was in seinem eigenen Betrieb wirklich geschieht und wie seine Teiltätigkeit mit der Gesamtproduktion zusammenhängt. Durch Routinetätigkeiten und rotierende Handgriffe entwickelt sich der Mensch nicht. Seine Intelligenz wird abgebaut.

Die Iḫwān aṣ-Ṣafā' entwerfen ein System der ganzheitlichen Qualifikation. Es realisiert auch die Integration der gesamtgesellschaftlichen Praxis. Ziel ihres Ausbildungssystems ist es, daß jeder und jede eine vollwertige Persönlichkeitsentfaltung erlangt. Daher nimmt die Musik bei ihnen eine zentrale Stellung ein. Sie ist nicht nur ein Studienfach für Spezialisten, sondern auch eine allgemeine Ausbildung, die zusammen mit jedem Gewerbe gelernt werden muß. Jeder Heranwachsende soll nicht nur die Chance haben, die musikalischen Künste zu erlernen und auszuüben, sondern auch die Instrumente aufzubauen und zu reparieren.

Neunte Risāla – Über Ethik

Im einzelnen: Ethische Differenzen
Warum, wie und worin sich die Menschen in ihrem moralischen Verhalten unterscheiden?

Die Lehreinheit wird gestützt durch Begebenheiten aus der Moral der Propheten, ihrer Lebensweise und ihrem Weg. Die Erkenntnisziele werden weiter mit lehrreichen Beispielen aus der Lebensgeschichte von Philosophen, Weisen und ihrer Lebensmoral belegt.

Erkenntnisziele
Aufziehung und Erbauung des Geistes sowie Darstellung der Ethik als Verhaltenskorrektiv.
Paränesen.

Die Anwendung der Verhaltensorientierung führe zu dauerhafter Präsenz, Geistesgegenwart, anhaltender Lebensfreude, Selbsterfüllung, vollendeter und bleibender Glückseligkeit im Zeitleben und in Ewigkeit.

Fragestellung

Es wundert zunächst, warum diese so grundsätzliche Lehreinheit über die Ethik überhaupt im mathematischen Teil steht. Die Erklärung dafür besteht wohl darin, daß die Iḫwān aṣ-Ṣafā᾽ eine ausgeprägte Gleichgewichtstheorie vertreten. Diese Theorie von Gleichgewicht(en) legen sie in tiefer und grundsätzlicher Weise in der sechsten Abhandlung dar. Nur in formaler Hinsicht wird die Theorie vom Gleichgewicht aus der Zahlenlehre und der Stöchiometrie abgeleitet. Somit gehört sie auch in den mathematischen Teil, da hier der Sinn für das „Gleichgewicht" sensibilisiert wird. Dabei ist daran zu denken, daß weder Zahlen noch Mathematik bei Iḫwān auf Mengen reduziert werden. Auch die Arithmetik hat für sie universalistische Bedeutung.

Die ethische Schrift richtig lesen und verstehen!

Auf keinen Fall sollte man den prinzipiellen Fehler machen, als mathematisierten die Iḫwān aṣ-Ṣafā᾽ die ethische Frage. Dem kapitalistisch sozialisierten Menschen liegt der fundamentale Irrtum nahe, Fragen der Moral im Sinne ihrer öffentlichen Prämierung oder Bestrafung zu verstehen. Dann hat man Iḫwān aṣ-Ṣafā᾽ wirklich nicht verstanden. Ferner solle man nicht dem Irrtum verfallen, ethisches Verhalten materiell zu benoten.

Aus der Einordnung der Ethik in den mathematischen Teil möge sich der moderne Leser davor hüten, den materiellen moralischen Wert von Verhalten zu berechnen und zu verrechtlichen. Es wäre eine Perversion des ṣafawischen Denkens, ihre Mahnschrift im Sinne von Prämienlohn zu interpretieren und kapitalistische Wertkategorien in das Lehrschreiben zu projizieren. Ihre Linie geht genau in die gegenteilige Richtung. Leserinnen und Leser werden dazu ermahnt, Vorbild zu sein und dort, wo sie es nicht müssen, zu opfern.

Sollte der mathematische Teil der Rasā᾽il ohne die Ethik dargestellt werden, wäre dies eine derart empfindliche Störung, daß das Denksystem der Iḫwān nicht mehr bestehen würde.

Problemlagen
Der Mensch ist für jede Art Moral aufnahmefähig – sowohl für die gute als auch die schlechte. Entsprechend ist er zur Erreichung eines jeden ethischen Grads befähigt.

Eine weitere Problemlage stellen die Unterschiede zwischen den Kulturen nach ihrer jeweiligen ethischen Auffassung dar.

Eine dritte Problemlage ist die Beziehung von gesellschaftlicher Ethik und individueller Moral, öffentlichen Forderungen und individuellem Verhalten.

Eine vierte sind die Wege der Einzelnen zu einer persönlichen Moral und die legitimen Unterschiede von Mensch zu Mensch.

Fünftes Problem: Ist moralisches Verhalten eine individuelle oder eine gesellschaftliche, kollektive Leistung?

Sechstes Problem: Was ist „gut“, was ist „böse“?

Siebtens: Unterscheidung zwischen „Gutem“ und „Bösem“ und ihre Grenzen.

Problemlösung – Die universalistische Ethik
Iḫwān aṣ-Ṣafā᾿ gelangen zu einem universalistischen Verständnis von Ethik und Moral. Es herrscht – über Kulturen und Glaubensgemeinschaften hinweg – darüber, was „gut“ und was „schlecht“ ist, ein breiter Konsens. Ethische Werte verbinden.

Zum anderen ist Ethik diskursiv, Moral ist intersubjektiv. In den zwischenmenschlichen Beziehungen und in der Gesellschaft ergibt sich das Verhaltensgebot nicht individualistisch, sondern gemeinschaftlich.

Bei Iḫwān aṣ-Ṣafā᾿ findet sich bereits der Kant zugeschriebene kategorische Imperativ.

Vier Grade der Glückseligkeit
Da in dem Kapitel die Ethik als Weg zur Glückseligkeit dargestellt ist, kommen Iḫwān aṣ-Ṣafā᾿ nach langen Ausführungen zur Thematisierung der „Glückseligkeit“. Es gelingt ihnen in der Tat, endlich den Kreis zu

schließen und die Ergebnisse ihrer Analyse zu liefern, nachdem der Leser diese Möglichkeit fast aufgegeben hat.

Praktische Konsequenzen

Ein Unterkapitel des neunten Lehrschreibens ist betitelt „Über Erziehung und Therapie“, „fī at-tarbiya“. Aus diesem arabischen Wort ist der universelle Begriff „Therapia“ abgeleitet. Das Korrektiv für Ethik und Moral soll über das Erziehungssystem umgesetzt werden. Das Gebot von Ethik und Moral zur Aufrichtung des Sozialverhaltens ist nicht nur erlernbar, sondern auch anwendbar.

Die neunte Risāla bildet die Basis für die universelle Ethik, aber auch für den Kantschen moralischen Imperativ. Iḫwān aṣ-Ṣafā᾽ differenzieren ihre Aussagen über Ethik und betonen die Priorität unbedingter ethischer Gebote.

Der Auftrag an die Pädagogik wird fortgesetzt durch ein Plädoyer für die wissenschaftliche Betätigung. Als weitere Steigerung folgt ein Abschnitt über die Bescheidenheit und den Verzicht auf Ansprüche. Im gleichen Atemzug wird betont, daß Menschen Wahlfreiheiten eingeräumt werden. Weder sollen alle gefordert noch jene, die wenig leisten, geringschätzig geachtet werden. Es besteht kein Grund, über die eigenen Taten arrogant zu werden. Das Bestreben nach höheren Graden soll nicht zu Überheblichkeit verleiten, sondern stets in Demut praktiziert werden. Hier finden sich verschiedene Einzelaspekte zur Orientierung. Es wird zum Beispiel der überflüssige Konsum mit dem freiwilligen Verzicht kontrastiert.

Aktueller Bezug

Das ethische Lehrschreiben der Iḫwān aṣ-Ṣafā᾽ ist eine Mahnschrift an die Gegenwart mit unübersehbarer, brennender Aktualität. Der moderne Mensch ist in höchstem Maße an Werten verarmt. Die Dimension der Ideale ist weitgehend verlorengegangen. Ethik und Moral werden unter ihrer materiellen Bedeutung gesehen. Soziale Prämien und öffentliche Beurteilung bestimmen das Verhalten. Lohn und Strafe sind maßgebend. Menschliches Verhalten ist weitgehend verrechtlicht. Verhalten wird weniger aus innerer Überzeugung und grundsätzlicher Einstellung bestimmt. Der Verkehr unter den Menschen wird durch Jurisprudenz geregelt. Für viele ist moralisches Verhalten als imagebildender Faktor wichtig.

Die ethische Risāla der Iẖwān ist eine Botschaft an unsere Zeit, ein eindringlicher Appell zum moralischen Korrektiv heute.

Erfreulicherweise ist die ethische Abhandlung eine der längsten Risālas.[7] An keiner Stelle verlieren sich die Lauteren Geschwister in Wissenschaftseuphorie. Nirgends geht ihnen die Sorge um die Menschen als einigende Gemeinschaft aus den Augen.

Zehnte Risāla – Isagogik

– Erste Abhandlung zum Stoffgebiet „Logik"

Zum Begriff

Bei der Lehrerausbildung unterscheiden wir folgende Grundbegriffe, die miteinander zusammenhängen und aufeinander aufbauen:
Pädagogik ist die allgemeine Erziehungslehre.
Allgemeine Pädagogik ist die Kunst, zu lehren und Lehrinhalte zu vermitteln.
Fachdidaktik ist die Art und Weise, wie ein bestimmtes Fachgebiet vermittelt und gelehrt wird: Fachdidaktik Geschichte, Fachdidaktik Arithmetik, Fachdidaktik Chemie usw.
Allgemeine Propädeutik ist die Einführung in die Grundkenntnisse und Grundbegriffe, welche für ein wissenschaftliches Studium notwendig sind.
Spezielle Propädeutik führt in die Grundbegriffe und Vorkenntnisse eines bestimmten Fachgebiets ein. Beispiel: Was ist jeweils „Hermeneutik", „Exegese", „Auslegung", „Kommentar", „Interpretation" und worin unterscheiden sie sich?
Inhalte einer Propädeutik für Studierende der Theologie, Literaturwissenschaft, Jurisprudenz und anderer Fächer, die sich mit Texten, ihrem Verstehen und ihrer Auslegung befassen.
Isagogik ist die Kunst der Einführung in eine Wissenschaft, was heute allgemein durch den Ausdruck „Propädeutik " ersetzt wird.

---

7 Zum Vergleich der beiden längsten Risālas des ersten Bandes nach der gedruckten Ausgabe: „Über die Musik", SS. 183-240; „Über die Ethik", SS. 296-389, zum Kontrast: Die 10., 11., 12. und 13. Abhandlung zusammen genommen SS. 390-428, in: Rasā'il Iẖwān aṣ-Ṣafā', Beiruter Ausgabe, Bd. 1, ebd.

Daß die Lehrschreiben der Lauteren Geschwister die Themen der Isagogik mit auffälliger Betonung behandeln, weist darauf hin, daß die Rasā'il für die Lehrerausbildung bestimmt sind. Iḫwān aṣ-Ṣafā' sind wahrhafte Lehrmeister von Pädagogik und Didaktik. Bei jedem Lehrbrief stellen sie erneut ihre Eignung unter Beweis. Sie sind in höchstem Maße kompetent, Lehrer auszubilden. Beim Stoffgebiet „Isagogik" legen sie größten Wert auf die Vermittlung von Logik und logischen Grundbegriffen. Darin stimmen sie mit allen arabischen Philosophen überein. Ibn-Rušd, der selbst als Mitglied des Bildungs- und Wissenschaftsrats des Muwaḥḥidūn-Staats Richtlinien für die schulischen Lehrpläne, Schulbücher und Lehrwerke festlegte, betont die Notwendigkeit, daß Logik sehr früh und nicht erst in den höheren Klassen vermittelt werden soll.

Adressaten und Erkenntnisziel

ie zehnte Risāla liefert ein Indiz mehr dafür, daß es sich bei den Rasā'il nicht um allgemeine Bildung, sondern um Aufbau- und Kaderqualifikation handelt. Die Dā'īs werden in Pädagogik, Didaktik und Isagogik gründlich ausgebildet; entsprechend werden die Schwerpunkte gelegt. Unter diesem Aspekt gewinnen auch die anderen Lehrschreiben eine tiefere Bedeutung. Demnach ist z.B. die erste Abhandlung „über die Zahlen" didaktisch zu begreifen: „Wie sollen wir die Zahlenlehre unterrichten?" „Isagogik" ist die Kunst der Einführung in ein Fachgebiet oder in eine Wissenschaft.

Die zehnte Abhandlung leitet einen Block aus mehreren Unterrichtseinheiten zum Stoffgebiet „Logik" ein. Die erste davon befaßt sich mit „Isagogik". Auch Ibn-Rušd vertritt die Auffassung, daß „Logik" zur „Grundausbildung" gehören muß. Sie ist eine wesentliche Komponente der Isagogik, der Technik, in ein Stoffgebiet einzuführen und es zu lehren. Die Lauteren Geschwister gehen sehr sorgfältig vor. Auch die Pädagogik braucht eine eigene Pädagogik. Der Lehrer muß das Lehren lernen, ebenso wie der Lernende das Lernen lernen muß. In der zehnten Risāla wird vermittelt, wie speziell Logik gelernt und gelehrt werden soll. Es werden sechs Begriffe erläutert, die für den philosophischen Diskurs, die logische Argumentation und Beweisführung erforderlich sind.

Lernziele im einzelnen
Die Lauteren Brüder geben selbst die Lernziele an:

- Aufrichtung der Persönlichkeit, Vervollkommnung des Menschen und seine Unterrichtung über das dauerhafte Sein.
- Ausdifferenzierung von logischer Aussage, linguistischer und philosophischer Rede. Darlegung der Charakteristik einer jeden Rede, ihres Aufgabenbereichs und ihrer Zielsetzung.
- Wie Logik für den Zweck genutzt werden kann, die Vernunft mit Orientierung auf die Wahrheitserkenntnis zu schulen, sie vorm Irrweg zu hüten, gegebenenfalls sie davon zurückzugewinnen und vor weiterer Verfehlung zu bewahren.

Inhalt
Die zehnte Abhandlung enthält Grundlagen zur Schulung einer philosophischen Persönlichkeit. Es werden die verschiedenen Elemente dieser Qualifikation genannt. Es sind:
Sprachliche und grammatische Schulung zur Vervollkommnung der Rede („Die rechte Rede ist eine professionelle Leistung").[8]
Die sprachliche Qualifikation soll die inhaltliche Richtigkeit der Rede absichern und den einwandfreien Vortrag stützen.
Die Relation der logischen Qualifikation zu der Vernunft und ihrem Gegenstand ist dem Verhältnis der grammatischen Qualifikation zu der Aussprache und dem Vortragen analog. Deshalb ist die Schulung des mündlichen und schriftlichen Ausdrucksvermögens notwendig.

Sechs Begriffe der Logik
Diese teilen sich in zwei Gruppen ein: Drei davon bezeichnen die konkreten Gegenstände, die drei anderen ihre abstrakten Analogien und Qualitäten.
Die konkreten sind: Person, Art und Gattung; die Abstrakta: Klasse (faṣl) ist die allgemeine Qualität oder Eigenschaft, welche eine Gruppe von Gegenständen gegen eine andere charakterisiert; das Besondere (ḫāṣṣa) und Akzidens (ʿarḍ). Die drei Abstrakta beziehen sich auf das Wesen.[9] Es folgen abgeleitete Begriffe, z.B. die Subkategorien.

Nächster Hauptabschnitt befaßt sich mit der Isagogik im engeren Sinn. Er behandelt die Themen „Wissenschaft, Lernen und Lehren".[10] Ein

---

8 Rasāʾil Iḫwān aṣ-Ṣafāʾ, Bd. 1, ebd., S. 218.
9 Rasāʾil Iḫwān aṣ-Ṣafāʾ, Bd. 1, S. 396.
10 Rasāʾil Iḫwān aṣ-Ṣafāʾ, Bd. 1, S. 399 f.

weiterer Abschnitt befaßt sich mit „Wesen und Akzidenzien". Die zehnte Risāla schließt mit dem Abschnitt zur „Notwendigkeit der Logik".

Elfte Risāla – Über die „Kategorien"

– Zweite Abhandlung zum Stoffgebiet „Logik"
Im philosophischen Sprachgebrauch der Koine bedeutet „kategorias" das, was wir heute eher als „Universalien" bezeichnen. Der Kategoriebegriff hat also eine Bedeutungsverschiebung erfahren. Im heutigen Sprachgebrauch ist er nicht präzise definiert. Im dialektischen Materialismus bezeichnet die „Kategorisierung" die Bestimmung eines Phänomens nach seinem Charakter.

Bei den Lauteren Geschwistern werden auf der Basis der Einheit des Seins zehn abgeleitete Kategorien ermittelt, die jeweils eine der Hauptgattungen des Seins indizieren. Auf diese zehn Kategorien (=Universalien) werden alle Phänomene des Seins zurückgeführt. Jede der zehn Kategorien ist ein (sing.) „ǧins" (Gattung). Die nächste Unterteilung, die auf die Kategorien (pl.: aǧnās) folgt, ist die der „Arten" (anwāʿ). Die Arten teilen sich in „Personas" (ašḫāṣ) auf. Aus den „Personas" gehen die „Matres" (ummahāt) hervor. Aus den Matres entfalten sich alle Dinge, „mit denen sich die Literatur, die Gärten der Wissenschaften und das Paradies der Weisheit befassen".

Zwölfte Risāla – Peri Hermenias

– Dritte Abhandlung zum Stoffgebiet „Logik"

Titel
„Peri Hermenias": „Über den Ausdruck, den Satz, die Formel, die Formulierung, die satzförmige Aussage"

Der Titel dieser Abhandlung orientiert sich am Buch des Aristoteles, welches als Anleitung zur Beweisführung verfaßt wurde. Die Iḫwān aṣ-Ṣafāʾ erläutern den Titel ihrer Abhandlung synonym wie folgt: „Über Aussagen und wie die Meinung durch adäquate Formulierung gerecht zum Ausdruck kommt".

Lernziel
Bildung und Ausformulierung logischer Aussagen als Basis des philosophischen Diskurses.

Rede, Rhetorik und Logik
Die Schulung ist *curricular* aufgebaut. Die Grundlage der Rhetorik ist der einwandfrei aufgebaute Satz. Seine Elemente sind Semantik, Syntax, Grammatik und Logik. Die Lernschritte umfassen das gesamte Gebiet, das zur Aufstellung der einwandfreien Aussage nötig ist:

1. Bestimmung der definitiven, einfachen Einzelaussagen.
2. Thema-Rhema-Beziehungen, d.h. die zweiteilige Aussage, wobei im ersten Teil der Gegenstand aufgestellt wird, im zweiten Teil die nähere Information darüber (analog der syntaktischen Einteilung in „Mubtadaʾ-Ḫabar“ oder „Subjekt-Prädikat“).
3. Der Indikativsatz ist charakterisiert durch die Möglichkeit seiner Wertung „wahr“ / „unwahr“.
4. Bildung von Prämissen aus einfachen Begriffen.
5. Konstruktion von Analogien auf der Basis von Prämissen.
6. Kontrast „Affirmativ / Negativ“ als die beiden Möglichkeiten einer Information. Hierin liegt die Grundlage der „scharfen Logik“: „ja/nein“. Beispiel: Die Sonne scheint / Die Sonne scheint nicht.
7. Klassifizierung der Aussagen.
8. Definitive Elemente der Bildung von beweisführenden Prämissen.
9. „Nomen“ / „Wort“.
10. Die absolute Aussage.
11. Definitive Aussage.
12. „Positive“ / „negative Aussage“.
13. Die existentielle Aussage. Diese ist eine Behauptung, in welcher sowohl der erste Teil (Gegenstand, Subjekt) als auch der zweite Teil, die Information über ihn (Prädikat) definitiv bejaht werden kann (positiver Indikativsatz).
14. „Gerade (mustaqīm)“ und „Gegenstandslosigkeit (maʿdūl)“ (indifferent in bezug auf „wahr“/„unwahr“), Beispiele: Imperativ, Ruf, Wunsch, Interrogativ. „Unscharfe Logik“, Beispiel: Reiche mir bitte das Salz!
15. Duale, Triaden, quartiäre Kasuistik (Zwei-, Drei- und Vierschritt-Ursachenkette).
16. Drei Elemente zur Bestimmung von „notwendig“ versus „möglich“.
17. „Gegensatz (ḍidd)“ und „Antagonist (naqīḍ)“.

18. Weitere Elemente zur Herleitung von Prämissen zur Analogiebildung.

Dreizehnte Risāla – Analogie (I)

– Vierte Abhandlung zur Logik

Lernziele

- Funktion der Analogie bei den Philosophen im Unterschied zu den Dialektikern.
- Anteil der Analogie an der Argumentation, den Thesen, den Theorien und den Disputationen.
- Einübung in der Formulierung und der Differenzierung von Behauptungen.
- Kriterien zur Beurteilung von Diskurs und Handlung.
- Warnung und Selbstschutz vor spekulativen Aussagen

Notwendigkeit der Analogie

„Die Analogie ist eine gerechte Waage. Philosophen begründeten die Analogie zur Verifizierung und Falsifizierung von Aussagen und zur Beurteilung von Taten. Die Analogie soll aufzeigen, was soll, wie und wann was getan werden muß“.[11]

Der Analogie und den Analogien wird auch bei Iḫwān aṣ-Ṣafā᾽ große Bedeutung beigemessen. Anders als im Gebrauch der Alltagssprache wird der Analogiebegriff von den Lauteren Geschwistern präzisiert, definiert und nach Regeln und Anwendbarkeit operationalisiert. Die Kompetenz der Analogie und ihre Bedeutung in der Theoriearbeit, den Auseinandersetzungen und in der Praxis; werden breit gesteckt und näher bestimmt. Die Analogie ist eines der Hauptmittel der Beweisführung. Für den Anwender dient die Analogie zum einen als Selbstkontrolle, zum anderen braucht er sie bei Disputationen. In der Kontroverse deckt sie Widersprüchlichkeiten und fehlerhafte Ableitungen auf. Ferner dient die Analogie der Evaluation von Thesen und Praktiken.

Die Abhandlung erläutert die logische Analogie und ihre Notwendigkeit für die Philosophie. Dabei wendet selbst der Aufsatz über Analogie Analogien an, um die eigenen Aussagen abzuleiten und zu erläutern.

---

[11] Rasā᾽il Iḫwān aṣ-Ṣafā᾽, Bd. 1, ebd., S. 26.

Dazu werden z.B. Analogien aus der Mathematik, Geometrie und Relativität angeführt. Analogien werden auch durch Bezüge u.a. zu Aristoteles hergestellt.

Sehr interessant in dieser Abhandlung ist der Anspruch, den die Iḫwān aṣ-Ṣafā' an die Philosophie und an ihre Schüler stellen. Ihre Aussagen haben sorgfältig nach Wahrhaftigkeit und Richtigkeit geprüft zu werden. Sie sollen frei sein von Irrtum, Falschheit – analog prophetischen Verlautbarungen –, klar, unzweideutig und präzise ausformuliert.

Die Ausbildungsziele der dreizehnten Risāla machen deutlich, daß die Abhandlungen der Lauteren Geschwister der Meisterqualifikation dienen sollen. Die Adressaten werden zu Philosophen ausgebildet.

Vierzehnte Risāla – Analogie (II)

– Fünfte Abhandlung zur Logik

befaßt sich mit dem „Beweis" als wissenschaftliche und philosophische Methode.

Lernziel
„Darlegung und Aufschlüsselung der richtigen, fehlerfreien und einwandfreien Analogie. Sie ist identisch mit dem Beweis als Maßstab für die Ansichten und ihre Prüfung auf Korrektheit und Irrtum".[12]

Schwerpunkte der Analogie zweiten Teils sind „analytische Methoden", „Definitionen" und „Beweisführung" unter besonderer Berücksichtigung von Fehlerquellen und Fehlanalogien.
Mögliche Irrtümer und systemische Fehler bei Analogien:
- Fehler durch Unwissenheit,
- Fehlerquellen bei gelernten Anwendern,
- fehlerhafte Analogien bei Philosophen,
- Grenzen der sinnlichen Wahrnehmung,
- Biegung und Entgleisung bei der Anwendung und Ableitung einer Analogie und wie man sich davor hütet,
- Anleitung zum sicheren Vorgehen und Ausschluß von Fehlerquellen und möglichen Irrtümern,

---

12 Rasā'il Iḫwān aṣ-Ṣafā', Bd. 1, ebd., S. 26.

- Prämissen und Erkenntnisvoraussetzungen.
- Die Ursache (ʿilla: *causa*) existiert vor der Wirkung (maʿlūl: *effectus*); die Wirkung kann nicht vor der Ursache bestehen.
- Festhalten am Wesen unter Vermeidung von Begleiterscheinungen. Im anderen Fall tritt eine Entgleisung ein. Richtig ist: Selbstursache (endogene Ursache) entstammt dem Selbst. Die Prämisse ist allgemein(gültig). Die Urteilsfüllung erfolgt auf der Basis der dem Wesen zugehörigen Eigenschaften.

Im weiteren werden die logische und die geometrische Beweisführung einander gegenübergestellt.

Als angewandtes Beispiel wird das Thema Beweisführung an der Frage operationalisiert: „Ist die Welt unanfänglich oder anfänglich (alt oder in der Zeit entstanden)?".
Der Abschnitt „Beweisbare Erkenntnisse und Spiritualität" bildet den Abschluß der vierzehnten Abhandlung.

Evaluation
„Logik" gehört zu den ältesten Themen des philosophischen Denkens. Sie wurde im Alten Ägypten voll entwickelt und gelehrt. In ptolemäischer Zeit wurden die ägyptischen Wissenschaften und die Philosophie in die ebenfalls ägyptische Koine (fälschlich „Altgriechisch" genannt) übersetzt. Die Koine diente als *Lingua franca* und erleichterte damit die Rezeption ägyptischer Philosophie und Wissenschaft in der Welt. Zu diesen Rezipienten zählt auch Aristoteles, mit dem sich die Lauteren Geschwister ebenfalls auseinandersetzen. Die Rückführung der Logik auf Aristoteles stellt daher eine geistesgeschichtliche Fälschung dar. Im Kollektiv der Lauteren Geschwister hat es sicher Mitglieder gegeben, welche der Koine mächtig waren. Sie konnten vom ägyptischen philosophischen Erbe profitieren und es für ihr Werk, also auch in bezug auf die Logik, verwerten.

Indes soll der Eigenbeitrag der Lauteren Brüder nicht unterschätzt werden. Sowohl in den fünf Lehrbriefen über die Logik als auch im gesamten Werk überwiegt ihre Eigenleistung. Zu ihren Verdiensten gehörten u.a. das systematische Denken, die planvolle Anordnung der Wissenschaften und ihre interdisziplinäre Verbindung. Besonders in bezug auf die theoretischen, philosophischen, anthropologischen und praktischen

Konsequenzen leisteten die Lauteren Brüder und Schwestern einen Pionierbeitrag.

Im ersten Band ihrer Abhandlungen begründen die Lauteren Geschwister die mathematisch abgeleitete „scharfe Logik". Ein Spätrezipient ihrer mathematischen Logik ist Bertrand Russell (1872-1970). Analog den Lauteren Geschwistern präsentierten Whitehead-Russell in ihrem dreibändigen Werk „*Principia Mathematica*" (1910-1913) eine logische Grundlegung der Mathematik sowie eine mathematische Begründung der Logik. Der Systematik der Lauteren Geschwister folgend wurde ein vierter Band zur „Geometrie" angekündigt. Die *Mathematica logica* ist aber auch *Logica mathematica.* Whitehead-Russell haben allerdings nicht einfach übersetzt, sondern sind den Ideen, Prinzipien, Ableitungen, Thesen und der Gesamttheorie der Lauteren Geschwister unter *name dropping*[13] gefolgt, wobei die Abhängigkeit an einigen Stellen deutlich zutage tritt. Vergleiche z.B.: Whitehead-Russell, Principia Mathematica, 3 Bde, 1910-1913, Vol. 1, P. 347 ff. und Part III, mit Rasā'il Iḫwān aṣ-Ṣafā', Bd. 1, S. 49 ff. Der Formalismus stammt redaktionell von Whitehead-Russell, die scharfe Logik hingegen ist die Leistung des arabischen Mathematikers Ḫawārizmī. Theorie und Prinzipien der mathematischen Logik stammen von den Lauteren Geschwistern.

Alle mathematische Logik beginnt mit dem wirklichen Begreifen der Zahl „eins" und ihrer konstitutiven Funktion bei den Konkreta und den Abstrakta. Die Systeme entstehen aus Elementareinheiten, aus Einsen. Es gilt sowohl für konkrete als auch abstrakte Bereiche. Selbst einem Konstrukt, einem hypothetischen oder phantastischen Modell, liegt die „Eins" als Bauelement zugrunde – so, wie einem Gebäude, das aus einzelnen Steinen besteht. Der „Kapitalismus" als Beispiel hat die „Ware" als konstitutive Elementareinheit. Im Verlauf ihrer Geschichte war die Wissenschaft stets bemüht, die Baueinheit zu entdecken: Das „Element" im Periodensystem der Chemie, das „Molekül", das „Atom", das „Elektron" usw. Von der „Eins" ausgehend entwickeln die Lauteren Brüder die Logik des Zahlensystems und stellen damit die Theorie der Zahlen insgesamt und die einer jeden Zahl auf. Die Schlüsselposition der Zahl eins

13 Mit *name dropping ist hier gemeint*: die Namen arabischer und arabischschreibender Autoren werden aus der europäischen Literatur ausgemerzt, ihre Erkenntnisse bleiben. In allen anderen Kontinenten werden die Namen arabischer Philosophen und Wissenschaftler nach wie vor in Ehren gehalten.

und die Entwicklung des logischen Aufbaues der Phänomene – mit der Arithmetik beginnend –, von Niederem zu Höherem, von unten nach oben, begründeten das dialektische Prinzip der Deduktion.

Hierzu Whitehead-Russell: "Extension of the Theory of Deduction from Lower to Higher Types of Propositions" (Vol. 1, P. 127 ff.). Die Entdeckung der „Eins" als Elementareinheit der Phänomene, der Systeme, der Arithmetik, der Mathematik und daher auch der Logik sowie die Deduktion höherer Systeme aus niederen Typen gehen auf die Lauteren Geschwister zurück. Es ehrt Whitehead und Russell nicht, darauf nicht hingewiesen zu haben.[14]
Auch die weiteren erkenntnistheoretischen, sprachanalytischen Werke Russells zeigen große Abhängigkeit von den Lauteren Geschwistern. Insbesondere sein Buch „Logik und Mystik" (1918) weist die große Anlehnung Russells an Iḫwān aṣ-Ṣafā᾽ aus, da der Ansatz bis dahin keine Tradition in Europa hatte. Auch in der „Einführung in die mathematische Philosophie" (1919) folgt er den Lauteren Geschwistern. Mit diesem Werk machte Russell einen entscheidenden Schritt auf dem Weg zur Rezeption arabischer Philosophie: Die Integration von Fachwissen in den übergeordneten philosophischen Rahmen. Russell folgte Iḫwān aṣ-Ṣafā᾽ nicht nur im Detail, sondern im Gesamtkonzept. Ihm standen allerdings Sprachbarrieren zur Originalfassung im Weg. Er war auf europäische Übersetzungen der Lauteren Geschwister u.a. ins Lateinische angewiesen. Trotzdem gelang es ihm in seinem fast hundertjährigen Leben, mehr als vielen anderen europäischen Rezipienten arabischer Philosophie, zur Erneuerung des Denkens in Europa durch das Gedankengut der Lauteren Geschwister beizutragen. Noch im fortgeschrittenen Alter stand er wacker in der Opposition – gegen Homogenisierung und Militarisierung. Noch kurz vor seinem Tod beteiligte ich mich mit ihm zusammen in London an einer Aktion für Vietnam gegen die US-Aggression.

* * *

Mit der vierzehnten Risāla wird die fünfteilige Sequenz über die Logik beendet.

---

[14] A. N. Whitehead-B. Russell, Principia Mathematica, Vol. I-III, Cambridge (1910-1913) (Seitenangeben nach: 2nd. ed.) 1925 (cit. Whitehead-Russell).

Ebenfalls mit der vierzehnten Risāla endet der erste Band, der einen Teil des mathematischen, logischen Curriculums bildet. Mit dem zweiten Band wird der taʿlīmitische Teil fortgesetzt.

Zweiter Band

Der zweite Band besteht aus siebzehn Abhandlungen zu den Stoffgebieten „Natur und Körper" – „Die natürlichen Körper".

Fünfzehnte Risāla – Hyle und Form

Diese Abhandlung wird auch „Propädeutikum", ferner „Rezeption" (samʿ al-kalām) genannt.
„Hyle" oder „hyūlī" ist „Urstoff", „Materie". Hyle liefert die Substanz zur Formung weiterer Stoffe.

Zu den Schwerpunkten dieser Abhandlung gehören „Bewegung", „Zeit", „Raum" und ihre Beziehung zueinander.

Inhalt
„Körper", was ist das?
- Was zum Körper gehört: Bleibende und vergängliche Akzidenzien.
- Formen, die dem Körper seinen Bestand und seine Fertigung geben.

Sechzehnte Risāla – Das All und die Welt

Schwerpunkte
- Die Beziehung der Himmelskörper zueinander und ihre Bewegung.
- Über den Begriff „Makrokosmos".
- „Himmel" ist nichts anderes als der sichtbare Teil des Universums, der Himmelskörper und ihrer Kreisbahnen.
- Verneinung der Annahme von einem „Leeren" (Vakuum).
- Außerhalb des Alls besteht weder Leeres noch Fülle.
- Heliozentrismus – Die Sonne ist Mittelpunkt.[15]
- Kreisbahnen der Planeten.

---

[15] Rasāʾil Iḫwān aṣ-Ṣafāʾ, Bd. 2, ebd., S. 30 ff.

- Durchmesser der Kreisbahnen.
- Erfassung von beweglichen und unbeweglichen Himmelskörpern.
- Das Größenverhältnis von Planeten im Verhältnis zur Erde.
- Das Größenverhältnis von Planeten relativ zur Erde bezogen, je nach Durchmesser.
- Erdsatelliten,
- gegen die Annahme, daß sie vom Westen nach Osten kreisen.
- Die beiden Finsternisse und ihre Ursachen.
- Himmelskörper sind weder schwer noch leicht,
- weder heiß noch kalt noch feucht
- Optische Täuschungen bei der Betrachtung von Himmelskörpern.

Auch die Abhandlung über die Kosmologie stellt mit Betonung den Bezug zur Ethik und zur Aufrichtung von Psyche und Geist her.

Evaluation
In seinem philosophischen System hält Jean-Paul Sartre eng an die „Frères de la Sincérité", freilich ohne sie namentlich zu nennen. Die inhaltliche Abhängigkeit Sartres von den Lauteren Geschwistern ist nicht nur an ein einziges Thema gebunden, sondern an seinem ganzen Konzept erkennbar. Es seien insbesondere genannt: „L'être et le néant (1943)" (Das Sein und das Nichts), „L' existentialisme est un humanisme" (1946) (Der Existentialismus ist ein Humanismus). Anders als die Lauteren Geschwister konnte Sartre auch auf Ibn-Rušd zurückgreifen.

Siebzehnte Risāla – Sein und Vergehen

Bei allen Seienden unterscheiden die Lauteren Geschwister – wie andere Philosophen auch – die Universalien von den Teilen. So z.B. wird die universelle oder Allseele der Teilseele einer einzelnen Person gegenübergestellt. Ein weiteres Begriffspaar sind die Gesamtvernunft und die individuelle Vernunft eines Menschen. Von allen irdischen Seienden werden vier Urstoffe als allgemein abgehoben: Das Feuer, die Luft, das Wasser und die Erde. Dies sind die universellen Urstoffe, aus denen die Elemente, die Mineralien, die Pflanzen und die Tiere hervorgehen. Es besteht die Möglichkeit von Übergängen und Umwandlungen. Ein Stoff kann in einen anderen übergehen. Metamorphosen vollziehen sich während des Ablaufes der Kreisbahnen. Im heutigen Schulunterricht lernen die Schüler dieses Prinzip am Atommodell. Die äußere Elektronenschale ändert ihre Konfiguration durch Oxidation oder Reduktion. Ändert sich die Zahl der Elektronen der äußeren Schale, so geht ein Element in ein anderes über. Bei den Veränderungen in der Natur löst die Ausstrahlung von kosmischer Energie und Sonnenenergie die Entwicklungsprozesse aus. Die Universalseele bewirkt zielgerichtete Umwandlungen, so daß die Veränderungen nicht chaotisch, sondern zweckmäßig und sinnvoll ablaufen. Sie steuert und lenkt die Stoffe, so daß sie den Sinn ihres Daseins und ihrer Entwicklung erfüllen.

Achtzehnte Risāla – Meteorologie

Lernziel
Die Natur und die Erscheinungen in der Atmosphäre verstehen lernen.

Inhalt
Der achtzehnte Lehrbrief behandelt die sphärischen Effekte, Wetterveränderungen und ihre Ursachen, Luftchemie, Licht, Finsternis, Aufhellung, Verdunkelung, Wärme und Kälte, Winde und ihre Absorbierung durch Meere und Flüsse, Wolken, Nebel, Tau, Sprühregen, Regenfälle, Gewitter, Donner, Blitz, Schnee, Hagel, Mondhof, Regenbogen, Sternschnuppen, Meteoriten und anderes mehr.

Neunzehnte Risāla – Metallurgie

Lernziel
Genesis der anorganischen Stoffe als die unterste Stufe der Natur verstehen lernen. Ihnen folgen die organischen Stoffe, dann die Organismen, die ebenfalls von unten nach oben bis zum Menschen aufsteigen. Mineralien und Rohstoffe sind die ersten Produkte der Natur.

Inhalt
„Die neunzehnte Abhandlung befaßt sich mit Mineralien, Edelsteinen und Metallurgie. Die Themen im einzelnen: Die Ursache und der Prozeß ihrer Ausdifferenzierungen, wie sie auf und im Inneren der Erde unterhalb der Mondsphäre entstehen, wie mit und in der Natur die großsphärische Allseele zusammenwirkt. Die Befähigung der universellen Seele zu all ihren Leistungen dank ihrem Schöpfer, der alles Seiende zustande bringt, der ohne Ausnahme alles erschöpft, erfindet, initiiert und formt.

Die Natur ist eine Kraft der Allseele, aus der die Teilseelen hervorgehen. Sie erteilt Weisungen zur aufsteigenden Entwicklung vom tiefsten Inneren im Zentrum des Erdballs bis zu den allerhöchsten Höhen, jenseits des Himmels, dem Universum der Sphären, wo die frommen Unschuldigen wohnen, am Ort der Auserwählten, dem Sitz der Propheten und Gesandten.
Die anorganische Natur ist das erste Stadium der Genesis, das die Teilseelen durchschreiten. Es folgen die Pflanzen vermittels ihrer Genesis und ihres Wachstums, dann die Tiere vermittels ihrer Genesis, ihres Wachstums und ihrer Sensibilität, dann der Mensch vermittels seiner Genesis, seines Wachstums, seiner Sensibilität und seiner Vernunft, dann die Entäußerung (taǧarrud) und das Eintreten in den Stand der Engel, welche die Sphären und die höchste Dimension über den Himmel hinaus bewohnen."[16]

Zwanzigste Risāla – Über die Natur

Inhalt

Die Natur, was ist das?
Ihre Wirkungsweise in den vier Elementen, den Matrizes, aus denen die Mineralien, die Pflanzen und die Tiere hervorgingen.
Die Unterschiede zwischen „willentlicher", „gedanklicher" und „ersehnlicher Wirkung", zwischen „notwendiger, obligatorischer" und „natürlicher" Wirkung.

Lernziel

Diejenigen, welche der Wirkungen der Seele und ihres Wesens nicht gewahr sind, über die spirituellen Kräfte, welche die Planeten steuern, damit sie die Vervollkommnung ihrer Formierung erlangen und ihren Zweck erfüllen, aufmerksam und nachdenklich machen.[17]

Einundzwanzigste Risāla – Botanik – Pflanzen und ihre Gattungen

Inhalt

[16] Rasāʾil Iḫwān aṣ-Ṣafāʾ, Bd. 1, S. 28.

[17] Iḫwān aṣ-Ṣafāʾ über die zwanzigste Risāla, in: Band 1, S. 28; 20. Risāla, in: Rasāʾil Iḫwān aṣ-Ṣafāʾ, Bd. 2, SS. 132-149.

Darstellung der Vielfalt der Pflanzen und ihre Einteilung in Gruppen. Ebenso, wie die Pflanzen entstehen, sich auseinanderentwickeln und formieren.
Ausdifferenzierung der Pflanzen nach Form, Farbe, Geschmack und Duft, nach Blättern, Knospen, Früchten, Kernen, Samen und Rinde, nach Wurzeln, Stamm und Zweigen.
Andere Aspekte der Botanik und ihre Zusammenhänge.[18]
In welcher Weise die Kräfte der wachsenden Seele in den Pflanzen wirken und welchen Weg sie gehen.

Anpassung der Pflanzen an lokale Bedingungen.
Evolution der Pflanzen im Verlauf der Zeit.

Es wird dargelegt, daß die unterste Entwicklungsstufe der Pflanzen Anschluß an die höchste Entwicklungsstufe der anorganischen Materie, der Mineralien, hat. Die höchste Entwicklungsstufe der Pflanzen schlägt die Brücke zur niedersten Entwicklungsstufe der Tiere.

Zweiundzwanzigste Risāla – Zoologie

Inhalt

- Tiere und ihre Gattungen
- Das Wunder des anatomischen Aufbaues
- Über die sinnvolle, zweckmäßige Lebensweise der Tiere
- Vielfalt der Tierarten
- Anpassung der Form an die Lebensumstände
- Verhalten
- Struktur
- Aufbau und Reparatur von Nestern und Gehäusen
- Produktionsweise der Tiere
- Lebensrhythmus und Perioden bei Vögeln
- Begattung und Fortpflanzung
- Eierlegen, Brutzeiten
- Wie die Tiere den Nachwuchs erziehen
- Ansätze von Moral bei Tieren[19]
- Ausdifferenzierung der Tierarten[20]

---

[18] Iḫwān aṣ-Ṣafā' über die einundzwanzigste Risāla, in: Band 1, S. 28 f.; 21. Risāla, in: Rasā'il Iḫwān aṣ-Ṣafā', Bd. 2, SS. 150-177.

[19] Rasā'il Iḫwān aṣ-Ṣafā', ebd., Bd. 2, S. 203-208.

- Sensibilität
- Über die hohe Qualität der sinnlichen Wahrnehmung bei Tieren[21]
- Beschwerden der Tiere über das Unrecht der Menschen[22]
- Über Pferde und ihre Vorzüge im Vergleich zu anderen Tieren
- Über Kommunikation und Mitteilungskünste der Tiere[23]
- Schlangen
- Über das Mitleid der Schlangen mit den Insekten und ihre Barmherzigkeit gegenüber anderen Tieren
- Über das Genie bei einzelnen Tieren mit Beispielen und Fabeln
- Über Eigenschaften, Charakterologie und Ethik von Löwen
- Lobenswertes und Böses im Verhalten von Löwen und Wildtieren
- Das Bienenreich – Organisation und Verhalten
- Die besonderen Gaben der Bienen im Vergleich zu anderen Organismen
- Gehorsam
- Fabeltiere
- Die höchste pflanzliche Entwicklungsstufe leitet die erste tierische Entwicklungsstufe ein.
- Die höchste Entwicklungsstufe der Tiere leitet die erste menschliche Entwicklungsstufe ein.
- Die höchste Entwicklungsstufe der Menschen leitet die erste Entwicklungsstufe der Engel ein, welche die Sphäre und die Himmelskörper bewohnen.
- Der Mensch als Vertreter Gottes auf Erden
- Der Mensch verfügt über die Freiheit, gütig wie die Engel oder bitterböse wie die Teufel zu sein.

Iḫwān aṣ-Ṣafā᾽ sind die Begründer der Verhaltensforschung und des Behaviorismus. Bei ihnen findet sich auch die Lehre von der Konditionierung, die sie zu ihrer heute noch gültigen Fassung aufstellen. Sicher haben sie den Grundstein der wissenschaftlichen Botanik, Zoologie und Biologie nicht erst legen müssen. Sie profitierten vom Erbe der ägyptosyrischen Wissenschaften, welche in arabischer Zeit einen neuen Aufschwung erfahren haben. Für die Zoologie war al-Ǧāḥiẓ eine wichtige Zwischenstation. Aufgeräumt werden muß mit den europäischen Gründungsmythen auf diesen Fachgebieten.[24]

---

20 Rasā᾽il Iḫwān aṣ-Ṣafā᾽, ebd., Bd. 2, S. 210-212.
21 Rasā᾽il Iḫwān aṣ-Ṣafā᾽, ebd., S. 213 f.
22 Rasā᾽il Iḫwān aṣ-Ṣafā᾽, ebd., SS. 214-219.
23 Rasā᾽il Iḫwān aṣ-Ṣafā᾽, ebd., SS.239-243.
24 Rasā᾽il Iḫwān aṣ-Ṣafā᾽, ebd., Bd. 2, 22. Risāla, SS. 178-377.

Dreiundzwanzigste Risāla – Körperanatomie

Stoffgebiet
Der Körper ist Mikrokosmos. Seine Struktur läßt sich mit dem Aufbau einer idealen Stadt vergleichen, wobei die Seele dem König dieser Stadt entspricht.

Inhalt
- Der Mensch lerne seinen Körper entdecken, zerlegen und verstehen.
- Der aufrechte Gang ist die höchste Entwicklungsstufe der Gangarten im Tierreich.
- Die Körperstruktur ist ein Abbild des Makrokosmos.
- Das Leben des Menschen ist eine Straße, die sich von der Hölle bis zum Paradies erstreckt.
- Es ist die Waage der Gerechtigkeit, welche Gott in seine Schöpfung legte.
- Makro- und Mikrokosmos ist ein Buch, das Gott eigenhändig aufschrieb.
- Der Mensch ist die Tat Gottes. Er ist das Wort Gottes, das Er erfand.
- Die Seele der Menschheit ist der Stellvertreter auf Erden, der über Seine Schöpfung regiert, das Land leitet und die diesseitige Welt eine Zeitlang verwaltet.
- Wenn der Mensch vom Diesseitigen scheidet, steigt er in die höhere Welt empor, um sie zu schmücken. Hier besteht er in Ewigkeit.

Erkenntnisgewinn
Wenn der Mensch sich selber als Stellvertreter begreift, so erkenne er Gott, der ihn eingesetzt habe, finde sich zu Ihm, erlange ewige Wonne und dauerhaftes Sein.

Vierundzwanzigste Risāla – Über die Sensibilität und ihren Gegenstand – Wahrnehmung und Erkenntnis beim Menschen

Erkenntnisziele
- Struktur des Menschen und Funktion seiner Organe,
- Verhältnis des Psychischen zum Somatischen,
- Aufziehung der Seele und moralisches Korrektiv.

Inhalte

- Wahrnehmung.
- Wie erkennen die Sinne ihren Gegenstand?
- Die Verbindung zwischen den Sinnen und dem Gegenstand vermittels wirksamer Kraft.
- Die Verbindung der Sinne zum universellen geistigen Sinn, von welchem die Kräfte der reinen Sinne ausgegangen sind.
- Vergleich: Körper und Seele sind wie ein Haus und seine Bewohner.
- Analog den Radien, welche sich vom Zentrum zum Kreisumfang erstrecken und mit dem Abstand um viele Punkte zunehmen, weitet sich die Wahrnehmung des menschlichen Erfassungsvermögens aus.
- Die Wahrnehmung der Sinne wächst mit dem Abstand, bezogen auf den Ausgangspunkt, und dem Fortschreiten.
- Dabei ist der Ausgangspunkt die erste der geistigen Stufen.
- Die sensible Kraft, die zum Menschen führt, besteht aus einer körperlichen und einer spirituellen Komponente.
- Dabei ist die innere, sprich universelle sensible Kraft, rein spirituell.
- Der Teil verfügt über die Eigenschaften des Ganzen, wobei das Ganze von der Aufspaltung in Teile nicht real betroffen ist, denn es erkennt den Gegenstand durch Wahrnehmung und durch Verbindung zur Vorstellungskraft, die im Vorderteil des Kopfes untergebracht ist.
- Vom Vorderteil wird die Information zur denkenden Kraft, die im Zentrum des Kopfes lokalisiert ist, weitergeleitet. – Hier wird der Gegenstand genauer geprüft, seine Wirklichkeit näher bestimmt, charakterisiert und spezifiziert.
- Mit dieser Erkenntnis wird die Information zum Gedächtniszentrum im Hinterteil des Kopfes zur Aufbewahrung weitergeleitet.
- Fallbeispiel: Wahrnehmung und Unterscheidung von Wärme und Kälte.[25]
- Akustische Wahrnehmung.[26]
- Optische Wahrnehmung.[27]
- Von der sinnlichen Wahrnehmung zur Vorstellungskraft und Abstraktion.[28]
- Erkenntnis von Dingen an sich und Erkenntnis von Akzidenzien.
- Sinnliche und rationale Erkenntnis.

---

[25] Rasā'il Iḫwān aṣ-Ṣafā', ebd., Bd. 2, S. 403 ff.

[26] Rasā'il Iḫwān aṣ-Ṣafā', ebd., Bd. 2, 24. Risāla, S. 407 f.

[27] Rasā'il Iḫwān aṣ-Ṣafā', ebd., Bd. 2, S. 408 f.

[28] Rasā'il Iḫwān aṣ-Ṣafā', ebd., Bd. 2, S. 411.

– Wahrnehmung von Lust, Schmerz, Müdigkeit, Erholung.[29]

Kommentar

Die vierundzwanzigste Abhandlung der Iḫwān aṣ-Ṣafā' stellt eine Theorie der Wahrnehmung dar, die den Vergleich mit modernen Ansätzen nicht scheut. Eindrucksvoll sind die neurophysiologischen Kenntnisse der Iḫwān aṣ-Ṣafā'. Die Funktionen des Gehirns werden im einzelnen differenziert, der Mechanismus der Wahrnehmung wird im Detail analysiert. In keiner Weise vereinfachen die Autoren die Komplexität des Erkenntnisprozesses. Die Fragen des Betrachters eines Gegenstandes und womöglich die Zweifel, die er an dem Zufluß von Informationen über diesen Gegenstand hegt, finden in der Abhandlung die gebührende Berücksichtigung. Sie werden zusammen mit der Information im zuständigen Hirnzentrum vorbehaltlich späterer Nachprüfung gespeichert. Die Nachrichten werden vom Gegenstand abstrahiert und als abstrakte Information aufbewahrt. Es wird zwischen dem Inhalt des Gegenstands und dem Gegenstand selbst unterschieden. Die abstrakte Information wird von ihrem materiellen Substrat getrennt, verselbständigt und verallgemeinert. Daraus entstehen die Abstrakta, aus deren Summe die Wissenschaften über den Menschen konstituiert werden. Informationen und Themen werden im Gehirn archiviert und stehen für den Bedarfsfall auf Abruf zur Verfügung. Zur gegebenen Zeit werden sie von der vernunftbegabten, zur Aussprache befähigten intellektuellen Instanz des Menschen abgerufen. Die Vernunft hat die Fähigkeit, die verschiedenen Informationen, welche im Verlauf der Individualgeschichte zusammenfließen, zu sortieren, zu koordinieren, zu kombinieren, zu verwerten und anzuwenden. Bis dahin wird der Vorgang der Interiorisation (Verinnerlichung, aber nicht Internalisierung) analysiert. Es folgt der Vorgang der Exteriorisation (Äußerung / Entäußerung) unter der Leitung der Vernunft. Sie regiert weiterhin die neurophysiologischen Organe der Aufbereitung des Stoffes. Zur Präsentation eines beliebigen Bewußtseinsinhalts werden Konzept und Details aus den zuständigen Hirnzentren angefordert. Über die Organe der Sprache und des Ausdruckes, vom Sprach- und Artikulationszentrum im Gehirn ausgehend, über die Neuronen bis zu dem Kehlkopf, der Zunge, den Lippen und allen für die Phonetik und Lautung zuständigen anatomischen Feinglieder kommt der menschliche Vortrag zustande. Zwischen allen Organen der Interiorisation und der Exteriorisation besteht ein einheitliches Kommunikationsnetz. Die Vernunft ist befähigt,

---

[29] Rasā'il Iḫwān aṣ-Ṣafā', ebd., Bd. 2, S. 413 f.

die Dinge unabhängig ihrer stofflichen Präsenz darzustellen. Worte ersetzen die Dinge. Auch die Adressaten können durch Worte und Symbole auf den Gegenstand schließen, ohne daß dieser materiell vorhanden sein muß.
Von hier leiten Iḫwān aṣ-Ṣafā' zur Vermittlung und zur Kommunikationstheorie über. Man kann über Dinge informieren, die Hörer können nach dem Munde des Referenten die Inhalte lernen und auf ihre Tafeln, in ihre Hefte, auf ihre privaten oder öffentlichen Blätter schreiben, ohne sie je gesehen zu haben. Sie lernen Inhalte über Orte und Zeiten, die sie persönlich nie erleben. Sie können diese Lernstoffe ergänzen, korrigieren und weiter vermitteln. Es entsteht Wissensakkumulation. Wissenschaften werden begründet und bleiben für Generationen verfügbar. Von den ersten bis zu den jüngsten Generationen wird der Erkenntnisprozeß weiterentwickelt. Ohne die unmittelbare persönliche Begegnung lassen sich Inhalte vermitteltn. Wer beim Präsenzunterricht ausfällt, läßt sich durch diejenigen, die dabeiwaren, informieren oder er liest nur ihre Notizen.[30]

Evaluation

In ihrer vierundzwanzigsten Risāla über Sensibilität, Wahrnehmung und Erkenntnis haben die Lauteren Geschwister weitentwickelte, hochwertige Konzepte aufgestellt über:

- Neuroanatomie,
- funktionale Hirnsysteme,
- Wahrnehmung und Erkenntnis,
- Erkenntnistheorie,
- den hermeneutischen Zirkel,
- die Informationstheorie,
- die Kommunikationstheorie.
- Von besonderer Wichtigkeit ist der Durchbruch, in welchem sie nach dem materiellen Substrat der funktionalen Hirnsysteme und des Bewußtseins suchen. Damit haben sie spätere Wissenschaftler auf den weiteren Verlauf des Erkenntniswegs gebracht. So kann gezielt nach den einzelnen Hirnstrukturen und ihren Aufgaben geforscht werden.

Die Vorstellungen der Lauteren Geschwister über das Zentralnervensystem sind sehr ausgewogen. Im Prinzip basiert unser gegenwärtiges

---

[30] Rasā'il Iḫwān aṣ-Ṣafā', ebd., Bd. 2, S. 396-416.

Wissen über diese Stoffgebiete auf den bei Iḫwān aṣ-Ṣafā' aufgestellten Entwürfen. Auch hierzu muß mit vielen Gründungsmythen der europäischen Literatur aufgeräumt werden.

In ihrem Werk distinguieren die Lauteren Geschwister das Begriffspaar „an sich“ und „für sich“. Diese Differenzierung gilt auch als eine Unterscheidung von „Subjekt“ und „Objekt“. Ferner stellt das „für sich“ einen Bewußtseinwerdungsprozeß dar. Es drückt ein selbstbewußtes Verhalten, ein bewußtes Verhältnis zum Selbst aus. Die Aufnahme dieser Begrifflichkeit bei Kant und Marx läßt sich nicht anders erklären als durch Rezeption arabischer Philosophie, wo auch die Sprache die Infrastruktur zu dieser Differenzierung liefert.

Die im zwanzigsten Jahrhundert in der Sowjetunion von der „Kulturhistorischen Schule“ aufgestellte Lerntheorie ist mit der der Iḫwān aṣ-Ṣafā' identisch. In der sowjetischen Forschung wurde den Iḫwān aṣ-Ṣafā' großes Interesse geschenkt. Auf vielen Gebieten beeinflußten die Lauteren Geschwister das fachspezifische Denken im Realsozialismus.

Fünfundzwanzigste Risāla – Embryologie – Der Weg des Spermas

Inhalte und Erkenntnisse

- Wie verbindet sich die Seele mit der befruchteten Zelle?
- Entwicklungsgeschichte des Embryos
- Die Leibwerdung
- Bildung des Körpers
- Embryonale und fetale[31] Entwicklung
  in den ersten drei Monaten,
  im vierten Monat,[32]
  im fünften Monat,[33]
  im sechsten Monat,[34]
  im siebten, achten und neunten Monat.
- Astronomische und planetarische Einflüsse
- Der embryonale Entwicklungsweg und seine Beziehung zum Zyklus des Sonnensystems

[31] Embryo: Leibesfrucht im ersten und zweiten Schwangerschaftsmonat; Fetus oder Fötus bezeichnet die Leibesfrucht vom dritten Monat an.
[32] Rasā'il Iḫwān aṣ-Ṣafā', ebd., Bd. 2, S. 423 f.
[33] Rasā'il Iḫwān aṣ-Ṣafā', ebd., Bd. 2, S. 424 ff.
[34] Rasā'il Iḫwān aṣ-Ṣafā', ebd., S. 425 ff.

- Übergang der potentiellen Kraft in die aktive Form
- Neun Monate Schwangerschaft entsprechen Bewegungszeiten im Sonnensystem: Nach neun Monaten wird das neunte Sternbild erreicht.
- Sinn, Ablauf und Phasen des neunmonatigen Aufenthalts des aus Leib und Seele vereinten Fötus in der Gebärmutter
- Die embryonale Entwicklung realisiert das erste Stadium der Vervollkommnung des Menschen.
- Vervollkommnung der Verbindung der einfachen Psyche mit dem Leib des Kindes im Mutterleib
- Personenwerdung der Seele durch die Annahme einer sichtbaren Gestalt (haikal) mit konkretem, umschriebenem, materiellem Körper, der über Farbe, Form und andere Akzidenzien verfügt
- Zusammenschluß aller Elemente zur einheitlichen Person
- Geburt
- Rezeption von Ethik, Moral, Tätigkeit, Wissen, Literatur, Weisheit, Lehrmeinungen während der künftigen Entwicklung und Lebenszeit des Individuums.[35]

Evaluation

Die Iḫwān aṣ-Ṣafāʾ legen uns eine sehr fortgeschrittene Entwicklungsgeschichte des pränatalen Lebens vor. Auch wenn gegenwärtig die Entwicklungsgeschichte an Details reicher geworden ist, müssen die Lauteren Geschwister als die eigentlichen Begründer der Embryologie anerkannt werden. Bei ihnen finden sich bereits viele, vermeintlich neuere Entdeckungen. Sie weisen auf die Drehung des Kindes im Mutterleib hin und stellen dazu ein Erklärungstheorem auf. Sie behandeln die Funktionsentwicklung des Zentralnervensystems und viele andere, die Embryologie tragende Aspekte. Wichtig ist besonders die Tatsache, daß sie das Entwicklungsprinzip anstelle eines spekulativen Fertigungsmusters zugrunde legen.

---

[35] Rasāʾil Iḫwān aṣ-Ṣafāʾ, ebd., Bd. 2, 25. Risāla, SS. 417-455.

Das Hohe Lied über den Menschen

Zusammenfassung der Thesen

1. Der Mikrokosmos (Mensch) ist der Sinn des Makrokosmos (Universum).
2. Der Mensch ist der Zweck des Universums.
3. Die Gestalt des Menschen entspricht der Form des Makrokosmos dem Materiellen nach.
4. Die Zustände der Psyche des Menschen, die Bewegung seiner Kräfte und sein wahres Wesen entsprechen den spirituellen Geschöpfen – den guten oder den bösen.
5. Der Mensch ist eine Zusammenfassung der spirituellen und der materiellen Welten.
6. Der Mensch ist eine Zusammenfassung, Essenz und Frucht des Universums.
7. Der Mensch konzentriert in sich aber auch die Trübungen dieser Welt. Er ist der Niederschlag, die Neige (so wörtlich übersetzt, im Sinne z.B. von Kaffeesatz) der Spannungen und Mühsale der Welt.
8. Der Mensch ist das letzte Glied aller körperhaften Organismen und das erste Glied der spirituellen Wesenheiten.
9. Damit ist der Mensch der Schnittpunkt zwischen der materiellen und der spirituellen Welt.
10. Der Mensch ist der gute Stammhalter und Träger der Summe der Vollkommenheiten beider Welten, der materiellen und der geistigen Welt.
11. Der Mensch ist das Wesen, welches das Universum realisiert – sowohl geistig als auch sinnlich.
12. Der Mensch ist Leben an sich und für sich.
13. Der Mensch hat Bestand an und für sich und besteht in Abhängigkeit von anderen.
14. Der Mensch ist der Sinn, der in der Form verborgen ist.
15. Der Mensch ist wie das Ei, das bereits eine vollkommene Form hat, jedoch Potentiale zur Entfaltung einer höheren Vollkommenheit enthält. Es (das Ei) liegt im Nest und ist doch latent ein Flieger. Erst nach Durchlaufen von Entwicklungsstadien fliegt es real.
16. Der Mensch ist wie der Winkel zwischen zwei Geraden, zwischen dem Teilbaren und dem Unteilbaren.

17. Der Mensch ist wie der Punkt, der das Eindimensionale und das Multidimensionale, das Dimensionale und das Dimensionslose vereint.
18. Der Mensch ist die Prophezeiung, welche eine Linie zu dem Spirituellen und eine Linie zu dem Körperlichen streckt.
19. Der Mensch ist die Offenbarung, die beide, den Offenbarer und den Empfänger der Offenbarung, verbindet, die Inspiration, die beide einbezieht.
20. Er ist wie das Ende des Ozeans, welches seine (Ober-)Fläche ist, die dem, der keinen Ort hat, Platz bietet. Er ist Ufer und Zufluchtsort.
21. Die einfache Seele trennt sich aus dem konkreten Körper, wenn sie ihre Bestimmung erreicht.

Erkenntnisziele

- Antwort auf die Fragen: Wer ist der Mensch?
  Wie erkennt der Mensch seine Identität?
  Wie lernt er seine Psyche kennen?
  Wie erfährt er seine eigene Wirklichkeit?
- Der Mensch stellt eine Summe dar, die alles Seiende vereint.
- Der Mensch ist wie die Gesamtheit. Er umspannt alles. Dessen soll er sich bewußt werden.
- Der Mensch soll das Richtige suchen, sich zu eigen machen und in sich aufnehmen. Die Gelegenheit dazu dauert ein Lebensalter. Für diesen Zweck hat ihn sein Schöpfer erschaffen, der ihn dann zurückruft, wahrt und auf Dauer erhält. Der Schöpfer sucht ihn mit Leiden heim und heilt ihn wieder. Er zeigt ihm den Weg, um ihn zu erretten. So erlangt der Mensch die Unvergänglichkeit und die anhaltende Wonne.[36]

Evaluation

In ihrer sechsundzwanzigsten Risāla, über Mikro- und Makrokosmos, entwickeln die Lauteren Geschwister ein feinfühliges, ausgeprägtes Menschenbild. Ihre ausgesprochen anthropozentrische Philosophie bejaht die Menschen, das Menschsein und seinen edlen Stand in der Schöpfungshierarchie. Der Mensch steht im Mittelpunkt ihrer Ontologie, Kosmologie und des Seins überhaupt. Gleichwohl verlassen sie nicht den Boden der aktuellen Realität. Mir ist keine schönere und entwickeltere Anthropologie bekannt.

---

[36] Rasā'il Iḫwān aṣ-Ṣafā', ebd., Bd. 2, 25. Risāla, SS. 456-479. Vgl. auch Bd. 1, S. 32.

Aktueller Bezug
Wie fern liegen wir eigentlich vom Hohen Lied der Lauteren Geschwister über den Menschen?

Dritter Band, erster Teil

Siebenundzwanzigste Risāla – Über Unsterblichkeit

Im einzelnen:
- Die Entstehung persönlicher Psychen in individuellen Leibern[37]
- Das Erdenleben ist ein Übergangsstadium
- Unsterblichkeit

Die Grundthesen in Zusammenfassung

1. Aus der universellen Seele gehen die Teilseelen hervor.
2. Die Teilseelen ziehen in die menschlichen Somata und die natürlichen Körper ein.
3. Der Mensch wird in den Prozeß der dauerhaften Werdung und Zustandsveränderungen eingeordnet.
4. Für den Menschen gibt es keinen Tod, sondern Übergang. Auf den Tod folgen Wiedererweckung und Hinführung dahin, wo er in den höheren Status der Engel und Spirituellen aufgenommen wird. Hier nimmt er den Platz der Ruhe ein und bezieht den Wohnort der Guten.
5. Dort wird die Materie abgetragen und der Wille erfüllt.
6. Das ist dann die Vollendung der Glückseligkeit. Dieser Zustand tritt entweder nach dem Tod oder bei genügender Ausreifung bereits vor dem Tod ein, indem der Mensch nur der Form nach besteht, sein Wesen aber aufleuchtet.

Evaluation

Iḫwān aṣ-Ṣafā' vertreten eine ausgesprochen lebensbejahende Philosophie. Im Unterschied zu epikureischen, ausschließlich weltbezogenen, diesseitsfixierten Lebensauffassungen nehmen die Lauteren Geschwister dem Tod seine Schrecken. Er ist sogar ein willkommenes Ereignis. Hingegen Epikur: „*Mit dem Tod haben wir nichts zu tun. Entweder gibt es ihn, dann gibt es uns nicht. Oder es gibt uns, dann gibt es ihn nicht*".

Die Lehrbriefe, von der ersten bis zur letzten Risāla, bauen die Themen streng aufeinander auf. Es ist nur logisch, wenn auf diese Abhandlung – zwar nicht unmittelbar – die Botschaft von Tod und Leben folgt. Die Lauteren Geschwister erwähnen die beiden Substantive stets in der

[37] Rasā'il Iḫwān aṣ-Ṣafā', ebd., Bd. 3, SS. 5-17.

Reihenfolge: Erst Tod, dann Leben. Die Tod-Leben-Risāla wird allerdings thematisch notwendig durch einen Zwischenbrief eingeleitet. Sinn der Schrift „Menschliche Erkenntnis" besteht darin, daß der Mensch sich seiner Erkenntnisgrenzen, sowohl in bezug auf das Weltliche als auch auf das Spirituelle, bewußt bleibt. Die Ignorierung oder Ignoranz vieler Menschen über bestimmte Fragen verführen sie zur Arroganz, daß sie Dinge, die sie nicht zu erkennen vermögen, für nicht existent halten. Dazu gehört auch die „Unsterblichkeit der Seele".

Achtundzwanzigste Risāla – Menschliche Erkenntnis[38]

Inhalte

- Menschliches Erkenntnisvermögen.
- Wieviel Wissen vermag der Mensch zu erzielen?
- Wozu dient dieses Wissen?
- Wissenschaftliche Leistungsfähigkeit des Einzelnen.
- Zu welchem Erkenntnisziel gelangt der Mensch?
- Zu welchen Ehren steigt der wissenschaftlich tätige Mensch auf?

Neunundzwanzigste Risāla – Über Tod und Leben[39]

Prolog

Zum Einstieg in die Abhandlung

Menschen lieben das Leben
und hassen den Tod.
Wenn sie Frustrationen und Enttäuschungen erleben,
hassen sie das Leben.
Diese Menschen haben weder den Tod noch das Leben begriffen.

Die Menschen befinden sich im Dauerschlaf.
Wenn sie sterben, wachen sie auf.
Ihr Schlaf ist ihre Unwissenheit darüber,
was auf den Tod folgt.

Strukturfragen und thematischer Aufbau

Was ist Leben?

---

[38] Rasāʾil Iḫwān aṣ-Ṣafāʾ, ebd., Bd. 3, SS. 18-33.
[39] Rasāʾil Iḫwān aṣ-Ṣafāʾ, ebd., Bd. 3, SS. 34 ff.

Was ist Tod?

Über die Weisheit von Tod und Leben.
Warum gibt es den Tod?
Seine Stellung in der Welt von Sein und Verwesung.
Was heißt eigentlich „Wiedererweckung (mīʿād)“?

Vernunft, Seele, Körper
Die Teilseelen sind Kräfte, die von der Universalseele ausgehen und die Teilleiber bewohnen. Dazu zunächst: Die Universalseele ist die Seele des Universums in seiner Gesamtheit.[40] Der Körper an sich ist leblos, enthält keine Vorstellungen, Bilder, Formen oder andere Zeichen, ist aber von der Natur her dafür empfänglich. Die Seele ist an sich lebendig. Sie ist potentiell zu wissen und zu agieren befähigt. Die Seele vervollkommnet sich durch die Entfaltung ihrer Potentiale an Weisheit, Tüchtigkeit, Fertigkeiten, gewerblichen Fähigkeiten. Die Teilseele steht über dem Körper und unter der Vernunft. Die Vernunft entfaltet ihre Erkenntnisfähigkeit und nähert sich damit der universellen Vernunft, auf daß sich das Universelle dem Teil offenbart.

Was ist das Erdenleben?
Das Zeitleben ist die Anschlußnahme der Teilseele an den Teilkörper, der Übergang der Seele von der potentiellen zur aktiven (Teil-)Seele. Erdenleben ist die Verbindung der sprachbegabten Seelen mit den menschlichen Körpern und ihr Anschluß an individuelle (Teil-) Personen bis zum Zeitpunkt des Todes.

Wie bereitet man sich auf den Tod vor und wie stellt sich der Mensch auf das Sterben ein?
Man handele auf Erden, als lebe man hier ewiglich,
man bereite sich auf das Jenseits vor, als sterbe man am nächsten Tag.
Also lebe abschiedlich!
Man beeile sich, solange die Erlösung ansteht, die Errettung möglich ist, der Körper besteht und das Werkzeug betriebsam ist.

Die Weisheit vom Tod und Leben
Keine Angst vor dem Tod, denn die Seele ist unsterblich.
Also nehme man den Tod leicht und verhalte sich sorglos ihm gegenüber.

---

[40] Rasāʾil Iḫwān aṣ-Ṣafāʾ, ebd., 29. Risāla, Bd. 2, S. 34 f.

Tod ist die Trennung der Seele vom Körper, für den sie keinen Bedarf mehr hat. Endlich müsse sie sich um seine Probleme keine Sorgen mehr machen. Er kann der Seele keine Probleme mehr bereiten.
Durch den Tod gelangt die Seele in ihr eigentliches Zuhause, in die ihr gemäße Welt, wo sie spannungsfrei daheim ist. Mit dem Tod erreicht sie ihr ersehntes Ziel.
Für die Seele gibt es keinen anderen Weg zum ewigen, unvergänglichen Leben als durch die Trennung vom veränderlichen Körper, welcher die Zustandsänderung, die Vergänglichkeit und den Übergang bedingt.
Die Seele muß durch das Tor des Todes ziehen.

Die Risāla über Tod und Leben ist das Beste, was ich zu diesem Thema kenne. Nachstehend bringe ich eine Anthologie in Übersetzung aus der neunundzwanzigsten Risāla. Die Originalfassung habe ich für die Zwecke der Übertragung ins Deutsche nur leicht verändert:

> *„Einer jeden wahren Erkenntnis geht die Selbsterkenntnis voraus. Der Mensch besteht aus zwei unterschiedlichen Wesen, das eine ist der fleischliche Körper, das andere die geistige Seele. Das Wesen der Seele ist ehrenvoller als das Wesen des Leibes. Folglich ist das Wissen des Menschen über das Wesen seiner Seele und ihrer Belange ehrenvoller als sein Wissen vom Körper und seinen Belangen.*
> *Die Menschen lieben das Leben, ohne zu wissen warum. Wenn sie aber Frustrationen erfahren, hassen sie das Leben und wünschen sich den Tod. Deshalb erkannten wir die Notwendigkeit aufzuzeigen, was Tod und was Leben ist und warum die Menschen den Tod hassen und das Leben lieben und warum es beide gibt“.*[41]

Die Beziehung der Seele zum Körper ist wie das Verhältnis des Fötus zur Gebärmutter. Der Zustand der Seele nach dem Tod ist analog dem des Kindes nach der Geburt. Der Tod des Körpers ist die Geburt der Seele. Die Geburt des Kindes ist nichts anderes als seine Emanzipation von der Gebärmutter. So emanzipiert sich die Seele durch ihre Trennung vom Körper.[42] Leibliches Leben ist nichts anderes als die Benutzung des Körpers durch die Seele. Tod bedeutet, daß sie damit fertig ist.

---

[41] Rasā'il Iḫwān aṣ-Ṣafā', ebd., S. 36 f.
[42] Rasā'il Iḫwān aṣ-Ṣafā', ebd., Bd. 2, S. 39.

Vergleichbar ist das Aufwachen. Es ist die Benutzung der Sinne durch die Seele. Schlaf bedeutet, sie tut es nicht.[43]

Das Leben der Seele ist ihr eigen. Sie ist dem Wesen nach lebendig. Ihr Leben ist real, ihr Wissen potentiell.[44] Der Tod der Seele ist ihre Unwissenheit über ihr Wesen. Er ist die Nichterkenntnis über sich selbst. Von dieser Ignoranz wird sie überfallen durch ihre Versenkung ins Materielle, durch die Verführung der sinnlichen Begierde und dadurch, daß sie sich zu weit in das Leibliche verliert.

Da die meisten Menschen im Unwissen über das Wesen ihrer Seele leben und das Ewige ignorieren, kennen sie nichts anderes, als am weltlichen, körperhaften, niederen Leben zu hängen. Weltliches Leben ist ein illusionäres Vergnügen. (...) Daher sind sie bestrebt, auf Dauer nur im Diesseitigen zu verharren.[45]

Über das leibliche Leben sagen wir (= Iḫwān aṣ-Ṣafā᾽):
Der Körper ist seinem Wesen nach sterblich. Sein Leben ist akzidentiell. Es entsteht dadurch, daß die Seele ihn bewohnt – auf Zeit. Vergleichbar ist die Luft. Sie ist von Natur finster. Sie leuchtet, weil die Sonne, der Mond und die Gestirne durch sie durchstrahlen. Daß der Körper dem Wesen nach sterblich ist, sieht man daran, wie rasch er verwest und sich schließlich in Staub auflöst, wenn die Seele ihn verläßt, so wie es geschrieben steht: „Von Asche zur Asche“.[46]

Über den Zweck der Verbindung der Teilseele mit dem Teilleib: Die Teilseele nimmt den Körper in Anspruch, um ihre Potentiale an Weisheiten, Fertigkeiten, Tugenden zu entfalten, d.h. sie von einer latenten Kraft zur realen Tat zu bringen. Dadurch wird das Materielle vollendet und sie selber vervollkommnet. Durch ihr Erdenleben lernt die Teilseele Ökonomie, Organisation, Haushalt, Politik und Aufzucht. Durch Erziehung, Bildung und Ausbildung lernt und praktiziert sie Moral und gute Eigenschaften. Durch allgemeine Wissenschaften und spezielle Fächer lernt sie die richtigen Meinungen, die guten Taten und die wahren Erkenntnisse kennen. Damit nähert sich der Teil dem Universellen.

---

43 Rasā᾽il Iḫwān aṣ-Ṣafā᾽, ebd., Bd. 2, S. 39.
44 Rasā᾽il Iḫwān aṣ-Ṣafā᾽, ebd., Bd. 2, S. 39 f.
45 Rasā᾽il Iḫwān aṣ-Ṣafā᾽, ebd., Bd. 2, S. 40.
46 Rasā᾽il Iḫwān aṣ-Ṣafā᾽, ebd., Bd. 2, S. 40.

Es ist das menschliche Vermögen, nach der *Imitatio* Gottes zu verlangen.

Wenn die Teilseelen ihr Ziel erreichen und sich vervollkommnen, verlassen sie den Körper und gehen in einen höheren Zustand über. Sie trennen sich von den materiellen Elementen. Solche bestehen und vergehen, um der ehrenvolleren Daseinsweise teilhaftig zu werden. (...) So wie das Kind keine Ahnung vom Leben nach der Geburt hat, solange es im Mutterleib ist, hat die Seele kein Gefühl für die Ewigkeit, solange sie im Körper gefangen ist. Deshalb sagt der Prophet: „Die Menschen schlafen. Wenn sie sterben, wachen sie auf. Ihr Schlaf ist die Unwissenheit über das, was nach dem Tod kommt".[47]

Im Rahmen des Themas „Tod und Leben" gehen Iḫwān aṣ-Ṣafā' auf zusammenhängende interessante Details ein, z.B. *loci minores resistentiae* (Körperstellen, die besonders stör- und krankheitsanfällig sind".[48]

Es ist faszinierend, wie eine solchermaßen das Leben bejahende Philosophie die Bedeutung des Erdenlebens im Verhältnis zum ewigen so sehr relativiert.

Die Menschen kommen zur Welt mit jeweils einer bestimmten Mission, die sie im Auftrag der universellen Seele an die Teilseele zu erfüllen haben. Der Tod der wissenden Seele ist ihre Befreiung aus den Fesseln des Leibes.

Beachte bitte, wie sich Iḫwān aṣ-Ṣafā' stellenweise wörtlich im gnostischen Diskurs bewegen; hier besonders im folgenden Abschnitt aus der 29. Epistel:

> *„Einer jeden wahren Erkenntnis geht die Selbsterkenntnis voraus. Der Mensch besteht aus zwei unterschiedlichen Wesen, das eine ist der fleischliche Körper, das andere die geistige Seele. Das Wesen der Seele ist ehrenvoller als das Wesen des Leibes."*

Folglich ist das Wissen des Menschen über das Wesen seiner Seele und ihrer Belange ehrenvoller als sein Wissen vom Körper und seinen Ansprüchen.

---

47 Rasā'il Iḫwān aṣ-Ṣafā', ebd., Bd. 3, S. 41.
48 Rasā'il Iḫwān aṣ-Ṣafā', ebd., Bd. 3, S. 49-51.

Dreißigste Risāla – Über Lust, körperlichen und psychischen Schmerz

Inhalt

Warum hassen die Tiere den Tod?
Ursachen von Schmerz und Lust, welche die Seele wegen des Körpers befallen.
Wie besteht die Seele, wenn sie den Körper verläßt und sich selbst abstrahiert?
Wie gelangt sie zu sich selbst, um sich dann mit den Wesen und den Geistigen zu vereinen?
Welchen Charakter haben die Lüste derer, welche bereits in die Wonne gelangt sind?
Welcher Art sind die Leiden derer, welche dem Feuer anheimfallen?

Die Hölle ist die Welt vom Sein und Vergehen, wo jene, die Böses tun, hingelangen.
Die Wonnen sind die höheren Sphären, wo jene, die Gutes tun, unsterblich verweilen und die Freuden glücklich teilen.

Die dreißigste Risāla geht ausführlich auf Schmerz und Lust ein und analysiert ihre Dynamik, dazu auch die Kombination von beiden zur selben Zeit.[49] Nach der Besprechung der körperlichen Lust geht die Risāla auf die geistigen Freuden ein.[50]

Einunddreißigste Risāla – Über die Ausdifferenzierung der Sprachen und die Ursachen der Herausbildung unterschiedlicher Kommunikationsformen und Ausdrucksmittel

Inhalte: Unterschiede zwischen den Schriftarten,
Anfänge der Glaubensrichtungen, Religionen, Meinungen und Dogmen. Ihre Entstehung und Entwicklung. Die weitere Diversifizierung von einem Zustand zum anderen und von Jahrhundert zu Jahrhundert. Wie verbreiten sich oben genannte Differenzen von einem Volk zum anderen? Warum verändern sie sich, und warum nimmt ihre Zahl zu oder ab?

---

49 Rasāʾil Iḫwān aṣ-Ṣafāʾ, ebd., Bd. 3, SS. 59-70.
50 Rasāʾil Iḫwān aṣ-Ṣafāʾ, ebd., Bd. 3, SS. 71-73.

Erkenntnisziel:
Die Suche nach dem Verborgenen ist dem Wesen der Seele eigen.

Thesen:
Die Materie ruft das Wissen über sich selbst hervor. Analog ist die Seele potentiell wissend. Das Wissen besteht in ihr als die Kraft, Kenntnisse über konkrete und abstrakte Dinge zu erwerben. Die Seele hat die Gabe, über das Höhere und das Niedere, das Feine und das Erhabene Wissen zu erlangen. Sie verfügt über die Fähigkeit zur Aussprache. Daher hegt der Mensch Ahnungen und Einfälle. Das Denken gerät in Bewegung und produziert Meinungen. Der Intellekt entfaltet Denkrichtungen. Dann beginnt der Mensch, diese gedanklichen Bilder in Worte zu kleiden. Später versucht er, diese Worte durch Symbole und Zeichen niederzuschreiben, die genau den Worten entsprechen, während die Worte ihrerseits die Gedanken widerspiegeln. Die Gedanken drücken die Dinge, ihre Wirklichkeit und ihre Bedeutungen aus.
Das Denken ist abhängig von Zeit und Raum. Es ist geprägt durch die Gesellschaft, in die ein Mensch hineingeboren wird, durch seine Sozialisation und die zwischenmenschlichen Kontakte. In einer Menschengemeinschaft kommt es zur Internalisierung von Verhaltensweisen, Sitten und Normen. Darin besteht die Ursache dafür, warum ein Mensch gewisse Meinungen und Glaubensformen anderen vorzieht oder auch einem bestimmten Handwerk, gewissen Techniken, Künsten oder Gewerben nachgeht. Auch dort, wo der Mensch seinen Weg bewußt wählt, bestehen doch innere, durch Natur und Sozialisation geprägte Beweggründe, die ihn dahin treiben, seine Leistungsfähigkeit, seinen Beherrschungsgrad und seinen Erfolg auf dem gewählten Gebiet mitzubestimmen. So erzielt der eine größeren Erfolg als ein anderer bei gleicher Anstrengung.

Im weiteren wird auf die astronomischen und natürlichen Melodien eingegangen[51] bis hin zu den Tönen und Geräuschen der Winde und des Unwetters, auf die Schallwellen, die aus der Erde stammen[52], auf ihre Deutung und ihre Bedeutung für den Menschen.

Dann wird die Sinndeutung menschlicher Kommunikationsformen („Hermeneutik“) behandelt.[53] Darauf folgen Unterkapitel zur „*akusti-*

51 Rasāʾil Iḫwān aṣ-Ṣafāʾ, ebd., Bd. 3, S. 90 ff.
52 Rasāʾil Iḫwān aṣ-Ṣafāʾ, ebd., Bd. 3, SS. 95 ff.
53 Rasāʾil Iḫwān aṣ-Ṣafāʾ, ebd., Bd. 3, SS. 119-122.

schen Wahrnehmung“[54], z.B.: Warum unterscheidet sich die Stimme von der Kindheit bis zum Greisenalter[55], Kapitel über Konsonanten und Vokale, die Unterscheidung der Lautung von Mensch und Tier, über die Akrophonie[56] sowie die Unterscheidung der Stimmen nach ihrer Menge. Nach der Erörterung verschiedenster Formen der Lautung von den natürlichen Körpern über die Pflanzen und Tiere bis hin zu den Menschen werden die Besonderheiten der menschlichen Kommunikation herausgestellt. Die Sprache ist eine logische Tätigkeit. Es schließt sich ein Lob der Dichtung an.[57]

Evaluation

Iḫwān aṣ-Ṣafā᾽ entwickeln in ihrer einunddreißigsten Risāla eine sehr modern anmutende Sozialisationstheorie. Diese Risāla steht exemplarisch für die fachlich universelle, interdisziplinäre Betrachtungsweise einer Frage. Der Lehrbrief geht auf Linguistik, Phonetik, Schriften, vergleichende Sprachwissenschaft, Kommunikation sowie den Einfluß von Umwelt auf die Persönlichkeitsentfaltung ein. Zu allen diesen Problemlagen stellen die Verfasser auch für heute noch durchaus vertretbare Thesen auf.

Die Lauteren Geschwister widmeten dem Thema „Sprache“ die ihm gebührende Bedeutung und Sorgfalt. Zur erschöpfenden Behandlung der Kommunikationsformen und ihrer Differenzierung haben sie sich Zeit und Ruhe gelassen. Die Sprachen-Abhandlung zählt zu den umfangreichsten Risālas.[58]
Die sechste These von Marx über Feuerbach ist darin voll aufgehoben.

---

54 Rasā᾽il Iḫwān aṣ-Ṣafā᾽, ebd., Bd. 3, SS. 123-132.
55 Rasā᾽il Iḫwān aṣ-Ṣafā᾽, ebd., Bd. 3, SS. 132-135.
56 Rasā᾽il Iḫwān aṣ-Ṣafā᾽, ebd., Bd. 3, SS. 136-147.
57 Rasā᾽il Iḫwān aṣ-Ṣafā᾽, ebd., Bd. 3, S. 123 ff.
58 Rasā᾽il Iḫwān aṣ-Ṣafā᾽, ebd., Bd. 3, SS. 84-177.

Dritter Band, zweiter Teil
Die psychologischen und geistigen Abhandlungen

Es sind zehn Lehrschreiben

Zweiunddreißigste Risāla – Die geistigen Prinzipien nach den Pythagoräern

Die Abhandlung enthält die Darstellung und Kritik der pythagoreischen Lehre über den Geist. Nach Iḫwān aṣ-Ṣafā' ist der Geist das erste Prinzip. Durch ihn entstanden die weiteren Geschöpfe – zunächst latent in der universellen Seele, wo sie ihrer potentiellen Entfaltung harrten. Die Dinge werden je nachdem als 'Mater' oder Nachkomme geordnet. Ihre Systematik ist mit dem Aufbau des Zahlensystems vergleichbar. Die Eins steht vor der Zwei. Die Zwei kommt vor der Drei und so weiter. Für Pythagoras hingegen ist jede Art klar abgegrenzt und zielbestimmt. Diese Vorstellung erachtete Pythagoras als plausibel, sinnvoll und vollkommen. Wir meinen vielmehr, daß die Dinge analog der numerischen Systematik aufgebaut sind. Die Zwei ergibt sich aus der Verdoppelung der Eins. Die Dinge sind nach Subjekt/Objekt kategorisiert, nach Materie/Form charakterisiert, nach Gattung/Art eingeteilt."[59]

Dreiunddreißigste Risāla – Die geistigen Prinzipien nach Iḫwān aṣ-Ṣafā'

Auf die Darstellung der pythagoreischen Auffassung folgen die eigenen Positionen der Iḫwān aṣ-Ṣafā'. Alternativ stellen sie ihre Sicht von der Entstehung des Seins und der Entfaltung der Seienden dar. Sie gehen auf die grundlegenden Fragen ein: *Causa prima*, aus welcher die Dinge sich planvoll entfalten, und wie die Universalien und die Teile zustande kommen. Auch hier wird die Analogie zu den Zahlen gezogen. Der Schöpfer ist wie die Eins, aus der die Zwei entsteht usw. Es werden

---

[59] Rasā'il Iḫwān aṣ-Ṣafā', ebd., Bd. 3, SS. 178-198; hier zusammengefaßt.

bewußt Kardinalzahlen genannt, wo man heute eher Ordnungszahlen erwartet.

Iḫwān aṣ-Ṣafā᾿ treten entschieden für die ovalförmige Gestaltung des Globus und die Polarität der Erde ein und erlangen damit das Zeugnis für ihren epochemachenden Wissensvorsprung. Mit diesem geographischen Detail dehnt sich das Spektrum ihrer Pionierleistungen weiter aus.[60]

Vierunddreißigste Risāla – Über den Makrokosmos

Thesen

- Der Makrokosmos ist dem Mikrokosmos analog und umgekehrt.
- Das Universum ist wie ein großer Mensch mit Seele und Geist, lebendig und wissend. Es wurde in Vollkommenheit erschaffen. Alles Erschaffene ist in ihm untergebracht.
- Außerhalb des Universums existiert nichts – weder Vakuum noch Leere noch Fülle.

Zur Unterscheidung der Begriffe: Zwischen „Leere“ und „Vakuum“ besteht ein inhaltlicher Unterschied. „ḫalā᾿“ ist das Leere. „Farāġ“ „Vakuum“ ist ein leerer Bereich, der aber mit Inhalt gefüllt werden könne. Noch wichtiger ist die Unterscheidung, daß das Leere dimensionslos, während das Vakuum dimensioniert ist. Das Vakuum existiert, das Leere ist nicht.

- Das Universum existiert nicht an anderer Stelle als dessen Inhalt. Universum und Inhalt sind identisch und sind alles.
- Ein jeder Weltenbewohner ist beauftragt, nach Kräften für den Erhalt und das Heil des Universums zu sorgen. Jeder hat seine Aufgabe zu erfüllen.
- Die Elemente des Alls wirken koordiniert, sinnvoll und zweckmäßig. Es tut ein jedes seine Aufgabe. Jedes leistet in seiner Laufbahn Lobpreisung. Tags und nachts besingen die Komponenten und Elemente unermüdlich den Schöpfer. Jedes Element hat seinen bestimmten Standort.

---

[60] Rasā᾿il Iḫwān aṣ-Ṣafā᾿, ebd., Bd. 3, SS. 209-211.

Fünfunddreißigste Risāla – Über die Vernunft und das, was der Vernunft zugänglich ist („Fī al-ʿaql wa al-maʿqūl")

Strukturfragen

- Was ist die materielle Vernunft?
- Was ist die potentielle Vernunft?
- Was ist die erworbene Vernunft?
- Was ist die aktive Vernunft?

Erkenntnisziel

Bestimmung des Selbst des Menschen.

Inhalt

Definition des Bildes der Bilder.
Das Wesen der wirklichen Seele.
Wie kommt es zur Ansammlung der unterschiedlichen Bilder von Gegenständen in der Psyche?
Wie bildet die Psyche die Abstrakta ab, die von ihren Substanzen abstrahiert sind?
Wie treten die Gegenstände in die Welt ein, nachdem sie nur dem Potential nach existierten?
Wie kommt der Gegenstand als Form aus dem Nichts in das Sein?
Wie wird die potentielle Vernunft zur aktiven Vernunft?
Wie wird die Vernunft zum aktiven Vernünftigen, und wie wird sein Gegenstand aktiv und der Vernunft zugänglich?
Abbildung der Abstrakten, der stofflosen Gegenstände.
Erläuterung zum abstrakten, stofflosen Sein, das von jeder Materie frei ist.
Erläuterung zu den stofflosen, materiefreien Dingen, die nur kraft der aktiven Vernunft und abhängig von ihr bestehen.

Die fünfunddreißigste Risāla begründet die Abbild- und Widerspiegelungstheorie, die fälschlich dem Realsozialismus des zwanzigsten Jahrhunderts zugeschrieben wird.

Die Erkenntnistheorie der Lauteren Geschwister und die Ġazālīs im Vergleich

Das Vorhandensein zweier stufig aufgebauter Erkenntnistheorien in zwei zeitlich nahe beieinander liegenden Werken – Iḫwān aṣ-Ṣafā' und Ġazālī – veranlaßte einige Forscher zur Annahme, der spätere Autor sei von den früheren abhängig. Wenn von literarischer Abhängigkeit gesprochen wird, so bedeutet dies, daß der eine vom anderen abgeschrieben hat. Diese Annahme verlangt nach Entscheidung. Aus diesem Grund wollen wir beide Erkenntnistheorien miteinander vergleichen. Wir stellen deshalb die beiden Erkenntnissysteme zwar hintereinander, doch synoptisch dar:

Die Lauteren Geschwister unterscheiden viererlei Erkenntnis: Eine sinnliche, eine abstrakte, eine beweisbare und eine durch Offenbarung erlangte:[61]

Erste Stufe: Die Erkenntnis des Sinnlichen „al-umūr al-maḥsūsa", wird kraft der sensorischen Organe „al-quwwa al-ḥassāsa" gewonnen.[62]

Zweite Stufe: Die abstrakte Erkenntnis wird durch die intellektuellen Fähigkeiten „al-quwwa al-ʿaqliyya" oder Verständnisorgane „al-quwwa al-ʿāqila" erworben.[63]

Dritte Stufe: Die beweisbare Erkenntnis wird logisch kraft der entsprechenden Beweisform „al-burhān aḍ-ḍarūrī" oder Ableitung „istidlāl" ermittelt.

Vierte Stufe: Erkenntnis durch Offenbarung und Eingebung „al-waḥyu wa'l-ilhām".

Da die Offenbarung eine andere Qualität darstellt, halten die Iḫwān aṣ-Ṣafā' daran fest, daß kein anderes Mittel der menschlichen Erkenntnis besteht als die erwähnten ersten drei. Die Lauteren Geschwister führen die drei Erkenntniswege auf, und mit gleicher Betonung schließen sie andere aus.[64]

Eine andere ist die Erkenntnistheorie Ġazālīs. Er unterscheidet fünf Erkenntnis*stufen*:

Erstens – Wahrnehmende Psyche: Kraft der fünf Sinne nimmt sie die sinnliche Umgebung wahr. Bereits der Säugling verfügt über die sinnliche Wahrnehmung.

---

[61] Rasā'il Iḫwān aṣ-Ṣafā', ebd., Bd. 3, S. 232.

[62] Rasā'il Iḫwān aṣ-Ṣafā', ebd., Bd. 3, S. 232.

[63] Rasā'il Iḫwān aṣ-Ṣafā', ebd., Bd. 3, S. 232.

[64] Rasā'il Iḫwān aṣ-Ṣafā', ebd., Bd. 3, S. 232 unten.

Zweitens – Vorstellende Psyche: Sie verfügt über die Speicherfähigkeit, womit die Erfahrungen der fünf Sinne abrufbar aufbewahrt werden. Diese Fähigkeit tritt erst im Kindesalter ein. Auch heute meinen wir, daß das Gedächtnis in der Regel erst im vierten Lebensjahr ausgebildet wird.
Die erste Stufe ist auch bei Tieren vorhanden, die zweite findet sich bei höherer Entwicklung.
Drittens – Vernünftige Seele: Sie verfügt über die Fähigkeit, abstrakte Inhalte zu lernen. Sie markiert spezifisch menschliche Erkenntnis.
Viertens – Denkende Seele: Sie verfügt über die Fähigkeit zur rationalen Erkenntnis, Aufstellung eigener Gedankengänge und logischer Schlußfolgerung.
Fünftens – Prophetischer Geist: Er zeichnet Gesandte und spirituelle Menschen aus.

Daß die eine Theorie vier, die andere fünf Stadien der Erkenntnis definiert, ist völlig unerheblich. Die ersten vier Erkenntnisstufen bei Ġazālī sind den drei Erkenntniswegen bei Iḫwān aṣ-Ṣafā᾿ analog. Die fünfte Stufe bei Ġazālī ist mit dem vierten Erkenntnisweg bei Iḫwān aṣ-Ṣafā᾿ identisch. Es besteht also Ähnlichkeit. Es kann nicht ausgeschlossen werden, daß Ġazālī die Rasā᾿il von Iḫwān aṣ-Ṣafā᾿ kannte. Indes beschreibt Ġazālī seine Thesen über die Erkenntnis, genauer seine Theorie der Vernunft, in seinem spezifischen, ihm eigenen Diskurs.

Ein sicherer Nachweis der literarischen Abhängigkeit läßt sich nicht zweifelsohne ermitteln. Selbst unter der Annahme, Ġazālī habe vom Werk der Iḫwān aṣ-Ṣafā᾿ Kenntnis genommen, ist damit keine Abhängigkeit bewiesen worden. „Abhängigkeit" im engeren Sinne halte ich nicht für wahrscheinlich. Freie Benutzung der Rasā᾿il durch Ġazālī ist möglich, aber nicht zwingend. Die Erkenntnistheorie der Lauteren Geschwister ist in ihrem eigenen philosophischen System harmonisch eingegliedert und mit ihrem gesamten Gedankengut organisch eng verflochten. Für Ġazālī gilt dasselbe. Seine Erkenntnistheorie erklärt sich aus seiner ihm eigenen, spezifischen Weltanschauung, beschrieben in dem charakteristischen ġazālīschen Diskurs.

Anhand der fünfunddreißigsten Risāla stellen wir fest, daß die Abbildtheorie und die Widerspiegelungstheorie, die vermeintlich im 20. Jahrhundert von Philosophen und Wissenschaftlern der Sowjetunion und des Realsozialismus entwickelt wurden, in Wirklichkeit von Iḫwān aṣ-Ṣafā' stammen.[65]

Sechsunddreißigste Risāla – Über die Charaktere, Entwicklungsstadien, Differenzierung der Jahrhunderte und Zeitalter

Der 36. Lehrbrief behandelt die Entstehung der Welt und die Entwicklung der Gesellschaft, ihre Ordnung, wie sie in Erscheinung getreten ist und wie sie niedergeht und verschwindet, wenn die Voraussetzungen ihres Bestandes zerstört werden. Wenn ihr das Stündlein läutet, geht sie wie ein Blitz oder gar noch schneller unter.

Aktueller Bezug
Das 36. Sendschreiben ist ein dramatischer Appell an die Gegenwart. Als wäre es nur für uns heute geschrieben worden.

Siebenunddreißigste Risāla – Über die Liebe

Die Neigung zur Vereinigung.
Die göttliche Krankheit.
Die Menschenliebe ist von Gottesliebe.
Die Liebe des Liebenden zum Geliebten ist ein Echo der angeborenen Liebe zu Gott.
Die Erschaffenen sehnen sich nach dem Schöpfer. Sie bewegen sich in Richtung Vollkommenheit.

In dieser Abhandlung wird eine theologisch-anthropologische Kernthese aufgestellt, nach der jeder Mensch die Liebe als ursprüngliche Empfindung besitzt. Er orientiert sie zwar auf einzelne Personen, doch ist sie ihrem Wesen nach die Liebe zu Gott, die sich an menschlichen Partnern realisiert. Auf die oder den Geliebten wird die Liebe zu Gott projiziert. Die ursprüngliche Liebe des Menschen ist seine Sehnsucht zu Gott.

---

[65] Iḫwān aṣ-Ṣafā' entwickeln ihre Erkenntnistheorie u.a. in: Rasā'il Iḫwān aṣ-Ṣafā', ebd., Bd. 3, S. 231 ff.

Achtunddreißigste Risāla – Über Wiedererweckung und Auferstehung

Erläuterungen zu: Wiedererweckung, Auferstehung, Jüngstes Gericht, Himmelsreise.

In dieser Risāla haben wir ein Musterbeispiel für die Umprägungen und Neudefinitionen, welche die Lauteren Geschwister an allen theologischen und religiös vertrauten Begriffen vornehmen. Diesen Ausdrücken geben Iḫwān aṣ-Ṣafāʾ einen neuen, inhaltlichen, realen Sinn. Die Autoren behandeln jeden einzelnen Terminus für sich und interpretieren ihn neu. Es entsteht eine neue Semantik des Begriffsinstrumentariums. Die einzelnen Ausdrücke werden neu bestimmt und existentiell ausgelegt. Die eschatologischen Begriffe sind das beste Beispiel dafür. Die Philosophie der Lauteren Geschwister ist ein Höhenflug existentialer Theologie und Anthropologie. Sie sind die wahren Begründer des Existentialismus.

Neununddreißigste Risāla – Kinetik

Erkenntnisziele

- Ursachen und Ziele von Bewegungen.
- Wie ist die Welt durch einen Schöpfer entstanden?
- Die Bewegung der einzelnen Seienden, ihre Formbesonderheiten und wie sie nach Vollendung ihres Lebenszwecks zum Stillstand kommen.

Prämisse

Das Seiende entsteht durch die Form, die es dazu macht, das zu sein, was es ist. Durch die Form gelangen die Seienden zum Sein, erlangen ihre Besonderheit und ihre Gruppierung. Durch die Form wird jedes Seiende zu besonderem, bestimmbarem und definiertem Gegenstand.

Struktur

- Über die Vielfalt der Bewegungsarten.
- Die erste Bewegung.
- Logischer Beweis für die Nicht-Unanfänglichkeit der Welt.

Thesen

- Die Welt hat einen Anfang.
- Warum ist es falsch, die Unanfänglichkeit der Welt anzunehmen?
- These dazu, daß das Vorhandensein der Welt auf Gott den Schöpfer zurückgeht.

In der deutschsprachigen Literatur greift erst Martin Heidegger (1889-1976) die Philosophie von Sein und Seienden grundsätzlich auf, die er zum Thema seiner Habilitation machte. Erst ein Jahrtausend nach den Lauteren Geschwistern wird eine versäumte Rezeption philosophischer Grundlagen nachgeholt.

Vierzigste Risāla – Ursache und Wirkung

Im Vordergrund des 40. Lehrschreibens stehen Kausalität, Kausalitätsgesetz und die Ursache-Wirkung-Beziehung. Im Verlauf der Abhandlung zeigt sich jedoch die weiterreichende Dynamik der vermeintlich einfachen, selbstverständlichen Kausalitätsfrage. Die philosophische Fragestellung wird immer komplexer, das Ergebnis zur Ursache erneuter Wirkung. Daraus entwickelt sich eine unendliche Spirale.

- Rückführung des Ergebnisses auf die Voraussetzung. Die Beziehung der ersten Schritte zu den letzten.

Lernziel: Kenntnis der Grundlagen der Wissenschaften, ihrer Prämissen, Zielsetzungen, Gesetzmäßigkeiten, Zeichen, Symbolsprache und ihr Beitrag zur Wahrheitsintegration.

Die Kausalität und ihre Dynamik stellen eine schier unüberschaubare Komplexität dar. Nirgends handelt es sich um eine einfache Beziehung von Ursache und Wirkung. Ursachen interferieren und beeinflussen sich gegenseitig und werden durch ihre eigenen Wirkungen beeinflußt. Die Ursache wird zur Wirkung und umgekehrt.

Wenn zwei gleich starke Impulse auf zwei gleiche Gegenstände einwirken, können die Ergebnisse bei beiden unterschiedlich sein, wenn die jeweiligen Bedingungen unterschiedlich sind. Die Bedingungen sind den Ursachen übergeordnet und müssen gewährleistet sein, damit eine bestimmte Wirkung eintritt. Es agieren ferner „innere“ und „äußere“, „endogene“ und „exogene“ Ursachen mit- und/oder widereinander. Die

Absolutheit des „Ursache-Wirkungs-Gesetzes“ wird durch den Begriff der „Funktion“ relativiert.

In Europa hat erst der dialektische Materialismus in der zweiten Hälfte des zwanzigsten Jahrhunderts das Kausalitätsgesetz in seiner Komplexität problematisiert. Damit holte er, wenn auch mit großer Verspätung, einen wesentlichen Rückstand nach.

Einundvierzigste Risāla – Über Definitionen und Zeichen

Der 41. Lehrbrief behandelt die
Bestimmung eines Gegenstands,
das Was,
die Gattung und die Art eines Gegenstands.
Einfache und komplexe Gegenstände.
Das Ding an sich.
Das Ding für sich.
Das Ganze und der Teil.

Zunächst wundert es, daß das Thema „Definitionen“ so weit zurückgestellt wurde. In moderner Ausbildung sind wir gewohnt, mit „Definitionen“ zu beginnen. Somit fordern uns die Lauteren Geschwister auf, tiefer in ihre Systematik einzudringen. Eigentlich müßte man ihnen Recht geben. Eine fachliche Definition ist nicht der Schlüssel, sondern die Zusammenfassung eines Themas. Was den curricularen Plan der Iḫwān aṣ-Ṣafā᾽ betrifft, so ist er sowohl inhaltlich auch didaktisch als auch systematisch sinnvoll aufgebaut. Während heute Lehrwerke zu sehr formalistisch geordnet sind und dem Thema die Definitionen voranstellen, haben die Lauteren Geschwister einen auf die Bedürfnisse von Lernenden orientierten Plan aufgestellt. Sie beginnen mit den bekannten Erfahrungen und Beobachtungen und schreiten langsam zum Abstrakten und Komplexeren hin. Definitionen stellen einen sehr hohen Grad an Abstraktion dar.

Die 42. Abhandlung enthält die Matrix für Kants Darstellung des „Dings an sich“ und „für sich“.[66]

---

[66] Immanuel Kant, Kritik der reinen Vernunft, hrsg. v. R. Schmidt, Hamburg 1956, A81-B107.

Mit der einundvierzigsten Risāla endet der dritte Band (nach Einteilung der Iḫwān aṣ-Ṣafā'). Er behandelte die Stoffgebiete: „Das Psychisches und die intellektuellen Tätigkeiten".

*   *   *

Vierter Band – Theologie

Die ersten, welche den Ansatz unternommen haben, theologische Aussagen philosophisch abzuleiten, waren Kindī und Farābī. Die Lauteren Geschwister bauen ihren Ansatz aus. Das Fachgebiet „Systematische Theologie einschließlich kanonischen Rechts" erscheint bei ihnen integrierter. Es läßt sich kein Bruch mit ihren bisherigen Ausführungen nachweisen. Die Gelehrten verschiedener Religionen haben bis dahin zwar ihre Dogmatik dargelegt, jedoch keine „Systematische Theologie" entwickelt. Diese harrte der epochemachenden, schöpferischen Leistung arabischer Philosophen von Kindī und Farābī über Iḫwān aṣ-Ṣafā' bis Mūsā b. Maimūn. Generationen von Theologen aller Religionen der Folgezeit bauen auf ihre Grundlagen auf.

Mit dem vierten Band der Iḫwān aṣ-Ṣafā' besitzen wir zum einen eine „systematische Theologie". Das heißt, daß die Autoren die Theologie philosophisch begründen und behandeln, methodisch entwickeln und nach Inhalt und Ableitung thematisch ordnen. Anders als die „dogmatische Theologie", welche den Glauben voraussetzt und die Offenbarung als Quelle zugrunde legt, ist die „systematische Theologie" intellektuell orientiert. Ihre Aussagen sollen logisch abgeleitet und bewiesen werden. Es reicht nicht aus, eine These, z.B. „Schöpfung aus dem Nichts" versus „Unanfänglichkeit der Welt", zu behaupten und immanent, d.h. mit Zitaten heiliger Schriften, zu belegen. Die Beweisführung gilt allgemein, also auch für das Ausgangsthema „Existenz Gottes". Nach Struktur und Plan baut jedes Thema der Systematik auf das vorausgegangene auf.

Zur Thematisierung der systematischen Theologie kommt noch eine zweite, nicht weniger bedeutsame Erfindung. Iḫwān aṣ-Ṣafā' begründen die „Existential(istische) Theologie". Diese allerdings mußte ein Jahrtausend lang warten, bis sie von den Theologen rezipiert wird. Die Existentialphilosophie der Iḫwān aṣ-Ṣafā' wurde zuerst rezipiert, dann ihre Existentialtheologie.

Die dritte Erneuerung der Lauteren Geschwister auf diesem Gebiet ist die „dialektische Theologie". Diese wird erst über tausend Jahre später von Karl Barth (1886-1968) rezipiert.

Zweiundvierzigste Risāla – Über Weltanschauungen und Religionen

Erkenntnisziel

Der Sinn von Weltanschauungen und Religionen ist mit dem von Therapeutika, Pharmaka und Heilelixieren vergleichbar. Erstere dienten der Heilung von Erkrankungen der Seele und des Geistes. Konfessionen verhelfen zur Erlangung der Gesundheit der Seele und Erlösung des Menschen aus dem Ozean des Materiellen. Sie befreien ihn aus den Fesseln der Natur. Religionen beschreiben den Weg zur Ewigkeit, wie man das Jüngste Gericht besteht, der Hölle, dem Ort der Verdammnis und des Verfalles, entgeht und wie der Mensch zum ewigen Leben der Wonne unter den Gestirnen gelangt.

Die große Mehrheit der Religionen ist für Menschen gedacht, die sich verirrt haben, dem Fanatismus, Egoismus, der Sinnlichkeit und der Unwissenheit verfielen.

Struktur

- Ursprung und Entstehung von Religionen.
- Nomistische (gesetzliche) versus philosophische Religionen.
- Unterschiedliche Lehrmeinungen der einzelnen Gewährsmänner.
- Ursachen von Differenzen.
- Wahres und Falsches in gelehrten Darlegungen.
- Lehren für die Allgemeinheit und solche für die Elite.
- Über Unterschiede in bezug auf den Erkenntnisstand.
- Über Unterschiede in bezug auf das Bewußtsein und seine Ursachen.
- Intellektuelle Fähigkeiten.
- Über Sinnestäuschungen und Bewußtheit.
- Schärfung der Sinne.
- Menschliches Wissen.
- Vorstellungskräfte.

- Außerordentliche Fähigkeiten in bezug auf die Vorstellungskraft und warum sich die Menschen darin unterscheiden.
- Positive Leistungsfähigkeit der Vorstellungskräfte.
- Verdienste armer und heimgesuchter Menschen.
- Über die Ethik der Führung von Debatten; Auseinandersetzung und Polemik. Über die diskursive Streitkultur.
- Unterschiedliche Auferstehungen.
- Über Weisheit
  - Ewige Weisheiten,
  - zeitbedingte Weisheiten.
- Leistungen der intellektuellen Fähigkeiten und mögliche Störungen.
- Monokausalität der Genesis – Entstehung der Welt aus einer einzigen *Causa*.[67]
- Auffassung der Dualisten.[68]
- Was ist die Materie?
- Über das Böse und das Gute in der Welt.
- Das Böse bei den Tieren.
- Die Sünden nach dem religiösen Recht.
- Einstellungen der Menschen hinsichtlich des Diesseitigen und des Jenseitigen.
- Differenzen unter den prophetischen Religionen.
- Unterschiedliche Lehrmeinungen in bezug auf das Imamāt und ihre Ursachen.
- Prädestination (Ǧabr).
- Lohn des Guten.

Evaluation

Mit dem 42. Lehrschreiben begründet das Pionierwerk der Iḫwān aṣ-Ṣafā᾿ die „universalistische Religionsphilosophie". Sie erkennt verschiedene Wege zum Heil an, ein Prinzip, das Friedrich der II. (1712-1786, er sprach Arabisch) vertrat: *„Jeder soll nach seiner Fasson selig werden"*. Iḫwān aṣ-Ṣafā᾿ begründeten zudem eine universelle Ethik, die in Europa erst von Jürgen Habermas (geb. 1929) nachgepredigt wird – ziemlich exakt ein Jahrtausend danach.

---

[67] Rasā᾿il Iḫwān aṣ-Ṣafā᾿, ebd., Bd. 3, SS. 461-464.

[68] Rasā᾿il Iḫwān aṣ-Ṣafā᾿, ebd.

Dreiundvierzigste Risāla – Der Weg zu Gott

- Paränese: Als „Paränese“ (Mahnung) werden die Konkretion und praktische Anwendung theologischer Aussagen bezeichnet, insbesondere die ethischen Ermahnungen, die sich aus der Predigt ableiten. Bei Iḫwān aṣ-Ṣafā᾽ steht die Ethik im Mittelpunkt ihrer Botschaft, daher auch die wiederholten Paränesen.
- Tod, Wiedererweckung, Jüngstes Gericht, Bewertung.
- (existentialistische) Deutung des Hades.

Vierundvierzigste Risāla – Die Anschauung der Iḫwān aṣ-Ṣafā᾽

Im Zuge der Aufklärung und der wissenschaftlichen Ableitung können sich auf das Diesseits fixierte materialistische Einstellungen einschleichen, die als Rationalismus imponieren. Diesem Eindruck verfallen, rechtfertigen die Menschen ihren Egoismus. Die Lauteren Geschwister halten es für notwendig, der weltbezogenen Euphorie entgegenzuwirken, vor den Verführungen des kurzlebigen irdischen Daseins zu warnen und an die ewigen Wahrheiten zu erinnern, die sie sich selber zu eigen machen. Für ihren Teil halten sie fest an den folgenden Grundsätzen:

- Unsterblichkeit der Seele.
- Fortbestehen der Seele nach dem sogenannten Tod, d.h. nach der Befreiung der Seele vom Leib.
- Gegen die Zweifel liefern sie Argumente.

Fünfundvierzigste Risāla – Über das Leben der Lauteren Geschwister

Die 45. Risāla erläutert die Lebensweise der Iḫwān aṣ-Ṣafā᾽ und ihre gemeinschaftlichen Tugenden: Kooperation, gegenseitige Unterstützung, aufrechte Freundschaft, wahre Liebe, Nachsicht, Mitleid, echte Anteilnahme und Barmherzigkeit. Ferner erläutern sie ihren Weg im Gebet, Gedächtnis, ihr Verhalten bei Sitzungen und Zusammenkünften.

Adressaten

Aus dem 44. und dem 45. Lehrbrief wird die Zielgruppe der Risālas erkennbar. Es sind offenbar Sympathisanten, die im Begriff sind, in die große Gemeinschaft der Lauteren Geschwister aufgenommen zu werden. In den letzten Schreiben erhalten sie die Weisungen, welche für das Innenleben der Brüder und Schwestern essentiell sind.

Lernziele
Die Anhänger der Bewegung mögen die die Geschwisterschaft tragenden Tugenden erkennen und schätzen lernen: Liebe, herzliche Vertrautheit, Zusammenhalt in allen religiösen und weltlichen Fragen, Zuverlässigkeit und gegenseitiges Vertrauen. Diese Tugenden garantieren die Errettung und führen zur Erlösung.

Sechsundvierzigste Risāla – Über den Glauben und die Eigenschaften der wahrhaftig Gläubigen

Elemente u.a.
- Was heißt Vertrauen?
- Was heißt Treue?
- Geduld,
- Vorsehung und Akzeptanz,
- Entsagung des Weltlichen und Verzicht auf Lustbefriedigung.

Lernziele
Kenntnis der Majestät des Geistigen.
Was sind Eingebung und Intuition?
Wie erklärt sich das (Phänomen) bösartiger Einflüsterungen?
Belehrung über
das Gelingen,
die Enttäuschung,
rechte Wegweisung,
Verirrung.

Inhalte
Dieses Kapitel gibt großen Aufschluß über die Frömmigkeit der Iḫwān aṣ-Ṣafā᾽. Sie verlieren sich nie auf der Welle der Wissenschaftseuphorie oder der philosophischen Selbstbefriedigung. Wissenschaft und Ethik sind für sie unzertrennlich, ebenso Philosophie und Askese. Zur Ausbildung der Sympathisanten gehörten grundsätzlich die Anleitung zur Lebensweise und die spirituelle Erziehung.

Aktueller Bezug
Die moderne Erziehung vernachlässigt oder tabuiert gar die ethische Unterweisung und die moralische Erziehung. Entweder gibt es keine Klarheit über die Bedeutung dieser Themen, oder sie sind sogar unerwünscht.

Es ist schon die sechsundvierzigste Risāla. Das Thema ist offensichtlich nicht für Anfänger bestimmt, für die die Paränesen mit diesem hohen Anspruch eine Überforderung wären. Die Mahnungen werden nur den Eingeweihten vermittelt. Sie zählen aber nicht zum Geheimwissen. Die folgende 47. Risāla dürfte allein den gefestigten Anhängern vorbehalten gewesen sein.

Beratung
Der Verfasser macht besonders auf das Prinzip „Akzeptanz" aufmerksam: Akzeptanz von Schmerz und Krankheit, Akzeptanz im Hinblick auf den Stand im Beruf und in anderen Bereichen des Lebens, Akzeptanz von Erfolg und Mißerfolg, von erreichten und nicht erreichten Zielen.
Das Unglück vieler Menschen rührt nicht vom Schicksal her, sondern von ihrer Einstellung, ihrem Verhältnis zur und dem Umgang mit ihrer Lebensrealität.

Siebenundvierzigste Risāla – Über göttliches Gesetz und kanonisches Recht

Inhalte
- Bedingungen der Prophetie,
- Eigenschaften von Propheten,
- Anschauungen der Gottgläubigen und Anhänger des Herrn.

Erkenntnisziele
- Entschleierung der Geheimnisse der prophetischen Bücher,
- Aufschlüsselung ihrer Symbole,
- Einordnung im göttlichen Nomos und der Weg dahin,
- der Weg zum gottgefälligen Leben,

– Entschleierung der Geheimnisse vom erwarteten Mahdī bis zum großen Paraklet.[69]

Achtundvierzigste Risāla – Zu den Methoden der Verkündigung und des Rufes zu Gott

Inhalt

Mission durch vorbildliches Verhalten, aufrechte Bruderschaft, Einhaltung von Versprechen, reine Freundschaft,
den Verkündigungsdiskurs gemäß den Adressaten und Zielgruppen gestalten!

Erkenntnisziel

Die Gemeinschaft des Guten beginnt mit dem Vorbild gütiger und frommer Menschen, die zusammenkommen und ihre Ansichten brüderlich entwickeln, sich einvernehmlich verabreden, sich auf eine Haltung einigen, einmütig entschließen und ihre Vereinbarungen einhalten. Die Brüder und Schwestern gehen einen gemeinsamen, gerechten Weg. Unermüdlich und ohne Nachlässigkeit verfolgen sie ihre Mission.

Den Zweiflern wird ein eigenes Unterkapitel gewidmet, ein weiteres denen, die durch andere Lehrmeinungen unsicher geworden sind. Insbesondere setzt sich die 48. Risāla mit den Zweifeln über die Wirklichkeit der Seele auseinander.[70]

---

[69] In seiner Abschiedsrede – Joh. 14,16 – kündigte Jesus das Kommen des Paraklets an. Er ist der Geist der Wahrheit, welcher den (durch den Weggang Jesu) alleingelassenen Jüngern und der Gemeinde beistehen wird, sie tröstet, lehrt und leitet. Paraklet (on) ist der Trostspender. In der christlichen Kirche wurde das Pfingstereignis als die Realisierung dieser Prophezeiung gedeutet. Von islamischer Seite kam eine Interpretation, nach der Jesus das Kommen eines Propheten nach ihm weissagte. Der Paraklet sei mit Muḥammad identisch. Im Text der Lauteren Geschwister wird „Paraklet" analog zu „Messias" und „Mahdi" als „erwarteter Erretter" verwendet.

[70] Rasā᾿il Iḫwān aṣ-Ṣafā᾿, ebd., Bd. 4, SS. 177 ff.

Neunundvierzigste Risāla – Über Geister: Die spirituellen, guten Geister, Engel, Widersacher und Teufel

Ferner: Über das Wirken Gottes und seiner Eigenschaften.

Inhalt

In der Welt bestehen zwei aktive Prinzipien. Beide sind geistig, unfleischlich und körperlos. Sie wirken ungehindert von Raum und Zeit, ohne in Stau zu geraten, ohne durch Platzmangel beengt zu sein oder durch materielle Sperren aufgehalten zu werden. Sie sind nicht auf Gefühle, Augen- oder sonstige Sinneswahrnehmung angewiesen. Sie befinden sich dort, wo sie wirken. Durch ihre Wirkung werden sie erkannt.

Fünfzigste Risāla – Über politische Linien

Der Ausdruck „Siyāsa" im Titel der fünfzigsten Risāla[71] hat eine lange, interessante, sprachgeschichtliche Entwicklung zurückgelegt. Iḫwān aṣ-Ṣafā' verwenden ihn in der Bedeutung „Erziehung". Das ist Mediävalarabisch. Im heutigen Arabisch heißt „Siyāsa" Politik.
Die Bedeutungsverschiebung ist kulturhistorisch nicht uninteressant. Im Umgang mit Lebewesen erkannte man schon in sehr alten Zeiten, daß Härte als Erziehungsmethode nicht in Frage kommt. „Siyāsa" als Ausdruck besagt, „sanfte Erziehung". Auch in der Dressur sprach man von „Siyāsa", sprich „das Tier verstehen und dich ihm verständlich machen", um das gewünschte Ziel zu erreichen. Das ist aber erst recht das Gebot bei menschlicher Erziehung. Die Verschiebung der Wortbedeutung geschah also in Richtung „Verbesserung und Veredelung des Erziehungsverhaltens". Anstatt früher „Aufzucht", „Aufziehung" bedeutet „Siyāsa" nunmehr angemessener, menschengerechter Umgang mit dem oder den Adressaten der Erziehung. Erziehungsziele sollen geduldig und verständnisorientiert vermittelt werden. Der Ausdruck „Siyāsa" steht stets als Alternative zu Härte und Zwang als Erziehungsmethoden. Während Clausewitz lehrt „Der Krieg ist die Fortsetzung der Politik mit anderen Mitteln", ist „Siyāsa" genau die Alternative zum Krieg. Es sei darauf aufmerksam gemacht, daß die Lehrbriefe der Lauteren Geschwister in Mediävistik verfaßt sind. Heute wird „siyāsa" hauptsächlich politisch gebraucht.

---

[71] Rasā'il Iḫwān aṣ-Ṣafā', ebd., Bd. 4, SS. 250-282.

Iḫwān aṣ-Ṣafā' verwenden den Ausdruck „Siyāsa" im Sinne von „Anleitung" und „respektvollem, angepaßtem und angemessenem Erziehungsverhalten". Der Begriff „Siyāsa" in dieser Risāla soll also nicht politisch im heute üblichen Sprachgebrauch, sondern pädagogisch verstanden werden: „Anleitung". Demnach sind insbesondere Lehrer, Pädagogen, Erzieher Träger von Siyāsa, ihre Schüler sind „Musayyasūn", d.h. Adressaten der erzieherischen Tätigkeit. Die 50. Risāla behandelt Fragen der pädagogischen Führung, Schulung, Gruppenleitung und zusammenhängende Aufgaben. Der pädagogische Auftrag „Siyāsa" ist ein göttlicher. Der Ausbildungsbeauftragte steht Gott am nächsten, wenn er seine anleitende Funktion nach bestem Wissen und Gewissen wahrnimmt.

Die fünfzigste Risāla behandelt im einzelnen

- Erziehung des Körpers,
- Erziehung der Seele,
- verschiedene Erziehungsmethoden je nach Adressaten, Zielgruppen und Stoffgebieten.

Einundfünfzigste Risāla – Über die Weltordnung

Die Abhandlung erläutert und betont die Kosmologie und die gesellschaftliche Organisation. Die Menschheit ist einheitlich und bildet eine einzige, zusammengehörige Stadt, einen einzigen Organismus und einen einzigen Menschen. Die Risāla problematisiert im weiteren die soziale Dynamik, die Bedingungen und die Folgen sozialen Handelns. Die Einheit des Seins hat ihren Anfang und Zielsetzung im einigen Gott, dem Einzigartigen. Durch die Schöpfung hat *Er* die Einheit angelegt, in die weiterhin jede Bewegung mündet. Gott ist die *Causa prima*. Ursache und Wirkung, Subjekt und Objekt, aktive und aktivierte Substanzen bilden eine Kettenreaktion, die ihren Anfang und ihr Ende in der Einheit Gottes realisieren.

Zweiundfünfzigste Risāla – Über Magie, Astrologie, und Geheimwissen

Dem letzten Sendschreiben wurde die Behandlung geheimer, machbarer Phänomene vorbehalten. Es deckt ein Breitspektrum der Parapsychologie ab.

Inhalt

Über
- Beschwörungen,
- (böses) Auge,
- Erzürnen,
- Glück und Unglück,
- Kenntnis von Verborgenem,
- Hellseher,
- personenbezogene Vorhersage,
- positive und negative Erwartungen,
- Fluch,
- Illusion,
- Aufsteigung,
- Talisman,
- Astrologie,
- „Die Herren der Stunde“,
- Geister,
- Was sind die Teufel?
- Was sind die Engel?
- Was sind die Spirituellen?
- Einflüsse von Außerirdischen,
  körperliche Beeinflussung,
  seelische Beeinflussung;
- die erhabene Stellung der Vernunft, die zur Entdeckung und Erfindung befähigt ist,
- Bestimmung des Beginns einer Schwangerschaft,
- zur Wahl einer günstigen Zeit für eine Schwangerschaft,
- Geschlechtsbestimmung des Fötus im Mutterleib,
- Kenntnis vom Tod des Fötus im Mutterleib,
- Kenntnis über den Zustand des Fötus im Mutterleib,
- Kenntnis von der Ankunft eines nicht vorher angekündigten Boten,
- Kenntnis des Inhalts eines Briefes vor seiner Öffnung,
- Feststellung, ob eine Nachricht wahrhaftig oder erlogen ist,
- Kenntnis über Gestohlenes und den Dieb,

- Kenntnis über das Alter des Diebs,
- wo sich der Dieb aufhält,
- ob sich der Dieb noch in der Ortschaft befindet oder sie schon verlassen hat,
- wo sich das gestohlene Gut befindet,
- was gestohlen wurde,
- Weissagung über künftige Kriege und wann sie stattfinden,
- Kenntnis über eine abwesende Person, ihre Umstände, Gesundheit, Krankheit, eventuellen Tod, was für eine Krankheit, was für ein Tod;
- Ermittlungen auf magische Art und ohne den unmittelbaren, sinnlichen Weg.

Dreiundfünfzigste Risāla – Die universale Abhandlung

ar-Risāla al-Ǧāmiʿa, die umfassende Abhandlung, enthält Beweisführungen zur Richtigkeit von Thesen und Theorien der bisherigen Risālas.

Die universale Abhandlung faßt alle vorausgegangenen Risālas zusammen und hebt ihre zentralen Erkenntnisziele hervor. Ihr Schwerpunkt ist die Beweisführung für die Richtigkeit der ermittelten Resultate.

Über die universale Risāla besitzen wir lediglich die Angabe der Iḫwān aṣ-Ṣafāʾ, daß es sie gibt, welchen Inhalt sie hat und daß sie den Absolventen zugänglich gemacht wird.[72] Es ist bisher nicht gelungen, sie ausfindig zu machen.

72 Rasāʾil Iḫwān aṣ-Ṣafāʾ, ebd., Bd. 1, SS. 42-47.

Neue Wege in Wissenschaft, Philosophie und Theologie mit Wirksamkeit bis in unsere Gegenwart

Denken entlang der Erkenntnispyramide

Aufklärung

Das Korpus der Lauteren Geschwister ist ein aufklärerisches Dokument ersten Ranges. Mit ihnen beginnt eine qualitativ neue Phase der Aufklärung und des Rationalismus. Sie legen dar, daß die religiöse Lebensregelung und das kanonische Recht nötig sind für Menschen auf einer bestimmten Stufe ihrer sozialen und kulturellen Entwicklung. Bei ihrer weiteren Ausreifung und intellektuellen Entfaltung können sie ohne das religiöse Gesetz auskommen: „aš-Šarīʿa ṭibb al-marḍa. al-falsafa ṭibb al-aṣiḥḥāʾ".

Rationalismus

Rationalismus hat seit den Muʿtaziliten eine lange Tradition. Indes leiten die Lauteren Geschwister ein neues Stadium des Rationalismus und der empirischen Forschung ein. Ihre Erkenntnistheorie macht einen klaren Unterschied zwischen Glaubensfragen und den theologischen Lehren auf der einen Seite und der sicheren, empirisch gestützten Wissenschaft auf der anderen.

Erkenntnistheorie

Dem Werk der Lauteren Geschwister liegt die Erkenntnispyramide zugrunde. Sie gewinnen die Einsicht, daß „Wissenschaft", „Methodik" und „Erkenntnistheorie" miteinander zusammenhängen und aufeinander aufbauen, jedoch verschiedene Dimensionen darstellen.

Die Lauteren Geschwister erklären die Philosophie zur Platzanweiserin der Wissenschaft.[73] *„Die Wissenschaft ist nicht ewig"*. Das aufklärerische, rationale, fortschrittsfreudige Potential dieser Aussage ist unüberhörbar. Die Wahrheit ist nicht vorgegeben; sie muß erst ermittelt und entwickelt werden. Wahrheitsfindung ist eine Evolution und keine Offenbarung. Der Mensch lernt durch Erfahrung, seine Sinne transformieren äußere Wirklichkeit zur Vernunft. An dieser Stelle wird ʿAql verwendet. Dafür besteht kein echtes Äquivalent im Deutschen. ʿAql ist

---

[73] Rasāʾil Iḫwān aṣ-Ṣafāʾ, ebd., Epistula 1, Bd. 1, S. 48.

die Summe aller intellektuellen Fähigkeiten eines Menschen ebenso wie der gesamten Menschheit. Die Lauteren Geschwister fahren fort: Sinnliche Erkenntnis geht in rationale Erkenntnis über. Die Vernunft bemüht sich um den wissenschaftlichen Beweis „burhān“. Es gibt keine Erkenntnisvermittlung an den Sinnen vorbei. Der Beweis wird aus Prämissen, vernunftmäßigen Voraussetzungen abgeleitet.

Nach Iḫwān durchläuft die Erkenntnis mehrere Stufen, wobei das Subjekt stets die Kontrolle über die rational aufsteigende Erkenntnis beibehalten soll: „Vergleiche das Ding an sich (bi-ḏātihi) mit dem (von uns) wahrgenommenen, erkannten Ding“. Das Ding an sich und das Ding für sich sind nicht völlig identisch; sie unterscheiden sich. Hier findet sich die Quelle des achthundert Jahre später schreibenden Philosophen Kant. Nach den Lauteren Geschwistern bilden die Erkenntnis und ihr Gegenstand eine Subjekt-Objekt-Beziehung. Selbstkritisch sollen Denken und Erkenntnis der ständigen Nachprüfung unterworfen werden. Nach Iḫwān soll der geschlossene hermeneutische Zirkel aufgebrochen werden.

Grundlegung des wissenschaftlichen Beweises und der empirischen Forschung als Fachmethodik

Wissenschaftliche Thesen bedürfen der Beweisbarkeit und intersubjektiven Nachvollziehbarkeit. Anders als die Offenbarung, deren Aussagen nicht empirisch bewiesen werden müssen, fordern die Iḫwān die aus Erfahrung und empirischer Forschung ermittelten sicheren Erkenntnisse. Die Lauteren Geschwister begründen die Notwendigkeit des Be- und Nachweises „burhān“: „Sichere wissenschaftliche Aussagen“ basieren auf der Vernunft und dem Beweis als Grundlage der Erkenntnis. Verschiedene Wege führen zur Gewißheit in der Wissenschaft: Logische Ableitungen, Indizien, Beweise. Man hüte sich dabei vor Spekulationen, Einbildung und Selbsttäuschung.

Existentialistische praktische Philosophie, Ethik und Moral

werden in das Zentrum der Lehre gestellt und zu ihrem Ziel erhoben.

Zu einzelnen Lehrpositionen der Lauteren Geschwister

„Faiḍ" Emanation

In bezug auf die Schöpfung vertreten die Lauteren Brüder die Emanationstheorie. Bei ihnen reift dieses Konzept von der Entstehung aller Dinge aus wird weiterentwickelt und spezifiziert. „Faiḍ" ist kein einmaliger Akt des Schöpfers.

„Emanation" wird oft mit „Schöpfung (ḫalq)" verwechselt. Das Emanationskonzept kann durchaus als eine Alternative zur Schöpfung, aber auch als deren Ergänzung und Fortsetzung angesehen werden. Faiḍ ist ein Ausdruck für die Entfaltung der Dinge: Aus dem Urprinzip kam der Weltgeist „ʿAql kullī", die *„allgemeine Vernunft"*, dann die universelle oder die Allseele „an-nafs al-kulliya" hervor. Es folgen die materiellen Dinge, zunächst in der abstrakten Form der Dimensionen „Länge, Breite, Tiefe", dann in konkreter Gestalt und Existenzform.

Der „Hegelsche Weltgeist" stammt nicht von G.W.F. Hegel. Der idealistische Weltentwurf steht in voller Ausreifung bereits bei Iḫwān aṣ-Ṣafāʾ und wird von Ibn-Sīnā weiter vervollkommnet. Die Hegelsche Dialektik hingegen wurde von den arabischen Dialektikoi und den Muʿtaziliten – über tausend Jahre vorher – aufgestellt.

Die Vernunft

Der Begriff der „Vernunft" wird von den Lauteren Geschwistern in zwei Gebrauchsweisen unterschieden:

a) Urvernunft: Sie ist die erste Schöpfung („Faiḍ"). Hier ist „ʿAql" äquivalent zu *„nous"* .
b) Individuelle Vernunft: Diese ist die Summe der intellektuellen Fähigkeiten der einen und derselben Person.

Philosophie, Wissenschaft und Wahrheit

Die Lauteren Geschwister relativieren sehr stark den Absolutheitsanspruch der Offenbarung. Wissenschaft und Wissen sind eine rein menschliche Leistung. Der erkenntnistheoretische Sinn dieser Aussage besteht darin, die eigenständige, von Gott und anderen Autoritäten unabhängige Erkenntnisfähigkeit des Menschen herauszustellen. Wissen ist menschlich. Der Mensch ist gegenüber Gott autonom. Die Offenbarung als Grundlage der Wissenschaft wird überwunden. Philosophie und Wissenschaft sind unabhängig von der prophetischen Lehre. Der Wahrheitsbegriff der Iḫwān aṣ-Ṣafāʾ kommt nicht von oben, vom Himmel, sondern von unten, von der Erde. Das Sein, das Universum und der Mensch selbst sollen systematisch erforscht und ermittelt werden. Anthropozentrismus löst den Theozentrismus ab.

Das Sein ist nicht unanfänglich

Seit den Muʿtaziliten besteht eine heftige Debatte darüber, ob das Sein „qadīm" unanfänglich ist oder einen Anfang hat „muḥdaṯ". Iḫwān aṣ-Ṣafāʾ legen sich fest: Das Sein und die Materie sind in oder mit der Zeit entstanden. Das Sein ist nicht unanfänglich, sondern anfänglich. Die Materie hat einen Anfang. Doch ist der philosophische Trend an den Lauteren Brüdern vorbeigezogen. Mit Ibn-Rušd stabilisiert sich die Position von qidam al-ʿālam.

Sein und Nichtsein

Analog lief die Debatte über das Sein und das Nichtsein.
Aus der Anfänglichkeit des Seins folgt ein „Vor" dem Sein.
Daraus folgt die Endlichkeit des Seins und weiter:
Dem Sein steht das Nichtsein (cadam) gegenüber.

„Unendlichkeit" versus „Endlichkeit"

Es zeigt sich, daß das Problem „Anfänglichkeit" oder „Unanfänglichkeit" des Seins eine Frage von großer theoretischer, praktischer, aber auch aktueller Bedeutung ist. Ihr übergeordnet ist das grundsätzliche Nachdenken über die „Endlichkeit". Unser Denken hat sich daran gewöhnt, daß alles einen Anfang und ein Ende hat und haben muß. Die Relativität beweist aber das Gegenteil. Die Dinge verändern ihren Zustand, vergehen aber nicht. Was da ist, kann nicht Nichts gewesen sein. Es besteht Dauer. Brüche sind Konstrukte. „Anfang" und „Vergehen" sind relativ zu verstehen. Sie bezeichnen eine neue Qualität innerhalb einer permanenten Entwicklung. Im ihrem Prozeß dominiert die Kontinuität, Diskontinuität ist untergeordnet. Das ist ein unabdingbarer Aspekt der Relativitätstheorie. Nichts kommt aus dem Nichts. Nichts endet in das Nichts. Die Lehre der Iḫwān aṣ-Ṣafāʾ ist in Bezug auf die Unanfänglichkeit des Seins revisionsbedürftig.

In langen, mühsamen, kontrovers geführten Debatten behauptete sich das Prinzip „Unendlichkeit" gegen den Mythos der Endlichkeit. Mit Farābī, Ibn-Sīna und Ibn-Rušd setzte sich die „Unanfänglichkeit" gegen die Auffassungen der Muʿtaziliten und der Lauteren Geschwister durch. Das Sein verändert sich, bleibt jedoch bestehen. Es ist unanfänglich und ewig.

Konzeptionelle Strukturmerkmale

Die Risālas der Iḫwān weisen bezeichnende Strukturmerkmale auf, die sich mit großer Regelmäßigkeit und Betonung wiederholen. Die wichtigsten sind nachstehend aufgelistet:

Klassischer Universalismus
Hervorzuheben ist der Universalismus bei den Qarmaṭen und stärker noch bei Iḫwān aṣ-Ṣafā'. Die Einheit der menschlichen Gattung und ihrer Basis, dem Globus, ist nur ein Aspekt der Einheit des Universums und des Lebens überhaupt. Toleranz, Egalität und Gerechtigkeit sind unabdingbare Prinzipien der gesellschaftlichen Organisation und des menschlichen Sozialverhaltens. Die gegenseitige Akzeptanz der Kulturen, Gemeinschaften und Glaubensformen realisiert die Integrität der Zivilisation.

Historisierung
Geschichte soll nicht als eine rückwärtsgewandte Wissenschaft betrachtet werden. Geschichte ist ein gegenwartsorientiertes Grundlagenfach. Im Sinne der universalistischen Wissenschaftsauffassung ist Geschichte ein konstitutiver Bestandteil einer jeden Disziplin (Prinzip „Historisierung"); so ist Geschichte auch ein Bindeglied aller Wissenschaften.

Stringenz
Die Verbindung der Risālas miteinander und ihre Beziehung zueinander werden nicht nur in der grundsätzlichen Form der Erkenntnis- und Lernziele dargelegt, sondern auch durch die Hinweise auf die inhaltlichen Zusammenhänge und thematisch spezifizierten Bezüge hergestellt. Die Lauteren Geschwister erweisen sich dabei als Pioniere der Didaktik. Sie haben zweiundfünfzig Lehrschreiben entworfen, die das gesamte Bildungsspektrum erfassen, und vermochten es dabei, die Einheitlichkeit und gemeinsame Stoßrichtung des *Curriculums* zu wahren. Man muß bedenken, daß Lehrer und Lernende an diesem Programm jahrelang arbeiteten, ohne dabei das Ziel aus den Augen zu verlieren. Die Iḫwān legten Wert darauf, die jeweilige Risāla mit der vorhergehenden und nachfolgenden sowohl inhaltlich als auch pädagogisch zu verbinden – nicht nur dem Prinzip nach, sondern auch konkret in bezug auf das behandelte Thema. Zur Einlösung dieses Anspruches waren die Autoren in höchstem Maße gefordert, immer genau die einzelnen Schritte auszuarbeiten, um die Brücken und jeweils spezifischen Bezüge aufzuzeigen. Die Stoffgebiete vom Wāḥid und Alif bis zur Kosmo-

logie, vom Mikro- zum Makrokosmos bilden ein einheitliches Mosaik – ohne Lücken oder Stilbrüche. Auch unter diesem Aspekt sind die Abhandlungen der Iḫwān aṣ-Ṣafā᾽ literaturgeschichtlich einmalig.

Interdisziplinäre Qualifikation

Ohne diese ist auch eine Erforschung der Iḫwān aṣ-Ṣafā᾽ nicht möglich. Bei der Aufbereitung der einzelnen Fächer, die gemäß dem Grundsatz der Iḫwān aṣ-Ṣafā᾽ stets interdisziplinär und im Gesamtspektrum des Wissens integriert angeboten werden, gehen die Verfasser vom interdisziplinären Ansatz aus.

Didaktik

Die Lektüre der Risālas imponiert nicht allein durch fundiertes Wissen. Vielmehr mußten ihre Verfasser pädagogisch und didaktisch schöpferisch tätig sein, um ihre komplizierten Inhalte zu vermitteln und vermitteln zu lassen. Die Risālas empfehlen sich zur Nachahmung als vorbildliche universalistische Didaktik.

Einheit der Menschheit, des Universums, des Mikro- und Makrokosmos

– Kosmologie

Das (gedruckt) vierbändige Werk der Lauteren Geschwister behandelt das gesamte Wissenschaftsspektrum. Anders jedoch als eine modernen Universität ist es ein geschlossenes Gebäude mit 52 Türen (= Fakultäten und Fachbereichen). Egal, welchen Eingang wir nehmen, gelangen wir zum Thema „Mensch“, dem Mittelpunkt dieses Seins – und auch des Iḫwānschen Interesses. Dieser Mensch ist der Mikrokosmos, der nur in Einklang, Harmonie und Einheit mit dem Makrokosmos Glück und Selbstverwirklichung erfährt.

Ethik und Moral

Jede Unterrichtseinheit stellt ihre Konsequenzen für Ethik und Sozialverhalten dar. Nirgends fehlt die moralische Konkretion.

Prinzipien der Lauteren Geschwister und die Grundsätze der Darstellung ihrer Lehre gemäß den 52 Sendschreiben

(1) Hoheit und Souveränität menschlicher Erkenntnis. Das Werk ist vom Primat menschlicher Erkenntnis geleitet. „*Erkenntnis*" ist eine eigenständig menschliche, offenbarungsunabhängige Leistung, wobei keine Widersprüche zwischen menschlicher und göttlicher Erkenntnis aufkommen müssen. Bereits im ersten Grundsatz kommt die Verbindung zum gnostischen Ausgangsprinzip zum Ausdruck. Die Übereinstimmung von Offenbarungswahrheit und Vernunftswahrheit ist ein Beweis dafür, daß die Vernunft auf dem richtigen Weg ist. Sie deckt den Bereich ab, welcher von der Offenbarung offengelassen wurde.

(2) Humanismus: Die Lauteren Geschwister haben legitimen Anspruch darauf, als Begründer des Humanismus zu gelten. Sie haben den Begriff „Insāniyyāt" geprägt und mit Inhalt gefüllt. Damit haben sie den Humanismus nicht als Schlagwort aufgestellt, sondern als ein theoretisches System vertreten, etabliert und es für die Praxis anwendungsreif operationalisiert. Es kann nicht überzeugend bestritten werden, daß Iḫwān aṣ-Ṣafā' die Grundlagen des Humanismus definiert haben.
Als Nebeneffekt der Befassung mit dem Iḫwānschen Humanismus wird unweigerlich Kritik am europäischen Humanismusbegriff ausgelöst. In den europäischen Sprachen wird oft vom „Humanismus" gesprochen, ohne je eine Konkretion dessen anzubieten. Er imponiert als ein diffuses Schlagwort, das Vieles und Nichts bedeutet. Dieser Humanismusbegriff bezeichnet u.a. das Studium alter Sprachen, namentlich Griechisch und Lateinisch. Auch eine bestimmte Fächerkombination der Geisteswissenschaften wird „Humanismus" genannt. Stellenweise wird Humanismus als Synonym zur europäischen Lebensweise und Kultur verwendet. Humanismus ist im europäischen Sprachgebrauch vereinbar mit Krieg, Expansion, Unterdrückung und Ausbeutung.

(3) Anthropologie: Im Werk der Iḫwān soll man eine „Spezielle Anthropologie" und eine „Allgemeine Anthropologie" unterscheiden.
„*Spezielle Anthropologie*": Gegenstand dieses Faches ist, wie der Name schon sagt, der Mensch. Er wird integrativ und integriert behandelt. Er ist ein biologisches und, was für den Menschen charakteristisch ist, ein historisches, gesellschaftliches und politisches Wesen. Daher ist der

Mensch Bezugspunkt eines jeden anderen Faches. „Insāniyyāt" bezeichnet im engeren Sinne die spezielle Anthropologie, im weiteren Sinn alle anderen Fächer der iḫwānschen Wissenschaftssystematik. Humanistische Werte bilden das Fundament eines jeglichen Stoffgebiets, sind aber in ganz besonderer Weise aus der speziellen Anthropologie, dem Wesen des Menschen, abgeleitet. Das spezifische Fachgebiet der Anthropologie bildet den Schwerpunkt des dritten Bandes.
„*Allgemeine Anthropologie*" ist das gesamte Werk der Lauteren Geschwister. Ihre Anthropologie ist nicht nur ein Fachbereich neben anderen, sondern auch Zentrum aller Wissenschaften. Anthropologie ist der Pfad, auf dem alle Disziplinen fahren und miteinander verbunden werden. Durch den Bezug zur Anthropologie erhalten die einzelnen Fächer ihren integrativen Sinn. Sie werden nicht isoliert, sondern vom Standpunkt des Menschen für den Menschen behandelt. Daraus werden für jedes Fachgebiet und für die Wissenschaft allgemein Konsequenzen für Moral, Ethik, zwischenmenschliche Beziehungen, Umgang des Menschen mit Natur, Pflanzen, Tieren, Umwelt und für seine Stellung in der Gesellschaft, seine Beschäftigung mit Wissenschaft, Philosophie und Metaphysik abgeleitet. Gerade an diesem Prinzip wird uns auch heute anschaulich, wie aus der Sicht des Faches Anthropologie die Disziplinen in Verbindung miteinander stehen. Auf diesem Hintergrund sind z.B. Geographie und Geschichte keine einsamen Fächer mehr, sondern Schauplätze menschlichen Handelns und Denkens. Sie stehen ebenso miteinander wie auch mit allen anderen Fächern in engster Verbindung und organischer Einheit. Von A der anorganischen Materie bis Z der Zoologie und des Lebens überhaupt besteht eine fachliche Einheit. Die Zusammengehörigkeit der Wissenschaften steht nicht in Widerspruch zu ihrer Spezialisierung. Letztere ist nur richtig geleistet, wenn sie die Verbindung zum Gesamtspektrum der Wissenschaften nicht verliert, sondern wahrt.

(4) Universalismus: Iḫwān aṣ-Ṣafā' sind wahrhaft Lehrmeister des klassischen Universalismus. Das Prinzip „Universalismus" wäre sinnlos, wenn es isoliert vertreten wird. Seine Bedeutung erlangt der Universalismus erst in Verbindung mit den anderen Erkenntnisbereichen. Bei den Lauteren Geschwistern wird jedes Fach universalistisch und humanistisch dargelegt.

(5) Prinzip Einheit: Den Iḫwān ist es hervorragend gelungen, die Einheit des Seins fachlich zu begründen und didaktisch zu vermitteln. Die „Einheit der Natur", „Einheit des historischen Gesamtprozesses", „Ein-

heit der Gesellschaft", „Einheit der menschlichen Gattung" wird nicht einfach deklamatorisch als Bekenntnis propagiert, sondern als ein wissenschaftlich begründetes System ermittelt, ohne daß die Existenz ihr Wesen verliert. Die „Einheit des Seins und aller Seienden" ist kein Dogma mehr, sondern eine überzeugende Ontologie. Andererseits findet sich die Einheit des Universums und der Gesellschaft in der Einheitlichkeit des Gesamtwerkes der Iḫwān aṣ-Ṣafā' wieder.

(6) Die innere organische Einheit aller Wissenschaften: Es ist nur konsequent, wenn daraus die Verbindung und der Zusammenhang unter allen Fächern hergestellt werden. Die Relationen der einzelnen Risālas zueinander sind bei Iḫwān *inhaltlich* vermittelt.

(7) Praktische Philosophie: Ethik und Moral sind unabdingbare Bestandteile einer ***jeden*** Vorlesung. Die Verbindung des jeweiligen Fach- und Stoffgebiets zur Ethik, Moral und zu den Werten ist inhaltlich systemisch abgeleitet. In keiner der Risālas fehlt die Paränese. Der innere Zusammenhang eines beliebigen Faches zur Ethik ist stringent hergestellt. Jedes Fach wirft moralische Verpflichtungen auf und fordert strenge Einhaltung ethischer Auffassungen.

(8) Gesellschaftliche Orientierung: In allem orientieren die Iḫwān auf die Interessen der Menschen. Es solle Gerechtigkeit unter ihnen herrschen ohne Bevorzugung oder Benachteiligung.

(9) Einheit contra Dualismus: Jede wie auch immer geartete Spaltung unter den Menschen zerstört den Humanismus. Deshalb wird auch die Einheit in den Wissenschaften und durch sie hergestellt, z.B. bei der Darstellung der eigenen Gesellschaft und der anderer Völker. Konsequent muß die Spaltung, der Dualismus, als Selbstzerstörung der Menschheit bekämpft und überwunden werden: Spaltungen in Klassen, Unterdrücker und Unterdrückte, Ausbeuter und Ausgebeutete müssen besiegt werden.

Bei Iḫwān stellen die Wissenschaften selbst nicht nur eine Einheit dar; vielmehr sind sie eine Waffe gegen den Dualismus und jede Form von Spaltungen. Nur unter Wahrung der Integrität des Seins, insbesondere in der Einheit der Menschen realisiert, vervollkommnen sich die Menschen. Durch die Dialektik von Selbst- und Makroerkenntnis verwirklicht sich immerwährende Neuschöpfung des Seins.

(10) Theorie und Praxis: Theorie und Praxis bilden keine Dichotomie, sondern eine Einheit. Diese Verbindung soll auch vor Entgleisung der einen oder anderen Komponente schützen. Keine Praxis ohne Theorie und keine Theorie ohne Praxis.

(11) Praxisbezug: Das Werk Rasā'il, das einen hohen Abstraktionsgrad beansprucht, hat nirgends die Orientierung auf die Praxis und die Handlungsanweisungen vernachlässigt.

Diese Prinzipien stellen an sich eine unüberhörbare Mahnung an die Wissenschaft der Gegenwart dar, die offensichtlich eine Entgleisung darstellt.

Die Autoren befassten sich in zweiundfünfzig Risālas mit den unterschiedlichen Fach- und Stoffgebieten wie Isagogik, Mathematik, Logik (als Grundlagenfächern), mit Physik, Geometrie, Architektur, Agrarwissenschaft, Botanik, Zoologie, Evolutionslehre, Anthropologie, Musik (als mathematischer Wissenschaft), Astronomie, Himmelsmechanik, Meteorologie, Mineralogie, Metallurgie und so weiter – bis zu den geisteswissenschaftlichen Fächern Geschichte und Politik, um schließlich zur Theologie zu gelangen, ohne je die Lern- und Erkenntnisziele oder ihre eigenen Prinzipien aus den Augen zu verlieren. Das Werk blieb in allem einheitlich, konsistent und konsequent.

Gründungsmythen der europäischen Wissenschafts- und Philosophiegeschichtsschreibung

Europäische Philosophie und Wissenschaft haben ihre Quellen im arabischen Denken und nicht in einer vermeintlich griechischen Philosophie. Der Eurozentrismus kehrt die Verhältnisse um und stellt die Geschichte auf den Kopf. Undankbarkeit beginnt schon mit der Verleugnung der Rezeption. Somit verzichten europäische Autoren auf die Ehre der Rezipienten und wählen freiwillig die Einstufung als Plagiatoren. Der Quellenvergleich spricht eine eindeutige Sprache. Zu den vielen Beispielen wählen wir hier nur einen Fall. Stellvertretend sei aus der siebten Abhandlung[74] zitiert:

> *„Eine unserer Abhandlungen haben wir den anorganischen Substanzen gewidmet. Wir haben dargelegt, daß die höchste*

[74] Rasā'il Iḫwān aṣ-Ṣafā', ebd., Bd. 2, S. 150 ff.

anorganische Stufe in Verbindung mit der ersten pflanzlichen Klasse steht. Im Anschluß daran behandeln wir das Thema Botanik. In diesem Kapitel wollen wir erläutern, wie die den Pflanzen eigenen Kräfte wirken. Lernziele: Klassifizierung der Pflanzen, darlegen, wie sie entstanden sind und sich formen, Ursachen ihrer Auseinanderentwicklung nach Gestalt, Farbe, Geschmack, Duft, Blättern, Knospen, Samen, Saat, ihres Wachstums, ihrer Stämme und Abzweigungen. Die höchste Klasse der Pflanzen steht mit der ersten Klasse der Tiere in Verbindung. Die höchste Entwicklungsstufe der Tiere steht mit der ersten menschlichen Stufe in Verbindung.“[75]

Das Zitat mag für den Stand des Denkens in der arabischen Welt vor der Jahrtausendwende sprechen. Hier wie im ganzen Werk widerspiegelt der Iḫwānsche Diskurs die objektive Realität. Stil und Wirklichkeit sind analog. Uns imponiert heute noch, wie eine fachliche Aussage in ihrer Kürze umfassend aufgestellt wird, wobei auf die Erkenntnissicherheit der Autoren bei der Ausformulierung ihrer Thesen aufmerksam gemacht wird.

In ihren weiteren Darlegungen geht das Autorenkollektiv der Lauteren Brüder auf die Bedingungen im einzelnen ein, die auf die Lebewesen einwirken, ihre Evolution bestimmen und zur unterschiedlichen Entfaltung der Arten führen.[76] In den folgenden Abhandlungen lassen sie vorsichtig entwicklungsgeschichtliche Möglichkeiten auch in der Zukunft erkennen. Interessant ist übrigens die Einbeziehung der Entwicklungsgeschichte des Fötus in diese Systematik.[77] Ansatzweise wird die Ontogenese als Rekapitulation der Phylogenese gedeutet. Obwohl die Lauteren Geschwister größten Wert auf die Beweisführung und den empirischen Nachweis legten, sind gewisse Ausführungen der erhaltenen Fassung nicht von Spekulationen völlig frei.[78] Spekulative Aussagen stören jedoch nur unwesentlich die Fachlichkeit des Werkes, warnen doch die Lauteren Geschwister nachdrücklich und mehrfach davor, unbewiesene Aussagen aufzustellen.

---

75 Rasāʾil Iḫwān aṣ-Ṣafāʾ, ebd., Bd. 2, S. 150-151.

76 Rasāʾil Iḫwān aṣ-Ṣafāʾ, ebd., Bd. 2, S. 154 ff.

77 Rasāʾil Iḫwān aṣ-Ṣafāʾ, ebd., Bd. 2, S. 423 ff.

78 Eine textkritische Ausgabe der „Rasāʾil Iḫwān aṣ-Ṣafāʾ“ gibt es nicht. Verschiedene Überlegungen veranlassen mich zur Annahme, daß eine spätere Redaktion theologische Einflüsse in die ursprünglich rational ausgerichtete Fassung hineinmanipuliert hat.

Das Korpus der Iḫwān aṣ-Ṣafā' legt das Fundament für die weitere Vertiefung und Differenzierung der Arten. Von da aus kamen weitere entscheidende Hinweise auf die strukturelle Verwandtschaft unter den Arten bis zur vollen Entfaltung der Evolutionslehre und Anthropogenese. Analog bauten alle anderen Wissenschaften auf der Gelehrsamkeit und Universalität der Iḫwān aṣ-Ṣafā' auf.

Indes soll noch betont werden, daß sich die Iḫwān nicht in Forschungs- und Wissenschaftseuphorie verloren oder gar verirrt haben. Wissen ist Macht. Mit ihren Erkenntnissen hätten Iḫwān aṣ-Ṣafā' eine Weltmacht bilden können. Wie wir aus dem historischen Kontext wissen, verfügten sie über eine große soziale Basis. Sie standen mit den Qarmaṭen in Verbindung, vielleicht sogar als deren Theoretiker. Doch ihr Ziel haben sie nie aus den Augen verloren: Die menschliche Gesellschaft auf der Basis der Gerechtigkeit, Gleichstellung, Würde des Menschen und Toleranz gegenüber Andersdenkenden zu gründen. Zusammen mit den Qarmaṭen vermochten es die Iḫwān aṣ-Ṣafā', die mit zweihundert Jahren langlebigste sozialistische Gesellschaft der Geschichte aufzubauen. Sie währte von 900 bis 1100 n.Chr.

Die Zukunft von Lehre, Forschung und Ausbildung liegt in der Vergangenheit – Rückkehr zu Iḫwān aṣ-Ṣafā', zur Interdisziplinarität, integrativen Didaktik und universalistischen Sichtweise

Unter diesem Gesichtspunkt wollen wir noch einmal das Korpus als Korrektiv des heutigen Bildungssystems rückblickend betrachten.

Im Unterschied zur schmalspurig angelegten Fachdidaktik, die sich heute in Bildung und Ausbildung durchgesetzt hat, begegnet uns in den Abhandlungen der Lauteren Geschwister eine universalistische Pädagogik, die uns zu ihrer Neuentdeckung und Nachahmung herausfordert. Eine ṣafawische Abhandlung hat ihren streng fachlich gehaltenen Schwerpunkt. Es fehlen aber nie Anthropologie, Humanismus, Interdisziplinarität und Bezüge zu anderen Stoffgebieten. Dabei wirkt keine der Risālas systematisch verzerrt oder inhaltlich zerstreut.

Zahlentheorie: Der erste Band mit dem Schwerpunkt Mathematik beginnt mit der Zahlenlehre. Es fängt also mit dem sprichwörtlichen Einmaleins an. Eine Zahl, z.B. die „1" (wāḥid / eins), wird nicht nur unter dem Aspekt der numerischen Systematik dargestellt, sondern auch abstrakt, theoretisch, existentiell. Die Zahl eins eignet sich hervorragend zur Thematisierung der Einheit. Sie ist aber auch die Basis des Zahlensystems. Der Eins folgt die Zwei. Auf das mögliche Gleiten in die Entzweiung wird aufmerksam gemacht und vor der Falle des Dualismus gewarnt. Zu den weiteren konkreten Zahlen werden ebenfalls Bezüge hergestellt. Man denkt, die Verbindung von „eins" und „Einheit" liege ja auf der Hand, es sei aber schwierig, ähnliche Verbindungen bei allen anderen Zahlen oder gar Stoffgebieten herzustellen. Gerade darin jedoch zeigen sich das Genie und die Herausforderung der Lauteren Geschwister. Die Abstraktionen über Zahlen erfolgen auf sehr hohem Niveau. Die Theoriebildung bereits bei der Zahl eins ist nicht gebunden an die Menge „eins", sondern eine prinzipielle Methode, die bei allen Themen nachweisbar ist. Sie führt von Konkretem zu Abstraktem. Die Zahlen begründen die „mathematische Logik", die „scharfe Logik". Von da wird zu der Philosophie, den Naturwissenschaften, den Sprachen und so weiter harmonisch hingeführt. Auch hierin waren die Iḫwān vor über tausend Jahren uns heute weit voraus. Die Wissenschaften sind in der Gegenwart zu stark auf Anwendung, Verwertung und Investition ausgerichtet.

Es zeigt sich, daß der in der modernen Arithmetik auf eine Menge reduzierte Zahlenbegriff eine grobe Einengung darstellt. Es zeigt sich aber auch, wie heute die Hirnwäsche schon mit dem Erlernen der Zahlen oder des Alphabets beginnt. Vor diesem Hintergrund erlangt nicht nur ein spezielles Thema, z.B. die „Zahlentheorie", sondern das gesamte Werk der Iḫwān große Aktualität.

Der zweite und dritte Band der gedruckten Ausgabe sind unter anderem der Botanik und Zoologie gewidmet. Mit dem vierten Band wird das Spektrum der Betrachtung erweitert. Die speziellen Inhalte werden unter größerem Zusammenhang gesehen. Der vierte Band ist der Theologie und den Religionswissenschaften gewidmet. Bei kritischer Betrachtung würdigen die Lauteren Geschwister die Spiritualität. Sie ist kein Gegenstück zur Rationalität, sondern ihre komplementäre Seite. Ohne sie wäre die Rationalität die Basis des Machiavellismus und der nackten Ausbeutung von Mensch und Natur. Ohne die Rationalität wäre die Spiritualität reine Spekulation. Andererseits führt die ohne Ethik, Moral und Frömmigkeit abgesicherte Rationalität zur schonungslosen Exploitation.

Evaluation des Werkes der Lauteren Geschwister

Bei ihrem universellen Projekt, das gesamte Spektrum von Naturwissenschaften, Philosophie, Theologie und abstrakten Wissenschaften abzuhandeln, haben Iḫwān aṣ-Ṣafā᾽ einen hohen Anspruch gestellt und weitgehend eingelöst. Es ist klar, daß auch die Lauteren Geschwister keinen Anspruch auf Vollständigkeit erheben können. Es ist auch offensichtlich, daß sie keine Lehrgänge für professionelle Absolventen anbieten oder berufsqualifizierende Abschlüsse verleihen wollten; doch auch unter den Aspekten polytechnischer Erziehung und vielseitiger Persönlichkeitsentfaltung hätten sie ihr Ausbildungsangebot ausbauen sollen. Stoffgebiete wie „Krankheit und Heilung", „Pharmaka" und „medizinische Pflege" hätten den Formenkreis der Wissenschaften sinnvoll ergänzt. Damit haben sie allerdings Fachbereiche offengelassen, die spätere Philosophen abdecken sollten. Diese Bildungslücke konnte schon wenige Jahre später Ibn-Sīnā schließen. Es fehlen aber noch mehr Themen wie „Landwirtschaft" als praktische Botanik, Bewässerung und Kanalisation oder auch Geriatrie. Sicher waren weder Ärzte noch Bauern im Lauteren Kollektiv vertreten. Da es überhaupt keine ökologische Krise gegeben hat, brauchten sie über die Wiederherstellung des ökologischen Kreislaufes keine Expertisen auszuarbeiten. Indes sind ihre Vorwarnungen nicht zu überhören. Diese Mängel mindern in keiner Weise die große Bedeutung der Abhandlungen der Iḫwān aṣ-Ṣafā᾽. Ihr Versuch ist wissenschaftsgeschichtlich einzigartig geblieben. Bei ihrem Bemühen mußten die Lauteren Geschwister auch eine Revision des bisherigen Denkens einschließlich der sogenannten griechischen Philosophie vornehmen. Diese Aufgabe haben sie mit großer Sorgfalt geleistet und dabei höchste intellektuelle Redlichkeit als Vorbild für die Nachwelt bewiesen. Um so erstaunlicher ist es, wie wenig die europäische Forschung sie gewürdigt hat. De Boer[79] erkannte ihnen jede Originalität ab. Man könnte de Boer leicht ignorieren, wenn er nicht eine Tradition der deutschsprachigen Forschung repräsentiert. Viel interessanter als die Meinung de Boers über die arabischen und muslimischen Denker ist die Psychologie seines Einsatzes. Er ist außerstande, vorurteilsfrei Wissenschafts- und Philosophiegeschichte zu schreiben.

---

79 Tjitze J. de Boer, Geschichte der Philosophie im Islam, Stuttgart 1901.

Redlich und gerecht war die Kritik am Denken der Iḫwān aṣ-Ṣafā' zu ihren eigenen Lebzeiten. Der Wissenschaftshistoriker Abū-Ḥayyān at-Tawḥīdī war ein Zeitgenosse der Iḫwān aṣ-Ṣafā'. Da sie sich abschirmten gegen die Öffentlichkeit, sich hinter die Sache stellten und sich mehr um die Verbreitung ihrer Botschaft bemühten, konnte ein Außenstehender ohne ausdrückliche Einladung nicht in ihr Maǧlis gelangen. Abū-Ḥayyān war gerade in dieser Hinsicht ein Künstler, der sich Zugang zu exklusiven Kreisen zu verschaffen vermochte. Seine Informationen dienten ausschließlich der Wahrheitsfindung. Mit dem, was er an Materialien der Iḫwān aṣ-Ṣafā' gesammelt hatte, ging er zu Abū-Sulaimān al-Manṭiqī as-Saǧǧistānī Muḥammad b. Bahrām, einem führenden Wissenschaftler der Zeit. Dieser war ein ebenso redlicher Wissenschaftskritiker. Er ließ sich genug Zeit zur Beurteilung des Denkens der Iḫwān aṣ-Ṣafā'. Entsprechend besitzen wir eine Wertung von zwei Gutachtern, Abū-Ḥayyān und Abū-Sulaimān. Beide kritisierten die Streuung ohne Vertiefung in die Materie. Abū-Ḥayyān störte sich an Spekulationen bis hin zu quasimythologischen Exzessen. Abū-Sulaimān machte sich die Begutachtung nicht leicht. Er studierte die Arbeiten der Iḫwān aṣ-Ṣafā' genauer, soweit ihm Skripten zur Verfügung gestellt wurden. Sein Urteil fiel eher zurückhaltend aus: Die Lauteren Geschwister „haben sich sehr bemüht, ohne unser Wissen um neue Erkenntnisse wesentlich zu bereichern".

Man muß aber bedenken, daß die Rasā'il, wie der Name schon sagt, Send- und Lehrschreiben sind. Iḫwān aṣ-Ṣafā' hatten nicht nur über Forschungsergebnisse zu berichten, sondern auch Wissen zu vermitteln. Wenn man den Anspruch erhebt, das gesamte Wissenschaftsspektrum abzuhandeln, kann man keine Monographien zu den Fachgebieten vorlegen. Dafür stellten die Iḫwān Verbindungen zwischen allen Erkenntnissen her. Sie setzten die Fächer zu einer Synthese zusammen. Daraus ergab sich eine integrierte Wahrheit. Außer ihnen hat keiner diese Aufgabe geleistet. Dafür mußten sie stellenweise eine relative Vereinfachung in Kauf nehmen. Das soll ihnen nicht vorgehalten werden, ohne die verdienstvolle Vertiefung an anderen Stellen herauszustellen und zu betonen. Das schon von Abū-Ḥayyān kritisierte Ungenügen von Wissenschaftsgebieten mag berechtigt sein; es bezieht sich jedoch nur auf den Stoff, der ihm zur Verfügung stand, und nicht auf das gesamte Werk, das uns vorliegt. Die Lauteren Geschwister hatten nicht die Absicht, neue, punktuelle Forschungsergebnisse für die Fachwelt zu publizieren, sondern primär Unterrichtseinheiten zu verfassen, wobei das pädagogische, didaktische Interesse mitberücksichtigt wird. Die Lehrmittelsammlung wollte jedoch etwas Neues verkünden: Eine Sicht der Wissenschaften gewinnen und ein fachliches, integriertes Verhältnis zur Wirklichkeit. Die ṣafawische Hauptleistung liegt in der neuen Sicht von teilweise bekannten Inhalten. Ihr Verdienst liegt auf den Gebieten der Erkenntnis- und Wissenschaftstheorie. Iḫwān aṣ-Ṣafā' selbst erklären in der Fahrist zu ihren Rasā'il, daß sie zunächst nur ausgewählte Materialien nach Bedarf und Wissensgrad überreichen. Die weitere Ausbildung folgt einem vorgesehenen Qualifikationsprogramm. Sowohl Abū-Ḥayyān als auch Abū-Sulaimān Bahrām haben sich schon um intellektuelle Redlichkeit bemüht. Aus ihren eigenen Ausführungen ist aber zu schließen, daß ihnen weder die Risāla al-ǧāmi'a noch das gesamte Werk vorgelegen haben.

Die schon öfter beanstandete Zitation von Mythen sehe ich auch differenzierter. Mythologien und Tierfabeln bemühen sich um einen Ausdruck, der Aspekte von Wahrheit vermitteln will, welche durch einen realistischen Stil nicht adäquat ausgedrückt werden können. Eine gewählte Narration dient der Erkenntniszielsetzung. Die Sprachevolution grenzt an die Wirklichkeitsentwicklung oder hinkt ihr sogar nach. Andererseits ist der Realismus an die Realität gebunden (analog Kunst). Will man über den realen Stand der Entwicklung hinaus, kommt man nicht umhin, die Grenzen der Sprache zu sprengen. Dazu dienen unter anderem Mythen, Märchen und Fabeln. Realistische Sprache kann oft Ideale nicht adäquat verbalisieren und begründen, weshalb schon seit alters her Denker sich bemühen, Vergleiche und Fabeln heranzuziehen. Die Mittel sind erdichtet, aber lehrhaft. Die Rasā'il sind in einer schönen Sprache verfaßt, welche den kühlen, trockenen Diskurs der Fachlichkeit mit unterhaltsamen Exkursionen aufzulockern versteht. Sachlichkeit ist in den Rasā'il durch den Einfallsreichtum der Urheber zur inhaltlich angenehmen Lektüre geworden, ohne dabei auf fachlichen Anspruch zu verzichten. Auch schwierigste Stoffe sind spannend dargelegt. Sie fesseln Leserinnen und Leser und machen hartes Lernen zu lustvollem Studium und unterhaltsamer Beschäftigung.

Gesamtwürdigung

Die Lauteren Geschwister haben ihre 52 Risālas an Adressaten geschrieben, die mit dem Gedankengut ihrer Meister vertraut und in diese Lehre bereits eingeführt waren sowie durch regelmäßige Betreuung, Isagogikkurse, Fern- und Präsenzunterricht ständig gefördert wurden. Die Lehrbriefe sollten also von Anfängern nicht ohne fachliche Anleitung studiert werden. Die Ortsgruppen hatten lokale Leitungen, die für diese Aufgabe qualifiziert waren.

Nun lesen wir eintausend Jahre später diese Texte ohne Orientierungsangebote, Einführungen, Anleitungen oder Isagogiklehrgänge. Es ist nicht leicht, die Risālas zu verstehen, und es wird noch lange dauern, bis sie wirklich vollständig ausgeschöpft werden.

Zur abschließenden Wertung des Korpus „Rasā'il Iḫwān aṣ-Ṣafā'" muß man von den angesetzten Erkenntniszielen ausgehen und beurteilen, ob sie legitim sind und vermittelt werden konnten. Die Lauteren Geschwister verfolgten das Ziel nachzuweisen, daß alle Wissenschaften, so verschieden sie unter sich sind, sich am Ende gegenseitig ergänzen und bestätigen. Die Grundwahrheiten über das Sein werden von jedem einzelnen Fach nur teilweise bestätigt. Erst durch die Zusammensetzung und Integration aller Wissenschaften und philosophischen Erkenntnisse wird die umfassende Wahrheit ermittelt und erkannt. Deshalb haben Theologie und Religionen in dieser Abhandlung ihren Platz. Das angestrebte Ziel wird von diesen Weltanschauungen auf ganz anderem Weg bestätigt. Gleiches gilt für Sūfismus, Mystik, Kunst, Musik, Ästhetik. Alle zusammen mit Wissenschaft und Philosophie münden in die gemeinsame Erkenntnis und in die Wahrheitsfindung. Dieses Ziel haben die Lauteren Geschwister realisiert. Mir ist kein anderer geistesgeschichtlicher Versuch bekannt, der damit vergleichbar wäre.

Vorbildlich und nachahmenswert haben die Iḫwān aṣ-Ṣafā' sämtliche Stufen der Erkenntnispyramide in jeder einzelnen Risāla und im Korpus als Ganzem eingegliedert, ohne daß dies umständlich geschieht oder als aufgezwungen erscheint.

Das Potential des Iḫwānschen Erbes zusammen mit dem modernen Universalismus stellen eine Grundlage zur Konstitution einer neueren allgemeinen und Fachdidaktik dar. Die Erschließung der Risālas als konkrete Unterrichtsmodelle öffnet weite Perspektiven für die universalistische Pädagogik.

Aktueller Bezug

Ungewöhnliche Faszination und Aktualität gewinnt das Werk der Iḫwān aṣ-Ṣafā' dadurch, daß ihr streng wissenschaftlich abgeleitetes Vorgehen nicht in die nackte Aufstellung fachlicher Thesen oder pragmatisch anwendbarer Konzepte mündet, die für den Konsum und die wirtschaftliche Verwertung von großem Vorteil wären. Das hätten sie durchaus tun und damit sich selbst zu großem materiellen Reichtum verhelfen können – wie die Wissenschaft des Kapitalismus und seine egoistisch eingeengten Profitinteressen. Iḫwān aṣ-Ṣafā' sind exakt das Gegenteil davon. Ihre Orientierungsmaximen sind Humanismus, Ethik und das Wohlergehen aller.

Gegenwärtig herrschen in der Philosophie Skeptizismus, Pessimismus und Nihilismus, da der Imperialismus die Wissenschaften beherrscht und sie zerstörerisch einsetzt.

Heute brauchen wir Iḫwān aṣ-Ṣafā' mehr denn je. Hilfestellung vermitteln die Risālas in bezug auf die menschliche Zukunft. Den drohenden Niedergang der Weltzivilisation infolge von Aggressionen und Kriegen finden wir in ihren Paränesen als Vorwarnung ausgesprochen. Doch die in jeder Hinsicht optimistische Philosophie der Lauteren Geschwister öffnet Perspektiven zur Überwindung der Krise und des Kulturpessimismus. Sie nennt die Prinzipien, die allein für das Überleben der menschlichen Gattung garantieren – wenn sie angewendet und eingehalten werden. Daher gilt es, sie wahrzunehmen und auszunutzen. Das Studium der Risālas, ihre Anwendung und Nutzung bieten optimale Lösungsmöglichkeiten für die existentiellen Nöte unserer Gegenwart.

Das Konzept der Lauteren Geschwister bietet einen heute noch voll gültigen Ausweg aus der bestehenden Sackgasse, in welche die moderne Wissenschaft und Technik geraten sind.

Die Renaissance der Lauteren Geschwister entläßt uns nicht aus der Verantwortung, schöpferisch zu sein und für neue Probleme neue Lösungen zu finden. Durch fortschreitende Entfaltung von Erkenntnis schuf sich der Mensch immer wieder von neuem Zukunftsperspektiven. Es muß dabei noch einmal an die Erkenntnispyramide erinnert werden. Wissenschaftliche Erkenntnisse – die Spitze der Pyramide – sind an sich nichts Gutes und nichts Schlechtes. Ihr Wert hängt von den unteren Stufen der Pyramide, besonders von der untersten, dem Menschenbild, ab.

Positive, humanistische Änderung kann nur von unten kommen. Der Iḫwānsche Beitrag liefert brauchbare, konkrete und praktikable Vorschläge zur Lösung der jetzigen Krise der Philosophie. Aus dem Konzept der Rasāʾil lassen sich Orientierungshilfen zur Überwindung und Korrektur von Fehlentwicklungen des gegenwärtigen Wissenschaftsbetriebs ableiten, die in jeder Hinsicht aktuell, aber auch machbar sind.

Die Botschaft des Werkes der Iḫwān aṣ-Ṣafāʾ kann in einem einzigen Begriff zusammengefaßt werden: „Humanismus". „Humanismus" – er hat keine Alternative. Iḫwān aṣ-Ṣafāʾ operationalisierten den Humanismus in Unterrichtseinheiten, den Risālas, in Theorie und Praxis, für ihre Zeit und für unsere Gegenwart.

Die Korrektur kann nur durch die Wiederherstellung der Einheit erfolgen. Die Wiederentdeckung des Universalismus wird auch den Ausweg aus dem Kulturpessimismus weisen.

Das Dreieck der Lauteren Geschwister aus „Humanismus, Universalismus und Einheit" ist anthropozentriert. Ihre Kosmologie lehrt die Einheit von Mikro- und Makrokosmos. Die letzten Resultate ihrer Abhandlungen bestätigen die Philosophie von der Einheit des Seins, Einheit von Mensch, Gesellschaft, Natur und Kosmos, die Einsicht in die Notwendigkeit des Einklangs von Mikro- und Makrokosmos. Die Menschheit hat eine Chance.

Editionen

Die Abhandlungen des Autorenkollektivs „Rasāʾil Iḫwān aṣ-Ṣafāʾ" wurden in Kairo ediert und herausgegeben. Das war die erste gedruckte vollständige Ausgabe des Werkes der Lauteren Geschwister. Die Edition wurde besorgt von zwei prominenten ägyptischen Wissenschaftlern:

Ṭāha Ḥusain und Aḥmad Zakī, Rasāʾil Iḫwān aṣ-Ṣafāʾ wa-ḫillān al-wafāʾ, 4 Bände, Kairo 1928. Die Einführung in das Werk schrieb Ṭāha Ḥusain.

Ein zweites Mal wurde die vollständige Ausgabe in Beirut herausgegeben:
Rasāʾil Iḫwān aṣ-Ṣafāʾ wa-ḫillān al-wafāʾ, Beirut o.J.; die Einleitung wurde von: Butrus al-Bustānī verfaßt.

Die Beiruter vierbändige Ausgabe lehnt sich an die Kairiner Edition an. Seitenangaben in unserer Abhandlung folgen der Beiruter Ausgabe. Sie basiert offensichtlich auf der vorausgegangenen Kairoer Ausgabe.

Ein drittes Mal wurde das vollständige Werk von ismāʿīlitischer Seite herausgegeben. Auch diese Ausgabe beruht auf der ägyptischen Edition, da die Beiruter nicht wesentlich von der Ḥusain-Zakī-Edition abweicht:
Rasāʾil Iḫwān aṣ-Ṣafāʾ, hrsg. von ʿĀrif Tāmir, der auch die Einleitung aus deutlich ismāʿīlitischem Interesse schrieb, 5 Bände, Beirut 1995.

Gliederung der vierbändigen Edition – Die Einteilung stammt von den Lauteren Geschwistern selbst:

Band 1: Zahlentheorie, Mathematik,
Band 2: Die natürlichen Körper, Botanik, Zoologie,
Band 3: Über das Psychische, die mentalen und intellektuellen Fähigkeiten,
Band 4: Theologie und Religionswissenschaften.

Europäische Teileditionen waren deshalb als Zitierquelle nicht geeignet, da keine dieser Editionen vollständig ist. Außerdem weist der gedruckte arabische Text viele Druck- bzw. Satzfehler auf.

Empfohlene Literatur zu Iḫwān aṣ-Ṣafāʾ jetzt neu:
Detlev Quintern und Kamal Ramahi, Die Gerechtigkeitsbewegungen unter dem Kalifat der ʿAbbāsiden (750-1258) am Beispiel der Qarmaṭen und Iḫwān aṣ-Ṣafāʾ (Dissertation, (ISBN 3-921866-97-9), Hamburg und Bremen 2006. Sehr empfehlenswert. Dort umfangreiche Literaturangaben.

XIII.
Ibn-Sīnā

(980-1037)
Abū-ʿAlī al-Ḥusain b. ʿAbd-Allāh b. al Ḥasan b. ʿAlī Ibn Sīnā alias aš-Šaiḫ ar-Raʾīs

Übersicht

1. Ibn-Sīnā erwirbt die Lehrberechtigung
2. Der Aristotelismus im Niedergang
3. Die Evolutionslehre setzt sich in der arabischen Philosophie durch
4. Disputation zwischen Bīrūnī und Ibn-Sīnā über physikalische Probleme
5. Das theoretische Gebäude Ibn-Sīnās
6. Lehr- und Forschungspraxis Ibn-Sīnās
7. Werke von Ibn-Sīnā
8. Literatur und Untersuchungen über Ibn-Sīnā

Ibn-Sīnāgeb. 980 in Afschana (bei Buchāra), starb 1037 in Ḥamadān (Iran). In Europa ist er als Avicenna bekanntgeworden.
Er war Philosoph, Arzt, universeller Wissenschaftler.
In seinen Schriften bediente sich Ibn-Sīnā des Arabischen. Die Behauptung, er habe auch auf Persisch geschrieben, konnte durch Schriftenfunde nicht bestätigt werden.

Ibn-Sīnā erwirbt die Lehrbefähigung

Die Berufung auf einen Lehrstuhl war seit der Anfangszeit der ʿAbbāsiden normiert und standardisiert. Das Berufungsverfahren war öffentlich kontrolliert. Die Feststellung, ob ein Kandidat professorabel (Prof. aus arab. ḥirfa) war, folgte einem Prüfsystem, das sich seitdem kaum verändert bis heute durchgehalten hat: *Curriculum vitae*, Publikationen, fachliche Kompetenz, didaktische Eignung und Reputation waren die Basis der Beurteilung. Es wurde festgestellt, ob der Bewerber die Fähigkeiten selbständiges Denken, logische Ableitung, Urteilskraft und Kritikvermögen besitzt, er sich ethisch und moralisch verpflichtet weiß, ernsthaft die Wahrheit sucht und vertritt. Zum Berufungsverfahren gehörte auch die Anhörung, an der führende Lehrautoritäten teilnahmen und dem Bewerber ihre Fragen stellten. Die Herrscher selbst waren wissenschaftlich interessiert, nahmen an der Anhörung teil oder leiteten sie im Rahmen einer Fachaudienz. Schließlich wurde der bestandene Kandidat in den öffentlichen Dienst eingestellt. In dieser Anhörung mußte der Kandidat den Nachweis erbringen, daß er auf dem neuesten Forschungsstand steht, über die klassischen und aktuellen Auseinandersetzungen informiert ist und eigene Positionen vertritt. Er hatte seine Thesen zu verteidigen. Der Kandidat hat schließlich vor, einen Lehrstuhl zu erwerben.

Wir sind heute noch in der glücklichen Lage, uns in die Wissenschaftswelt der ʿAbbāsiden-Ära hineinzufühlen. Die in beachtlichem Umfang erhaltenen Protokolle informieren und versetzen uns in Bewunderung darüber, wie schwer man sich getan hat, bevor jemand die professorale Ehre erhielt. Wir erfahren über Modus und Inhalte des Berufungsverfahrens. Schriftliche und mündliche Anteile mußten bestanden werden. Die harte Prüfung wahrte dennoch die Formen der Höflichkeit und des Respekts vor dem Kandidaten. Die mündliche Prüfung verlief als ein Gespräch unter Kollegen, als Dialog unter Fachleuten, ohne daß die Teilnehmer der Interaktion ihre jeweiligen Rollen aufgaben. Das heißt, sie prüften hart. Der Bewerber mußte der Kritik standhalten.

Die Berufung Ibn-Sīnās: Zur Berufung Ibn-Sīnās besitzen wir sogar Originaldokumente. Erhaltene Archive und Protokolle bringen uns in die Lage, nicht nur von seiner eigenen Qualifikation zu lesen. Vielmehr erfahren wir durch sie vieles über die Organisationsformen der Wissenschaftsinstitutionen und des Lehrbetriebs, die Auswahl der Lehrkräfte, die geforderten Standards, den Berufungsprozeß und den Aufstieg in die akademische Laufbahn. Ibn-Sīnā meldete sein Interesse an, Lehre anzubieten und Nachwuchs auszubilden. Zunächst wurde geprüft, ob er die Voraussetzungen dafür erfüllte. Offensichtlich war ihm seine Reputation vorausgegangen. Die Qualifikationsprüfung wurde eingeleitet. Der Kandidat stammt aus gelehrtem Hause. Der Name „Ibn-Sīnā“ war bereits durch den Vater berühmt. Durch eigene Schriften ging der Ruf des jungen Ibn-Sīnā seiner Bewerbung voraus. Der Junior hatte schon an öffentlichen Debatten teilgenommen, bewährte sich in Fachdisputationen und hatte sich durch gediegene Publikationen ausgewiesen. Der Kandidat wurde zur Feststellung der Qualifikation zugelassen. Ibn-Sīnā wurde einer schweren Prüfung mit dem Ziel unterzogen, die *Venia legendi*, die Lehrbefähigung, zu erlangen. Es sollte sichergestellt werden, daß er den geforderten Standards entsprach.

Die Prüfungsaufgaben wurden von den führenden Professoren der Zeit erstellt, korrigiert und beurteilt. Die Prüfungsbögen umfaßten Fragen aus allen Fachgebieten. Sie konfrontierten den Kandidaten mit den großen Problemen der abstrakten und der Naturwissenschaften. Der erhaltene, von al-Bīrūnī (st. 1048) korrigierte Prüfungsfragebogen war sehr umfangreich. Manche dieser Fragen waren geeignet, Antworten im Buchumfang abzufordern. Die Aufgaben umfaßten die Bereiche der Physik mit den Gebieten der Wärmelehre, Optik, Natur von Licht und Farbe, Chemie, Meteorologie, Witterung, Geographie, Lebensbedingungen und Vegetation in Breitengraden, welche der Kandidat mit Sicherheit zuvor nicht hatte bereisen können, kurz alle Bereiche des Wissens. Die Lektüre der Antworten Ibn-Sīnās imponiert uns heute und zeigt, wie selbstsicher der junge Wissenschaftler auftrat. Über tausend Jahre später mutet die Diskussion sehr modern an. Zu den Aufgaben zählten Dialoge zwischen (hypothetischen) Kontrahenten mit ihren jeweiligen Positionen und Argumenten, zu denen der Kandidat Stellung nehmen mußte. Er wurde ausdrücklich aufgefordert, seine eigene Meinung zu den debattierten Streitfragen darzulegen, zu begründen und zu erläutern. Viele der Antworten Ibn-Sīnās können heute dem Prinzip nach stehen, auch wenn man einräumen muß, daß der Wissensfortschritt gewisse Modifikationen gebietet. An den Korrekturen stellen wir fest, daß schon damals Prüfer ihre Bedenken notiert haben und den Weg zur Berichtigung aufzeigen konnten. Es wurden gerade frühere Lehrmeinungen mit der Aufforderung an den Kandidaten zitiert, sie zu beurteilen, mögliche Fehler aufzuzeigen und zu korrigieren. Insgesamt läßt uns die Prüfungsleistung Ibn-Sīnās rot werden im Gesicht. Kaum einer wird heute behaupten können, er beherrsche eine vergleichbare Breite und Tiefe des gegenwärtigen Wissenschaftsspektrums wie Ibn-Sīnā in seiner Zeit. Er hat die „Universalprüfung“ mit Auszeichnung bestanden. Aus den Korrekturbögen wissen wir, daß er oft oppositionelle Meinungen zu seinen Prüfern hatte, die er aber gut zu begründen wußte. Bīrūnī merkte an, Ibn-Sīnā hätte einige Antworten auf physikalische Fragen um Zeichnungen erweitern sollen. Die vorgelegten Prüfungen sollten die Kandidaten nicht unter-, sondern überfordern. Auch Ibn-Sīnā konnte die Examina nicht locker vom Hocker bestehen. Bei einigen Fragen bemüht er sich um eine plausible Erklärung. An anderer Stelle redet er sich heraus. Ein anderes Mal muß er seine Unzuständigkeit gestehen. In einer erneuten Probe hilft Bīrūnī dem Prüfling auf die Sprünge und erreicht damit sein Ziel, die Nachwuchskraft doch auf Wissenslücken aufmerksam zu machen. Bekanntlich hat Ibn-Sīnā die *Venia legendi* vorbehaltlos bekommen. Es bleibt nur noch die Frage, wie alt Ibn-Sīnā zu diesem Zeitpunkt war. Mit 18 Jahren beherrschte das junge Genie das gesamte Wissensspektrum seiner Zeit. Ebenfalls mit achtzehn Jahren wurde ihm die Lehrberechtigung verliehen. Den Ausbildungsauftrag hat er vierzig Jahre lang ausgeübt.

Nach den schweren Tagen des bestandenen Prüfungsverfahrens bringt Bīrūnī dem jüngeren Kollegen großen Respekt entgegen. Der Briefwechsel zwischen Bīrūnī und Ibn-Sīnā bezeugt die tief empfundene gegenseitige Anerkennung der beiden Gelehrten. Nur ein Forscher vom Kaliber Bīrūnīs vermag es, dem Ibn-Sīnā als Lehrer und Prüfer entgegenzutreten. Auch in späteren Jahren meldet Bīrūnī Kritik an Ibn-Sīnā an, die jedoch betont kollegial und respektvoll gehalten wird.

Der Aristotelismus im Niedergang

Europäische Autoren geben sich große Mühe, um eine Abhängigkeit der arabischen Philosophie von Aristoteles nachzuweisen. Es ist ein bedauerlicher Irrtum, der eine ungenügende Rezeption der arabischen Philosophie beweist. Zunächst ist Aristoteles nie das Hauptthema islamischer Philosophen gewesen. Sie hatten andere Schwerpunkte. Doch führte der Anspruch der Vollständigkeit dazu, daß sie zu vorausgegangenen Autoren Stellung nahmen. Aristoteles war – was die Philosophie in arabischer Sprache betrifft – seit Kindī und Farābī Gegenstand der Kritik Die erste radikale Kritik des Aristoteles nahm sich ar-Rāzīs vor. Seine grundsätzliche Revision des Werkes von Aristoteles signalisierte den Anfang vom Ende seines Mythos. Iḫwān aṣ-Ṣafā᾽ referierten Aristoteles thesenförmig, um im Anschluß daran ihre eigenen Antithesen zu entwickeln. Ihre Kritik fiel fair aus, denn sie – wie andere arabische Autoren auch – erkannten Richtiges als richtig an, werteten Falsches als falsch. Während ar-Rāzīs die Metaphysik des Aristoteles vernichtend kritisierte, nahm sich Bīrūnī die Physik vor. Er behandelte die physikalischen Thesen des Aristoteles einzeln und legte dar, worin der Irrtum bestehe und wie es richtig sein solle. Der Fehlerkatalog des Aristotelismus wurde immer länger. Einen letzten Rettungsversuch des Aristoteles unternahm der junge Ibn-Sīnā. Aber auch für ihn war Aristoteles nur ein Thema unter anderem. Wegen seiner Apologien für Aristoteles geriet Ibn-Sīnā zunehmend unter Rechtfertigungszwang. Sowohl Ibn-

Sīnā als auch Ibn-Rušd zählen zu den wichtigsten Kommentatoren des Aristoteles. Das heißt aber nicht, daß sie den Aristoteles zu ihrem Lebenswerk erhoben haben. Den Titel „Kommentar“ soll man auch nicht mißverstehen. Er besagt nur, daß sie – Ibn-Sīnā und Ibn-Rušd – ein gewisses Thema, z.B. die Logik, gemäß dem Aufbau des Aristoteles behandelten. Gleichzeitig nahmen sie sich eine Revision des „kommentierten“ Werkes vor. Ihnen ging es primär darum, ihre eigenen Thesen darzulegen. Ibn-Rušd sagt ausdrücklich, daß er mit seinem Projekt, „Kommentare des Aristoteles“ zu schreiben, die Absicht hatte, die letzten Fehler bei Aristoteles zu korrigieren. Es ist unseriös, wenn Autoren die arabische Philosophie auf die Rezeption der griechischen reduzieren oder gar zurückführen. Richtig ist das Gegenteil. Seit Kindī, ar-Rāzī und Farābī wurde die griechische Philosophie, darunter der Aristotelismus, demontiert. Ġazālī ging noch weiter. Seine Kritik war prinzipieller Natur. Er hatte die immanente Kritik überwunden und sie auf eine grundsätzliche Ebene geführt.

Wichtige Abschnitte der Ibn-Sīnā-Bīrūnī-Korrespondenz befassen sich mit der Einstellung zu Aristoteles. Bīrūnī war weit voraus in seiner Revision und Kritik des Aristoteles, während der junge Ibn-Sīnā noch an ihm festhielt. In dieser Auseinandersetzung bezog Ibn-Sīnā Position für Aristoteles und verteidigte ihn gegen die harte Kritik ar-Rāzīs im arabischen Westen und die al-Bīrūnīs im Osten. Letzterer meldete sich noch deutlicher und forderte Ibn-Sīnā auf, doch seine Einstellung zu Aristoteles zu überprüfen. Das tut Ibn-Sīnā auch. Er relativiert seine Haltung zu Aristoteles, hält ihm jedoch weiterhin die Treue. Dafür handelte sich Ibn-Sīnā später die heftige Kritik Ġazālīs ein. Auch Ibn-Rušd konnte nicht umhin, gegen Ibn-Sīnā Kritikpunkte geltend zu machen, obwohl er ihn eigentlich gegen die Kritik Ġazālīs in Schutz nehmen wollte. Es ist ganz klar, daß Aristoteles nicht als Autorität angesehen war, sondern eher als jemand, an dem man falsche Thesen namhaft macht, um sie zu kritisieren und die eigenen Thesen als Antithesen zu präsentieren. Es war Ibn-Sīnā, der unter Legitimationszwang geriet, weil er den Aristoteles für dessen immer häufiger nachgewiesene fehlerhafte Auffassungen rechtfertigen mußte.

Die Bīrūnī-Ibn-Sīnā-Korrespondenz beschäftigt sich an der Bezugsstelle nur vordergründig mit Aristoteles. Bei genauerer Betrachtung erkennt man jedoch, daß der Athener nur als Aufhänger dazu genommen worden war, überhaupt die Grundfragen der Philosophie von der Religion zu emanzipieren oder an das Dogma zu binden. Der Name Aristoteles stand für die Ankettung der Philosophie an die Religion. In einigen Punkten zeigte sich der Jüngere konservativer als der Ältere. In der arabischen Wissenschaft und Philosophie, also nicht nur bei Bīrūnī, waren Lehren wie der Schöpfungsglaube, die Unveränderlichkeit der Sphären und die Beständigkeit der Arten schon lange obsolet. Ibn-Sīnā war also auf eine exotische Autorität angewiesen, um sein Glaubensbekenntnis philosophisch zu verschleiern. Dazu brauchte er den Aristoteles. Ibn-Sīnā neigte nicht nur bei diesen Fragen zur Synthese von Religion und Philosophie.

Als später Ibn-Rušd in Europa rezipiert wurde, erfuhr er unmittelbar breiteste Verankerung in intellektuellen Kreisen. Die Katholische Kirche erkannte die sich ausweitende Gefahr des Averroismus. Gegen ihn setzte sie Avicenna ein. Bis zum Zeitpunkt der Rezeption arabischer Philosophie hat man in Europa von der Existenz des Aristoteles und anderer griechischschreibender Philosophen nichts gewußt. Bis in das 16. Jahrhundert wurden sie nur vermittels Übersetzungen aus dem Arabischen gelesen. Man stellte dabei fest, daß Aristoteles eher mit dem christlichen Dogma zu vereinbaren sei als Averroes. Deshalb folgte man Avicenna, mit dem man Ibn-Rušd bekämpfen wollte. Es war Ibn-Sīnā, der den Aristotelismus vor dem endgültigen Niedergang bewahren wollte. Dieser Rettungsversuch zeitigte erst in Europa seinen Erfolg. Aristoteles wird nunmehr als Waffe gegen Ibn-Rušd und den Averroismus eingesetzt. Solchermaßen militant wird er von Albertus und Aquinus zitiert, nachdem beide sehr engagierte Anhänger Ibn-Rušds waren. Der Mythos Aristoteles wurde also in Europa, nicht im arabischen Exportland, aufgebaut.

Bei seiner Vermeidung von Konflikten mit dem Glauben bemühte sich Ibn-Sīnā um eine aufgeklärte Interpretation der Offenbarung. Die Schöpfungsdoktrin vereinbarte er letztlich mit dem Evolutionsgedanken. Er spricht sogar nicht von „Gott“, sondern von der „Natur“ als Triebkraft der Evolution. Er nahm Tendenzen vorweg, wie sie gegenwärtig bei rational orientierten Gläubigen anzutreffen sind. Ibn-Sīnā dürfte der Erste gewesen sein, der die Schöpfung als vereinbar mit der Evolutionstheorie interpretierte. Durch ihn wurde die Theorie von „Faiḍ“ zu ihrer bleibenden Ausgestaltung geprägt.

Die andere Strategie war die Verlegung seiner Schwerpunkte zu dem Wissenschaftsspektrum hin, welches überhaupt kein Konfliktpotential enthält, das seinen Glauben und inneren Frieden hätte stören können.

Vielleicht lag hier das Motiv für seine ungewöhnlichen Leistungen auf den Gebieten der Medizin, Psychologie, Psychotherapie und nicht zuletzt der Musikwissenschaft.

Die Evolutionslehre setzt sich in der arabischen Philosophie durch

Lange vor der Jahrtausendwende verbreiteten sich in der arabischen Gedankenwelt rationalere, fachlichere Lehrmeinungen. Es ist zwar nicht unerklärlich, warum der junge Ibn-Sīnā meinte, Aristoteles gegen berechtigte Kritik verteidigen zu müssen, doch lag Ibn-Sīnā sonst nicht hinter dem Stand der Kenntnisse seiner Zeit zurück. Wie schwer es Avicenna fiel, den Athener in Schutz zu nehmen, sehen wir z.B. dort, wo ihm die Kontrahenten die Lehren Aristoteles von der Unveränderlichkeit der Sphären und der Arten vorhielten.

Der Grund dafür, warum Ibn-Sīnā zu Aristoteles hielt, ist wohl darin zu suchen, daß sich Ibn-Sīnā nicht von gewissen Dogmen emanzipieren konnte. Es ist der gleiche Grund, der später dazu führte, daß die Katholische Kirche den Aristoteles in einen Rang nächst den christlichen Heiligen erheben zu müssen glaubte. Die Katholische Kirche brauchte ihn als Waffe gegen den arabischen Rationalismus und den Averroismus. Mit Aristoteles konnte man den Schöpfungsmythos und die Beständigkeit der Arten sanktionieren. Die Schöpfung, insbesondere die Schöpfung aus dem Nichts, war noch vor Ibn-Sīnās Zeit anachronistisch geworden. Evolution und Entwicklungsgeschichte waren gängige Lehre an den arabischen Akademien. Die Widersprüchlichkeit Ibn-Sīnās wundert in der Tat: Auf der einen Seite vertrat er fortschrittliche Positionen, z.B. in bezug auf die Evolution, andererseits meinte er, sich gegen die Aristoteleskritik zur Wehr setzen zu müssen.

Selbstverständlich vertrat auch Bīrūnī das Evolutionsprinzip und die Veränderung der Sphären. Ibn-Sīnā mit Respekt vor Aristoteles kam zu dem Ergebnis, der Athener und die Evolutionslehre seien vereinbar. Ibn-Sīnā ging es im Hintergrund eigentlich darum, das Schöpfungsdogma nicht radikal außer Kraft zu setzen. In der Synthese hoffte er einen Ausweg aus dem Antagonismus von Philosophie und Glauben zu finden.

Auch Ibn-Sīnā konnte den Aristoteles nicht vor Autoritätsverlust schützen. Schon mit achtzehn Jahren vertrat selbst Ibn-Sīnā die Evolutionslehre, und zwar entschieden.

Nachstehender Auszug ist aus einer Antwort Ibn-Sīnā auf eine der Fragen des umfangreichen Prüfungskatalogs, den Ibn-Sīnā zur Erlangung seiner Lehrbefähigung bearbeiten sollte, entnommen. Ibn-Sīnā über die „Evolution" (geschrieben im Jahr 998 n.Chr.):

„(...) Solange die Natur bei einer vollkommeneren Art nicht die Bedingungen der geringeren primären Art für ihre Vollendung erfüllt hat, geht sie nicht zur nächsthöheren Art auf der nächsthöheren (zweiten) Stufe über. Ein Beispiel: Solange die Natur einem Ding von der ersten, niedrigsten und mangelhaftesten Art, und dies ist die *„Körperlichkeit"* (heute sagen wir: *„Anorganische Materie"),* nicht alle Charakteristika der körperlichen Qualitäten, die es in dieser Welt gibt, verliehen hat, geht sie mit ihm nicht zu der zweiten und relativ edleren Art über, und das ist die pflanzliche. Und solange nicht alle Charakteristika des *„Pflanzlichen"* wie die ernährende, die wachsende und die fortpflanzende Kraft in der geringeren (botanischen) Art vorhanden sind, schreitet die Natur mit ihr nicht weiter zu der nächsthöheren, edleren Art, wie sie die *„animalische"* Stufe darstellt. Die Charakteristika der animalischen Stufe sind einzuteilen in die Sinneswahrnehmung und die willentliche Bewegung. Solange bei der niedrigeren (zoologischen) Art nicht alle Sinne vorhanden sind, die alles Wahrnehmbare erfassen, ist es auch unvermeidlich, daß die Natur mit der animalischen Art noch nicht zu der nächsthöheren, nämlich der *„vernünftigen"* Art fortschreiten kann. Nun hat aber die Natur unter alledem, was geboren wird, ein vernünftiges Wesen hervorgebracht, und darum hat sie dieses notwendigerweise mit allen Kräften der Wahrnehmung vollständig ausgestattet, um dem die Verleihung der vernünftigen Kraft folgen zu lassen. Wenn also die vernünftige Art im Besitz aller Kräfte ist, welche die wahrnehmbaren Dinge erkennen, so erfaßt sie folglich alle wahrnehmbaren Dinge, und darum gibt es nichts Wahrnehmbares außerhalb von dem, was das vernunftbegabte Wesen erfaßt, und folglich gibt es keine Qualitäten außerhalb der sechzehn, die durch ihr Wesen, und der drei, die akzidentiell wahrgenommen werden, nämlich Bewegung, Ruhe und Form.[80] Darum gibt es keinen Körper, der mit einer Qualität über diese Anzahl hinaus ausgestattet wäre".[81]

---

80 Ibn-Sīnā betrachtete „Bewegung" und „Ruhe" nicht als Wesen, wohl aber zählt er sie zu den Eigenschaften der Materie.

81 al-Bīrūnī-Ibn-Sīnā, al-As'ila wal-aǧwiba, SS. 19, 9-27,8 u. SS. 53,16-54,8.

Disputation zwischen Bīrūnī und Ibn-Sīnā über physikalische Probleme: Diese Debatte signalisiert den Anbeginn der modernen Physik. Die Bedeutung des Experiments und der empirischen Forschung wird nicht nur erwogen, sondern fachlich thematisiert und realisiert. Die streng methodisch aufgebaute physikalische Versuchsanordnung soll die Natur nachahmen, um sie zu erforschen und zu erschließen. Das Experiment dient als Erkenntnis- und Beweismittel. Es ist exakt auf im voraus aufgestellte Arbeitshypothesen ausgerichtet. Das Ergebnis wird als sicher angenommen, wenn es bei Wiederholung des Versuchs unter gleichen Bedingungen stets wiederkehrt. Es gilt als physikalisches Gesetz, wenn es hinreichend verifiziert und logisch oder mathematisch begründet ist. Diese Prinzipien stellen einen Markstein in der Forschungsgeschichte dar. Der Grundstein einer neuen Ära der naturwissenschaftlichen Forschung wird gelegt. Erhalten sind u.a. Beschreibungen und Diskussionen über Versuche zum Verhalten der Körper unter verschiedenen Bedingungen, ferner Beobachtungen zu Experimenten mit dem Ziel des Nachweises von „Vakuum“ im Unterschied zu „Leerem“ sowie zur Interpretation der erzielten Ergebnisse. Von der experimentellen Physik führt der Weg zur theoretischen Physik hin. Zwischen Bīrūnī und Ibn-Sīnā finden Streitgespräche zur Deutung von Beobachtungen und Messungen über die Begründung der ermittelten Resultate statt. Beispiel eines kontrovers diskutierten Falles: Warum explodiert die dicht verschlossene Flasche bei Erhitzung? Aber auch über schwierigere Fragen wie z.B. die Berechnung der Zeitdifferenz zwischen zwei voneinander entfernten Ortschaften wurde gesprochen. Die Labors waren für unser heutiges Gefühl von überdimensionaler Größe. Erst später lernte man, einige Apparaturen kleiner zu bauen und auf Kammergröße zu reduzieren.

Immer mehr lernt der Historiker, europäische Gründungsmythen mit Skepsis zu behandeln. Zu diesen gehört auch der Anspruch, die moderne Physik im 19. Jahrhundert ins Leben gerufen zu haben.

Die häufige Zitation von Bīrūnī als Bezugsperson von Ibn-Sīnā ist durch die Literaturlage begründet. Real hatte Ibn-Sīnā ein Breitspektrum von Kollegen, mit denen er sich austauschte. Das gut erhaltene Archiv al-Bīrūnīs mag die Kommunikation zwischen den beiden Gelehrten auf Kosten anderer Kontakte stärker zur Geltung kommen lassen. Jedenfalls entwickelte sich das Lehrer-Schüler-Verhältnis von Bīrūnī und Ibn-Sīnā zu einer tiefen Freundschaft zweier Kollegen. Der jüngere von den beiden starb elf Jahre früher, hinterließ aber ein weit größeres Schrifttum als Bīrūnī.

Das theoretische Gebäude Ibn-Sīnās

Dialektik: Der Sīnāische Diskurs imponiert durch seine ausgeprägte Dialektik. Bei ihm finden sich die Kategorien Notwendigkeit/Zufälligkeit, Ursache/Wirkung, Materie (Körper)/Bewegung u.a.m. Ibn-Sīnā entwickelte die dialektische Kategorisierung weiter und wandte sie auf die abstrakten und die Naturwissenschaften an.

Relativitätstheorie: Über die Dialektik gelangte Ibn-Sīnā zur ausgereiften Relativitätstheorie. Hierzu ermittelte er die Erkenntnis, daß Raum und Zeit miteinander verknüpft sind. Die Raum-Zeit-Koordinaten sind Folge der Bewegung des Gegenstandes. Ändert sich die Bewegung, so ändern sich nicht nur die Raum-Zeit-Koordinaten, sondern auch ihre Beziehung zueinander. Diese Erkenntnis, die bereits in fortgeschrittenen Schulen der Muʿtaziliten ausreifte, erlangt bei Ibn-Sīnā einen systemischen Stellenwert.

Materialismus: Ibn-Sīnā war *Dialektiker und Materialist.* Er definierte den Materialismus als Theorem zur Klärung des Seins.
Nach Ibn-Sīnā ist die Welt unanfänglich, die Materie ewig.

Optimismus: Die Philosophie Ibn-Sīnās ist in hohem Maße optimistisch. Er vertrat die Erkennbarkeit des Seins und daß der Mensch vermittels der Vernunft sicheres Wissen und Gewißheit in der Theorie und im Handeln zu erlangen imstande ist.

Revisor und Korrektor: Als anfänglicher Apologet des Aristoteles nahm sich Ibn-Sīnā nach längerem Zögern eine Revision des Klassikers vor. Anders als Aristoteles trat Ibn-Sīnā für die Veränderlichkeit der Sphären und der Natur, gegen die Beständigkeit der Arten, für die Evolution und die Entwicklungsgeschichte ein.

Ibn-Sīnā war nahe daran, eine grundlegende Umwälzung der Wissenschaft herbeizuführen. Er setzte sich aber dann Grenzen, wenn ein Aufprall mit der Dogmatik drohte. Das wundert in der Tat, denn er war auf vielen Gebieten ausgesprochen revolutionär. Jahrhunderte vor Darwin hat Ibn-Sīnā die schon bei den Lauteren Geschwistern vertretene Evolutionstheorie weiterentwickelt und präzisiert.

Theologie: In theologischer Hinsicht neigte sich Ibn-Sīnā zur Tradition hin. Seine relativ orthodoxe Dogmatik dürfte der Grund dafür gewesen sein, warum er sich damit zurückhielt, das vorherrschende Weltbild radikal zu erschüttern. Seine religiöse Einstellung hinderte ihn daran, das ptolemäische Weltbild zu überwinden (benannt nach dem Ägypter Ptolemaios Klaudios aus Fayyūm, der um 141 eine realistische Weltkarte erstellte). An dieser Stelle zeigt sich eine Inkonsequenz der Auffassungen Ibn-Sīnās. Er verzichtete auf die Ehre, Begründer eines neuen Weltbildes zu sein, und ließ Forschungslücken zurück, die von Bīrūnī geschlossen wurden.

Emanationslehre

Die Erklärung der Schöpfung durch „Faiḍ" ist eine gnostische Lehre, die vom Ägypter Plutin aus Asyūṭ, dem Begründer des sogenannten Neo-Platonismus, weiterentwickelt wurde. Die Lehre von „Faiḍ" haben Iḫwān aṣ-Ṣafā᾽ weiter ausgebaut. Auch sie lehrten die Entstehung des Seins als Hervorgehen aller Dinge durch Ausfluß aus dem Unveränderlichen, Vollkommenen, Einen, dem Urprinzip (Gott).

Bei Ibn-Sīnā erhält die Emanationslehre ihre ausgeprägteste Ausformulierung, so daß „Faiḍ" nach ihm benannt werden kann. Von dem Urprinzip, der Gottheit, geht eine ewige Wirkung aus, die ausströmt („faiḍ") und in vielfältigen Manifestationen und Gradabstufungen alles Seiende hervorbringt. Emanation ist kein einmaliger Akt, sondern eine permanente Schöpfung.

Die klassische lateinische Übersetzung Ibn-Sīnās setzte für „faiḍ" als Äquivalente „fluendi (esse)", „fluere" und „fluxus" ein. Das sind keine spezifischen Begriffe, während das arabische „faiḍ" eine fachliche Wortprägung ist, welche das Ausströmen der Seienden aus dem Einen, dem Urprinzip, umschreibt.

Während die kritische Öffentlichkeit in Europa Ibn-Rušd und dem Averroismus folgte, förderte die Katholische Kirche die Verbreitung Avicennas – freilich ohne seine Emanationslehre – als vermeintliche Waffe gegen Ibn-Rušd.

Lehr- und Forschungspraxis Ibn-Sīnās
Knapp „volljährig“, war Ibn-Sīnā weit über die regionalen Grenzen bekannt. Sein relativ kurzes Leben war insgesamt der Forschung, Lehre, Bildung und der Abfassung seiner zahlreichen Werke gewidmet. Der Philosoph, Mediziner und Universalist Ibn-Sīnā leitete ein eigenes Institut. Er verkörperte das Ideal eines akademischen Meisters. Er leistete Lehre, Ausbildung und empirische Forschung. Er war nicht nur Arzt, experimenteller Physiker und mehrfacher Autor, sondern auch Mystiker und Vorbild für seine Schüler. Der Begründer der Musiktheorie spielte auch zur Unterhaltung seiner Besucher. Seine Werke sind von ungewöhnlich hohem Abstraktionsgrad gekennzeichnet. Darin ist wohl der Grund für den Rückstand der Ibn-Sīnā-Forschung im Westen zu suchen. Die Wissenschaftler schrecken vor der Komplexität seiner Gedankengänge zurück. Seine Thesen leitet Ibn-Sīnā streng systematisch nach konsistenten logischen Schritten ab. Deshalb auch hatte Ibn-Rušd keine große Mühe aufbringen müssen, Ibn-Sīnā gegen die Kritik Ġazālīs zu verteidigen. Die Schriften Ibn-Sīnās zeigen zudem große didaktische Fähigkeiten, die sich wohl in seiner Lehrtätigkeit bewährt haben.

Tausend Jahre nach Ibn-Sīnā lesen wir seine Arbeiten mit großer Bewunderung. Wir stellen fest, daß seine Rezeption noch lange nicht abgeschlossen ist. Uns bleibt er heute ein nachahmenswertes Vorbild. Seine Gelehrsamkeit wurde zu Lebzeiten anerkannt. Schon in seiner Jugend war er eine hochgeehrte Lehrautorität. Ibn-Sīnā selbst wußte seine eigene wissenschaftliche Position richtig einzuschätzen und trat entsprechend autoritativ auf.

Ibn-Sīnā zählt zu den bedeutsamen Begründern des Rationalismus. Dazu war er zu Konflikten mit Vertretern der Orthodoxie bereit. Mit ihm nehmen Philosophie und Wissenschaft, aber auch die Theologie einen Charakter an, von dem sie heute noch geprägt sind. Ibn-Sīnās Abhandlungen umfassen Werke auf den Gebieten der Chemie, Physik, Medizin, Psychologie, Psychiatrie (aṭ-ṭibb ar-rūḥānī), Meteorologie, Himmelsmechanik, Astronomie, Philosophie, Theologie und nicht zuletzt Musikwissenschaft. Auf all diesen Gebieten erzielte der Verfasser neue Erkenntnisse, auf die niemand verzichten will. Auf ihn gehen Fortschritte zurück, die einen qualitativen Sprung der Wissenschaften, besonders der Medizin, Psychologie, Psychiatrie und Musik, auslösten. Seine Verdienste in den philosophischen und medizinischen Arbeitsfeldern werden stets besonders hervorgehoben. Wie aktuelle wissenschaftliche Arbeiten zeigen, ist das Werk Ibn-Sīnās bei weitem nicht ausgeschöpft. Auch seine enzyklopädischen Arbeiten genießen bleibenden Wert.

Sehr früh wurde Ibn-Sīnā in Europa rezipiert. Kurz nach seinem Tod sind mehrere seiner Werke unter anderem durch den christlich-arabischen Archidiakon Petros ins Lateinische übersetzt worden. Die Abhandlungen Ibn-Sīnās gehören zu den ersten, die nach der Druckereierfindung und nach der Bibel gedruckt wurden. Bereits 1593 kam in Rom Ibn-Sīnās „al-Qanūn fī aṭ-ṭibb“ = „*Canon medicinae*“ auf arabisch heraus. Die lateinische Übersetzung erschien erst 1653, in Löwen gedruckt. Seitdem war das Werk jahrhundertelang für die medizinische Lehre in Theorie und Praxis und für die ärztliche Ausbildung in Europa bestimmend. Ibn-Sīnā war lange Zeit praktisch die ausschließliche Quelle der wissenschaftlichen, nicht spekulativen, nicht exorzistischen Psychopathologie und Psychiatrie. Dazu prägte Ibn-Sīnā ein Begriffsinstrumentarium, das heute noch in Gebrauch ist. Bis über das 19. Jahrhundert hinaus basierte in Europa das Studium nicht nur der Medizin, Psychologie und Psychiatrie, sondern auch der Logik und Philosophie auf seinen Werken.

Das „Buch der Genesung (Kitāb aš-šifā')“ ist ein enzyklopädisches Werk, das Logik, Physik, Mathematik und Metaphysik (letztere umfaßt Disziplinen außer Physik) behandelt und integriert. Šifā' im Kontext bedeutet die fröhliche Entspannung und Erholung nach erfolgreicher, langer Suche nach Antworten und Problemlösungen. Šifā': Der unruhige Sucher erfahre die innere intellektuelle Freude durch die Wahrheitsfindung wie eine Genesung nach langer, schwerer Krankheit.

Von erstaunlicher Differenziertheit ist die sīnāische Musiktheorie, die bis heute weder überholt noch übertroffen wurde. In seinem System der Wissenschaften ordnete Ibn-Sīnā die Musik wie die Mathematik als Bindeglied zwischen Naturwissenschaften und abstrakten Disziplinen ein.

Kritik und Korrekturen am Aristotelismus baute Ibn-Sīnā in seinen Aristoteles-Kommentar ein.

Bei all der Gelehrsamkeit und dem ausgeprägten Rationalismus hat Ibn-Sīnā die Mystik nicht vernachlässigt. Diese sah er nicht abgekoppelt von seiner wissenschaftlichen Tätigkeit. Mystik war für ihn kein Gegenstück zu den Fachwissenschaften, sondern eine notwendige Komponente der integrierten Persönlichkeit. Philosophische Kontemplation ist daher Gegenstand einiger kleinerer Schriften Ibn-Sīnās.

Eigene Forschungsarbeiten wert sind die didaktischen und Darstellungsmethoden Ibn-Sīnās. Sie erleichtern die Suche und das Verstehen der Inhalte. Ein Jahrtausend später liest man ihn mit großer Bewegtheit und Bewunderung. Man fühlt sich direkt angesprochen. Seine strenge Systematik und sein planvolles Vorgehen beeinträchtigen in keiner Weise die Übersichtlichkeit und die Spannung. Während auch gute Enzyklopädien der Gegenwart für Lernzwecke nicht empfohlen werden können – sie eignen sich hauptsächlich zum Nachschlagen –, erweist sich die enzyklopädische Anordnung, der sich Ibn-Sīnā in einer Reihe seiner Werke bediente, nicht nur als kompetent, sondern auch durchaus als pädagogisch geeignet, so z.B. seine Darlegung der Medizin in: al-Qanūn fī aṭ-ṭibb, *Liber canonis*, Medizinischer Kanon. Hervorragend berücksichtigte Ibn-Sīnā das didaktische Interesse bei seiner Darlegung der Philosophie in: Kitāb aš-šifā', Buch der Genesung (der Seele), bestehend aus den vier Hauptteilen Logik, Physik, Mathematik und Metaphysik.

Ibn-Sīnā begründete eine neue Ära der Medizin. Er betrachtete den Menschen unter seiner dreifachen Struktur aus „Körper“, „Seele“ und „Geist“ und behandelte ihn in seiner Integrität. „aṭ-ṭibb ar-rūḥānī“ von Ibn-Sīnā vervollkommnete die integrierte Sicht des Menschen. Es fällt auf, daß bei der europäischen Rezeption Ibn-Sīnās die körperliche Seite stärker gesehen wurde, während es den Rezipienten schwerer fiel, Abschied vom Exorzismus zu nehmen. Die im Deutschen vielfach unter dem Namen „Paracelsus“ herausgegebenen Lehren Ibn-Sīnās sind ein Beispiel für die hier angesprochene einseitige Rezeption. Unzertrennlich von der Medizin, Psychotherapie, Psychiatrie und mentaler Hygiene erkannte Ibn-Sīnā die Bedeutung des pädagogischen Auftrags für die Humanmedizin. Die erziehungswissenschaftlichen Abhandlungen Ibn-Sīnā und seine Theorie der Pädagogik sind nach wie vor aktuell.

Ibn-Sīnā ist zwar nie aus dem Lern- und Forschungsinteresse verschwunden, doch denken selten Leute, auch Fachleute, daran, wieviel sie ihm schulden, sei es auf dem Gebiet der Musiktheorie, der Psychologie, Pathologie und Therapie oder auch auf den anderen Gebieten. Ibn-Sīnā, welcher als Begründer der wissenschaftlichen Psychiatrie gelten kann, wird heute in deutschsprachigen Lehrbüchern dieses Faches nur am Rande erwähnt, während ältere Literatur bis in das zwanzigste Jahrhundert ihn in Ehren gehalten hat. Indes bleibt Ibn-Sīnā ein Leuchtturm. Seine Werke sind Evergreens.

Werke von Ibn-Sīnā

Ibn-Sīnā, al-Qanūn fī aṭ-ṭibb, wurde mehrfach aufgelegt und in europäische und außereuropäische Sprachen übersetzt: „*Canon medicinae*", „*Liber canonis*", „Heilmittellehre".
Ibn-Sīnā, Kitāb aš-šifā', „Das Buch der Genesung".

Avicenna latinus

Das lateinische Ibn-Sīnā-Opus

Werke Ibn-Sīnās wurden aus dem Arabischen ins Lateinische bereits im zwölften Jahrhundert – teilweise durch den Archidiakon Petros – übersetzt. In Europa waren sie bis ins 20. Jahrhundert die Basis für das Studium der Philosophie, Medizin, Psychiatrie und anderer Fächer. Auch heute noch ist für den Kenner der Beitrag Ibn-Sīnās zur Gestaltung der Lehre in Europa deutlich erkennbar. Leider aber wendet man in Europa seit dem zwanzigsten Jahrhundert verstärkt die *name dropping* Methode an, die intellektuelle Redlichkeit vermissen läßt und gegen die Zitiermoral verstößt. Die Namen arabischer und arabischschreibender Autoren werden aus der Literatur ausgemerzt, ihre Erkenntnisse bleiben. In allen anderen Kontinenten werden die Namen arabischer Philosophen und Wissenschaftler nach wie vor in Ehren gehalten. Hier die lateinische Ausgabe der Ibn-Sīnā-Werke: Herausgegeben von S. van Riet et al.

Avicenna (latinus), Liber De Anima, seu sextus „De Naturalibus", I-II-III, édition critique de la traduction latine médiévale, (besorgt von: S. van Riet), Louvain-Leiden 1972.

Avicenna (latinus), Liber De Anima, seu sextus „De Naturalibus", IV-V, édition critique de la traduction latine médiévale, Leiden 1968.

Avicenna (latinus), Liber De Philosophia prima sive scientia devina, I-IV. édition critique de la traduction latine médiévale, Leiden 1977.
Avicenna (latinus), Liber De Philosophia prima sive scientia devina, V-X. édition critique de la traduction latine médiévale, Leiden 1980.

Auf der Basis der klassischen lateinischen Übersetzung werden ferner ediert: Libri Naturales I, II, III, IV, V.

Arabisch-lateinische, lateinisch-arabische lexikale Hilfe bietet:
Avicenna latinus, Liber De Philosophia prima sive scientia devina, I-X, par S. ban Riet, Louvain-Leiden 1983.

Sehr wichtig:
al-Bīrūnī-Ibn-Sīnā, al-As'ila wal-ağwiba, herausgegeben von: S. H. Naṣr und M. Moḥaghegh, Teheran 1972 (cit. al-As'ila). Es ist die Edition des Originals des Fragebogens, der im Jahr 998 dem Ibn-Sīnā zur Feststellung seiner Lehrkompetenz vorgelegt wurde. Er enthält die an Ibn-Sīnā gestellten Fragen und seine Antworten, ebenso die Korrekturen und Anmerkungen Bīrūnīs. Er informiert unmittelbar über die Qualifikation Ibn-Sīnās, aber auch über den Bildungsstand vor über tausend Jahren. Bei aller Fachlichkeit kommt der ausgeprägte, feinfühlige Sinn Ibn-Sīnās für Humor und ebenso sein Mut, in die Konfrontation mit seinen Prüfern zu gehen, deutlich zum Ausdruck. Sehr lesenswert!

Abū-al-Barakāt al-Baġdādī, geb. 1077 n.Chr. (470 H.), starb 1167 (563 H.), dazu:
Ğamāl Rağab Sidbī, Abū-al-Barakāt al-Baġdādī wa-falsafatuhu al-ilāhiyya, Kairo 1996.

Literatur und Untersuchungen über Ibn-Sīnā (eine Auswahl)

P. Kraus, Eine arabische Biographie Avicennas, in: Klinische Wochenschrift, 11, SS. 1880-84, 1932.

Eine Übersetzung der Metaphysik Ibn-Sīnās besorgte: M. Horten, Die Metaphysik Avicennas, Halle 1937.

A.-M. Goichon, La distinction de l'essence et de l'existence d'après Ibn-Sīnā, Paris 1937.

A.-M. Goichon, La philosophie d'Avicenne et son influence en Europe mediévale, Paris 1951.

Jürgen Brankel, Zum Materialismus bei Avicenna im Vergleich zu Descartes, in: Quintern-Dottke, Auch ein Licht durchbricht die Finsternis – Festschrift für Karam Khella, Hamburg 1999, SS. 116-123.

XIV.
Ġazālī

(1058-1111)

Abū-Ḥāmid Muḥammad b. Muḥammad al-Ġazālī aṭ-Ṭūsī

Übersicht
1. Eckdaten zum Leben Ġazālīs
2. Vita und Präsentation
3. Die Berufung Ġazālīs auf den Lehrstuhl für politische Philosophie an der Niẓāmiyya-Universität von Baġdād
4. Die Erfahrung Ġazālīs von Tod und Neugeburt

Das Denken Ġazālīs
5. Die Autobiographie
6. Die Theologie Ġazālīs
   Opus: „Wiederbelebung der religiösen Wissenschaften“
   – „Iḥyā᾽ ῾ulūm ad-dīn“
7. Die „Praktische Philosophie“ Ġazālīs und seine Ethik
8. Kritik der Philosophen
9. „*Tahāfut al-falāsifa*“ = „Das Ungenügen der Philosophen“ – Ġazālīs Kritik an Ibn-Sīnā und anderen Philosophen
10. Erkenntnistheorie
11. Die Theorie über die „Vernunft“
12. Wahrheitsfindung,
    „Gewißheit des Wissens (῾ilm yaqīnī)“,
    „selbstbestimmte Erkenntnis“ gegen Fremdbestimmung (taqlīd)
13. Sozialkritiker Ġazālī

Sūfismus
14. Sūfismus und Mystik bei Ġazālī

Der Rang Ġazālīs
15. Ġazālī: Antiphilosoph oder Wahrheitssuchender?
16. Die arabische und islamische Philosophie am Scheideweg
17. Der lange Erkenntnisweg Ġazālīs mit elf Stationen

Ġazālī in Europa

18. Die Rezeption Ġazālīs in Europa und ihre Widersprüchlichkeit
19. Ġazālī unter dem Pseudonym „Descartes“
20. Grundlegung der „Philosophie des Zweifels “ durch Ġazālī
21. Quellenanalyse des Ġazālīschen und des Cartesischen Werkes

22. Zusammenfassung
23. Bedeutsame theoretische Leistungen Ġazālīs (in Zusammenfassung)
24. Epikrisis
25. Werke von Ġazālī, Editionen und Übersetzungen
26. Klassische Werke anderer Autoren, die sich mit dem Hauptwerk Ġazālīs „*Iḥyā' 'ulūm ad-dīn*“ befassen
27. Literatur und Untersuchungen zu Ġazālī

Eckdaten zum Leben Ġazālīs

1058 (= 450 Hiğrī) in der Stadt Ṭūs bei Mašhad in der Provinz Ḫurasān geboren. In Europa ist Abū-Ḥāmid Muḥammad al-Ġazālī unter dem Namen Algazel bekanntgeworden.

Ġazālī qualifizierte sich als Theologe und Philosoph, praktizierte Mystik, lehrte in Baġdād, Damaskus, Nišapūr und Ṭūs.

1091 Berufung auf einen Lehrstuhl an der Niẓāmiyya-Akademie in Baġdād.

1095-1105 Die erste Fatra: Rückzug und Leben als Sūfi. Es waren die Jahre, die das Leben und Denken Ġazālīs entscheidend geprägt haben.

Ġazālī berichtet in seiner Autobiographie, daß er nach elf Jahren Rückzug und Sūfismus auf hoheitliche Weisung hin die Lehre in Nišapūr im Jahr 499 Hiğrī wiederaufgenommen hat.

1106 Wieder als Hochschullehrer an der Niẓāmiyya-Akademie von Nišapūr tätig.

1109 Zweite Fatra: Rückzug aus dem öffentlichen Leben. Rückkehr Ġazālīs in seine Heimatstadt Ṭūs.

1109 Studierende folgen Ġazālī bis in seine heimatliche Ortschaft. Lernwillige kommen von weit her, um ihm zu Füßen zu sitzen. Ġazālī geht auf die Forderung seiner Sympathisanten ein. Er gründet in Ṭūs ein Lehrinstitut und einen von ihm geleiteten sūfistischen Orden.

19. Dezember 1111 stirbt Ġazālī im heimatlichen Ṭūs.

Vita und Präsentation

Abū-Ḥāmid Muḥammad al-Ġazālī studierte in Ṭūs und Gurgan islamische Theologie „Fiqh" und Rechtswissenschaften. Des weiteren besuchte er die Lehrveranstaltungen berühmter Gelehrter seiner Zeit. Er qualifizierte sich in Dialektik „ʿIlm al-kalām", Logik, Philosophie und Theologie.

Rasch erwarb Ġazālī die damals an schwere Prüfungen gebundene Lehrbefähigung. Seine Eignung und Kompetenz reichten für einen Lehrstuhl an den höchsten Bildungsanstalten der Epoche. Ġazālī lehrte Theologe, Philosophie, islamisches Recht und Politik.

Seine Begabung und Reformvorstellungen machten den progressiven Reichskanzler der Selçuken (Salǧūken), Niẓām al-Mulk, auf Ġazālī aufmerksam. Es spricht für Niẓām al-Mulk und seinen Reformkurs, den jungen Ġazālī als einen wirklichen geistigen Erneuerer entdeckt und anerkannt zu haben. Zu jung und zu überqualifiziert war Ġazālī für den universitären Lehrstuhl. Im Jahr 1091 wurde er zum Professor an der von Niẓām al-Mulk gegründeten Niẓāmiyya in Baġdād berufen. Mit seinem Projekt Niẓāmiyya war der Kanzler bestrebt, fortschrittliches Gedankengut zu verbreiten. Mit seiner Lehre sollte Ġazālī das Bestreben unterstützen, Gesellschaft und Staat zu erneuern, und die intellektuelle Elite, die in Niẓāmiyya studierte, in Reformideen und neuen Wegen der Theorie und Praxis auszubilden. Zu den Lehrinhalten Ġazālīs zählte das Stoffgebiet „Der Philosoph Farābī". Besonders „al-Madīna al-fāḍila" des Abū-Naṣr Farābī sollte dem Nachwuchs vermittelt werden. Dieses Lehrfach vermittelte real revolutionäre Lehrinhalte.

Somit bekleidete Ġazālī, kaum 33 Jahre alt, eine der höchsten Positionen in der Wissenschaftswelt. Durch die Ausbildung von Multiplikatoren konnte er maßgeblich auf die gesamte künftige Entwicklung der Gesellschaft Einfluß nehmen. Rasch wurden engagierte Studienwillige auf Ġazālī aufmerksam. Seine Hörerschaft wuchs ständig.

Mit dem Lehrstuhl für politische Philosophie besaß Ġazālī eine sehr angesehene, bedeutsame und einflußreiche Stellung, die er auf Lebenszeit für sich hätte sichern können. Doch die Sorgen Ġazālīs waren ganz andere als Sicherheit, Prestige und Ruhm. Ihn quälte die Frage der Wahrheit und Wahrheitsfindung. Er wollte keine Lehre vertreten, die vorgegeben ist. Vielmehr war er von dem Wahrheitsideal bewegt, eine Lehre zu vermitteln, die er eigenständig aufgrund einer inneren Überzeugung, einer genuin erzielten Erkenntnis, entwickelt hat. Ġazālī war entschlossen, keine Lehre mehr zu vermitteln, ehe er dieses Ziel erreicht haben würde. Er stellte sich die Frage, wie er zur richtigen Erkenntnis gelange. Ihn drängte die Sehnsucht nach der Wahrheit und wie sie erreicht werde.

Ġazālī entschloß sich, seinen Beruf im Jahre 1095 aufzugeben. Niemand wollte ihn bei diesem schwerwiegenden Entschluß unterstützen. Weder der Staat unter Niẓām al-Mulk noch die Professorenschaft und schon gar nicht seine Studenten brachten seiner Entscheidung Verständnis entgegen.

Erste Fatra 1095-1105: Ġazālī verzichtet auf seinen Besitzstand und wählte den Weg eines armen Ṣūfi. Doch das öffentliche Interesse an seiner Lehre macht ihm den Rückzug schwer. Er dachte sich einen kühnen Fluchtplan aus. Er wartete die Ḥaǧǧ-Zeit ab, kleidete sich wie ein Pilger und mischte sich unauffällig in den Strom der Mekkareisenden ein. Er zog aber nach Damaskus um und hält sich hier länger auf als an anderen Orten, zu denen er später kommt. Ġazālī reist dann nach Bait al-Maqdis (Jerusalem), Makka und Madīna. Er hielt sich dort jeweils so lange incognito auf, bis man in ihm den gelehrten Meister erkannte und sich viele Menschen um ihn versammelten, so daß er gezwungen wird, wieder zu lehren. Dann aber nutzt er die nächste Gelegenheit aus, um unter dem Schutz der Dunkelheit wieder mit unbekanntem Ziel weiterzuziehen.

„*al-Fatra*" heißt wörtlich „(die) Periode", „Unterbrechung", Rückzug aus dem öffentlichen Leben, Hingabe in Meditation und Mystik für eine gewisse Zeit.
In den Biographien verschiedener Denker begegnen wir einer Lebenserfahrung, die sich in ähnlicher Weise wiederholt. Sie ziehen sich für eine längere Zeit aus dem öffentlichen Leben zurück und widmen sich der Meditation und Mystik. So im Leben Moses, Jesus, Muḥammad und Kierkegaards, um einige Beispiele zu nennen.

Bei Ġazālī trat eine sehr ausgeprägte, längere Fatra ein. Über ein Jahrzehnt zog er als armer Ṣūfī umher. Im Rückzug führte er eine radikale Auseinandersetzung mit sich selbst um den Erkenntnisweg und die weltanschauliche Position, die er einnehmen solle, durch.

Aus jeder „Krise" ging Ġazālī gestärkt, mit einer gefestigten Standortbestimmung, hervor. Er definierte sein Selbstverständnis.

Wie kaum ein anderer Philosoph war Ġazālī ein selbstbestimmter Denker. Seine ṣūfistischen Übungen hatten das Ziel, die Wahrheit, die jedem Menschen verborgen innewohnt, freizusetzen und zu entfalten. Er kroch in sich hinein. Nach einem qualvollen, langen Weg fand er sie schließlich. Diese Einstellung ist entscheidend für das Verstehen des Lebens und Denkens Ġazālīs.

Über die ungewöhnliche Erfahrung Ġazālīs während der Fatra und ihres Verlaufes sind wir gut informiert. Selten haben andere ihre Fatra so gut beschrieben wie Ġazālī. Insbesondere durch seine Autobiographie sind wir in eine privilegierte Stellung versetzt, aus der wir genaueren Einblick in das Innenleben Ġazālīs gewinnen können. Der „Erretter vom Irrtum" berichtet sorgfältig darüber, was in diesem Lebensabschnitt außerhalb des regulären Lebens wirklich geschah.

Die Entscheidung Ġazālīs für den Ṣūfismus und seine besondere ṣūfistische Praxis decken sich voll mit seiner Lebensphilosophie. Er lehnte die Annahme einer Lehre, die von außen kommt, ab. Er suchte die Wahrheit, die dem Innersten des Menschen entspringt. Nur die Mystik realisiert diese Forderung. Nicht durch Wissen oder die Bekehrung zu einem Glauben, sondern durch Praktizieren wird der Mensch zum Mystiker. Weder die Annahme einer Dogmatik noch die Absolvierung einer Ausbildung machen den Ṣūfī aus, sondern seine eigenen Übungen. Die Theorie kommt durch die ṣūfistische Praxis. Diese setzt ihrerseits die theoretischen Einsichten um. Im Ṣūfismus stimmen Theorie und Praxis, Denken und Handeln überein.

Noch einmal macht das öffentliche Interesse ihm den Rückzug und die Weltabgeschiedenheit schwer. Nach zehnjähriger ṣūfistischer Erfahrung nahm Ġazālī unter dem Druck des Sultans seine Lehrtätigkeit an der Niẓāmiyya-Hochschule in Nīšāpūr wieder auf. Seit 1105 mußte er wieder lehren. Es stehen ihm sehr erfolgreiche Jahre bevor. Die Quellen berichten vom Massenbesuch seiner Lehrveranstaltungen, die er bis 1109 in Nišapūr anbot.

Die zweite Fatra 1109: In Nišapūr beobachtete und prüfte Ġazālī sich selbst. Er muß feststellen, daß sein Leben hinter dem von ihm gesteckten Ziel hinterher hinkte. Er beschäftige sich mit unwichtigen Fragen. Selbst seine Lehrtätigkeit, die allgemein anerkannt und gelobt wird, beunruhigt ihn. Sie bringe ihm Ansehen, Ruhm und Prestige und begründe seinen Stolz und sein Ansehen. Es waren aber genau diese Erfolge, die in ihm in Skrupel umschlugen.

Kaum fünfzig Jahre alt, entschloß sich Ġazālī erneut, den Metropolen und dem Rampenlicht den Rücken zu kehren. Diesmal zog er in das dörfliche Ṭūs, seinen Geburtsort. Ein zweites Mal brach er die Lehrtätigkeit an der Niẓāmiyya in der Absicht ab, eine vom Staat unabhängige Lehre zu vertreten. In seiner Heimatstadt eröffnete er im eigenen Haus eine Schule für islamische Wissenschaften sowie einen Sūfiorden.

Ġazālī bemühte sich, so gut er konnte, frei vom Widerspruch mit sich selbst, seine Anschauungen zu vertreten. Im Sinne Ġazālīs ist es auch, die Lehren anderer zu vertreten, wenn diese sich mit seinen Überzeugungen decken. In den Jahren seiner Lehrtätigkeit stellte er Farābī und dessen Madīna al-fāḍila in den Mittelpunkt der Ausbildung.

Die letzte Lehrtätigkeit: In Ṭūs mußte Ġazālī weiterhin Lehre anbieten. Das hinderte ihn aber nicht daran, sich der Mystik zu widmen. Biographen sprechen von den beiden schweren Krisen seines Lebens. Im historischen Kontext seiner Vita und vor dem Hintergrund seiner Suche nach dem Selbst, der reinen Vernunft und der Wahrheit erscheinen mir die beiden Perioden oder Fatras Ġazālīs weder krisenhaft noch pathologisch. Es waren bewußte, in höchstem Maße konstruktive Lebensabschnitte. Biographisch zeigte sich auch, daß Ġazālī beide Perioden zwar qualvoll, doch gut überstanden hat. Er hatte sich auf ein risikoreiches Abenteuer des Geistes eingelassen, das auch anders hätte ausgehen können. Die Fatras erwiesen sich als entscheidend für seinen Erkenntnisweg. Anders hätte er die von ihm selbstbestimmte Lebensplanung nicht realisieren können. Viele bedeutsame Arbeiten Ġazālīs stammen aus diesen beiden Perioden. Es waren also durchaus fruchtbare Jahre. Gleichwohl wurde sein Rückzug aus dem öffentlichen Leben und dem regulären Lehrbetrieb bei vielen als Krise angesehen und als Erkrankung gedeutet und entschuldigt. Die Rückzugsjahre waren maßgeblich und prägend für die Persönlichkeit Ġazālīs und für den hohen Stellenwert, den er in der Philosophiegeschichte einnimmt. Während dieser Zeit fand die Grundlegung seiner Philosophie statt. Das weitere Leben Ġazālīs als Philosoph, Theologe und Mystiker wäre ohne die Fatras undenkbar gewesen.

Im Sūfismus erkannte Ġazālī die Möglichkeit, durch geistige Übungen und Meditationen in der Zurückgezogenheit seine Seele zu läutern und seinen Kopf zu reinigen. Aber auch als Sūfī ist Ġazālī nicht einem Vorbild oder einer Lehre gefolgt, sondern seinen eigenen, von ihm selbst entworfenen, mystischen Weg gegangen.

Der Sūfismus hat Ġazālī nicht von der Philosophie weggeführt. Im Gegenteil, erst durch die Mystik gewann er sein Verhältnis zur eigenen Philosophie. Denn im Kern der Anschauung Ġazālīs steht das Ziel, den Kopf von festgefahrenen Denkgewohnheiten zu befreien, um dem eigenen Geist die freie Selbstentfaltung möglich zu machen.

Schon zu Lebzeiten sind Ġazālī großer Ruhm und gehäufte Ehre zuteil geworden. In dem Maß, wie er vor dem Rampenlicht floh, wurde die Anerkennung größer. Der Ruf von der geistigen und sittlichen Bedeutung dieses Denkers verbreitete sich rasch jenseits der Grenzen seines unmittelbaren Wirkens. Viele versammelten sich um seinen Lehrstuhl in der Niẓāmiyya-Akademie. Als er sich schließlich in seine Heimatstadt zurückzog und im Sūfismus übte, folgten ihm die vielen Menschen, die sich seiner Größe bewußt waren. Derjenige, der zweimal seinen Lehrstuhl an der bedeutendsten Universität seiner Zeit, der Niẓāmiyya, aufgab, wollte die Wahrheitssuchenden nicht ein drittes Mal enttäuschen. Es war Ġazālī nicht mehr möglich, Lehre und Anleitung zum dritten Mal zu verweigern. Den Strömen von Verehrern öffnete er neben seinem Wohnhaus eine eigene Hochschule. Denen, die seinem sūfistischen Weg folgen wollten, richtete er ein Ordenshaus ein. Ein „Orden“ oder „Kloster“ im herkömmlichen Sinne kann es nicht gewesen sein, denn zentrales Erziehungsziel Ġazālīs war es, den Geist von vorgegebenen Lehren und Vorschriften zu befreien, um der Vernunft den Weg zu ihrer eigenen, freien Entfaltung zu öffnen. Hinzu kommt, daß der Islam nicht das Zölibat, sondern die Ehe befürwortet und empfiehlt.

Opportunist war Ġazālī auf keinen Fall. Seit seinen jungen Jahren und zu allen Zeiten hatte er unversöhnliche Gegner und entschiedene Anhänger. Selten wurde er richtig und vollumfänglich begriffen, aber diejenigen, die ihn verstanden, überhäuften ihn mit Lob.

Der einzigartige Charakter Ġazālīs inspirierte alle, die in seiner Umgebung waren. Seine Persönlichkeit wurde zur Hauptattraktion der Zeit.

Ġazālī starb am 19. Dezember 1111 (505 Hiğrī). Bezogen auf den Stichtag des Todesdatums war er der Jüngste unter allen großen Philosophen. Warum starb Ġazālī so früh?

Die radikale Katharsis, die Ġazālī konsequent und mit Erfolg durchführte, hatte, so notwendig sie für die Befreiung der Vernunft und die geistige Neugeburt des Philosophen auch war, doch den gesamten Körper angegriffen. Seine ungewöhnliche Härte mit sich selbst dürfte es wohl gewesen sein, die den frühen Tod einer der größten Persönlichkeiten der Geistesgeschichte verschuldete. Dafür erlebte Ġazālī ein sehr langes Nachleben, das bis in unsere Gegenwart hineinreicht. Man wundert sich, wie er den umfangreichen Nachlaß binnen der ihm gegönnten dreiundfünfzig Jahre Erdenlebens zu schaffen vermochte. Seitdem sind seine Bücher weder aus dem Unterricht noch aus der Hand seiner Entdecker verschwunden. Ġazālī verfaßte zahlreiche theologische, philosophische, mystische und erbauliche Schriften. Sein Name ist nie in Vergessenheit geraten. Doch sollte er durch eine Renaissance noch aktueller werden.

Die Berufung Ġazālīs auf den Lehrstuhl für politische und Gesellschaftsphilosophie in Baġdād

Niẓām al-Mulk, Reichskanzler der Selçuken von 1071 bis 1092, zwar durch und durch ein Aristokrat, trat dennoch für die Erneuerung der Gesellschaft ein. Er war ein sehr gelehrsamer Politiker, Literat und Wissenschaftler. Auf seinen Nachlaß kann nicht verzichtet werden, wenn es um die Geschichte, Gesellschaft und Politik der gesamten Epoche geht. Selbst über oppositionelle Bewegungen hat er berichtet. Sein wichtigstes Werk „Buch der Politik“ „siyāsatname“ ist die Hauptquelle über die Selçuken und ihre Zeit. Niẓām al-Mulk war ein Verehrer Farābīs und besonders seiner al-Madīna al-fāḍila.

Niẓām al-Mulk erkannte im Denken Farābīs eine reale Utopie und eine optimale Organisationsform der Gesellschaft. Die virtuelle Stadt Farābīs sei der Rahmen, in dem die ideale soziale Formation realisiert werden könne. In dieser Gesellschaft sei die Selbstverwirklichung des Individuums und der Gemeinschaft möglich. Individuelle Bedürfnisse und öffentliche Interessen stimmen miteinander überein. Menschliche Lebensweise ist keine Illusion. Die humanistische Gesellschaft ist machbar.

Niẓām al-Mulk gründete die nach ihm benannten Universitäten „an-Niẓāmiyya", von denen die wichtigste in Baġdād war. Im ganzen Reich suchte er nach geeigneten Professoren. Dabei entdeckte er Ġazālī, einen jungen Mann von kaum dreiunddreißig Jahren. Niẓām al-Mulk berief ihn auf einen Lehrstuhl, um neben der eigenen Lehrmeinung Ġazālīs auch den Schwerpunkt „al-Madīna al-fāḍila", die Philosophie Farābīs, zu vermitteln. Daß der Reichskanzler Ġazālī auf den „Lehrstuhl Farābī" berief, ist eine Tatsache, die für alle drei spricht. Insbesondere sollte Ġazālī die sozialpolitische Philosophie fachlich betreuen. Farābī und seine al-Madīna al-fāḍila sollten den Studienwilligen und Wahrheitssuchenden, nicht nur dem elitären Nachwuchs, vermittelt werden.

Nach dem Tod Niẓām al-Mulks wurde die Lehrfreiheit Ġazālīs an der Niẓāmiyya eingeschränkt. Die ʿAbbāsiden erteilten ihm kein Berufsverbot und hatten es auch nicht vor. Doch bedrängten sie ihn, restaurative Lehren und reine Theologie und Dogmatik zu vermitteln. Gleichwohl bemühten sich die ʿAbbāsiden ebenfalls um die Gunst al-Ġazālīs. Das Kalifat fühlte sich durch die Verbreitung sozialpolitisch kritischen Gedankenguts und damit einhergehend von oppositioneller Bewegungen bedroht.

In der Tat setzten sich seit dem neunten Jahrhundert – Zinǧaufstand – und dem zehnten Jahrhundert – Qarmaṭen, Iḫwān aṣ-Ṣafāʾ – revolutionäre Ideen durch. Sie waren von großen sozialen Bewegungen und Umwälzungen begleitet. Die ʿAbbāsiden wurden isoliert und mußten eine Zeitlang vor aufständischen Aktionen Schutz suchen. Auf die Muʿtaziliten und ahl al-kalām folgten theoretisch noch ausgeprägtere Bewegungen. Das wachsende Interesse größerer Menschengruppen für die arabische Philosophie und ihre gesellschaftskritischen Ideen förderte die Bereitschaft der Menschen zum politischen Handeln. Aktionsgruppen traten immer offensiver auf. Gesellschaftsverändernde Theorie wurde populärer, deren Praxis breiter getragen. Die Tage der

ʿAbbāsiden schienen gezählt zu sein. Sie täuschten sich darüber nicht, doch zur Kapitulation waren sie nicht bereit. In der Restauration religiösen Gedankenguts und der Bindung an die Dogmatik sahen sie eine Überlebenschance. Sie wandten sich an Ġazālī, den einflußreichsten Lehrer der Epoche. Zunehmend verstärkten sie ihren Druck auf ihn. Er wurde konkret aufgefordert, statt Farābīs „Tugendhafte Stadt" doch die eigene, von Ġazālī selbst verfaßte „Wiederbelebung der religiösen Wissenschaften", die „*Summa theologiae*", zu unterrichten. *Iḥyāʾ ʿulūm ad-dīn* ist heute noch ein Standardwerk der islamischen Dogmatik. Aber Ġazālī wollte nicht fremdbestimmt werden. Vor allem befand er sich gerade in dem Lebensabschnitt, in dem er die eigene Sozialisation aufarbeitete und den Kurs seines Erkenntniswegs prüfen wollte.

Die obrigkeitliche Repression dürfte einer der Hauptgründe gewesen sein, die Ġazālī dazu bewegte, die Lehre an der Niẓāmiyya abzubrechen. Er selbst berichtet davon. Dennoch spricht alles dafür, daß Ġazālī unter einer Reihe von Beweggründen gestanden hat, die ihn zu dem Schritt geführt haben, seine Lehrtätigkeit einzustellen, um als besitzloser Sūfī auf die Wanderung zu gehen. Die politische Repression spielte dabei eine wichtige Rolle. Doch sie ließ ihm auch keine Chance. Er hatte zu bleiben und weiterzulehren.

Im Jahr 1095 schließlich brach Ġazālī seine Lehrtätigkeit an der Niẓāmiyya ab. Es war kein Berufsverbot. Er ging freiwillig. Es war sogar so, daß der Staat an ihm festgehalten hat. Er wollte jedoch selber die Schwerpunkte der Lehre bestimmen.

Ġazālī – er beschreibt es genau in seiner Biographie – mußte seinen Fluchtplan präzise ausarbeiten, sonst wäre er aus der Hauptstadt nicht herausgekommen. Er mußte mit Ausreisebehinderungen rechnen, aber nicht nur von seiten des Staats. Er hätte nie vor den Augen seiner Schüler und Kollegen wegziehen können. Diese hätten alles getan, um ihn bei sich zu halten. So reihte sich Ġazālī unerkannt in den Strom der Mekkapilger ein.

Die Biographen sprechen von einer Lebenskrise. Sie sollte die erste von zweien im Leben Ġazālīs sein. Wir sehen es anders (auch wenn ich den Ausdruck „Krise" mit Vorbehalt gebrauche).

Die Erfahrung Ġazālīs von Tod und Neugeburt

Das Leben Ġazālīs ist die Matrix, die durch seine Philosophie widergespiegelt wird, oder einfacher formuliert, der Erkenntnisprozeß Ġazālīs ist eine Abbildung seines Lebenswegs.

Die philosophischen Ansätze Ġazālīs einschließlich seines Ansatzes der „Philosophie des Zweifels“ fielen ihm nicht unvermittelt ein. Der Entstehung der genuin ġazālīschen Philosophie ging die kompromißlose Auseinandersetzung zum einen mit dem verfügbaren Angebot an philosophischen und weltanschaulichen Schulen, zum anderen mit sich selbst voraus. Die Passion Ġazālīs bis zu seinen ausgereiften Erkenntnissen hätten wir ohne seine Autobiographie nie erfahren können, jedenfalls nicht in der Weise, wie er sie hat durchmachen müssen.

Ġazālī hat es verstanden, Theologie, Philosophie und Mystik miteinander zu verbinden. So fiel es ihm leicht, sagt Ġazālī, sich Ruhm und Reichtum, Familie und Freunden zu entsagen. Entschlossen schied er aus dem Lehramt aus und zog sich in die Härte der Katharsis, der Selbstreinigung, zurück. Er stellt Fragen, aber es war niemand da, der sie beantwortete, außer er selbst. Darüber hinaus gab er sein eigenes Repertoire an gelernten und von ihm vertretenen Lehrinhalten auf. Er floh vom äußeren, vorgegebenen Wahrheitsanspruch in der Hoffnung, so zur inneren, ursprünglicheren und untrügerischen Wahrheit zu gelangen. Er griff auf den relativen Nullpunkt des Denkens zurück. Er begab sich in die intellektuelle Leere und schwebte im geistigen Vakuum.

Dies war nicht so leicht, wie man sagt. Dieser gefahrvolle Weg kann in den Wahnsinn führen. So weit ließ sich Ġazālī auch treiben. Das Wagnis schlug bald in Krankheit um, die immer schwerer wurde. Anorexie brachte ihn an seine Lebensgrenze. Dann überschritt er die Schwelle in den Tod, von dem selten jemand zurückkommt. Ġazālī wurde zu neuem Leben erweckt. Das waren die Katharsis und die Metamorphosis. Er befreite sich von jeder überlieferten Weltanschauung, jeder Lehrmeinung und von der Rückendeckung einer fachlichen Autorität.

Ġazālī begab sich in einen risikoreichen Versuch mit ungewissem Ausgang. Er machte die Erfahrung ganz und gar ohne jeden Schriftgelehrten, personellen Beistand und nur auf sich selber angewiesen, einen unbekannten Weg, ohne Landkarte und ohne den Endpunkt in Sicht zu haben, zu gehen. Er wollte Unsichtbares sehen und Unhörbares hören. Er wollte eine Botschaft erfahren, die nicht in Büchern zu lesen ist und nicht in Hörsälen mitgeteilt wird.

Der Weg führte ihn in die Tiefe des Selbst, in das eigene Innere. Nicht einen Augenblick, sondern zehn Jahre lief er einem Ziel nach, von dem er nicht wußte, wo es steht und ob es überhaupt existiert.

Ġazālī ist nicht verlorengegangen. Was jeder für sehr unwahrscheinlich gehalten hatte, trat ein. Ġazālī fand den Ansatz: „Suche die Wahrheit in mir/dir selbst. Es ist kein Heil außer in der Selbständigkeit“.[82]

Mit dieser Erfahrung wollte Ġazālī niemanden beeindrucken, sondern nur zur Findung des verlorenen Selbst, der verlorenen *eigenen* Vernunft gelangen. Dieses Wagnis führte über eine harte, sehr lange Strecke. Zweifel über Zweifel bis hin zur Unsicherheit, Ungewißheit und Perspektivlosigkeit vermochten es nicht, ihn zur Umkehr zu bewegen. Es war aber genau das, was ihn zur neuen Philosophie hinführte. Er widerstand der wiederholten Versuchung, abzubrechen, wieder auf dem Boden der vermeintlichen Realität zu landen, an die renommierte Niẓāmiyya-Akademie zurückzukehren und ein redliches Leben als Hochschullehrer zu führen. Er nahm die Wanderung durch die Eiswüste mit ihren sehr kalten Nächten und grellheißen Tagen auf sich. Plötzlich wurde er für seine Geduld, Ausdauer und sein Durchhaltevermögen reichlich belohnt. Eines Nachts sah er blitzartig Licht am Horizont. Es war keine *Fata Morgana* und keine Fieberhalluzination. Nach dem langen Warten kam der Lohn heilsam und großzügig. Ungewißheit und Perspektivlosigkeit sind jetzt überstanden. Ġazālī erlangte die Erleuchtung, die nicht von außen und nicht aus den Büchern, sondern als Intuition von innen hervorkam. Ähnliche Einsichten kommen auch in anderen Biographien vor. Sie werden als „Inspiration“, „Eingebung“, „Verklärung“, „Licht“, „Apokalypse“, „Vision“, „Intuition“, „Ekstase“, „Erleuchtung“, „Offenbarung“, „Ilhām“, „Waḥy“, „Ru'yā“, „maddad“, „fatḥ“ bezeichnet.

Das genau war es, worauf Ġazālī bis an die Schwelle der Resignation und der äußersten Verzweiflung hin gewartet hatte. Als er nicht mehr daran glaubte, daß es je eintreten würde, daß sein Ziel jemals erreicht

[82] Mizān al-ʿamal, S. 409.

wird, stellte er plötzlich fest, daß er doch angekommen war. Das war seine wahre Geburt. Es geschah das Wunder der Wahrheitssuche, der Selbstfindung und der Erkenntnisgabe. Daher vertraute Ġazālī der Erleuchtung, die ihm zuteil geworden war.

Die Darstellung Ġazālīs über seinen qualvollen Erkenntnisweg gewinnt dadurch zusätzliche Glaubwürdigkeit, daß er mit seiner Autobiographie weder imponieren noch Ruhm erheischen wollte. Er schrieb sie, als er den Tod kommen sah. Nur wenige bringen soviel Mut auf, den Kampf um die wahre Erkenntnis bis zum Ende zu führen. Ġazālī hat ihn auf sich genommen.

Der vielfache Autor bleibt sich als Lehrer treu. Den Lesern seiner Literatur empfiehlt Ġazālī, ihr nicht bloß Informationen und Weisungen zu entnehmen, sondern durch sie den Weg zur Entdeckung ihrer eigenen, vernunftgemäßen Erkenntnis zu finden und diese zu entwickeln. Die Leser sollen sich – nach dem Vorbild des Autors – um eigenes, autonomes, kritisches Denken bemühen.[83]

Auch nachdem Ġazālī Rechenschaft über seinen philosophischen Weg und seine geistigen Krisen ablegte, waren nicht viele bereit, ihm inhaltlich zuzustimmen. Er steht heute noch bei nicht wenigen unter einem Vorurteil. So ist es auch geboten, Ġazālī von einem geistesgeschichtlichen, ungerechten Urteil zu rehabilitieren.

Viele Wege führen zur Erkenntnis. Es gibt den theologischen, den philosophischen, den empirischen, den ästhetischen, den emotionalen und den mystischen Erkenntnisweg. Es kommt darauf an, das Erkenntnisproblem allseitig, nicht teilweise und nicht durch die Fixierung auf einen Aspekt hin zu lösen.

Einen weiteren Fortschritt in die richtige Richtung wird Ibn-Rušd unternehmen. Aus den Thesen Ibn-Sīnās und der radikalen Antithese Ġazālīs heraus bemühte Ibn-Rušd sich um ausgewogene Synthesen. Ibn-Sīnā gab den Grund für den Philosophenstreit. Ġazālī eröffnete ihn. Schließlich entschied Ibn-Rušd den Philosophenstreit.

83 Ġazālī, Mi'yar al-'Ilm, ediert und herausgegeben in Kairo 1961, S. 192.

Das Denken und die Lehre Ġazālīs – dargestellt auf der Basis seiner wichtigsten Abhandlungen

Übersicht

1. Die Autobiographie
2. Die Theologie Ġazālīs
   Opus: „Wiederbelebung der religiösen Wissenschaften“ – *„Iḥyā' ʿulūm ad-dīn“*
3. Die „Praktische Philosophie“ Ġazālīs und seine Ethik
4. Kritik der Philosophen
5. „Tahāfut al-falāsifa“ = „Das Ungenügen der Philosophen“ – Ġazālīs Kritik an Ibn-Sīnā und anderen Philosophen
6. Erkenntnistheorie
7. Die Theorie über die „Vernunft“
8. Wahrheitsfindung,
   „Gewißheit des Wissens (ʿilm yaqīnī)“,
   „selbstbestimmte Erkenntnis“
   gegen Fremdbestimmung und Nachahmung (taqlīd)
9. Sozialkritiker Ġazālī

Sūfismus

10. Sūfismus und Mystik bei Ġazālī
11. Katharsis
12. Ġazālī: Antiphilosoph oder Wahrheitssuchender?
13. Die arabische und islamische Philosophie am Scheideweg
14. Der lange Erkenntnisweg Ġazālīs mit elf Stationen
15. Die Rezeption Ġazālīs in Europa
16. Ġazālī unter dem Pseudonym „Descartes“ (1)
17. Grundlegung der „Philosophie des Zweifels“ durch Ġazālī
18. Ġazālī unter dem Pseudonym „Descartes“ (2)
19. Quellenanalyse des Ġazālischen und des Descartschen Werkes
20. Zusammenfassung
21. Bedeutsame theoretische Leistungen Ġazālīs (in Zusammenfassung)
22. Epikrisis

Über die Kernelemente des Denkens Ġazālīs informieren in erster Linie folgende Werke:

Die Autobiographie

Wie selten bei Philosophen der Epoche besitzen wir von Ġazālī eine Autobiographie. Sie ist eines der letzten seiner zahlreichen Werke. Die Lebensdarstellung verfaßte er wenige Jahre vor seinem Tod.[84] Er gab ihr den Titel: „al-Munqiḏ min aḍ-ḍalāl." Die deutsche Übersetzung erschien unter dem Titel: „Der Erretter aus dem Irrtum". Hier kommt die arabische Buchüberschrift nicht voll zur Geltung. Schuld daran ist wieder eine lexikale Lücke im Deutschen. „Ḍalāl" ist etwas mehr und gravierender als ein „Irrtum". Vielleicht hätte man andere treffendere Synonyme erwägen und wählen können, z.B. „Irrtümer", „Irre", „Irrweg", „Irreleitung". Ḍalāl ist auch die „Verlorenheit", ein Ausdruck, der der Absicht Ġazālīs nahekommt. Noch näher steht „Verirrungen". Empfohlene Übersetzungen: „Der Erretter aus der Verirrtheit", „Der Erretter aus der Verirrung".

Seine Selbstbiographie schrieb Ġazālī um 500 Hiǧrī, 1106 n.Chr., fünf Jahre vor seinem Tod. In ihr beschreibt er seinen Erkenntnisweg von der frühen Jugend bis zur Niederschrift der Arbeit. In ihr finden sich eine Aufarbeitung der Sozialisation, der geistigen Entwicklung und die Reflektion seines intellektuellen Werdegangs. Sehr wertvoll ist die Schilderung seiner ṣūfistischen Erfahrungen, die nur aus erster Hand entstehen kann. Er geht auf die Schulen ein, mit denen er sich auseinandergesetzt hat, und sagt, warum er sich von ihnen trennte. Ġazālī legt Rechenschaft darüber ab, warum er seine Lehrtätigkeit in Baġdād aufgab und warum er elf Jahre später die Berufung nach Nišapūr annahm.

Bezeichnenderweise war es weder ein Berufs- noch ein Lehr- noch ein Theorieverbot, im Gegenteil. In seiner Autobiographie beschreibt Ġazālī die Repressionen, denen er ausgesetzt war, um weiterlehren zu müssen. Repressionen in dem Sinne, daß er bestimmte – herrschaftssichernde, systemstabilisierende und staatstragenden – Lehren zu vertreten hatte. Ġazālī suchte das Weite. Was wollte er denn in der Ferne, in der Weltabgeschiedenheit?

Von 1095 bis 1106 begab sich Ġazālī in die Zurückgezogenheit. Über ein Jahrzehnt übte er sich in Mystik und Ṣūfismus. Aus dieser Zeit stammen seine spirituellen Schriften. Diese sind das Produkt seiner Erfahrungen in der Auseinandersetzung mit dem Selbst. Er suchte sich selbst, genauer seine „reine Vernunft", welche unter dem Bewußtseins-

[84] Ġazālī, al-Munqiḏ, S. 15: (…) *„nun bin ich über fünfzig".*

schutt von Sozialisation, Erziehung, Ausbildung, Literatur und Manipulation begraben lag. Um die reine Vernunft wiederzufinden, mußte er die vorhandene herausschneiden. Das war eine Operation bei vollem Bewußtsein. Sie dauerte Stunden, dann Tage, Wochen, Monate, dann über ein Jahrzehnt. Während dieser Zeit ist er durch den Tod gegangen. Viele, die sich auf dieses Experiment eingelassen haben, kamen nicht mehr zurück. Ġazālī war es gegönnt, zu neuem Leben erweckt zu werden. Er hatte die reine Vernunft gefunden.

Die Selbstdarstellung Ġazālīs ist die wichtigste Quelle über sein Leben. Er schildert darin seinen eigenen Erkenntnisweg und die Umstände, die seine Lehrtätigkeit begleiteten. Auf der Basis der Biographie sind viele seiner Lehren erst verständlich, z.B. die Kritik der manipulierten Vernunft und die Entdeckung der reinen Vernunft, das Aufbrechen des geschlossenen hermeneutischen Zirkels, die fünfstufige Erkenntnis u.a.m. Dadurch ist das Werk von großer erkenntnistheoretischer Bedeutung. Ġazālī weigerte sich, eine Lehre anzunehmen, bloß weil sie vorgefunden ist und von autoritativen Personen vertreten wird. Die Erkenntnis müsse aus der eigenen Vernunft erwachsen. Rezeption fremder Erkenntnisse ist dabei nicht falsch. Diese aber müssen gründlich geprüft und *angeeignet* werden. Sie müssen innerlich nachvollziehbar sein und mit der eigenen, tiefsten Überzeugung übereinstimmen („Aneignungstheorie“). Das gesamte Gedankengebäude eines Menschen darf nicht fremd-, sondern muß selbstbestimmt und auf der Basis der bewußten *Aneignung* aufgebaut sein.

Die Theologie Ġazālīs

Ġazālī ist der Urheber einer eigenen Theologie, die er in einer eigens von ihm aufgestellten Systematik darstellte:

> *Ġazālī, „Iḥyāʾ ʿulūm ad-dīn“ = „Wiederbelebung der religiösen Wissenschaften“.*

Dieses Werk gilt als das Hauptwerk Ġazālīs. Wie der Titel schon sagt, behandelte er Grundfragen des Islams unter Betonung der Ethik. Es ist ein in mehrfacher Hinsicht relevantes Werk zur Theologie und zeigt die Frömmigkeit des Autors und seines Religionsverständnisses. „*Iḥyāʾ ʿulūm ad-dīn*“ von Ġazālī wird an oberste Stelle der Standardwerke für die islamische Dogmatik eingestuft. Es ist systematisch aufgebaut und behandelt nach Konzept und Plan das vom Islam empfohlene Verhalten in den verschiedenen Lebenssituationen. Buchstäblich von der Geburt bis zum Tod wird der Mensch theologisch und kanonisch begleitet. So wird im letzten und vierzigsten Kapitel das Thema „Tod“ erörtert. Das vierte Viertel des Buches behandelt Themen der mystischen Theologie. Die Abhandlung wurde als grundlegend und hilfreich zur Orientierung in Glauben und Praxis anerkannt und fand breiteste Rezeption. Dem Propheten des Islam Muḥammad widmete der Verfasser das Zentrum der Schrift, das zwanzigste Kapitel.

Es ist das Verdienst Ġazālīs, daß der Sūfismus nicht mehr skeptisch beurteilt wurde und außerhalb der regulären islamischen Gemeinschaft stand; nunmehr genießt er Akzeptanz und einen festen Platz in der großen Gemeinde. Daß Ġazālī sich nicht nur dazu bekannte, sondern mehrere Jahre seines Lebens ausschließlich als Mystiker verbrachte, begründete die Rehabilitierung des Sūfismus als frommer Lebensweise. Es soll aber nicht der Eindruck entstehen, als wäre Ġazālī darin ein Sonderfall unter den arabischen Philosophen gewesen.

Es spricht für die Bedeutung dieser Arbeit Ġazālīs, daß sich Ibn-Rušd die Abfassung eines Kommentars dazu vorgenommen hat. Er hat Ġazālīs *Iḥyāʾ* betont gewürdigt. Ein Hauptmotiv Ibn-Rušds bestand darin, mit diesem Buch Sekten und Sektierer seiner Zeit vermittels einer von ihnen anerkannten Autorität zu bekämpfen. Averroes verteidigte das Buch und empfahl das Studium seiner Inhalte. Es handelt sich um eine frühe Schrift Ibn-Rušds, die er vor „Tahāfut at-tahāfut“ verfaßte.

Das Ġazālīsche Werk „*Iḥyāʾ ʿulūm ad-dīn*“ fand seit seinem Erscheinen nicht nur größte Anerkennung und Verbreitung; vielmehr wurde es auch als Lehrwerk für Theologen standardisiert. Es ehrt den Autor und sein Werk, daß viele bedeutsame Theologen Kommentare zu *Iḥyāʾ* verfaßten, die ihrerseits zum Lehrkanon zählten. Stellvertretend nennen wir die wichtigsten unter ihnen:

ʿAbd al-Qādir al-ʿAydaraus ba al-ʿUlwī, Taʿrīf al-aḥyāʾ bi-faḍāʾil al-Iḥyāʾ;
Sahrawardī, ʿAwārif al-maʿārif;
Zayn ad-Dīn b. al-Ḥusain al-ʿIrāqī (st. 806 Hiǧrī), al-Muġnī ʿan al-Isfār fī al-Asfār.

Diese ausgewiesenen Gewährsmänner und viele andere befaßten sich in umfangreichen Abhandlungen mit dem Werk „*Iḥyā*ʾ" von Ġazālī. Mehrere Kommentare sind selbst zu Klassikern geworden.

Ġazālī setzte das Werk durch Folgeschriften fort. Er nahm auch Stellung zu Rezensionen und Kommentaren zu seinem Werk. Die wichtigsten Repliken Ġazālīs legte er dar in seinem „al-Imlāʾ ʿan iškālāt al-Iḥyāʾ".

Seit seiner Erstveröffentlichung gehörte „*Iḥyāʾ ʿulūm ad-dīn*" von Ġazālī zum Curriculum des Theologiestudiums und ist während neunhundert Jahren nie aus dem Lehrprogramm anerkannter Bildungseinrichtungen zurückgezogen worden. Eines solchen Stellenwerts können sich selten andere Titel der Literaturgeschichte rühmen.

Die „Praktische Philosophie" Ġazālīs und seine Ethik

Außer in „*Iḥyāʾ ʿulūm ad-dīn*" entwickelt Ġazālī in „Mizān al-ʿamal" (Mīzān = Waage; al-ʿamal = Praxis), „Wertung, Beurteilung des Handelns", seine ethischen Grundsätze. Wie schon aus der Überschrift hervorgeht, befaßt sich das Werk mit praktischer Philosophie. Die Handlung des Menschen solle von ethischen Kriterien geleitet sein. Auf dieses Werk bezogen sich noch weitere Arbeiten Ġazālīs, die er als Ergänzung und Fortsetzung seines Hauptwerkes schrieb. Zunächst folgte ein Buch, das Ġazālī parallel zu „Mīzān" schrieb: Ġazālī, „Miʿyār al-ʿilm". Es ist, wie bereits im Titel erkennbar, ein analoges Werk zu „Mīzān al-ʿamal".

Mīzān al-ʿamal: Ethische Kriterien zur Orientierung in der Praxis.

Miʿyār al-ʿilm: Ethische Kriterien zur Orientierung in Theoriearbeit und Wissenschaft.

In „Miʿyār al-ʿilm", „Maßstab der Wissenschaft", empfiehlt der Verfasser der Leserschaft, beide Werke nicht gleichzeitig zu lesen. Man solle sie nicht synchron, sondern hintereinander lesen. Erneut warnt Ġazālī davor, sie zur (blinden) Nachahmung zu studieren. Die Leserschaft solle seine Bücher mit dem Auge der Vernunft, das nicht passiv rezipiert, lesen. Die Bücher sollen das eigene, beim Leser latente Erkenntnispotential mobilisieren, so daß er zu selbständigem Denken gelange. Es kommt darauf an, daß der Benutzer des Werkes Anregungen dafür erhält, die in ihm schlummernde Wahrheit zu entdecken und zu erwekken. Dafür biete der Verfasser eine Handreichung zur Anleitung und zur Hilfestellung. Zur weiteren Orientierung bietet Ġazālī noch einen

Entwurf der philosophischen Methode an. Mit diesem erlange der Lernende den Mut, in sich selbst vor- und einzudringen. In der Gewißheit, daß in jedem der Weg zur Wahrheit eingegeben und angelegt ist, solle ein Buch wie ein Wegweiser, eine Landkarte dazu dienen, daß der Benutzer in das eigene Selbst, in die Tiefe seines Geistes vorstoße, um die in ihm verborgene Wahrheitserkenntnis zu finden. Sie warte nur darauf, entdeckt, erweckt und aktiviert zu werden.

Dieser Ansatz gehört zu den elementaren Grundsätzen des Ġazālīschen Erkenntnisprinzips. Er unterscheidet zwischen der „passiven Übernahme" und der „aktiven Aneignung" von Wissensinhalten. Aus unserer gegenwärtigen Perspektive betrachtet vertritt Ġazālī eine in höchstem Maße fortschrittliche und moderne Lerntheorie.

Kritik der Philosophen

„Maqāsid al-falāsifa (Absichten [Erkenntnisziele] der Philosophen)" ist das Werk, das Ġazālī unmittelbar nach seinem Studium der philosophischen Systeme geschrieben hat. „Maqāsid" gilt als Ġazālīs Bereichsrezension der philosophischen Lehren. In dem Buch behandelt er gemäß der klassischen Einteilung die philosophischen Stoffgebiete über Mathematik, Logik, Physik und Metaphysik, und wie diese bei arabischen Philosophen dargestellt werden. Ġazālī geht auf Ibn-Sīnā und andere Autoren sowie auf deren Aristoteles-Rezeption ein. Es handelt sich zunächst um die Vermittlung der Philosophie gemäß ihres Entwicklungsstandes zur Jetztzeit Ġazālīs. Bewußt hält er sich mit Auseinandersetzung und Kritik zurück. Bereits in diesem Werk jedoch kündigt Ġazālī seine Kritik an, die in der Folgezeit erscheinen wird. Ġazālī löst sein Versprechen ein. Unter dem historisch gewordenen Titel „Tahāfut al-falāsifa" kam seine radikale Kritik an den von ihm behandelten Philosophen – nicht an der Philosophie, wie oft in der europäischen Rezeption unterstellt wird – heraus. Das Werk Ġazālīs „Tahāfut" ist zusammen mit Ibn-Rušds Replik zum Markstein der Philosophiegeschichte geworden. Beide Werke lösten eine Kette von Reaktionen aus, die bis heute noch anhält.

„Tahāfut al-falāsifa", „Das Ungenügen der Philosophen" von Ġazālī

Europäische Editoren und Übersetzer haben den Ausdruck „tahāfut" durchweg fehlinterpretiert. Im Kontext des Werkes und der Polemik Ibn-Rušds um Ġazālī bedeutet „tahāfut" „Argumentation und Ableitung von schlechter Qualität". Es handelt sich in keiner Weise um „Zerstörung, *Destructio*“, sondern um „Kritik“, die Herausarbeitung von „Mängeln“ und „Fehlern“, um die Kritik der Irrwege in namentlich genannten philosophischen Abhandlungen. Durch fehlerhafte oder gefälschte Übersetzungen geriet Ġazālī unter die Vorverurteilung nicht nur gemeiner Menschen, sondern auch der Fachöffentlichkeit.

Ġazālī und seine fairen Gegner, allen voran Ibn-Rušd, haben tatsächlich für die Bezugsinhalte den treffenden Ausdruck gewählt. Mit „tahāfut“ meinen sie, daß die jeweilige Argumentation und Ableitung der behandelten Philosophen „*ungenügend*“, „*unzureichend*“, „*unbefriedigend*“, „*nicht überzeugend*“ seien und deshalb der Kritik nicht standhalten können. „Tahāfut al-falāsifa“ ist nicht „Zerstörung der Philosophie“ (so in: „Philosophisches Wörterbuch“), sondern das „*Ungenügen der Philosophen*“.

Es fragt sich, wie ein literaturhistorischer Irrtum dieses Ausmaßes aufkommen und sich bis heute hartnäckig halten kann. Die übersetzerischen Irrwege haben sich mit der ersten lateinischen Übersetzung „*Destructio philosophorum*“ ergeben. Diese Formulierung entsprach exakt dem Interesse der Katholischen Kirche damaliger Zeit und ihrer Unversöhnlichkeit mit der Philosophie. Dazu brauchte sie die arabischen Gewährsmänner, die gemäß der katholischen Philosophiefeindlichkeit entstellt werden sollten.

Die späteren Übersetzungen haben den Irrtum konserviert und ausgedehnt. Auch die Ibn-Rušdsche Antikritik wurde in der gleichen Weise fehlerhaft übertragen. Die Mißverständnisse der Auseinandersetzung infolge von Fehlübersetzungen sind bis heute nicht ausgeräumt.

Die Revision der europäischen Rezeption soll mit der Korrektur beginnen. Eine angemessene Übersetzung von „Tahāfut al-falāsifa“ ist z.B. „Kritik der Philosophen“. Im einfachsten Fall hätten die lateinischen Dolmetscher nicht „*Destructio philosophorum*“, sondern übersetzen müssen:

„Insufficio philosophorum“.

Der Exkurs über Fehlübersetzungen soll uns darauf aufmerksam machen, welche großen Probleme die europäische Rezeption stellt und daß wir erst von festgefahrenen Vorurteilen frei sein müssen, um eine konstruktive Auseinandersetzung führen zu können. Mit diesem Vorsatz im

Kopf kommen wir auf Ġazālī zurück und bemühen uns, ihn unvoreingenommen und vorurteilsfrei zu lesen.

Ġazālī übt in seinem Werk zum einen immanente Kritik an konkreten Ausführungen namentlicher Philosophen, zum anderen leistet er Metakritik:

1. Die philosophische Systematik sah eine klassische Einteilung in vier Hauptabteilungen vor: „Mathematik", „Logik", „Physik" und „Metaphysik". Die Kritik Ġazālīs an den einzelnen Abteilungen fiel unterschiedlich aus. Die Logik und die Mathematik hat Ġazālī positiv begutachtet, nicht aber die Abteilungen über Physik und Metaphysik.
   Die Wertungen Ġazālīs waren gut abgeleitet und begründet. Noch vor Ġazālī handelte sich Ibn-Sīnā die Kritik Bīrūnīs in bezug auf die physikalischen Stoffgebiete ein. Bei kritischer Betrachtung erwies sich die Metaphysik noch fragiler.

2. Die Kritik Ġazālīs an den Philosophen stellt eine Aufgabe im Rahmen seines gesamten programmatischen Plans dar. Er nahm sich vor, alle Weltanschauungen und Denksysteme überhaupt der Kritik zu unterziehen. Daran soll stets erinnert werden, daß Ġazālī nicht allein die Philosophen, sondern alle signifikanten Geistesrichtungen einschließlich der Theologien kritisierte. Diesen Plan hat er voll realisiert. Auch heute noch ist er darin ein Vorbild.

   Ġazālī behandelte alle Weltanschauungen gleich – ohne Bevorzugung und ohne Diskriminierung. Das Genie stellte Kriterien auf, die er auf alle Richtungen gleichberechtigt angewandt hat. Für diese geistesgeschichtlich einmalige Leistung verdient Ġazālī höchste Anerkennung. Ohne daß man mit ihm in allem übereinstimmen muß, kann jeder auch heute von diesem kaum wiederholbaren Projekt profitieren.

   Es zeugt nicht von intellektueller Redlichkeit, wenn Autoren völlig unwissend über die Materie arrogant Ġazālī als Feind der Philosophie disqualifizieren. Dieses Verhalten kann auch nicht durch Fehlübersetzungen wie „*Destructio philosophorum*" (und Parallelen) entschuldigt werden. Deutsche Autoren sind nicht zu entschuldigen, wenn sie sich an der lateinischen Formulierung orientieren.

3. In seinem bekanntesten Werk „Tahāfut al-falāsifa“ wandte sich Ġazālī im weiteren gegen die Versuche, Glaubensfragen und religiöse Lehren mit formalistischen Argumenten zu begründen, welche den spirituellen Charakter des Glaubens ersetzen sollen.

4. Im Mittelpunkt der Kritik Ġazālīs stand Ibn-Sīnā und nicht die Philosophie schlechthin.

Tatsächlich begann schon mit den Mutakallimūn der Zerfall der klassischen Physik. Bīrūnī hat traditionelle physikalische Auffassungen, wie sie von Aristoteles überliefert wurden, erschüttert. Ibn-Sīnā hat mit seiner Loyalität zu Aristoteles den Paradigmawechsel aufhalten wollen, weshalb er sich der heftigen Kritik Bīrūnīs ausgesetzt hat. Auch das Festhalten einiger Epigonen an Aristoteles hat sich als großes Hemmnis für den philosophischen und wissenschaftlichen Fortschritt erwiesen. Diesen Umstand kritisiert Ġazālī in aller Schärfe. Für diese Kritik gab es einen dringenden Bedarf.

In „Maqāsid“ versprach Ġazālī keine Antithesen, sondern Kritik der Philosophen. Dieses Versprechen löste er ein in: „Tahāfut al-falāsifa“. Entgegen der in Europa weitverbreiteten Auffassung hat Ġazālī die Philosophie nicht grundsätzlich verworfen. Die Tendenz zur Vulgarisierung beginnt schon mit der Manipulation: Mit *Destructio philosophorum* habe Ġazālī die Philosophen verdammt, hundert Jahre später habe Averroes sie rehabilitiert und Ġazālī verdammt. So fassen europäische Autoren eine der wichtigsten Debatten der Philosophiegeschichte zusammen. Solche Art Rezeption findet sich bei Spuler, van Ess und vielen anderen. Stellvertretend wird an dieser Stelle ein Werk herangezogen, das nicht als unrepräsentativ bezeichnet werden kann. Ich zitiere aus dem „Philosophischen Wörterbuch“, 21. Auflage, S. 213: „Ġazālī (...) wurde zum erbitterten Gegner der Philosophie.“ Als Beleg nennt der Artikel: „Zerstörung der Philosophie“. Dazu kein Kommentar.

Ġazālī kritisierte Thesen von Philosophen unter dem Aspekt, inwieweit diese ihre Thesen einwandfrei abgeleitet und ausreichend bewiesen haben. Er fand heraus, daß eine Reihe von Behauptungen ohne beweiskräftiges Fundament aufgestellt wurden. Bei seiner Auseinandersetzung mit den rezensierten Werken hat Ġazālī sorgfältig differenziert.

Die klassische Einteilung der Philosophie, die schon lange vor Aristoteles bestanden hat und bei den alten Ägyptern nachzuweisen ist, sah eine Einteilung in vier Bereiche vor. Ġazālī hat die Thesen der beiden ersten Abteilungen „Mathematik“ und „Logik“ geprüft und als ausreichend bewiesen bestätigt. Anders als bei Mathematik und Logik fiel sein Urteil über Physik und Metaphysik aus. Hier fand er, daß die Thesen ungenügend abgeleitet und unbewiesen geblieben sind.

Ġazālī spezifizierte sein Gutachten. Er machte seine Kritik in 20 Punkten geltend. Es handelt sich nicht um eine Kritik an der Philosophie, sondern um Kritik an den Philosophen, und zwar namentlich genannt. Indes danken wir den Autoren Heinrich Schmidt und Philosophieprofessor Dr. Georgi Schischkoff dafür, daß sie mit ihrer „Übersetzung“ „Zerstörung der Philosophie“ nun selbst ein Musterbeispiel für das, was Ġazālī und Ibn-Rušd „tahāfut“ nennen, geliefert haben.

Die Kritik Ġazālīs trifft also nicht alle Bereiche der Philosophie und schon gar nicht „die Philosophie“ (!). Rätselhaft bleibt mir, wie Professoren mit fachlichem Anspruch auf solche phantastischen Vorstellungen kommen. Ġazālī hat seine Achtung vor der philosophischen Betätigung deutlich zum Ausdruck gebracht. Scharf hat er zwischen Spreu und Weizen unterschieden. Seine Kritik an der Mathematik und Logik war insgesamt positiv. In seiner Rezension der formalen, mathematischen Logik hat er ihr ein betont positives Prädikat erteilt, da sie gut abgeleitet, begründet und bewiesen war, und empfahl sie für Studienzwecke. Ġazālī selbst lehrte Logik als Grundlagenfach von Philosophie. Nicht nur in Wort, sondern auch in Schriften stellte er die Logik systematisch dar.

Aus dem Inhalt des Werkes wissen wir auch, was Ġazālī mit dem Ausdruck „tahāfut“, den er dem Buchtitel vorangestellt hat, genauer meint. „tahāfut“ bezeichnet die Aufstellung ungenügend begründeter, unzureichend abgeleiteter Thesen. „Tahāfut al-falāsifa“ bedeutet: „Beweismangel bei Philosophen“. Ġazālī hat seine Kritik präzisiert und argumentativ untermauert. Zur Feststellung der Richtigkeit einer Übersetzung sei die Umkehrprobe hilfreich. Läge uns ein Werk vor mit der Überschrift „Das Ungenügen der Philosophen“, so können wir es nicht besser übertragen als durch das Äquivalent „Tahāfut al-falāsifa“.
In „Tahāfut al-falāsifa“ wie in anderen Arbeiten konnte sich Ġazālī vor Einseitigkeit hüten. In seiner Auseinandersetzung mit den Philosophen war er bestrebt, sie einerseits an Hand rationaler Argumente, an der rei-

nen Vernunft, zu beurteilen, andererseits – bei relevanten Stellen – an der Offenbarung zu prüfen.
In seinen Schriften zur Metaphysik hat Ġazālī der Vernunft das Recht zuerkannt, unabhängig der Offenbarung über Gott, Seele, Tod, Unsterblichkeit, Ewigkeit zu Erkenntnissen zu gelangen.

Die Kritik Ġazālīs an den Philosophen wurde später von Ibn-Rušd aufgegriffen. Er kritisierte Ġazālī, gleichwohl ist er ihm gerecht geblieben und stimmte ihm in all den Punkten zu, wo Ġazālī recht hatte.

In: „Tahāfut at-tahāfut" setzte sich Ibn-Rušd mit Ġazālī und den von Ġazālī behandelten Philosophen einzeln und ausführlich auseinander. Ibn-Rušd verteidigte Ibn-Sīnā gegen Ġazālī; gleichwohl hütete er sich davor, Partei für Ibn-Sīnā, der Ibn-Rušd näher als Ġazālī stand, zu ergreifen. Vielmehr ging Ibn-Rušd genauer auf die Positionen der jeweiligen Autoren ein. So fiel die Ibn-Rušdsche Kritik an den Philosophen differenzierter aus als die Ġazālīs. Anhand dieser Auseinandersetzung entwickelte Ibn-Rušd die philosophiekritische Linie neu. An jedem Punkt erläuterte er die Standpunkte, diagnostizierte die Ableitungsfehler und korrigierte sie. Im Anschluß daran baute er die Ableitungen und die Beweisführungen von neuem auf und stellte sie einwandfrei dar. Dadurch ist „Tahāfut at-tahāfut" von Ibn-Rušd zum Lehrwerk der Philosophie geworden. In diesem Sinne wurde es auch von Lesern des Arabischen und der Übersetzungen studiert. An ihm schulten sich Albertus Magnus, Thomas Aquinus und die ersten philosophischen Denker Europas. Durch „tahāfut" entstand erst eine europäische philosophische Sprache. Auch heute noch sind die beiden Werke, die Abhandlung von Ġazālī „Tahāfut al-falāsifa" und ihre Revision in „Tahāfut at-tahāfut" von Ibn-Rušd, als zwei der wichtigsten Lektüren zur philosophischen Schulung anzusehen.

Nicht nur Ġazālī selbst, sondern auch die Kritik Ibn-Rušds an ihm wurden mißverstanden. Sämtliche Arbeiten Ġazālīs drehen sich um die Erkenntnisziele, welche die Menschen von der Buchgläubigkeit und allen Autoritäten zu befreien suchen. Er wollte die Menschen zur lebendigen Selbstverwirklichung anleiten. Der Weg dahin führt laut Ġazālī über die geistige Unabhängigkeit und das selbständige Denken. Dazu müssen die Menschen sich von der manipulierten Vernunft befreien und die reine, ursprüngliche Vernunft wiederbeleben. Unermüdlich wiederholt Ġazālī die Notwendigkeit, selbständig zu denken und zu entscheiden. Das Denken soll von innen her geleitet sein. Selbstverständlich soll der

Mensch Informationen und Analysen von außen erhalten, Unterricht besuchen und Bücher lesen. Für die eigene Meinungsbildung sei aber nur das anzunehmen, was man sich bewußt *aneignet*. Denken soll autonom, unabhängig, genuin und selbstbestimmt bleiben.

Auf der anderen Seite hat Ibn-Rušd keinen „Anti-Ġazālī" verfaßt, sondern eine Revision und Korrektur zum Werk eines Autors, den Ibn-Rušd schon immer in Ehren hielt.

Erkenntnistheorie

Im arabischen Diskurs gilt Philosophie als Gegenstück zu Glauben, Religion und Theologie. Letztere basieren auf Offenbarungsschriften. In der Philosophie gilt das Prinzip, Fragen unabhängig der Offenbarung abzuleiten. Nach dieser Unterscheidung muß Ġazālī sowohl als Theologe als auch als Philosoph anerkannt werden. Außerdem war er ein Mystiker.

Die Erkenntnistheorie Ġazālīs wird insbesondere in seinem Werk: „Miškāt al-anwār" („Die Nische der Lichter") entwickelt. Hier findet auch seine zentrale Theorie, die Lehre von der Vernunft, ihre Ausarbeitung.

Die Theorie Ġazālīs von der „Vernunft"

Von der Geburt bis zur ausgereiften, ausgeprägten „reinen Vernunft" durchläuft diese verschiedene Entwicklungsstadien. Erst im vierten und im letzten, dem fünften, Stadium reift sie zu selbständigem, schöpferischem und urteilsfähigem Denken aus. Im fünften Stadium erreicht sie den höchsten Rang, die Fähigkeit, selbst unabhängig der Offenbarungsschriften Erkenntnisse, epikritische Wertungen und Urteile zu fällen. Die Offenbarung ist also nicht die einzige Quelle der Erkenntnis.

Es deckt sich mit der gesamten Lehre Ġazālīs, daß zwischen der „reinen Vernunft", welche bei allen Menschen angelegt ist, und der „künstlichen, manipulierten Vernunft" unterschieden wird. Die ursprüngliche Vernunft verliert durch Sozialisation und falsche Erziehung ihre ursprüngliche Freiheit und Unabhängigkeit. Sie vermag es nicht mehr, sofort zu richtigem Wissen zu gelangen. Ja, die Vernunft verfehlt es sogar, ihr unmittelbar dargebotene Dinge zu erkennen, und muß erst auf sie aufmerksam gemacht werden, um sie wahrzunehmen.

Nun kommt es darauf an, die notwendig in ihren Konstrukten gefangene Vernunft wieder zu befreien.

Vernunft und Offenbarung sollten sich nach Ġazālī nicht widersprechen. Beide vermitteln dieselbe Wahrheit. „Die Vernunft ist das Fundament, die Religion ist der Aufbau", schreibt Ġazālī.[85] „Die Religion ist eine Vernunft von außen. Die menschliche Vernunft ist eine Religion von innen (...). Beide bilden eine Einheit".[86]

Es bleibt noch die Ausgangsfrage offen: Was ist die Vernunft?
Die Vernunft ist nicht mit dem Gehirn gleichzusetzen. Das Gehirn ist nur das Organ der Vernunft. Verschiedene Ströme, Sinneseindrücke und Informationen fließen zusammen, verarbeitende, reflektierende, be- und verwertende Verfahren verdichten und vereinen sich zu einem Konzentrat „Vernunft". Sie nimmt alle Eingänge auf, ordnet sie und bildet daraus eine Idee, die in die persönliche Gesamtsystematik eingeordnet wird.

---

85 Maʿāriǧ al-Quds, Kairo 1927, S. 59.
86 Ġazālī, in: Maʿāriǧ al-Quds, ebd., S. 60.

Wahrheitsfindung, Gewißheit des Wissens (ʿilm yaqīnī), selbstbestimmte Erkenntnis gegen Fremdbestimmung und Nachahmung (taqlīd)

Die beiden großen „Krisen" seines Lebens beschreibt Ġazālī ganz offen als „Erkenntniskrise": Wie könne der Mensch zur Wahrheit gelangen und die Gewißheit der Erkenntnis gewinnen? Im Rückzug setzt er sich mit sich selbst auseinander. Beide kritischen Perioden seines Lebens hängen unmittelbar mit seinem Erkenntnisweg zusammen. Das zentrale Anliegen Ġazālīs war es, sein Leben, seine Lehre und sein Handeln aufeinander abzustimmen und sie zur ungeteilten, bruchlosen Einheit zu bringen. Nicht Rezeption, sondern geistige Selbständigkeit steht im Mittelpunkt seines Strebens nach Erkenntnis.

Wer rezipiert und der Meinung von anerkannten Meistern zu folgen, sich auf eine Lehrautorität zu stützen bestrebt ist, fühlt sich sicher. Es ist aber eine trügerische Sicherheit. Sehr früh gewann Ġazālī die Einsicht in die Notwendigkeit, die Dinge selbst, direkt und nicht vermittels Lehrpersonen zu erkennen. Er war bemüht, sich von jeder Autoritätsgläubigkeit frei zu machen. Er war entschlossen, schreibt Ġazālī wörtlich, sich von jeder „blinden Nachahmung (taqlīd)" zu befreien. Es sei bezeichnend, daß der Imitator sich nicht bewußt ist, daß er nachahmt: „Das Charakteristikum eines Nachahmer („muqallid") ist es, daß er nicht weiß, daß er nur ein Imitator ist. Wenn er einmal feststellt, daß er ein Nachahmer ist, zerbricht das Gefäß seiner Nachahmung (taqlīd) " (Ġazālī). Im Bemühen um die Selbstbefreiung macht Ġazālī dabei die Erfahrung, daß, wenn der Mensch sich einstweilen von der Imitation anderer befreit hat, er kein Verlangen mehr danach haben wird.

Ġazālī beschreibt dann das Wagnis, auf das er sich eingelassen hat, um nach der Wahrheit zu suchen und sie zu finden. Er nahm es auf sich, sämtliche Lehren und Weltanschauungen, die um ihn herum vorhanden waren, zu studieren und auf ihren Wahrheitsgehalt hin zu untersuchen. Die Odyssee der Wahrheitssuche vergleicht Ġazālī mit einem Ozean, in den er stürzte. Er gehöre zu den wenigen, welche den Absturz überlebten.

Ġazālī – Sozialkritiker

In scharfen Worten kritisiert Ġazālī seine Epoche als eine Zeit des Verfalls. Nicht nur in Worten prangerte er die Verhältnisse an, vielmehr stellte er sich selber als praktische Kritik hin. Er brach mit der Gesellschaft in radikalster Form ab. Beide Male des Abbruches war es eine Weigerung, eine Protesthandlung, ein bewußter Schritt in den Rückzug und den Ṣūfismus als Gegenwelt. Daher wehre ich mich gegen den Ausdruck „Krise". In seiner Autobiographie betont Ġazālī unüberhörbar, daß er seine Tätigkeit als Professor an der renommiertesten Universität jener Zeit, der Niẓāmiyya in Baġdād, deshalb abgebrochen hat, weil sie mit Prestige, Ansehen und Ruhm verbunden war. Mit seiner Weigerung brachte er seine Verachtung gegenüber weltlichen Würden zum Ausdruck. Im Anschluß daran emigrierte er in die Anonymität des Bettlersūfismus.

Ġazālī war nicht nur ein Kritiker in Worten. Vielmehr verkörperte er die Kritik in Person. Auf eigenen Wunsch demissionierte er, um sich fern des Rampenlichts der ʿabbāsidischen Metropole aufzuhalten.

Nach elf Jahren wurde er wieder auf einen Lehrstuhl zurückgeholt. Er lehrte in Nišapūr, bevor er ein zweites Mal aus dem öffentlichen Leben zurücktrat. Seine Schüler und Verehrer folgten ihm nach Ṭūs. Aus seiner heimatlichen Ortschaft, die erst durch seinen Namen berühmt geworden ist, konnte er sich nirgendwohin mehr zurückziehen. Der Ruhm, dem er unentrinnbar unterworfen war, verfolgte ihn.

Ġazālī ist der Idealist in Theorie und Praxis – nicht nur in Worten, sondern auch in Taten. Bei ihm deckten sich Denken und Handeln, Erkenntnis und Lebensweise.

Ġazālī vertrat die Auffassung, am Anfang war die Vollkommenheit. Auch darin war er definitionsgemäß Idealist.

Sūfismus

Sūfismus und Mystik bei Ġazālī

Sūfismus ist die einzige Lebensweise, die keine Dogmatik voraussetzt. Sie gewährt dem Einzelnen die freie geistige Entfaltung und das intuitive Denken.

Ġazālī wandte sich dem Sūfismus mit Überzeugung zu. Der sūfistische Weg kam seinen Bedürfnissen nach Selbstreinigung, Selbstbefreiung und Selbsterkenntnis entgegen.

Ġazālī rehabilitierte Mystik und Sūfismus, die im Islam bis dahin mit Mißtrauen betrachtet wurden. Er führte sie in den Islam ein und ließ sie als legitime Lebensweise anerkennen.

In der Mystik hat Ġazālī den Weg gefunden, der zur emanzipierten Vernunft führt. Nicht nur entdeckt hat er ihn, sondern selbst praktiziert. Damit bestätigte er seine Überzeugungen aus eigener Erfahrung: Die durch fremde Anschauungen verschüttete Vernunft wird frei und entfaltet sich.

Ġazālī rehabilitierte die Intuition, die jedem eingegeben ist, aber nicht von jedem genutzt wird. Er lehrte auch, die Geister zu unterscheiden, denn nicht jede Intuition ist rechtgeleitet.

Die Intuition Ġazālīs führte ihn zur Gotteserkenntnis. Er leitete auch seine Schüler zum direkten, lebendigen Kontakt zu Gott an. Dieser Weg aber wird und soll nicht definiert und festgelegt werden, denn jeder erlebt Gott auf seine Weise, gemäß seiner eigenen Intuition und Erfahrung – von innen her geleitet.

In höchstem Maß achtete Ġazālī die Spiritualität als lebendige, geistige Praxis. Er konnte sie auch vermitteln. In den letzten Jahren seines Lebens hat Ġazālī selbst eine sūfistische Gemeinschaft aufgebaut. Dieser von ihm geleitete Zusammenhang vergegenwärtigte das verinnerlichte Leben, in dem er selbst als Vorbild diente. Er setzte die Theorie in Praxis um und verwirklichte die Einheit von Leben und Handeln.

Katharsis (Selbstläuterung)

Die Reinigung der Vernunft von fremden Einflüssen ist die zentrale Forderung Ġazālīs. Der Vorgang der Reinigung des Kopfes von fremden Ideen ist die Voraussetzung dafür, daß sich die eigene, echte und reine Vernunft entfaltet. Die ureigene Intuition kommt zur Geltung. Sie spricht zur Person aus ihrem Innersten und aus dem Munde dieser Person selbst zu den Mitmenschen.

Die Tätigkeit der Vernunft ist eine intellektuelle Handlung. Bei Ġazālī kommt noch die Intuition hinzu und spielt eine zentrale Rolle. Die Intuition ist ein ausschließlich innerer Vorgang. Der Ṣūfī wird so geschult, daß er auf die Stimme der Intuition horcht und sie wahrnimmt. Der kathartische Vorgang fördert die Entfaltung der Intuition.

Ġazālī beschreibt im Detail, wie sein Weg zu Gott zurückgelegt wurde. Er berichtet, daß er ausschließlich über die innere reine Vernunft und über die Intuition Gott wiedergefunden hat. Die umfangreiche, fundierte Gelehrsamkeit, die er in den ersten drei Jahrzehnten seines Lebens erlangte, hatte er eingefroren. Er begab sich zehn Jahre in die Mystik und unterzog sich einer radikalen Katharsis. Er reinigte den Kopf vollständig. Erst als er frei war von all den bisherigen, gelernten Inhalten, erlangte er die Gotteserkenntnis wieder. Es war die freigewordene Intuition, die zu ihm gesprochen hat. Diese Erfahrung, von der auch viele andere Ṣūfīs und Mystiker berichten und die ebenfalls von Nichtṣūfīs, aber erleuchteten Menschen, mitgeteilt wird – z.B. Buddha, Paulus –, wird als Erleuchtung bezeichnet. Eine solche ist Ġazālī nach zehnjährigen ṣūfistischen Übungen zuteil geworden. Sie bestimmte sein weiteres Leben.

Was suchte Ġazālī? Im Ṣūfismus ist der Mensch sich selbst überlassen. Die Seele wird entgiftet, der Kopf gereinigt, die ursprüngliche Vernunft wird frei. Sie steht auf und entfaltet sich. Der Mensch ist eins mit Gott. Durch ihn findet er die Erkenntnis und stellt sie dar. Das gesprochene Wort ist Eingebung, die Schrift Inspiration, das Wort wahr. Dualismus und Spaltung sind überwunden. Eins mit der Welt ist der Mensch, die Welt in seinem Herzen. Der Mensch ist so groß wie das Universum. Das All liegt auf seiner Handfläche, in seiner Faust gebunden. Beide, der Mensch und das Universum, befinden sich in natürlicher, harmonischer Einheit. Eins sind Leben und Wirken, Denken und Handeln, Erkenntnis und Praxis. Eins ist der Mensch mit der Handlung. Das strebte Ġazālī an. Er vereinigte Philosophie, Theologie und Mystik.

Ġazālī: Antiphilosoph oder Wahrheitssuchender?

In der Mystik, durch Selbstläuterung, entdeckte Ġazālī die „reine Vernunft" und bekannte sich zum Sūfismus. So konnten seine Gegner ihn leicht aus den Reihen der Philosophen und Theologen ausschließen und ihn in die Reihe der Mystiker einordnen. Als Beleg für diese Exkommunikation nennen sie „Tahāfut al-falāsifa" – freilich in entstellter Interpretation des Titels – ohne konkreten inhaltlichen Bezug. Damit entfällt für diese Kritiker die Notwendigkeit, sich der „Herausforderung Ġazālī" zu stellen.

Nun zunächst zu dem Beweisstück „Tahāfut". Entgegen verbreiteter Meinung hat Ġazālī weder die Philosophen und noch weniger die Philosophie verworfen und verurteilt. Vielmehr hat er genau differenziert, wo die Autoren Angriffsflächen boten, nämlich dort, wo ihnen die Beweisführung mißlang. Dort, wo sie überzeugend abgeleitet hatten, erlangten sie seine Bestätigung. Er setzte sich insbesondere mit Ibn-Sīnā auseinander und wies ihm „Tahāfut", das heißt die Aufstellung unbewiesener Thesen, nach. Daher auch der Titel des ġazālīschen Werkes.

Ġazālī äußert sich radikal gegen jede, wie er wiederholt sagt, Nachahmung. Imitation in seinem Diskurs bedeutet, Meinungen zu vertreten, die andere geäußert haben, ohne daß der Rezipient sich diese Lehren wirklich angeeignet hat. Mit dem Ausdruck „taqlīd", „Nachahmung" bezeichnet er das, was heute kritiklose, blinde Rezeption genannt werden kann.

Ġazālī ist also nicht gegen das Lernen von anderen, war er selber doch ein anerkannter Lehrmeister. Vielmehr ist er gegen das – salopp ausgedrückt – Nachplappern. Dieses Lernverhalten kritisiert er wie eine große Sünde. Seine Ausführungen hierzu können bei oberflächlicher Lektüre als Agnostizismus mißverstanden werden. Ġazālī war Antidogmatiker, aber kein Agnostiker.

Erst bei genügender Vertiefung in die Schriften Ġazālīs und bei geduldigem Studium seines Gesamtwerkes entdeckt man sein eigentliches Anliegen. Ġazālī fordert in bezug auf die

1. *Philosophie:* Aussagen, welche als „philosophische Aussagen" gelten wollen, haben einwandfrei abgeleitet und ausreichend bewiesen zu sein.
2. *Theologie:* Die Befreiung der Theologie vom Zwang zur Rationalisierung.
3. *Vernunft:* Die Notwendigkeit der Emanzipation der Vernunft von der Nachahmung.
4. *Lernen* muß als „Aneignung" erfolgen. Denken soll ein selbständiger, unabhängiger Vorgang sein.

Mit seinem „Tahāfut al-falāsifa" handelte sich Ġazālī in einigen Kreisen den Ruf des Antiphilosophen ein. An dieser Stelle versagte bei den Kritikern die Hermeneutik.

Ġazālī war seit seinen frühen Lehrjahren ein Stein des Anstoßes. In der Nachwelt wurden die schwierigen Probleme und herausfordernden Stellen seines Werkes als Ganzem und seiner einzelnen Schriften hermeneutisch nicht korrekt gelöst. Ġazālī ist ein wichtiger Denker. Seine Herausforderungen erschienen vielen Lesern als schwer umsetzbar. Vielleicht tragen die in meinem Buch angestellten Versuche zu einem besseren Verständnis sowie einer gerechteren Beurteilung Ġazālīs bei. Wir können ihn nicht besser ehren als durch das Verstehen seiner Schriften. Ġazālī kann nicht genügend und gebührend gewürdigt werden.

Vorbildlich darin ist Ibn-Rušd, der sich mit unübertroffener intellektueller Redlichkeit mit Ġazālī und seinem Kritikgegenstand auseinandergesetzt hat. Unvoreingenommen nahm er sich die Revision von Ġazālīs „Tahāfut al-falāsifa" vor. Er kritisierte Ġazālī, gleichwohl würdigte er seine Verdienste.

Ironischerweise nutzen Dilettanten die *„Destructio destructis"* als Waffe gegen Ġazālī. Jene haben weder Ġazālī noch Ibn-Rušd verstanden. Die fehlerhafte lateinische Übersetzung des Werkes trug zum Bild Ġazālīs im Westen bei. Es ist falsch, „tahāfut" mit *„destructio"* zu übersetzen. „Tahāfut" bezeichnet einen „Unter-dem-Niveau-Diskurs", eine „mangelhafte Ableitung", „Aufstellung ungenügend bewiesener Thesen".

Ġazālī schreibt auf verschiedenen Ebenen. Zunächst hat er selber eine großartige Entwicklung durchgemacht, so daß die Leser seine Arbeiten in Beziehung zu ihrer Entstehungszeit bringen sollen. Im weiteren war er dem Druck der Zentralgewalt ausgesetzt und konnte nicht in jedem Fall seine wahre Meinung vollumfänglich und uneingeschränkt darlegen. An einigen Stellen muß man also zwischen den Zeilen lesen. Trotzdem war er nach bestem Wissen und Gewissen bemüht, seinen Ausbildungsauftrag durchzuführen. Ġazālī legt in al-Munqiḏ min aḍ-ḍalāl Rechenschaft über sein Leben und seine Arbeit ab. Im Widerstand gegen die Widersprüche und Legitimationszwänge hat er letztlich gesiegt. Zweimal entfloh er dem Rampenlicht der Metropolen, verzichtete auf hochdotierte Stellen, zog den sūfistischen Weg vor und kehrte schließlich in seinen bescheidenen Heimatort zurück. Hier baute er ein eigenes Institut auf, in dem er freimütig und unentgeltlich seine Lehren vertreten konnte. Die Kenner seiner wahren Größe folgten ihm vorbehaltlos.

Die arabische und islamische Philosophie am Scheideweg

An Ġazālī schieden sich die Geister. Die Theologen erklärten ihn für einen Philosophen, die Philosophen hielten ihn für einen Theologen. Von beiden Seiten wurde er angegriffen. Ungeteilte Akzeptanz fand er bei den Mystikern. In seiner Person erfüllte Ġazālī diese dreifache Qualifikation und war auf allen drei Gebieten kompetent.

Wie schon gesagt, war Ġazālī nicht gegen die Philosophie. Vielmehr war er dagegen, religiöse Wahrheiten durch rationalisierende, unspirituelle Ableitungen zu begründen und den Glauben mit rationalen Argumenten zu rechtfertigen.

Noch heute hat Ġazālī seine entschiedenen Anhänger und unversöhnlichen Gegner. Ġazālī ist jedenfalls ein Denker, der kaum in ein klassifizierendes Schema paßt. Wer sich mit Ġazālī befaßt, stößt zuallererst auf das hermeneutische Problem. Dieser Herausforderung soll man nicht ausweichen, sondern sie annehmen.

Der Erkenntnisweg Ġazālīs

Das hermeneutische Problem versuchen wir zu lösen, indem wir den Erkenntnisweg Ġazālīs nachzeichnen.

Ġazālī ist der wichtigste Denker zwischen Ibn-Sīnā und Ibn-Rušd. Die Schriften Ġazālīs behandeln Bereiche der Theologie, Logik, Mystik, Frömmigkeit, des Gebets und Ṣūfismus. Seine polemischen Schriften setzen sich mit orthodoxen Sunniten, Mutakallimūn, Ismāʿīliten, Bāṭiniten und Philosophen auseinander.

Sein Werk „Tahāfut al-falāsifa“ brachte ihm Kritik, aber auch ungerechtfertigte Verurteilung ein. Er wurde als der Antiphilosoph schlechthin abqualifiziert. Dabei gingen der Ansatz und das Erkenntnisziel Ġazālīs aus den Augen verloren.

Bei seiner Auseinandersetzung mit faktisch allen Weltanschauungen seiner Umwelt kam Ġazālī zu der Einsicht, daß keine Lehre des breiten geistigen Angebots seiner Zeit ihm zu wirklicher Befriedigung gereichte. Bei ihm bildete sich die Meinung heraus, die wahre Erkenntnis kommt von innen, selbständig, genuin autonom.

Seine Autobiographie „al-Munqiḏ min aḍ-ḍalāl“ („Der Erretter aus der Verirrtheit [aus dem Irrtum]“) informiert uns sehr ausführlich über den Erkenntnisweg, den er gewählt hat. Sehr früh hat Ġazālī die Einsicht gewonnen, daß die Menschen Anschauungen und Glaubensformen anhängen, die sie nicht selbst, auf der Basis eines *selbständigen* Erkenntnisprozesses, erworben haben. Auffällig ist diese Beobachtung bei der Religionszugehörigkeit. Die meisten übernehmen den Glauben ihrer Eltern. Das Bekenntnis ist eine Erbsache. Im anderen Fall geraten die jungen Menschen in ein Schulsystem, das ihnen seine Ideologie aufsetzt und einprägt. Wiederum andere folgen einem Lehrmeister, der sie beeindruckt hat. Im Vertrauen auf seine Autorität rezipieren sie seine Weltanschauung, ohne sie gründlich und im einzelnen nach Wahrheit und Irrtum geprüft zu haben. Verbreitet ist auch die Buchgläubigkeit. Die allerwenigsten Menschen gelangen zu ihren Ansichten aufgrund eigener, genuiner Überzeugungen. Viele glauben, ihre Meinung selbst ermittelt zu haben; in Wirklichkeit haben sie nur eine andere Lehre übernommen und diese sich kritiklos zu eigen gemacht. Man vertritt z.B. die Auffassungen Ibn-Sīnās, nicht weil man sie auf Richtigkeit geprüft hat, sondern weil sie von Ibn-Sīnā aufgestellt worden sind. Andere Rezipienten denken sogar, sie haben sich alles selber erarbeitet.

Ġazālī, der in einer Blütezeit von Ideen und Weltanschauungen aufgewachsen war, entschloß sich, alles zu verwerfen, was er vorgefunden hatte, um selbständig und ohne Fremdbestimmung zu *inneren* Überzeugungen zu gelangen. In diesem Rahmen hat er Abstand von vorbestehenden philosophischen Schulen genommen. Er wollte keiner von jener Mehrheit sein, die nur folgt und nicht eigenständig entwickelt. Es ist nicht nur ein großer Irrtum, Ġazālī für einen Antiphilosophen zu halten; vielleicht ist er der einzige Philosoph unter denen, die sich schriftlich dargestellt haben. Seine Philosophie ist genuin, autonom, nicht übernommen. Die Wahrheit wollte er unabhängig einer jeden Autorität, vorgegebenen Religion oder vorgefundenen Weltanschauung ermitteln.

Ġazālī ist am besten zu verstehen, indem wir die Stationen seines langen Erkenntnisweges nachzeichnen. Sie bauen äußerst logisch, konsequent und kontinuierlich aufeinander auf. Die Ordnungszahlen beziehen sich auf die Abfolge der einzelnen Stationen:

Die erste Station: Ġazālī berichtet, daß er sämtliche Wissenschaften und Weltanschauungen, die er vorgefunden hat, gründlich studierte, um sich dann mit ihnen grundsätzlich und kritisch auseinanderzusetzen. Im Anschluß an diese Phase stellte er fest, daß ihm dieses geistige Erbe in seiner Gesamtheit keine befriedigende Lösung der Erkenntnisfrage bietet. Im Jahre 1095 entschloß sich der siebenunddreißigjährige Ġazālī, auf solchermaßen radikale Weise mit dem Angebot an Denksystemen abzubrechen, um die Wahrheit in sich selber zu suchen.

Im Zustand der Unsicherheit und des totalen Zweifelns zog Ġazālī die Konsequenz. Er bat um unbefristete Beurlaubung, brach seine Lehrtätigkeit an Niẓāmiyya ab. Bei keinem einzigen geistigen Führer des Iraks fand er Verständnis für seinen Schritt, sich in den ṣūfistischen Weg zu begeben. Niemand war einzusehen bereit, warum ein relativ junger, hochbegabter Mensch, der auf einem Lehrstuhl an der Niẓāmiyya-Akademie sitzt, einem Amt, von dem andere nicht zu träumen wagen, den Rücken kehrt. Ġazālī blieb bei seinem Entschluß und zog sich aus dem öffentlichen Leben zurück. Er erinnert sich noch daran, wie er seine Entscheidungsfähigkeit völlig verloren habe und ihm nur noch der Weg zu Gott offenbliebe. In seinem Innern wandte er sich Ihm zu und erflehte Hilfe.

Die zweite Station ist ebenso ein Kardinalschlüssel zum Verstehen Ġazālīs (Hermeneutik heißt Verstehen), den er uns in seiner Selbstbiographie liefert. Buchstäblich gemeint nahm Ġazālī den Schlüssel in die Hand und öffnete sich eine Kammer, in der er das vorfand, was er gesucht hatte.

Ġazālī suchte nach etwas, was er nicht wußte. Er war aber ganz gewiß, daß er es finden würde. Ihm blieb nur noch der mystische Weg übrig. Dort fand er sein gesuchtes Ziel. Das ist auch logisch und konsequent, denn hier werden keine Voraussetzungen verlangt und keine festgeschriebenen Klassenziele gefordert. Deshalb hat sich Ġazālī zum Sūfismus entschlossen.

Während elf Wanderjahre war Ġazālī von der Sehnsucht nach Wahrheit gequält. Er suchte nach einer Unterbringung und begab sich in einen Orden. In seinem Retraite wurde er von unendlich vielen Zweifeln befallen. Hatte sich Ġazālī vom Aufenthalt im Kloster eine Erholung versprochen, so hat er hier keine gefunden. Die innere Unruhe wurde immer heftiger. Die krisenhafteste Zeit seines Lebens dauerte sechs Monate mit steigender Härte. In den beiden letzten Monaten spitzte sich seine Lage zu. Die Erkenntniskrise hatte ihn gefesselt, zermürbt, krank, bewegungslos und handlungsunfähig gemacht. Hautnah beschreibt Ġazālī die schwere Prüfung während dieser Periode. Er spricht direkt von „schwerer Krankheit". Selbst Speisen mochte er nicht mehr anrühren. Am Schluß konnte er im buchstäblichen Sinne kein Wort mehr über die Lippen bringen. Er geriet in einen Zustand zwischen Leben und Tod.

Plötzlich sah er die Morgendämmerung am Horizont. Wie ein Blitz schlug ein Licht in die Finsternis.

Die Kammer, die Ġazālī mit dem erwähnten Schlüssel öffnete, war sein Selbst. Alles in ihm schrie nach Wahrheit. Was ist die Wahrheit? Wo ist sie zu finden?

Drittens: Wenn Ġazālī sich im Zustand der Ohnmacht eine Erleuchtung erhoffte, so bekam er sie. Die Erkenntniskrise und die grenzenlosen Zweifel erwiesen sich als unendlich heilsam. Die Sonne der Morgendämmerung leuchtete ihm plötzlich auf: „Die Zweifel führen zur Wahrheit".[87] Es war die Begründung der Philosophie des Zweifels.

Viertens: Auch nachdem Ġazālī wieder festen Boden unter den Füßen gewonnen hatte, wollte er seine Lehrtätigkeit nicht wieder aufnehmen, sondern sich weiterhin im Ṣūfismus üben und als besitzloser Mystiker auf die Wanderung begeben. Wie sicher er sich auf seinem Weg fühlte, zeigt der Wille, bei seinem Entschluß zu bleiben – gutem Rat, Mahnungen und Drohungen trotzend.

Fünftens: Richtig ist: Die Erkenntnis wird nicht von außen, sondern im Inneren des Menschen selbst gesucht und bei genügender Gewißheit, Geduld und Konsequenz auch gefunden. Die Erkenntnis wird gewonnen durch die Vertiefung in das Selbst, durch Meditation, Konzentration und mystische Übungen. Durch ṣūfistische Praxis wächst und reift die Seele zu Erkenntnissen heran. Die Theorie kommt von innen.

Die sechste Station: Wie bei einem fahrenden Zug kann man das Endziel nicht erreichen, ohne bei den vorgeschriebenen Stationen zu halten. Ein weiterer Schlüssel zum Verstehen des ġazālīschen Lebenswegs und Denkens ist die Tatsache, daß er die herrschenden Einstellungen ablehnte. Er kritisierte nicht nur die dominanten Auffassungen.
Es war eine Zeit von Prosperität, Wohlstand und Verfall. Es war auch eine Epoche blühender Kultur, Wissenschaft und des Fortschritts. Ġazālī sah aber nur den Verfall, den andere nicht sehen wollten. Er hat auch den Zusammenhang erkannt. Seine Kritik richtete sich in erster Linie gegen die geistigen Einstellungen, vertreten durch die Theologen, Philosophen, Dialektiker und Sophisten. Während die muʿtazilitische Kritik verbaler Natur war, antwortete Ġazālī praktisch. Er zog die Konsequenzen. Er kehrte der dekadenten Gesellschaft den Rücken. Seine Weigerung war in höchstem Maß ernst. Radikal zog er die Konsequenz. Passiv war er aber nicht. In der Mystik suchte er seine eigene reine Vernunft. Er konnte sie finden und freisetzen. Die Kritik Ġazālīs an der zeitgenössischen intellektuellen Welt war konstruktiv und wegweisend.

---

87 Mizān al-ʿamal, Kairo 1964, S. 409.

Ġazālī forderte die Übereinstimmung von Theorie und Praxis. Es war nur konsequent, wenn er radikal alles ablehnte, um dann seine eigenen Thesen zu entwickeln, deren Wahrheitsgehalt er eigenständig ermittelte. Selten war ein Lehrer von Ġazālīscher Konsequenz. Indem Ġazālī während zweier Unterbrechungen die Lehre aufgab, erteilte er den Denkern die wichtigste Lektion.

Ein siebter Halt zur Lösung des hermeneutischen Problems kommt noch hinzu. Es sei darauf aufmerksam gemacht, daß Ġazālī nicht nur die philosophischen Schulen, sondern auch die institutionalisierte Theologie, die Religionen, die berühmten Strömungen seiner Zeit, Muʿtaziliten, Mutakallimūn (Dialektiker), Bāṭiniten, Rechtsschulen, Sunna, Schīʿa, kurz alles hinter sich gelassen hatte. Diesen Schritt unternahm Ġazālī radikal und mit großer innerer Bewegtheit, die ihn in eine viele Jahre anhaltende innere Krise stürzte.

Achtens: Im Prinzip hat Ġazālī die Falle des „geschlossenen hermeneutischen Zirkels" erkannt und mit ihm gebrochen. Er wandte eine konsequent radikale Autohermeneutik, ein Sich-Selbst-Verstehen, Sich-Selbst-Erkennen, an.

Neuntens: Während der ersten langen Fatra über eine ganze Dekade war es Ġazālī nach einem qualvollen Prozeß gelungen, das Erkenntnisproblem zu lösen (deshalb wehre ich mich gegen den Ausdruck „Krise", den ich nur mit Vorbehalt benutze). Es war eine philosophiegeschichtliche Revolution im Stillen. Entgegen allen agnostischen, skeptizistischen, pessimistischen und nihilistischen Schulen hat Ġazālī den Weg zur Wahrheitsfindung entdeckt und angewandt. Die Wahrheit fand er endogen, nicht exogen.

Zehntens: Wenn man bei diesem Stadium stehenbleibt, hieße das, jeder fängt beim Nullpunkt an. Eine Akkumulation des Wissens fände nicht statt. Ġazālī hatte also nur einen ersten Teil des Erkenntnisproblems gelöst.

Schon jetzt kann indes gesagt werden, daß der ihm hauptsächlich gemachte Vorwurf zu Unrecht steht. Antiphilosoph war er nicht, wohl aber antiautoritär.

Elftens: Mag sein, daß Ġazālī auf seiner Odyssee übersehen hat, daß viele ihn auf Schritt und Tritt beobachten, allen voran seine Anhänger und Sympathisanten. Diese haben in ihm ihr Vorbild gesehen. Sie waren vielleicht sogar konsequenter als er. Sie folgten ihm und forderten ihn heraus, sich ihrer anzunehmen.

Das Lebensmotto Abū-Ḥāmids war die Übereinstimmung von Denken und Handeln. Nun kann er Studienwilligen die Lehre nicht mehr verweigern.

Nachdem Ġazālī seine Theorie von der „Vernunft" aufgestellt hat, mußte er den Schritt zur Lerntheorie machen. Lehren und Lernen haben – entgegen seiner Rezeptionsweigerung – doch einen Sinn. Sie sind sogar notwendig. Lernen ist nur richtig, wenn es als Aneignung geschieht.

Erst als Ġazālī diese Station erreichte, erkannte er, daß er jetzt lehren kann. Er vermittelt eben das, was er qualvoll nach einer langen Durststrecke entdeckt, erfahren und erkannt hat.

Ġazālī konnte nichts anderes. Er akzeptierte die Studienwilligen, richtete ein Lehrinstitut ein und baute einen Orden auf.

Jeder, so Ġazālī, muß die Erkenntnis genuin, von der Wurzel her entwickeln. Was Ġazālī an den Philosophen störte, war seine Feststellung, daß auch diese von vorgefaßten Meinungen, den Prämissen, ausgehen. Er bot eine alternative Lehre an: Die *Aneignungstheorie*.

* * *

Philosophiegeschichtlich fragen wir an dieser Stelle nach dem Ursprung der Philosophie des Zweifels. Ġazālī berichtet ohne Umschweife über seine lang anhaltende intellektuelle Erkenntniskrise, ihre Auswirkungen auf seine seelische und körperliche Gesundheit, und wie er von dort zu radikal neuer Erkenntnis über die Wahrheitsfindung gelangte. Die Philosophie Ġazālīs erklärt sich nur aus seiner spezifischen intellektuellen Anamnese. Hingegen erscheint die Philosophie des Zweifels bei Descartes als eine bloße Denkvariante, die er unvermittelt entdeckt haben will. Seine Darstellung besitzt kaum überzeugende Kraft. Schon aus diesem Grund müssen wir davon ausgehen, daß Descartes kein Erfinder, sondern ein Rezipient der Philosophie des Zweifels war.

Ġazālī in Europa

Die Rezeption Ġazālīs in Europa und ihre Widersprüchlichkeit

Es ist leider eine durchgehende Beobachtung, daß die deutschsprachige Literatur – auch gegenwärtig – nicht mit genügendem Respekt die Kulturleistungen außereuropäischer Völker präsentiert. Allgemein zeigen europäische Autoren ein ambivalentes Verhalten gegenüber dem philosophischen Erbe der Araber und ihrem Beitrag zur Weltzivilisation. Darüber, warum es so ist, lassen sich verschiedene Arbeitshypothesen aufstellen. Jedenfalls ist es nie zu spät, Fehler zu korrigieren. An dieser Stelle behandeln wir das Rezeptionsproblem. Die Enttäuschung, welche die Leser europäischer Literatur über die arabische Philosophie empfinden, rührt weniger von den Urhebern her als ihrer Präsentation in die dem Leser zugängliche Sprache.

Daß es nicht immer so war, haben wir am Beispiel des „Averroismus" aufgezeigt. Er rief den Anti-Averroismus als atavistischen Rückschlag hervor. Es folgte die jahrhundertelang anhaltende Inquisition. Viele starben. Auf das Martyrium von Massen an Intellektuellen wurden Antiislamismus und Araberfeindlichkeit errichtet. Sie sind ein neuzeitliches Phänomen, das im Europa der Scholastik und der Renaissance nicht bestanden hat.

Der Atavismus greift an die Wurzeln. Die Ressourcen werden gefälscht. Exemplarisch haben wir diese Frage an verschiedenen Beispielen, u.a. an der Präsentation Ġazālīs, demonstriert. Es beginnt mit Fehlübersetzungen, freilich nur die Spitze eines Eisberges. Die drei wichtigsten Werke mit dem Titel „Tahāfut", die im Verlauf von zweihundert Jahren entstanden sind, stellen Höhepunkte philosophischer Disputation dar. Die Debatte wurde von Ġazālī eröffnet. In seinem „Tahāfut al-falāsifa" befaßte er sich hauptsächlich mit Ibn-Sīnā. Er prüfte unter anderem, ob Ibn-Sīnā die Prinzipien, die er selber aufstellt, konsequent anwendet. Von „Zerstörung" ist nirgends die Rede. Ġazālī hat keine „Zerstörung der Philosophie" verfaßt. Vielmehr kündigte er mit seinem Titel sein Vorhaben an: Sind die kurz vor ihm von Ibn-Sīnā veröffentlichten Thesen ausreichend bewiesen? Entsprechend nennt Ġazālī sein Buch: „Beweismangel bei Philosophen".

„*Destructio*“ stammt von den europäischen Übersetzern. Es gab in ihrer Zeit keine Philosophie in Europa, um diese zu zerstören. So ließen sie den Verfasser des arabischen Werkes stellvertretend als Zerstörer der Philosophie erscheinen. Selbstverständlich gab es ein Interesse des kirchlichen Establishments an der Zerstörung der Philosophie. Sie schoben aber die Tat dem Ġazālī in die Schuhe. Heute reklamieren die Europäer die Position, Verteidiger der Philosophie zu sein. Das ist vermutlich die größte Ironie der Geistesgeschichte.

Trotz des vorsätzlichen Versuchs zur Verflachung und Banalisierung der Schrift und seiner fachlichen Vertreter, die eine Vorverurteilung Ġazālīs herbeiführten, übte Ġazālī einen nachhaltigen Einfluß auf die Konstitution einer „europäischen“ Philosophie aus. Das ist auch kein Widerspruch, denn wenn man einerseits den Urheber abqualifiziert und indiskutabel macht, andererseits seine Gedanken übernimmt, fällt das Plagiat nicht auf. So will man z.B. nicht wahrhaben, daß Descartes den Ġazālī plagiierte.

Vorverurteilung und geistiger Diebstahl sind zwei Seiten derselben Medaille. So hütete sich Descartes davor, den Namen Ġazālī auch nur einmal zu erwähnen. Diesem Beispiel folgten andere Plagiatoren.

Ġazālī hat Descartes nicht vorweggenommen. Descartes hat aus dem ersten Kapitel der Selbstbiographie Ġazālīs abgeschrieben. Ġazālī war über fünfzig Jahre alt, als er – fünf Jahre vor seinem Tod – seinen Erkenntnisweg reflektierte. Ġazālī benutzte darin die Ausdrucksweise des philosophischen Diskurses seiner Zeit. Al-Munqiḏ hat einen klar erkennbaren Sitz im Leben Ġazālīs. Descartes war relativ jung, als er sein „*cogito ergo sum*“ schrieb – ohne entsprechende Anamnese und Vorgeschichte, ohne historischen Kontext und ohne Einordnung in eine philosophische Tradition.

Bei Ġazālī leitet sich die Zweifelsphilosophie aus einer echten inneren Krise, die ihn zu zehnjähriger Wanderung führte. Sie war nicht die einzige seines Lebens. Ihr folgte die zweite und letzte Krise. Beide Krisen waren es, welche das Denken Ġazālīs entscheidend begründet und geprägt haben.

Ġazālī erhob den „Zweifel“ zum Prinzip. Es muß an jeder Erkenntnis gezweifelt werden, bis mit Gewißheit ihre Richtigkeit und Wahrhaftigkeit nachgewiesen werden können. Bei radikaler Anwendung dieses

Prinzips zweifelte er an allem und schließlich an seiner eigenen Existenz.

Vom prinzipiellen Zweifel ausgehend kam Ġazālī zur Notwendigkeit der Gewißheit und des wahren, sicheren Wissens. Auch diesen zweiten Schritt übernimmt Descartes. Ġazālī stellte die Erfahrung und die Empirie in Frage, da die Sinne unzuverlässig sind. Ġazālī berichtet in seiner Autobiographie, daß der Höhepunkt der Krise des Zweifels zwei lange, qualvolle Monate andauerte. Während dieser Zeit wurde er zu einem immer radikalerem Zweifler: Er zweifelte an sinnlich Erfahrbarem, an vernunftmäßig Erkennbarem und an traditionellem Konsens (Ġazālī, in: „Erretter aus dem Irrtum"). Schließlich zweifelte Ġazālī, ob er überhaupt ***existiert*** und noch lebt.

Auf seinem langen Weg des Zweifels bemühte er sich um Gewißheit. Die Suche führte ihn zu den vorhandenen Weltanschauungen, die er von einer Schule zur anderen prüfte. Ġazālī setzte sich mit den vier vorherrschenden Strömungen seiner Zeit auseinander: Erstens mit den Dialektikern (ʿIlm al-Kalām), zweitens mit den Philosophen, drittens mit den Bāṭiniten und viertens mit den Mystikern (Ġazālī, in: „Der Erretter aus der Verirrtheit [dem Irrtum]").

Ġazālī unter dem Pseudonym „Descartes" (1)

Mit René Descartes (1591-1650) beginnt in Europa die „moderne" Philosophie. War Descartes Urheber einer eigenen Philosophie oder Plagiator? Zur Beantwortung dieser Frage hilft nur der Quellenvergleich. Ausgangspunkt des cartesischen Werkes ist die Philosophie des Zweifels. Sie entspricht dem Ġazālīschen Ansatz. Es besteht nicht nur Ähnlichkeit, sondern Identität.[88] Bei Entstehung des Buches von Descartes lag Ġazālī bereits ein halbes Jahrtausend in lateinischer Übersetzung vor. Wenn Descartes Ġazālī nicht rezipiert haben sollte, so müßten wir die Genese seines Werkes aus seinem Lebenskontext herleiten können. Die Philosophie des Zweifels erscheint bei Descartes völlig unvermittelt, während sie bei Ġazālī ganz eindeutig aus seiner spezifischen Lebenserfahrung heraus zustande kam. Leben und Werk bei Ġazālī sind

[88] Descartes, „Böser Geist", Dritte Meditation, in: Meditationes de prima philosophia, 1641, lateinisch-deutsch, erste Auflage 1977: Meditationen über die Erste Philosophie, 1631.

deckungsgleich. Bei Descartes hat das Buch keinen erkennbaren Sitz im Leben.

Grundlegung der „Philosophie des Zweifels" durch Ġazālī

Im ersten Kapitel seiner Autobiographie, in der Ġazālī seine eigene Erkenntnisgeschichte berichtet, beschreibt er hautnah, wie er im totalen Zweifel gelandet ist. In „al-Munqiḏ" schildert er die entscheidende Phase exakt und legt Wert darauf, sie zu datieren. Sie dauerte sechs Monate lang, mit dem Monat Rağab des Hiğrījahres 488 beginnend. Die „Krise" traf ihn im Alter von fünfunddreißig Jahren. Wir übersetzen den Bericht Ġazālīs:

> *„Der Zweifel setzte an meinem Umgang mit alltäglichen Dingen an. Meine Gebrauchsgegenstände seien doch so wahr wie ich selber. Diese sind greifbar und faßbar, so daß man sich nicht vorstellen könne, an ihrer Tatsächlichkeit zu zweifeln. (...) Daraufhin bin ich an die faßbaren und notwendigen Dinge herangetreten. Ich fragte mich, ob ich an deren Existenz zweifeln könnte. Ich habe diese Dinge mit großer Sorgfalt betrachtet und fragte mich, ob ich an deren Wahrhaftigkeit zweifele. Ich stellte fest, daß ich von tiefem Zweifel befallen war, der es nicht zugelassen hat, daß ich vertrauensvoll an die Gewißheit ihrer Tatsächlichkeit glaube. Abgrundtiefer Zweifel breitete sich in mir aus: 'Woher sollte ich mir Gewißheit in die Realität handgreiflich faßbarer Dinge verschaffen?" Ich überlegte mir, mich davon zu überzeugen, daß die Existenz faßbarer Dinge nicht nur sinnlich, sondern auch rational einsehbar, da logisch begründet und intellektuell nachprüfbar, sei. Ich hatte aber keine Gewißheit von der Richtigkeit meiner gedanklichen Annahme, daß es die faßbaren Dinge gebe. (...) Ich mußte nicht nur an der sinnlichen, sondern auch an der rationalen Wahrnehmung faßbarer Dinge zweifeln. Also verlor ich die Gewißheit über die Existenz der faßbaren Dinge.*
>
> *Ich überlegte mir, man solle nur der rein intellektuellen Erkenntnis vertrauen. Sie basiert auf selbstverständlichen Prämissen: Zehn sind mehr als drei. Negation und Position sind unvereinbar. Ein Ding kann nicht zugleich anfänglich und unanfänglich, vorhanden und nicht vorhanden, möglich und unmöglich sein. Aber der Intellekt selbst hat mich zum Zweifeln*

an der intellektuellen Erkenntnis hingeführt. Er sagte mir, einst hast du Gewißheit in die faßbaren Dinge gesetzt. Dann bist du doch zu dem Ergebnis gekommen, daß sie zweifelhaft seien. Woher willst du denn wissen, daß die intellektuelle Erkenntnis gewiß sei?

Die Antwort auf diese Frage schlug mir sofort in den Kopf ein: Im Schlaf habe ich Erlebnisse. Ich sehe Dinge, die ich für wahr halte. Solange ich schlafe, zweifele ich an ihrer Tatsächlichkeit nicht. Wache ich auf, so stelle ich fest, daß es nur Einbildung war. Nun beginnt der reale Alltag. Aber wenn die Traumerlebnisse nur Einbildungen waren', woher sollte ich dann wissen, daß es im Wachzustand anders sei? Wenn ich wache, woher habe ich die Gewißheit, daß ich nicht träume? Warum sollte ich wiederum glauben, daß meine sinnlichen Wahrnehmungen und rationalen Erkenntnisse, die ich im wachen Zustand gewinne, anders seien als meine Erlebnisse im Schlaf? Ist es nicht möglich, daß, wenn ich wache, auch Täuschung und Trugbilder bestehen? Wachsein und Schlaf sind nur die zwei Seiten eines Lebenstags. Die Mystiker erzählen doch von Zuständen und Erlebnissen, welche die Nichtmystiker für unmöglich halten.

Woher weiß ich, daß ich überhaupt lebe? Hatte Muḥammad nicht doch gesagt: „Die Menschen befinden sich im Schlaf. Wenn sie sterben, wachen sie auf". Vielleicht ist das Erdenleben nicht anders als der Hades. Im Jenseits erkennt man dieselben Dinge anders als im Diesseits. Es wird doch gesagt, daß im Jenseits der Schleier von den Augen genommen wird. (...)

Als der totale Zweifel mich überfallen hatte, suchte ich eine Heilung davon. Es gelang mir nicht, denn ich brauchte den Beweis (als Mittel gegen den Zweifel, Zusatz von mir, K.K.). Der Beweis war aber unmöglich, denn er beruht auf den Elementarwissenschaften, die ich aufgrund meines (radikalen) Zweifels verworfen habe. Diese therapieresistente Erkrankung hielt zwei lange, qualvolle Monate an (...)".[89]

Die Ausformulierung der „Philosophie des Zweifels" in voller Schärfe wird geistesgeschichtlich erstmalig von Ġazālī begründet. Bei Augustin (354-430) lesen wir zwar, das Subjekt beruht auf dem Zweifel, doch hat

---

[89] Ġazālī, al-Munqiḏ, S. 21-23 (nach der arabischen Edition).

er daraus keine Philosophie des Zweifels abgeleitet, da sie ja im Widerspruch zum christlichen Glauben steht, zu dem er sich bekehrt hatte.

Individualgeschichtlich läßt sich die Theorie bei Ġazālī einordnen, bei Descartes nicht. Deshalb betont Descartes den kognitiven Ansatz stärker. Da er keine Lebenserfahrung als Voraussetzung einer genuinen Erkenntnis nachweisen konnte, dachte Descartes, unvermittelte geistige Einfälle reichen aus, um Philosophie zu begründen. Es ist ein Widerspruch in sich, den Zweifel kognitiv zu begründen.

Überschnitten sich die Ansätze Descartes nur in einem Punkt mit dem Werk Ġazālīs, so könnte man vielleicht die Übereinstimmung als zufällig, als eine parallele, gemeinsame Erkenntnis zweier voneinander unabhängiger Philosophen erklären. Die Plagiate Descartes haben sich jedoch nicht auf eine einzige These beschränkt; vielmehr ziehen sie sich durch sein gesamtes Werk hindurch. „*Cogito ergo sum*" bildet bei Ġazālī nicht zufällig einen Schlüsselansatz. Die Ġazālīsche Philosophie erklärt sich Punkt für Punkt und Schritt für Schritt aus den Stationen seines langen Erkenntniswegs. al-Munqiḏ berichtet genau über die Verflechtung von Lebenssituationen und Erkenntnisstationen bei Ġazālī. Während seiner ersten „Lebenskrise", als Ġazālī sich im Sūfismus übte, schlug in die Finsternis seines tiefsten Zweifels ein heller intellektueller Blitz ein. „Die Zweifel führen zur Wahrheit", schreibt Ġazālī in „Waage der Praxis".[90] Es war die Begründung der Philosophie des Zweifels. Das eindrucksvollste Beispiel von genauen Parallelen ist sicher der Satz, der bei beiden Autoren zur Ausgangsthese erklärt wird:

Ġazālī:	„Ich zweifele.	Also denke ich. Also bin ich".
Descartes:		„Ich denke, also bin ich".

Ġazālī begründete die Philosophie des Zweifels im tiefsten Punkt der Ungewißheit und des Zweifels, aber auch auf dem Höhepunkt seines Erkenntnisweges. Vor, während und nach zwei schweren Lebenskrisen voller Leidenserfahrungen und genuiner Erkenntnisse baute Ġazālī sein philosophisch-theologisch-sūfistisches Theoriesystem auf. Descartes tritt mit einer fertigen Theorie auf und war erst zwanzig (!). Die ausgereifte Philosophie des Zweifels bei Descartes hat ihre Quelle im ersten Kapitel des Ġazālīschen Werkes „Der Erretter aus der Verirrtheit (dem Irrtum)".

---

90 Mizān al-ʿamal, Kairo 1964, S. 409.

Ġazālī unter dem Pseudonym „Descartes“ (2)

Eine weitere zentrale These Ġazālīs: Die Selbständigkeit im Denken und die Selbstgewißheit sind das Ziel der wahren Erkenntnis. Aus dialektischer Umkehrung des Zweifels gehen Eigenständigkeit und Sicherheit des Denkens hervor. Daraus gelangte Ġazālī zu seinen Gottesbeweisen. In der Nachahmung Ġazālīs hat Descartes die zwei Gottesbeweise angeschlossen, welche die Realität der Welt bezeugen und bestätigen. Die durch methodischen Zweifel gewonnene Einsicht des „*cogito ergo sum*“ folgt exakt der Ableitung Ġazālīs.
Die Abhängigkeit Descartes von Ġazālī wird weiterhin durch die unter *name dropping*[91] zitierten Gottesbeweise, aber auch durch das gesamte Werk des späteren Autors belegt.

Die Deckungsgleichheit mit Ġazālī wird durch weitere pseudocartesische Thesen erhärtet. Eindrucksvoll, aber leider durch Unterschlagung der Quelle erdrückend, ist die Übernahme des gesamten Konzepts Ġazālīs in bezug auf die Vernunft. Im Zentrum der Ġazālīschen Philosophie steht die Notwendigkeit der Reinigung des Kopfes von fremdem geistigem Einfluß, um zur eigenen, inneren Vernunft zu gelangen. Intuition, aus der ṣūfistischen Erfahrung Ġazālīs hergeleitet, ist ein Kernelement seiner Auffassung. Daher wiederholt Ġazālī unermüdlich die Forderung, die innere Stimme, die Intuition, zu entdecken und zu entfalten. Descartes übernimmt diese These und umschreibt sie als „erfahrungsunabhängiger Ideenfund“. Bei beiden Autoren ist die Rede von der inneren Vernunft als eigentlicher Anschauungsquelle. Bei Descartes erscheinen die ewigen Wahrheiten wieder. Die gereinigte Vernunft führt zur apriorisch orientierten Erklärung von Erfahrungsvorgängen. Das ist Ġazālī – Das ist Descartes.
Ġazālī hat ausführlich und konkret die Notwendigkeit herausgearbeitet und unterstrichen, die Innenwelt, den Geist, die Vernunft gegen die Außenwelt aufzurichten. Die manipulierte Vernunft ist eine Ausdehnung der Außenvernunft. Die befreite eigene Vernunft ist der öffentlichen, veröffentlichten Vernunft gegenüberzustellen. Diese Unterscheidung und Gegenüberstellung bilden ein Fundament des Ġazālīschen philosophischen Gebäudes. Es kommt bei dem Epigonen wieder und wird als Descartscher Dualismus bezeichnet: „*Res extensa*“ (Außenwelt, wörtl. Ausdehnung) und „*Res cogitans*“ (Geist, Innenwelt). Die These stammt ohne Zweifel von Ġazālī.

---

[91] siehe auch Fußnote 13

Quellenanalyse des Ġazālischen und des Descartschen Werkes

Beim Studium des Werkes Descartes werden wir durch das plötzliche Auftauchen des „Materialismus“ völlig überrascht. Er ist nicht harmonisch integriert im descartesischen Konstrukt. Es ist ganz offensichtlich, daß bei der Rezeption Descartes die Quelle gewechselt hat, ohne bibliographische Angaben zu machen. Der materialistische Ansatz bei ihm stammt von Avicenna und Averroes, wobei Descartes ersterem nähersteht als letzterem. Ansonsten ist Descartes bei Ġazālī stehengeblieben. Die Auseinandersetzung um „Tahāfut“ hat Descartes völlig außen vor gelassen. Der Philosophenstreit mit Ibn-Sīnā, Ġazālī und Ibn-Rušd als Hauptakteuren hat ihn überfordert und hinteließ in seiner Arbeit eine empfindliche Lücke. Die Auseinandersetzung der drei arabischen Philosophen hätte die Brücke zwischen dem Materialismus und dem übrigen Rezeptionsgut bei Descartes geschlagen.

Die literarische Abhängigkeit Descartes von Ġazālī ist verblüffend. Zur Vervollständigung sei auf die eigenen Werke Descartes hingewiesen:
„Discours de la méthode, pour bien conduire la raison et chercher la vérité dans les sciences“, 1637;
„Meditationes de prima philosophia“ (Meditationen über die erste Philosophie), 1644;
„Principia philosophiae“, 1644.
Die französische Gesamtausgabe der Werke Descartes betreute: V. Cousin, 11 Bde., 1824-26; deutsche Übersetzung eines Teils der Werke Descartes besorgte: A. Buchenau, R. Descartes philosophische Werke, 4 Bde., 1906-08.

Wichtige Werke sind: „Regeln zur Leitung des Geistes“ (1628); „Abhandlungen über die richtige Methode des richtigen Vernunftgebrauchs und der wissenschaftlichen Forschung (1637); „Principia philosophiae“ („Prinzipien der Philosophie“) (1644); sowie das posthum gedruckte Buch „Über den Menschen“ (1662).
Die Selbstbiographie, die Ġazālī kurz vor seinem Tode schrieb, scheint von Descartes in ähnlicher Situation – aber nicht zum ersten Mal – gelesen worden zu sein. Ein Jahr vor seinem Tod verfaßte Descartes „Die Leidenschaften der Seele“ (1649).

Es kann nicht ernsthaft bestritten werden, daß Descartes das Werk Ġazālīs nicht nur rezipierte, sondern als Vorlage für seine Arbeiten benutzte. Sowohl Descartes „*Grundlegung der Philosophie*“ als auch seine „*philosophische Methode*“ als auch seine „*Theorie über die Vernunft*“ zeigen große Abhängigkeiten von Ġazālī. Bis in feinste Details und Formulierungen decken sich Thesen und Worte Descartes mit denen Ġazālīs.

Descartes war viel zu unvorsichtig. An gewissen Stellen, da verräterisch, hätte er sich vor dem Abschreiben lieber hüten sollen. Nun erhärten diese Stellen den Tatbestand des Plagiats. An einigen Stellen hat Descartes als Eigenleistung das Original manipuliert; um so auffälliger verrät er seine Abhängigkeit von Ġazālī. Der ältere von den beiden warnt leidenschaftlich vor der „*Imitatio*“. Genau diese Stellen werden bei Descartes entschärft (!).

Ġazālī läßt sich leicht als Agnostiker mißverstehen. Diesem Irrtum verfiel Descartes. Er meinte, aus der Agnosis Gnosis konstruieren zu können. Ġazālī war hingegen ein Hypergnostiker. Er wußte aus seiner Lehrerfahrung, wie anfällig die Lernenden für die Nachahmung sind. Für den Lehrer ist es nicht leicht, das Lernziel: – nicht nachahmen! – zu vermitteln. Es ist für den Lehrer schwer zu lehren, für den Lernenden schwer zu lernen. Genau an diesem Punkt versagte Descartes, das Klassenziel zu erreichen. Er wollte als Gründerpionier gelten, war aber nur ein Nachahmer Ġazālīs.

Aus welcher philosophischen Tradition will denn Descartes seine Theorien entwickelt haben? Bei Ġazālī sind uns die Kontinuität des philosophischen Denkens und des Disputs über die aufgeworfenen Thesen aus den Jahrhunderten zuvor erkennbar. In dieser Tradition steht Ġazālī als ein Glied in einer langen philosophischen Kette. Über die Evolution der Ideen bis Ġazālī braucht niemand zu raten. Die Theoriebildung mit Thesen – (z.B. Ibn-Sīnā), Antithesen (Ġazālī) und Synthesen (Ibn-Rušd) – ist lückenlos rekonstruierbar. Bei Descartes sind wir mit bereits ausgereiften Thesen konfrontiert, die aber keine Vorgeschichte haben. Die solchermaßen ausgeprägten Thesen bei Descartes stehen in keiner philosophischen Entwicklungsgeschichte. Descartes selber nennt die Quellen nicht. Seine Arbeiten lassen sich nur als Plagiate erklären. Im übrigen mußte Descartes sich schon zu Lebzeiten gegen den Vorwurf des Plagiats rechtfertigen.

Mit Descartes wird anschaulich, wie die Gründungsmythen der europäischen Philosophiegeschichte konstruiert werden und sich zu Dogmen erhärten, die heute noch schwer aus den Köpfen zu schlagen sind.

Descartes bildete nur den Anfang einer Plagiatstradition, die von den folgenden Generationen fortgesetzt wird, so z.B. bei Hume mit seiner Kausalitätsthese. Seine Religionsphilosophie übernahm Pascal von Ġazālī. Pascal hat sich dabei auch eng an Ibn-Rušd gehalten. Pascal meinte, Ibn-Rušd verträte die „doppelte Wahrheit". Pascal folgte Ibn-Rušd so, wie er ihn verstanden hat. Seine Auffassung über das Verhältnis von Philosophie und Theologie übernahm Kant sowohl von Ġazālī als auch von Ibn-Rušd. Er folgte den beiden arabischen Philosophen in ihrer Theorie von der Notwendigkeit der Orientierung an der eigenen Vernunft – gegen die Dogmatik. Viele der europäischen Denker lernten Arabisch, um möglichst die Quellen aus erster Hand benutzen zu können, so z.B. Schölling, Goethe und Friedrich II. Anderen war es einfacher, die arabischen Philosophen in lateinischer Übersetzung zu lesen, so Kant und Hegel. Ġazālī diente Kant als Quelle für die „reine Vernunft" und für die „Kritik der reinen Vernunft".

Zusammenfassung

Die Lehrtätigkeit Ġazālīs wurde von Niẓām al-Mulk, Reichskanzler der Selçuken, gefördert. Nach dessen Tod wurde Ġazālī dem Druck des Kalifats ausgesetzt. Diese unterschiedlichen Umstände erklären den Wechsel in den Lehrmeinungen Ġazālīs, der stellenweise anders als seine eigentliche Überzeugung lehrte. Der auf Ġazālī ausgeübte Druck, restaurative Dogmen, Theologie und Philosophie zu vertreten, die der Herrschaftslegitimation und Systemsicherung dienlich sind, löste bei ihm einen inneren schweren Konflikt aus, der in seiner „Lebenskrise" gipfelte.

Den Widerspruch zwischen Ġazālīs eigenen Auffassungen und den Forderungen der Obrigkeit beantwortete er zunächst mit dem Rückzug aus der öffentlichen Lehrtätigkeit. Der Konflikt erwies sich als eine harte Prüfung für Ġazālī.

Im Ṣūfismus setzte sich Ġazālī in aller Härte mit sich selbst auseinander. Sein eiserner Wille und sein energisches Durchhaltevermögen versetzten ihn in die Lage, seine Lebenskrise zu bewältigen und letztlich erfolgreich zu bestehen.

Während einer langen, über zehn Jahre andauernden Zeit ṣūfistischer Erfahrungen gewann Ġazālī die Erkenntnisse, die er suchte. Es waren die Jahre, in denen Ġazālī eine neue geistige Geburt erlebte. Das war das Stadium, in dem die genuine, autonome und originelle Philosophie Ġazālīs entstand. Dieser Umstand führte ihn zur Grundlegung seiner charakteristischen Anschauungen.

Bedeutsame theoretische Leistungen Ġazālīs

Die wichtigsten Theorien, Thesen und Grundsätze des Denkens Ġazālīs seien nachstehend knapp formuliert:

1. *Einheit der Persönlichkeit:* Notwendigkeit der Einheit von Denken und Handeln. Bei Ġazālī deckten sich Leben und Lehre. Das vermittelte er auch seinen Schülern und Lesern.

2. *Offener, hermeneutischer Zirkel:* Das bedeutet, den geschlossenen hermeneutischen Zirkel aufbrechen.

3. *Der nicht von außen, sondern von innen geleitete Mensch:* Auf die Weisheit, die aus dem Inneren hervorgeht, kommt es an. Von außen kommt die Anregung, das Denken soll von innen her entfaltet werden. Die reine Vernunft ist nicht exogen, sondern endogen.

4. *Theorie der Vernunft:* Die Menschen bekommen durch ihre Sozialisation und Erziehung eine Vernunft, die von außen bestimmt ist. Die innere Vernunft wird verdrängt und mit Bewußtseinsschutt überlagert. Doch nur diese ist vom Ursprung her rein und muß wieder befreit werden, um sich entfalten zu können.

An allererster Stelle kritisiert Ġazālī die manipulierte Vernunft. Sein oberstes Gebot: Entdeckung und Entfaltung der reinen Vernunft.

Ġazālī erläutert die fünfstufige Entfaltung der Vernunft (hier am entsprechenden Ort erläutert). Ġazālī wird nicht müde zu wiederholen: Der eigenen, reinen Vernunft freien Lauf lassen.

5. *„Philosophie des Zweifels“:* Ġazālī ist der eigentliche Urheber der „Philosophie des Zweifels“: Ich zweifele, also bin ich. Descartes folgte diesem Beweismuster nach Kenntnisnahme der Arbeiten Ġazālīs in der Übersetzung.

6. *Selbständigkeit und Selbstgewißheit:* Aus der Theorie der Vernunft leitet Ġazālī die zentrale These ab: Die Selbständigkeit im Denken und die Selbstgewißheit sind das Ziel der wahren Erkenntnis. Aus dialektischer Umkehrung des Zweifels gehen Eigenständigkeit und Sicherheit des Denkens hervor.

7. *Erkenntnistheorie und Pädagogik:* Aus seiner Erkenntnistheorie zog Ġazālī Konsequenzen für seine Pädagogik. Er leitete seine Schüler zum intellektuell unabhängigen Denken und Leben an.

8. *Aneignungstheorie:* Ġazālī ist der Begründer einer genuinen Aneignungstheorie. Seinen Schülern und Lesern empfiehlt Ġazālī unablässig, seinen Unterricht zwar als Anleitung zur Kenntnis zu nehmen, jedoch ihre Vernunft eigenes Denken produzieren zu lassen.

„Aneignung" versus „Rezeption": Die Aneignung schließt Rezeption nicht aus. Eine nicht von der Person selbst entwickelte Lehre muß erst dann angenommen werden, wenn sie nach gründlicher innerer Prüfung als richtig festgestellt und vom Rezipienten nachvollzogen wird, als wäre sie von ihm selbst entwickelt worden. Gelernte Inhalte sollen erst auf Richtigkeit und Akzeptanz geprüft und dann angeeignet werden.

9. *Cave Imitationem:* Gefährlichster Virus des Denkens ist die Nachahmung. Auf die Aneignung kommt es an.

10. *Selbstbestimmtes Denken:* Reinigung des Kopfes von fremdbestimmtem Denken. Selbstbestimmtes Denken entfalten!

11. *Radikale Hermeneutik* heißt nach Ġazālī: Keine schematische Reproduktion vorgegebener Lehrinhalte. Die eigene Vernunft soll sich entfalten und ihr selbständig entwickeltes Arbeitsprodukt darstellen.

Nur das unvoreingenommene, genuine Denken ist authentisch. Vorprogrammierte Ansichten sind unecht, denn sie stammen nicht von innen, sondern von außen. Ihre Urheber sind andere. Man darf gelernte Inhalte nur dann legitim vertreten, wenn man sich mit ihnen auseinandersetzt und sie sich *aneignet*.

12. *Selbstbestimmtes, selbständiges Denken:* Nur über den Weg des unabhängigen Denkens gelangt der Mensch zu schöpferischem, innovati-

vem Geist, der imstande ist, wirkliche Lösungen für spezifische Situationen und für die jeweils auftretenden Probleme der Zeit zu bieten.

13. Ġazālī war weder Agnostiker noch Antiphilosoph, wohl aber Antidogmatiker und antiautoritär.

Ġazālī schrieb für alle Volksschichten: Philosophen, Wissenschaftler, Gebildete und weniger Gebildete. Auch für einfache und einfachste Menschen hat er kleinere Schriften verfaßt. Das hat er von seinem Ansatz her sogar tun müssen, denn letztere sind am wenigsten durch fremde Lehrmeinungen indoktriniert. Sie tragen ihre eigenen Gedanken vor und sind weniger von der geistigen Diktatur vereinnahmt. Wenn sie Formen des Volksglaubens und Aberglaubens anhängen, so ist dies leichter zu heilen als den manipulierten Menschen. Für jede Leserschicht wählte Ġazālī den angemessenen Diskurs. Stellenweise beugte sich er vor der Repression, dann jedoch widerstand er der Versuchung. Insgesamt war er kein Opportunist. Er hatte auch seine Meinungsgegner. Doch in allen Schichten des Volkes hatte er seine Kenner und Verehrer, die ihn mit großer Begeisterung gelesen haben – die einfachen und die gelehrsamen Menschen.

Ġazālī bemühte sich um die Anerkennung der ṣūfistischen Mystik, die bis dahin vom etablierten Islam mit Skepsis behandelt wurde. Da Ġazālī ein Lehramt innehatte, in hohem Ansehen stand und selbst als Ṣūfī praktizierte, wurde schon dadurch die Mystik rehabilitiert. Er versöhnte die Orthodoxie mit der Mystik, wobei bis heute jede Lebensweise ihren eigenen Weg geht. Das Verdienst Ġazālīs um die Einführung des Ṣūfismus in die Gemeinschaft wird nicht dadurch eingeschränkt, daß auch andere vor und nach ihm in Personalunion Philosophen/Theologen und Mystiker waren. Auch Ibn-Sīnā und Ibn-Rušd achteten den Ṣūfismus und übten sich in Mystik.

Verdienste um das Arabische: Die Bedeutung Ġazālīs für die arabische Sprache wird in der Literatur nicht hinreichend gewürdigt. Sie verschwindet im Schatten der großen philosophischen und theologischen Werke Ġazālīs. Wir wollen es deshalb nicht versäumen, seine Verdienste um die Bereicherung der arabischen Sprache mit Fachtermini u.a. auf dem Gebiet der Logik zu würdigen.

Die Wichtigkeit des Buches Ġazālīs über Arabisch, *al-Muṣṭaṣfa fī uṣūl al-fiqh*, und den Ruf, den es in der Klassik hatte, sieht man schon daran, daß Ibn-Rušd sein eigenes Werk über die Sprache Ġazālī widmete. Ibn-Rušd faßte die Ġazālīsche Sprachabhandlung zusammen und ergänzte sie.

Die Wirkungen Ġazālīs erreichten bereits zu Lebzeiten alle Kontinente der alten Welt. Sehr früh wurde er ins Lateinische übersetzt. „*Destructio philosophorum*" erfreute sich unmittelbar nach seiner Fertigstellung beachtlicher Verbreitung. Ġazālī übte auf Albertus Magnus und Thomas Aquinus großen Einfluß aus und wurde mit Augustinus verglichen.

Ġazālī hat eine weitreichende, nachhaltige geistige Wirkung in Gang gesetzt. Er wurde ebensohäufig gepriesen wie heftig kritisiert; selten wurde er wirklich richtig und in vollem Umfang verstanden. Jeder suchte sich bei ihm jene Stellen aus, die ihm zusagten: Die Theologen die Theologie, die Philosophen die Philosophie, die Mystiker die Mystik usw. Selektive Wahrnehmung kennzeichnet die Rezeption Ġazālīs. Ihn vollständig zu begreifen, war offensichtlich für die meisten eine Überforderung.

Epikrisis

Es ist ganz klar, daß Bildung und Ausbildung nicht nur ein Privileg sind, das mit vielen unverzichtbaren Vorteilen verbunden und für die Entfaltung des Menschen und der Kulturtechniken notwendig ist. Sie haben auch ihre Nachteile, die selten registriert werden. Sie engen das Gehirn ein. Sie lenken und steuern die Vernunft. Sehr früh lernt der Mensch, die Dinge nur mit den Augen seiner Erzieher und Lehrer zu sehen. Diese setzen ihrerseits vorgegebene Klassenziele um, die staatstragend, auf Systemerhaltung und Herrschaftssicherung aus sind. Davon abgesehen verliert der Lernende seine eigene Vernunft. Er denkt nur noch mit der geschulten Vernunft. Die Lehrinhalte dringen tief in die Denkstrukturen des Menschen ein, programmieren ihn. Er denkt nicht mehr, sondern er reproduziert, was er gelernt hat. Er wendet Denkmuster und Erklärungstheoreme an, die nicht wirklich von ihm selbst stammen. Der geschlossene hermeneutische Zirkel gibt vorprogrammierte Meinungen und geschulte Antworten wieder. Frühe Sozialisation und öffentliche Erziehung verschütten die genuine Vernunft und montieren ihre eigene. Der so bewußtgemachte Mensch ist real unbewußt, da er der eigenen Vernunft beraubt wurde. Er glaubt, selbständig zu denken; in Wirklichkeit gibt er gelernte Inhalte und indoktrinierte Positionen wieder. Auch wenn er seine eigenen Schlußfolgerungen und Konsequenzen entwickelt, basieren sie doch auf den vorgegebenen, gelernten Dogmen. Der ihm zugeschriebene Eigenanteil ist eine vorprogrammierte Konsequenz seiner Schulung, ist der Erfolg der ihm von außen vermittelten Bildung. Er wird von der Lehre versklavt, die er als Befreiung glaubt.

Kaum ein anderer Denker hat diese Gefahr so deutlich erkannt wie Ġazālī. Vor allem war er es, der einen Ausweg zeigte und praktizierte. So handelte er. So bildete er seine Schüler aus.

Im Verlauf der Individualgeschichte werden Schichten von Bewußtseinsschutt über die Vernunft gelagert. Die reine Vernunft verschwindet unter der reduzierten, manipulierten, künstlichen Vernunft. Der Mensch ist nur noch eine Maske, welche die indoktrinierten Stereotypen und Denkschemata reproduziert. Das Über-Ich verdrängt den wirklichen Menschen. Der eindimensional vorprogrammierte Mensch ist funktionabel und lenkbar wie eine Maschine.

Ġazālī hat die Tragik des Menschen, der seine eigene Vernunft verloren und eine künstliche, ihm von außen aufgesetzte, angenommen hat, in aller Klarheit erkannt und aufgezeigt, wie er sich darin emanzipiert.

Zunächst quälte sich Ġazālī damit, sich selbst von der fremden Vernunft zu befreien. Dann handelte er noch radikaler. Er weigerte sich zu lehren, um seinen Studenten nicht sein eigenes Denken aufzuzwingen. Er zog es vor, als armer Bettelṣūfī auf die Wanderung zu ziehen anstatt auf dem angesehenen Lehrstuhl der Niẓāmiyya-Universität zu thronen.

Kaum ein anderer hat die Katastrophe des manipulierten Menschen und seiner künstlichen Vernunft so deutlich gesehen und so radikal bekämpft wie Ġazālī. Lange vor dem Medienzeitalter lehnte sich Ġazālī auf gegen weit harmlosere Formen der intellektuellen Fremdbestimmung als die, welche wir heute im Zeitalter der Hirnwäsche haben. Der moderne Mensch konsumiert die Medien und prahlt mit seinem Informationsvorsprung. Real ist er eine Zeitungsausgabe wie jene, die er frühmorgens beim Kaffee gelesen hat. Er ist nur noch ein Sprachrohr. Er wiederholt, was er vom Rundfunksender empfängt.

Ġazālī lehnte es ab, Theologie, Philosophie und Politik zu lehren. In seiner radikalen Weigerung war er indes einflußreicher denn je zuvor. Aber er hatte nicht nur Sympathisanten.

Kritiker versuchten, seine Reputation zu demontieren. Ġazālī warnte vor Lektüre und Bildung zum Zwecke der Manipulation. Deshalb bezichtigte man ihn des Agnostizismus. Was für eine makabre Entstellung!

Ġazālī war weder Agnostiker noch bildungsfeindlich, wohl aber hypersensibel. Während der Jahre der freiwilligen Armut und des Sūfismus konnte er das erreichen, was er lange erhoffte und sehnsüchtig erwartete: Erleuchtung. Damit hatte er seine eigene, reine Vernunft wiedergefunden. Als ein himmlischer Blitz auf ihn einschlug, wußte er auf einmal, wie er zu schreiben und zu lehren habe.

Er hat weder Schulerziehung noch Lesefreuden prinzipiell abgelehnt. Vielmehr lehrte er, wie man lernt und wie man liest. Er selbst nahm letztlich seine Lehrtätigkeit wieder auf: Nicht Verweigerung des Studiums und der Lesekultur, sondern richtig lernen und richtig lesen.

Die größte Sünde für Ġazālī ist das Dogma. Er lehrt, jede Dogmatik, die Kommentare, die philosophische und die Fachliteratur zu verweigern – ja selbst seine eigenen Werke, die schon immer begehrten Bücher des Abū-Ḥāmid al-Ġazālī. Diese unschätzbaren Kostbarkeiten der Weltliteratur wären nicht richtig verstanden, wenn man sie als Glaubensbekenntnisse begreift. Ġazālī nützt seinen Lesern erst, wenn man ihn nach einer Kopfreinigung – auch von Ġazālī – studiert. Nur so können die Menschen von den Worten Ġazālīs profitieren. Werke sollen aber doch gelesen werden, zur Kenntnis genommen, dann soweit rezipiert und vertreten werden, wie man sie sich aneignet.

Ġazālī ist der Urheber einer eigenen Erziehungslehre. Er vertrat als Erster die Aneignungstheorie. Aneignung bedeutet, daß der Lernende alles prüft und nur so viel davon präsentiert, wie es sich inhaltlich mit seiner eigenen reinen Vernunft deckt. Der fremde Autor fungiert dabei als Formulierungshelfer, als Anregung zur Selbstdarstellung, als Anleitung und Orientierung der Entdeckung der eigenen reinen Vernunft des Lesers.

Leidenschaftlich warnt Ġazālī vor der „Nachahmung“. So stellt er zwei Begriffe einander gegenüber: „Imitation“ und „Aneignung“.

Mit Recht wurde Ġazālī als Muğaddid (Erneuerer) des fünften (Hiğrī-) Jahrhunderts bezeichnet.

Ġazālī ist einer der ersten Entdecker des geschlossenen hermeneutischen Zirkels. Er zeigte außerdem, wie man ihn aufbricht.

Ġazālī ist der derjenige Denker, dem es gelungen ist, den geschlossenen hermeneutischen Zirkel optimal aufzubrechen. Ich kenne keinen anderen, der vergleichbar den Entschluß gefaßt und durchgeführt hat, die Vernunft von allen gespeicherten vorgefaßten Meinungen freizumachen, um vom (relativen) Nullpunkt neu zu beginnen. Ġazālī erkannte, daß Theoretiker notwendig im vorgegebenen Denksystem kreisen. Schüler übernehmen die Ansätze ihrer Lehrmeister, entwickeln sie weiter, kritisieren sie, stellen Antithesen auf, bewegen sich dennoch in vorgezeichneter Denkart. Selbst Philosophen, die meinen, einen ganz neuen Weg einzuschlagen, begehen Straßen, die bereits angelegt waren. Neue Generationen reproduzieren Anschauungen ihrer Väter. Viele Schulen treten mit dem Anspruch auf, einen völlig neuen Anfang zu starten. Die Analyse deckt dennoch auf, wie sehr sie trotz gewisser Erneuerungen immer noch Kinder der Vorgeschichte bleiben. Die Ideengeschichte ist voll von Gründungsmythen. Nur Ġazālī entschloß sich, Abschied zu nehmen vom überlieferten Gedankengut mit all seinen Varianten. Er begab sich in die Isolation und stürzte in das theoretische Vakuum; ein Wagnis, das ihn an den Rand des Wahnsinns gebracht hat. Ich kann mir gut vorstellen, daß sich auch andere auf dieses Experiment eingelassen haben. Doch Ġazālī hat uns diese Fahrt in das Ungewisse des Denkens genau beschrieben. Dank seinem Munqiḏ und anderen Hinweisen können wir diesen Prozeß nachvollziehen, ohne ihn durchgemacht zu haben. Ġazālī nahm die lange Durststrecke mit ihren bis an die Schwelle des Todes reichenden Nöten und Gefahren auf sich. Er hat sie überlebt und einen wirklich neuen Anfang begonnen, dem er innerlich zustimmen konnte. Sein selbstbestimmtes Denken machte ihn zu dem Protagonisten des originellen Theoretikers *par excellence*.

Sein gefahrvoller Weg muß Ġazālī jedoch sehr zermürbt haben. Mit 53 Jahren starb er viel zu jung, und wir fragen uns, wann er die große Bibliothek mit ihren bedeutenden Werken geschrieben hat, die er uns hinterließ. Unter anderem beschrieb er uns die fünf Phasen, welche die

Vernunft von der Geburt bis zu dem Punkt, den Ġazālī erreichte, zurücklegt. Ġazālī weigerte sich, die Rezeption als Basis seines eigenen theoretischen Systems zugrunde zu legen. Zuvor hatte er sich aber qualifiziert, indem er das gesamte verfügbare theoretische Angebot studierte und sich mit ihm fundiert auseinandersetzte. Danach stellte er sich auf einen Punkt außerhalb der Erde mit all ihren Theorien und Weltanschauungen. Von diesem Standort aus ließ er seine Vernunft sich frei entfalten. Das ist radikale Hermeneutik.

Bereits zu Lebzeiten erhielt Ġazālī außergewöhnliche Laudationes. Hier nur zwei Beispiele: Ḥuǧǧat al-Islām (das Argument, die Beweiskraft des Islams); „sollte auf Muḥammad noch ein Prophet folgen, so könnte es nur Ġazālī gewesen sein".

Werke von Ġazālī, Editionen und Übersetzungen

Theologie und Dogmatik

Ġazālī, *Iḥyāʾ ʿulūm ad-dīn* (Wiederbelebung der religiösen Wissenschaften).
Das Hauptwerk Ġazālīs wurde mehrfach gedruckt herausgegeben: empfohlene Edition: Ġazālī, *Iḥyāʾ ʿulūm ad-dīn*, 4 Bde. plus Appendix und Index (Beiruter Ausgabe). Die Edition wurde um die wichtigsten klassischen Kommentare zu *Iḥyāʾ* von Ġazālī ergänzt, sowie um die Replik Ġazālīs zu den Auseinandersetzungen mit seinem Werk.

Bedeutsame zeitgenössische Autoren Ġazālīs befaßten sich mit seinem Werk „*Iḥyāʾ ʿulūm ad-dīn*". Ġazālī nahm zu diesen Auseinandersetzungen Stellung in:
Ġazālī, „al-Imlāʾ ʿan iškālāt al-Iḥyāʾ".

Weitere theologische Werke von Ġazālī:
Ġazālī, bi al-Qisṭās al-mustaqīm (Gegen die Lehre der Taʿlīmiten über die Notwendigkeit eines unfehlbaren Imāms).
Ġazālī, ad-Durra al-fāḫira (Die kostbare Perle), deutsch von: M. Brugsch, Hannover 1924.
Ġazālī, Bidāyat al-hidāya (Der Beginn der Wegweisung).
Dazu: Josef Heil, Von Mohammed bis Ghazali, Jena 1923;
W. M. Watt, The Faith and Practice of Al-Ghazali, London 1963.

Ethik

Ġazālī, *Riyāḍat an-nafs wa tahḏīb al aḫlāq* (Übungen für die Seele zur Aufrichtung der Tugend)

Ġazālī, *Iḥyā' 'ulūm ad-dīn* (Wiederbelebung der religiösen Wissenschaften).

Ġazālī, Mizān al-'amal (Wertung des Handelns), Edition: Kairo 1964.

Dogmatik

Ġazālī, al-Iqtiṣād fī al-I'tiqād (Sparsam sein in bezug auf die Dogmatik), ediert und herausgegeben in: Kairo 1962.

Sūfismus und Mystik

Ġazālī, Minhāğ al-'Ābidīn (Konzept und Programm der Anbeter), gesammelte Schriften, ediert und herausgegeben in: Kairo 1954,
deutsch von E. Bannerth, Salzburg 1964.

Ġazālī, at-Tahadduğ (Nächtliche Meditation).

Ġazālī, Miškāt al-anwār (Nische der Lichter).

„ar-Rasā'il al-farā'id min taṣānīf al-Imām al-Ġazālī", eine Edition von kleineren Schriften al-Ġazālīs, herausgegeben und gedruckt in Kairo.

Ġazālī, Mizān al-'amal (Waage des Handelns), Edition, Kairo 1964.

Ġazālī, ar-Risāla al-laduniyya (Lehrbrief zur unsichtbaren Welt), Kairo 1328 Hiğrī.

Ġazālī, al-Maqāṣid al-asna (Erhabene Ziele), Kairoer Edition o.J.

Ġazālī, Kīmyā' as-sa'āda, deutsch von: Helmut Ritter, Das Elixier der Glückseligkeit, Düsseldorf 1959.

Logik, Wissenschaftstheorie und Methodik

Ġazālī, Mi'yār al-'Ilm (Maßstab der Wissenschaft).

Ġazālī, Miḥakk an-naẓar (Das Kriterium der Theorie), Beirut 1966. In diesem Werk führt Ġazālī eine Reihe von Begriffen ein, die fachliche Inhalte präzise umschreiben sollen.

Ġazālī, al-Qisṭas al-mustaqīm (Die rechte Waage).

Philosophiekritik

Ġazālī, al-Maqāṣid al-falsafiyya (Ziele der Philosophie), ediert und herausgegeben in: Kairo 1961.

Ġazālī, „Tahāfut al-falāsifa" (Das Ungenügen der Philosophen). Arabisch mehrfach aufgelegt, französische Übersetzung 1903.

Ġazālī, Tahāfut at-tahāfut, Edition, herausgegeben in: Beirut 1962.

Erkenntnistheorie
Ġazālī, Miškāt al-anwār (Die Nische der Lichter).
Deutsche Ausgabe:
Ġazālī, Die Nische der Lichter, Hamburg 1987 – Die Übersetzung besorgte: A. A. Elschazli (empfehlenswert).
Ġazālī, Maʿāriǧ al-Quds, Kairo 1927.

Spätwerk
(etwa fünf Jahre vor seinem Tod)
Ġazālī, al-Muṣṭaṣfa min al-uṣūl[92], 2 Bde., Kairo 1322-24 Hiǧrī.

Autobiographie
Ġazālī, al-Munqiḏ min aḍ-ḍalāl (Der Erretter aus der Verirrung), verschiedene Handschriften, Abdrucke und Editionen des arabischen Originals. Englische Übersetzung 1909, deutsch von A. A. Elschazli, Der Erretter aus dem Irrtum (mit ausführlicher Einführung des Übersetzers), Hamburg 1988.

Abū-Ḥāmid al-Ġazālī, al-Munqiḏ min aḍ-ḍalāl wa al-muṣil ila ḏi al-ʿIzza wa al-ǧalāl, mit einer Einleitung, Kommentar und Erklärungen (arabisch) von: ʿAlī bu-Milḥim, Beirut 1993.

Aʿmāl al-Ġazālī al-kāmila, herausgegeben von: Dār iḥyāʾ at-turāṯ al-ʿarabī, in 5 Bänden, Beirut, Ġazālī, *Omnia opera* (arabisch).

Klassische Werke, die sich mit dem Hauptwerk Ġazālīs „Iḥyāʾ ʿulūm ad-dīn", befassen:
ʿAbd al-Qādir al-ʿaydaraus ba al-ʿulwī, Taʿrīf al-aḥyāʾ bi faḍāʾil al-Iḥyāʾ;
Sahrawardī, ʿAwārif al-maʿārif;
Zayn ad-Dīn b. al-Ḥusain al-ʿIrāqi (st. 806 Hiǧrī), al-Muġnī ʿan al-Isfār fī al-Asfār.

Repliken Ġazālīs legte er dar in seinem „al-Imlāʾ ʿan iškālāt al-Iḥyāʾ".

---

[92] editiert unter dem Titel: al-Muṣṭaṣfa fī al-uṣūl al fiqh.

Literatur und Untersuchungen zu Ġazālī

T. de Boer, Die Widersprüche der Philosophie nach Al-Ġazālī, Straßburg 1894.

Frick, Ghazalis Selbstbiographie, Leipzig 1919.

J. Obermann, Der philosophische und religiöse Sujektivismus Ghazalis, Wien 1921.

K. Azkoul, Al-Gazali, Glaube und Vernunft im Mohammedanismus, 1938.

A. J. Wensinck, La pensée de Ghazali, Paris 1940.

Abu-Ridah, Al-Ghazali und seine Widerlegung der griechischen Philosophie „Tahāfut al-Falāsifa", Madrid 1952.

G.-H. Bousquet, Ghazali iḥya' ʿouloum ed-dīn, Paris 1955.

ʿAbbās Maḥmūd al-ʿAqqād, Falsafat al-Ġazālī, Kairo 1960.

W. M. Watt, Muslim Intellectual, Edinburgh 1963.

Zwei Wissenschaftler haben sich um die Erforschung Ġazālīs besonders verdient gemacht. Beide sind Azhar-Absolventen und sowohl in Theologie als auch Philosophie kompetent:

Al-Ġazālī, Der Erretter aus dem Irrtum, übersetzt v. A. A. Elschazli, Hamburg 1988. Dem Band hat Elschazli eine längere Einleitung über Leben und Werk al-Ġazālīs vorangestellt. Sehr empfehlenswert.

Zum Verhältnis Descartes und Ġazālī sei empfohlen:
Zakzouk, Mahmoud, Al-Ghazalis Grundlegung der Philosophie – Mit einer Erörterung seines philosophischen Grundsatzes im Vergleich mit Descartes, Frankfurt 1992.

Zakzouk, Mahmoud, Al-Ghazali, in: Einführung in den Islam, Kairo 2000, SS. 475-506.

XV.
Ibn-Rušd

(1126-1198)
Abū-al-Walīd Muḥammad b. Aḥmad Ibn-Rušd

Übersicht

1. Zum Leben Ibn-Rušds
2. Das Denken Ibn-Rušds
3. Dialektik und dialektische Methode bei Ibn-Rušd
4. Die Seinsphilosophie Ibn-Rušds (1)
5. Die Polemik Ibn-Rušds gegen die Muʿtaziliten, Aschʿariten und Mutakallimūn
6. Der Philosophenstreit
7. Die Kritik Ġazālīs an Ibn-Sīnā („Tahāfut al-falāsifa“)
8. Die Kritik Ibn-Rušds an Ġazālī („Tahāfut at-tahāfut“)
9. Die Spannung zwischen Philosophie und Theologie
10. Das Problem der Wahrheit bei Ibn-Rušd
11. Ibn-Rušd legitimiert den Iǧtihād wieder
12. Historizität
13. Die philosophischen Gottesbeweise
14. Probleme des philosophischen Gottesbeweises
15. Die Beweisfalle
16. Der Absolutheitsbeweis
17. Emanation
18. Ontologie (2)
19. Materie und die Grundlegung des philosophischen Materialismus
20. Humanismus
21. *Wissenschaft*
22. *Wissenschaftstheorie*
23. Methodik und Methodentheorie
24. Das letzte Werk Ibn-Rušd:
    Politik und Kritik des herrschenden Systems
25. Sūfismus
26. Paränesen
    Ethik der Wissenschaft

Vernunft

27. Das Primat der Vernunft bei Ibn-Rušd
28. Begründung des theoretisch abgeleiteten Rationalismus
29. Die Vernunftsphilosophie
30. Zur Entwicklungsgeschichteder Vernunftsphilosophie

Die Rezeption Ibn-Rušds in Europa

31. Die Rezeption der arabischen Philosophie in der westlichen Welt
32. Zur Rezeption des arabischen Rationalismus in Europa
33. Die philosophische Arabisierung des Lateinischen
34. Ibn-Rušd in lateinischer Sprache
35. „*Destructio destructorum*" („tahāfut at-tahāfut:")
36. Übersetzungsanalysen und Fehlerkorrektur sollen die Rezeption vervollständigen
37. Einfluß Ibn-Rušds „*Destructio destructis*" auf das philosophische Denken in Europa
38. Averroismus
39. Anti-Averroismus
40. Werke von Ibn-Rušd,
41. Quellen, Literatur und Untersuchungen
42. Zusammenfassung wichtiger Thesen

Ibn-Rušd

geb. 520 Hiğrī = 1126 AD
gest. 9. Safar 595 Hiğrī = 11. Dezember 1198 AD

Der Name des Philosophen erfuhr bei der europäischen Rezeption eine Vielfalt orthographischer Deformierungen mit entsprechender Palette unterschiedlicher Ausspracheformen, die von Averros über Averroes bis Avveroes reichen.

Während seiner Studienjahre gelang es Ibn-Rušd, sich auf vielen Gebieten des Wissenschaftsspektrums seiner Zeit zu qualifizieren: Sprachwissenschaft, Logik, Philosophie, Theologie, Astronomie, Medizin und Jurisprudenz. Von ihm existieren Forschungsarbeiten auf all diesen Gebieten.

Zunächst praktizierte und lehrte er Medizin. Wegen seiner vielseitigen Interessen und seiner starken Zuneigung zur Forschung nahm er Abschied von der medizinischen Tätigkeit, blieb jedoch bis in das hohe Alter königlicher Arzt. Seine Integrität und seine ethisch geprägte Grundhaltung waren Ursache dafür, daß er – von der Richterschaft empfohlen – in die Justiz berufen wurde. Zunächst wurde Ibn-Rušd Oberrichter von Išbīliya (später: Sevilla) dann auf das höchstrichterliche Amt (qāḍī quḍā) von Qurṭuba (Córdoba) berufen. Nicht selten klagte der Philosoph über die schwere Last, die ihm dadurch aufgebürdet wurde und wie sehr er sich lieber voll und ganz der Wissenschaft gewidmet hätte.

Der Philosoph kam bereits zu Lebzeiten zu Weltruhm. Seine Bedeutung erlangte Ibn-Rušd durch seine Werke. Seine Tätigkeit in Lehre, Forschung, Ausbildung und als Autor zahlreicher philosophischer und wissenschaftlicher Arbeiten und Streitschriften brachten ihm ungeteilte Anerkennung und hohes Ansehen. Noch nicht dreißig Jahre alt, war er nach Mar(r)akesch, der Hauptstadt der Muwaḥḥidūn, berufen, um als Mitglied des Wissenschafts- und Bildungsrates an der Neukonzipierung und Neubearbeitung der Schulbücher und Lehrwerke mitzuwirken.

Das Denken Ibn-Rušds
Dialektik und dialektische Methode bei Ibn-Rušd

Bei seinem analytischen Vorgehen und bei seinen Ableitungen geht Ibn-Rušd dialektisch vor – unter Wahrung folgender Prinzipien:

Vom Konkreten zum Abstrakten: Grundsätzlich verneint er die Richtigkeit des umgekehrten Wegs und kritisiert ihn.

Deduktion, will heißen:
Von der Physik zur Metaphysik.
Vom Sichtbaren zum Unsichtbaren,
vom Weltlichen zum Göttlichen.

Methodisch folgte Ibn-Rušd dem Prinzip der Deduktion, die sich durch den antispekulativen Ansatz auszeichnet.

In seiner Auseinandersetzung mit den Muʿtaziliten meldet Ibn-Rušd den Vorbehalt an, daß die Dialektik im arabischen Osten viel weiter fortgeschritten ist als im Westen. Indes wendet er seine dialektischen

Grundsätze bewußt an und kritisiert offensiv die Arbeitsweise der Dialektikoi im Mašriq. Im Vergleich zur Methode Ibn-Rušds sind die Kalāmisten den umgekehrten Weg gegangen: Vom Abstrakten zum Konkreten (Induktion). Darin waren sie gegen Spekulation nicht gefeit. Ibn-Rušd stellt die Beziehung wieder auf die Füße.

Zu den dialektischen Kategorien Ibn-Rušds zählen vor allem:

Wesen und Form,
Potenz und Gestalt,
Inhalt und Form,
Dauer und Veränderung,
Möglichkeit und Wirklichkeit,
Ganzes und Teil,
Sein und Vergehen.
Das Paar einer Kategorie ist untrennbar. Es bildet eine Einheit. Das Verhältnis der beiden Seiten einer Kategorie zueinander ist nicht absolut, sondern relativ. Daher ist die ständige Veränderung, Entwicklung und die Entstehung neuer Qualitäten möglich und notwendig.

Was möglich ist, kann einmal wirklich werden, wenn die Bedingungen dazu erfüllt sind.

„Bewegung“ – Das Gesetz der Dynamik: Als weiteres dialektisches Gesetz erkennt Ibn-Rušd die Bewegung an – Beispielhaft an der Astronomie, wo Ibn-Rušd eine hohe Kompetenz besaß. Die Materie ist aus eigener Kraft zu dauerhafter Bewegung fähig. Die Bewegung an sich ist ewig. Daraus leitet Ibn-Rušd die Schlußfolgerung ab, daß es ein Urprinzip geben muß, das bewegt, ohne bewegt zu werden.

Veränderung: Das Paar einer Kategorie enthält die Dynamik, eine dauerhafte Entfaltung der potentiellen Kraft zu aktiver, realer Gestalt.

Kausalität (sababiyya)
Das Ursache-Wirkungs-Gesetz erreicht bei Ibn-Rušd seine optimale Entfaltung und streng logische Anwendung.

Die dialektische Methode, die logischen Analogien, Schluß und Umkehrschluß kommen bei Ibn-Rušd in seinen Gottesbeweisen beispielhaft zur Anwendung.

Die Seinsphilosophie (Ontologie) Ibn-Rušds (1)

In seiner rationalistischen Philosophie wendet Ibn-Rušd seine dialektische Methode konsequent an. Er leitet die folgenden Grundsätze ab, beweist ihre Richtigkeit und erkennt sie als notwendig an:

Das Sein ist unanfänglich.
Der Stoff des Seins ist die Materie.
Ihrerseits muß die Materie auch unanfänglich sein.
Nichts entsteht aus dem Nichts.
Im Umkehrschluß verneint Ibn-Rušd die absolute Vernichtung. Aus dem Verfall und der Verwesung der Dinge entstehen neue Seinsformen. Somit unterstreicht Ibn-Rušd das dialektische Prinzip der permanenten Veränderung der Dinge. Die Existenz ist dauerhaft. Der Stoff wird nicht vernichtet, er verändert sich. Die Veränderung erfolgt durch die in der Natur selbst wirkenden Gesetzmäßigkeiten.

Das Sein enthalte in sich latent alle Formen möglicher Entwicklungen. Die Seienden erzeugen sich aus sich selbst heraus. Sie bestehen als „Universalien" (sing. kullī, pl. kulliyyāt). Aus den Universalien gehen die Teildinge (ǧuzʾ) hervor.

Diese Ausgangspunkte leitet Ibn-Rušd systematisch und logisch sorgfältig ab und weist ihre Notwendigkeit nach.

Er lehnt jede Vorstellung ab, welche die Entstehung von Dingen aus dem Nichts annimmt. Demgegenüber erläutert Ibn-Rušd die Existenz der Seienden wie folgt:

Real seiende Dinge müssen der Idee nach bestanden haben – nicht in Tat (fiʿl), sondern der Kraft (quwwa) nach. Sie existieren als Wesen, die potentielle Formen haben, um künftig gemäß der in der Entwicklungsgeschichte angelegten Evolution Gestalt anzunehmen.

Zu diesem philosophischen Entwurf gehört das „Urprinzip", das theologisch mit Gott gleichzusetzen ist. Auch Gott habe nichts aus dem Nichts hervorgebracht. Er könne die Dinge nur erschaffen, wenn der Stoff zur Schöpfung vorhanden ist.

Fazit und Ergebnis: Das Sein existiert zunächst als Universalien (kullī), aus denen im Prozeß der Entwicklung konkrete, partielle Formen (ǧuzʾiyyāt) hervorgehen. Aus universellen Wesen entstehen Einzelwesen. Aus Einzelwesen, entstehen Dinge zunächst potentiell (quwwa), dann aktiv, real (fiʿl).

Die bedeutsamsten Schlußfolgerungen Ibn-Rušds aus seiner Seinsphilosophie sind die Erkenntnisse, daß die objektive Realität, die Materie, durch die folgenden Eigenschaften ausgezeichnet ist:

a) Unanfänglichkeit (Ewigkeit) der Materie,
b) Autonomie des Seins,
c) Bewegung ist die Daseinsweise der Materie. Daher ist die Bewegung ebenfalls unanfänglich.
d) Die Materie verfügt über ihr innewohnende evolutionäre Kraft zur selbsttätigen Entfaltung und Entwicklung.

Die Polemik Ibn-Rušds gegen die Muʿtaziliten, Aschʿariten und Mutakallimūn

Mehrere seiner Werke widmete Ibn-Rušd der Auseinandersetzung mit Strömungen seiner Zeit. Ihm ging es um Positionsanalyse und Fehlerkorrektur. Er erwies sich dabei als ein Rezensent von höchster Differenzierungsfähigkeit, Urteilskraft und intellektueller Redlichkeit. Das wichtigste seiner Werke auf diesem Gebiet dürfte sein:

Ibn-Rušd, Al-Kašf ʿan manāhiǧ al-adilla fī ʿaqāʾid al-milla, wissenschaftliche Ausgabe ed. und herausgegeben, 1998 Bairūt.

Wie es schon dem Titel „Beweissysteme der Sektendogmatik“ zu entnehmen ist, handelt es sich um grundsätzliche Auseinandersetzungen mit den vorherrschenden Strömungen. Ibn-Rušd befaßt sich damit mit der Systematik der jeweiligen Denkrichtung.

Aschʿaritische Position: Vor dem Anfang hat das Nichts bestanden (... hat nichts bestanden). Das Universum / die Welt ist in der Zeit entstanden (muḥdaṯ). Die Welt hat einen Anfang, welcher das Nichts ablöst. Nach dem Nichts kommt das Universum. Daraus folgt *Creatio ex nihilo*. Es begründet das Dogma von der „Erschaffung aus dem Nichts“. Wiederum darauf beruht der theologische Beweis für die Existenz Gottes. Daher ist die These von der „Anfänglichkeit – durch Erschaffung – der Welt“ für die Aschʿariten von substantieller Bedeutung.

Muʿtaziliten, Aschʿariten und Dialektiker vertraten die These von der „Erschaffung aus dem Nichts“, da sonst das Sein selbsttätig zustande gekommen sei. Für sie ist das der wichtigste Gottesbeweis, da sonst Gott seine *raison d'être* verlöre.

Die Antithesen von Ibn-Rušd

Er verneint die genannten Positionen. In seiner Polemik gegen die Aschʿariten vertrat Ibn-Rušd eine dezidierte Position, die für sein philosophisches System grundsätzlich ist; sie lautet: Das Sein ist unanfänglich (qadīm). Die Materie, die Welt, das Universum haben keinen Anfang. Gleichwohl ist die Welt erschaffen, doch nicht aus dem Nichts. Das Dogma von der „Schöpfung aus dem Nichts“ ist nicht notwendig, um die Existenz Gottes zu beweisen.

Ibn-Rušd verneint konsequent den Glaubenssatz monotheistischer Glaubensformen: „Die Welt sei in die Zeit eingetreten (al-ʿalām muḥdaṯ)“ und rehabilitiert die Autonomie des Seins, ohne daß deshalb die Existenz Gottes geleugnet wird: Gott ist. ER existiert (Allāh mawǧūd). Gleichzeitig verneint Averroes die „*Creatio ex nihilo*“.

Ibn-Rušd erläutert: Die Annahme von einer Anfänglichkeit der Welt geht philosophisch nicht auf, denn sie bedeutet, daß ein unendliches Wesen („Gott“) durch ein zeitliches Ereignis aus der Unendlichkeit zu einem gegebenen Zeitpunkt handelt. Dies bedeutet weiter, daß es ein „Vor“ der Zeit gegeben hat. Dieses „vor der Zeit“ endet mit Beginn der Zeit. Also ist die Ewigkeit, die Zeitlosigkeit, doch endlich, d.h. es sei keine Ewigkeit, sondern eine „Zeit vor der Zeit“. Derselbe logische Gedankengang ist analog auf den „Raum“ übertragbar. Der Widerspruch von „Zeitlosigkeit“ und „Zeitlichkeit“ geht nicht auf, daher ist ein „Anfang“ der Materie unmöglich.

Wir formulieren, allgemein gilt: Wenn die Dimensionalität die Dimensionslosigkeit ablöse, so wäre die „Dimensionslosigkeit“ durch Abgrenzung vermittels der Dimensionalität doch keine Dimensionslosigkeit gewesen.

Ibn-Rušd: Die These von der Anfänglichkeit der Welt ist unrichtig. Deshalb müssen wir annehmen, daß „al-ʿalām qadīm“, daß das Universum unanfänglich ist. Folglich muß die Annahme „*Creatio ex nihilo*“ verneint werden.

Wir definieren: Die These von der Ewigkeit der Materie bedeutet nicht, daß die Materie stets einen stofflichen Charakter hätte. Ihre Seinsformen ändern sich qualitativ. Die „Summe“ bleibt quantitativ gleich. Von einer urprinzipiellen Energieform, über die supradimensionalen, sphärischen Umwandlungen, zu den elektromagnetischen Wellen und den Korpuskeln bis hin zur stofflichen Welt besteht ein Kontinuum.

Tatsächlich führt das theoretische System der Kalāmisten und Fuqahā' in der Konsequenz zum Agnostizismus.

Ibn-Rušd kritisiert ferner das fehlerhafte Verständnis des Willensbegriffs bei den Asch'ariten. Im Weiteren kritisiert Ibn-Rušd den Horror der Asch'ariten vor der materialistischen Theorie über die Naturdialektik. Sie lehnten die These von der Eigenständigkeit der Wirkungen natürlicher Kräfte ab, da durch die Autonomie des Seins und die Eigendynamik der Natur die Allmacht Gottes geschmälert werde.

Der Philosophenstreit

Eigentlicher Grund des philosophischen Streits ist Ibn-Sīnā; eröffnet wurde er allerdings erst von Ġazālī durch dessen „Tahāfut al-falāsifa“, „Das Ungenügen der Philosophen“.

Ibn-Rušd rehabilitierte in: „Tahāfut at-tahāfut“ Ibn-Sīnā vor der ungerechtfertigten Kritik Ġazālīs. Bemerkenswert ist, daß Ibn-Rušd dabei keine Partei für Ibn-Sīnā ergriffen hat. Vielmehr hat er die Ableitungen Ibn-Sīnās von vorne aufgerollt und sie Schritt für Schritt nachgeprüft. Er stimmte mit Ibn-Sīnā so lange überein, wie dessen Ableitung richtig ist. Ibn-Rušd markiert exakt die Stelle, wo sich bei Ibn-Sīnā der Fehler einschleicht. Die Auseinandersetzungen Ibn-Rušds mit Ġazālī und Ibn-Sīnā bilden wichtige Anteile des Werkes „Tahāfut at-Tahāfut“, das dadurch zu den größten intellektuellen Genüssen der Literaturgeschichte geworden ist. Das philosophisch äußerst kompetente Werk ist zudem ein Vorbild für intellektuelle Redlichkeit.

Das lateinische „Tahāfut at-tahāfut“ löste in Europa eine neue philosophische Bewegung aus; wir werden darauf zurückkommen im Folgekapitel zur „Rezeption Ibn-Rušds in Europa“.

Ibn-Sīnā begründete die Methode, Inhalte des Glaubens *philosophisch* rational zu legitimieren
Ġazālī kritisierte derartige Rationalisierung. Nach ihm sollen Glaubensinhalte *theologisch* und nicht wie andere Wissenschaften aus materiellen Voraussetzungen abgeleitet werden. Ibn-Rušd griff ebenfalls in diesen Streit ein. Dazu verfaßte er „Faṣl al-maqāl“. „Faṣl“ ist ein multivalentialer Begriff. Die Frage, welche dieser Bedeutungsmöglichkeiten Ibn-Rušd gewählt hat, begründete einen Kommentatorenstreit. Zwei mögliche Sinngebungen kommen in Betracht „Entscheidung“ oder „Trennung“. Möglich ist auch, daß Ibn-Rušd nicht unbeabsichtigt ein doppeldeutiges Wort als Titel genommen hat. Diese Möglichkeit scheint mir sogar die wahrscheinlichere zu sein. Wegen ihrer Signifikanz werden wir auf die Abhandlung „Faṣl al-maqāl“ nachstehend ausführlich eingehen.

Die Spannung zwischen Philosophie und Theologie

Als erstes stellt sich das Problem nach der Spannung zwischen „Intellekt“ auf der einen und „Glauben“ auf der anderen Seite. Sind Philosophie und Theologie identisch (was viele Theologen heute noch meinen), oder handelt es sich um zwei Ebenen, die prinzipiell unterschiedlich sind?

Faṣl al-maqāl

Die grundlegende Schrift zu diesem Problemkomplex ist:
Ibn-Rušd, „Faṣl al-maqāl fī taqrīr mā baina aš-šarīʿa wal-ḥikma min ittiṣāl“ – „Trennung des Diskurses unter Wahrung der Verbinduing zwischen Theologie und Philosophie“.

Sitz im Leben: Auf dem Höhenflug der arabischen Klassik standen alle Bereiche des Denkens im starken Wettbewerb miteinander, zu dem auch eine heftige Polemik gehörte. Es bildeten sich Thesen, Antithesen und Synthesen heraus. Nicht immer gelangte die Fachöffentlichkeit zu einem Konsens, so daß Debatten – über Jahrhunderte – fortgeführt werden mußten. In der Epoche der Murābiṭūn und Muwaḥḥidūn, der Ibn-Rušd angehörte, verselbständigte sich der arabische Westen gegenüber dem arabischen Osten. Die Philosophie aber hat sich nicht an diese Abgrenzung gehalten. Gleichwohl war nicht zu übersehen, daß der Mašriq viel weiter als der Maġrib philosophisch fortgeschritten war. Ibn-Rušd, der aus dem Andalus stammt, hat den Rückstand des Westens nicht nur nachgeholt, sondern vielmehr stellte sich sogar als Richter über Streitfragen, die im arabischen Osten entbrannt waren, namentlich über die Debatte von Ġazālī mit Ibn-Sīnā. In diesem Rahmen entstanden „Faṣl al-maqāl“ und „Tahāfut at-tahāfut“.

„Ġazālī contra Ibn-Sīnā“, wo steht der Schiedsrichter? Um die Position Ibn-Rušds adäquat zu umschreiben, müssen wir den Kontext, aus dem „Faṣl al-maqāl“ entstanden ist, rekonstruieren und von dort seinem eigenen Gedankengang folgen, wobei „Faṣl al-maqāl“ zusammen mit „Tahāfut at-tahāfut“ gelesen werden muß. Ibn-Rušd widerlegt die Position von Ġazālī gegen Ibn-Sīnā, ohne für Ibn-Sīnā – an dieser Stelle – Partei zu ergreifen.

Gegenstand des Konflikts: Ibn-Sīnā war bestrebt, theologische Aussagen philosophisch zu beweisen. Da dies aber nicht in jedem Einzelfall möglich ist, baute sich in Traktaten Ibn-Sīnās eine innere Spannung auf. Die Widersprüchlichkeit von Ableitungen Ibn-Sīnās war bereits zu seinen Lebzeiten aufgefallen und war seitdem Gegenstand von Polemiken. Ġazālī war nicht der erste Kritiker Ibn-Sīnās, wohl aber der heftigste.

Vom Richterstuhl aus griff Ibn-Rušd in den Philosophenstreit ein. Er kritisierte Ibn-Sīnā dafür, daß er im Spannungsfeld zwischen Theologie und Philosophie versucht hatte, die Philosophie der Theologie zu unterwerfen. Die Kritik Ibn-Rušds spitzte sich an der Frage der „Wahrheit" zu: Gibt es eine theologische und eine – andere – philosophische Wahrheit? Zur Lösung dieses Problems entstand aus der Feder Ibn-Rušds eine der interessantesten philosophischen Darlegungen.

Die Position Ibn-Rušds zur Zahl der Wahrheiten läßt sich eindeutig aus dem Kontext herausfinden, aus dem die Schrift „Faṣl al-maqāl" hervorging. Ġazālī hatte an der Philosophie und an den Philosophen, besonders Ibn-Sīnā, eine heftige Kritik geübt, unter anderem daran, daß sie die „doppelte Wahrheit" vertreten oder gar verlangen. Die Abhandlung Ġazālīs forderte die Replik Ibn-Rušds heraus. Er nahm den Richterstand ein, um über Ibn-Sīnā und Ġazālī gerecht zu urteilen. Es war kein Plädoyer für Ibn-Sīnā, der wohl Ibn-Rušd näherstand als Ġazālī. Auch in „Tahāfut at-tahāfut" verteidigt der Verfasser Ibn-Sīnā gegen die Kritik Ġazālīs, versäumt es aber nicht, die Fehler Ibn-Sīnās, herauszuarbeiten.

Philosophie ist nicht Theologie: Zum ersten Mal in der Geistesgeschichte wird das Verhältnis von rationalem Denken, darunter Philosophie und Logik auf der einen Seite, und Glauben und Theologie auf der anderen grundsätzlich analysiert und mit klarem Ergebnis entschieden. Ibn-Rušd konstatiert abschließend, daß Theologie nicht Philosophie ist. Philosophie und Theologie bewegen sich theoretisch und methodisch auf zwei unterschiedliche Ebenen und sind daher prinzipiell verschieden.

Der Sinn der Abhandlung Ibn-Rušds ergab sich aus der Unklarheit in bezug auf das Verhältnis von Theologen zur Philosophie. Er hat eine bis heute gültige und hilfreiche Entscheidung getroffen, die er einerseits

mit immanent theologischen Argumenten, andererseits mit philosophischen Beweismitteln jeweils hinreichend begründete.
„Faṣl al-Maqāl“ zusammen mit „Tahāfut at-tahāfut“ gehört zu den wichtigsten Abhandlungen der Philosophiegeschichte überhaupt. Es zeigt sich aber auch, daß die Schrift „Faṣl al-Maqāl“ – in der Form, wie sie von Ibn-Rušd aufgesetzt wurde – ein Problem auslöste: Gibt es für Ibn-Rušd *eine* oder *eine doppelte Wahrheit?*

Das Problem der Wahrheit bei Ibn-Rušd

Die Abhandlung „Faṣl al-Maqāl“ eröffnete eine heftige Debatte über die Zahl der Wahrheit(en) bei Ibn-Rušd, die bis heute in der Literatur und bei Fachtagungen anhält. Tatsächlich äußert sich dieses Buch nicht direkt zur Frage nach der Zahl der Wahrheit(en). Offensichtlich erkannte Ibn-Rušd keinen Handlungsbedarf, sich dem Problem zu stellen. Damit wurde aber ein Kommentatorenstreit ausgelöst: Gibt es nach Auffassung von Ibn-Rušd „eine“ oder eine „doppelte Wahrheit“? Wir sind daher auf die streng konsequente Hermeneutik angewiesen.

Ein Teil der Forscher interpretiert Faṣl al-Maqāl im Sinne einer „doppelten Wahrheit“. Sie schlußfolgern: Ibn-Rušd vertrete die „doppelte Wahrheit“, denn die Theologie geht einen anderen Erkenntnisweg zur Wahrheitsfindung als die Philosophie. Daher gelangen beide zu jeweils anderem Wahrheitsverständnis: „offenbarte Wahrheit“ versus „rationale Wahrheit“.

Interessanterweise vertreten europäische Averroesforscher – sofern sie sich mit Faṣl al-Maqāl befassen – die Hypothese von der „doppelten Wahrheit“ (*„double verité“*). Es sei an dieser Stelle darauf hingewiesen, daß es sich dabei nicht nur um hermeneutische, sondern auch um Leseprobleme handelt. Europäische Orientalisten haben „faṣl“ mit „Entscheidung“ übersetzt. Diese Angabe ist rein lexikal gesehen zwar richtig, trifft jedoch hier nicht zu. Mit dem linguistischen Irrtum geht die Mißinterpretation des Werkes einher.

„Faṣl“ muß in seiner wörtlichen Bedeutung genommen werden, um den von Ibn-Rušd gewünschten Sinn zu ermitteln. Ibn-Rušd hat mit an Wahrscheinlichkeit grenzender Sicherheit „faṣl“ in der Bedeutung von: „Scheiden, Trennung“ verwenden wollen. So soll also der vollständige Titel der Abhandlung richtig wiedergegeben werden: „Die Trennung der Rede unter Wahrung der Verbindung zwischen Religion und Philosophie". In der Tat hat Ibn-Rušd eine recht schwierige Formulierung gewählt. In der eben angegebenen Übersetzung haben wir „taqrīr" noch nicht aufgenommen; es heißt „Feststellung", „Entscheidung". Wir kommen der Formulierung Ibn-Rušds am besten wie folgt entgegen: „Die Trennung der Rede bei Feststellung der Verbindung zwischen Religion und Philosophie". Unter der Voraussetzung, daß meine Lesart richtig ist, hat Ibn-Rušds bereits in der Überschrift der Arbeit seine Position ausformuliert. Abgesehen jedoch von der komplexen Formulierung und ihrer translatorischen Problematik deckt sich meine These von der „einen Wahrheit" nicht nur mit der Einzelhermeneutik der Schrift sondern auch mit der Gesamtheit des Ibn-Rušdschen Denkens, das ja in sich konsistent ist.

„Die Trennung des religiösen vom philosophischen Diskurs bei Feststellung der Verbindung zwischen beiden" entspricht dem arabischen Titel in sprachlicher Hinsicht und deckt sich mit dem Denken Ibn-Rušds.

Da eine Übersetzung nie das Original voll erfaßt, seien noch einige Varianten nachgetragen:
„Scheidung der Rede unter Wahrung der Verbindung zwischen Religion und Weisheit" (ḥikma bedeutet „Philosophie plus rationale Wissenschaft").
„Bei Feststellung der Verbindung zwischen Theologie und Philosophie soll der Diskurs unterschieden werden".

Die Fehlübersetzung wirkte sich verhängnisvoll auf die Hermeneutik des Ibn-Rušdschen Werkes in Europa aus. Wir hoffen, daß damit ein Jahrhundertirrtum revidiert wird. Nach Klärung des linguistischen Streits wenden wir uns der inhaltlichen Frage zu.

Indes besteht der Konflikt um die Zahl der Wahrheit(en) bei Ibn-Rušd ebenfalls bei arabischen Forschern. Auf dem Kongreß zu Ehren Ibn-Rušds aus Anlaß seines achthundertjährigen Jubiläums haben wir in Kairo (1998) auch über diese Frage debattiert. Der ausgewiesene Ibn-Rušd-Experte Professor ʿĀṭif al-ʿIrāqi trat für eine Interpretation im Sinne „doppelter Wahrheit" ein. Im gleichen Jubiläumsjahr referierte der tunesische Ibn-Rušd-Forscher Professor ʿAbd al-Maǧīd al-Ġannūšī (Abdelmajid el Ghannouchi) überzeugend in dem Sinne, „faṣl" nicht als „Entscheidung", sondern als „Trennung, Scheidung" zu deuten.

Die Grundthesen von „Faṣl al-Maqāl“ fassen wir nachstehend zusammen:

1. In dieser Schrift wird zunächst die Notwendigkeit der Trennung der „Philosophie und Wissenschaft“ (beide zusammen als „ḥikma“ bezeichnet) auf der einen Seite von Religion und Theologie auf der anderen gefordert.
2. Theologie und Philosophie gehen prinzipiell unterschiedliche Wege. Glaube und Denken sind zweierlei.
3. Ibn-Rušd stellt die religiöse Wahrheit nicht in Frage, sagt aber, daß ihre Herleitung eine andere ist als die des philosophischen Erkenntnisweges.
4. Durch den Glauben – vermittels der Offenbarungsschriften – gelangen Menschen zur Wahrheitserkenntnis.
5. Über den philosophischen Weg gelangen Menschen – vermittels rationalen Denkens – ebenfalls zur Wahrheitserkenntnis.
6. Die beiden Wege – Philosophie und Theologie – gelangen unabhängig voneinander zur Wahrheitserkenntnis. Die beiden Wege sind getrennt hinsichtlich ihrer Voraussetzungen und Erkenntnismittel.
7. Die Erkenntniswege von Theologie und Philosophie dürfen miteinander nicht vermischt oder vermengt werden. Sie sollen auf der ganzen Linie konsequent getrennt bleiben, ihre jeweilige Theoretik, Systematik und Methodik einhalten. Ibn-Rušd warnt vor Sprüngen vom philosophischen in den theologischen Diskurs und umgekehrt, da dadurch die Gesetze der Logik gebrochen werden und die Konsistenz der Ableitung nicht eingehalten wird. Die Herleitung wäre brüchig, ungeachtet dessen, ob die Ergebnisse – für sich gesehen – richtig sind.
8. Die Unterscheidung von „Philosophie“ und „Religion“ soll nicht dazu verführen, beide gegeneinander auszuspielen. Ibn-Rušd: Religion und Philosophie sind miteinander innigst verbunden. Sie sind nicht identisch, bewegen sich aber auf zwei parallelen Wegen.
9. *Konsequenz:* Ibn-Rušd sagt es nicht ausdrücklich, doch man solle ihn wie folgt verstehen:

Die beiden Wege – der philosophische und der theologische – führen zur selben Wahrheit. Ratio und Glauben sind miteinander durch das Endresultat verbunden. Die Wahrheit ist in beiden Fällen identisch. Bei diesem Ergebnis wird das hermeneutische Problem gelöst.

Die Position Ibn-Rušds zu diesem Problem wollen wir nachstehend zeichnerisch darstellen:

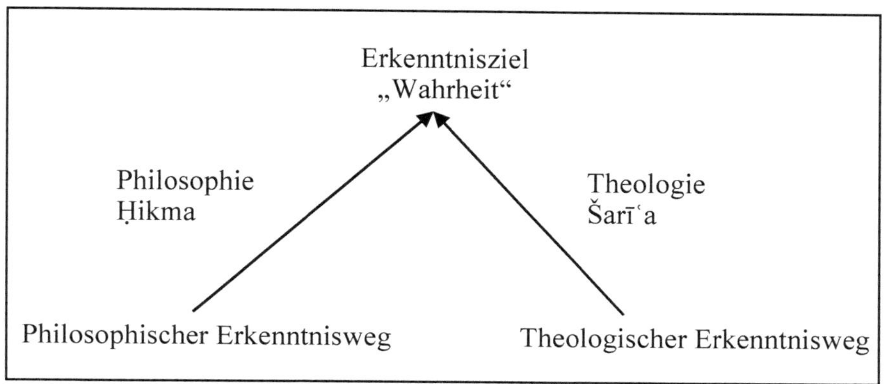

Zur Wahrheitserkenntnis führen zwei voneinander unabhängige Wege – Theologie und Philosophie. Sie gehen getrennte Wege. Sie starten aus erkenntnismäßig unterschiedlichen Voraussetzungen, begegnen sich jedoch am Ziel, das beide Interessen verbindet, nämlich der Wahrheitsfindung. Ibn-Rušd vertrat das Prinzip, das die Offenbarung mit der Vernunft, wenn sie richtig arbeitet, zwar nicht theoretisch und methodisch, aber im Endresultat, übereinstimmt. Im Gegenzug werde der Mensch durch die philosophische Erkenntnisfähigkeit zu denselben Ergebnissen gelangen, welche in den heiligen Schriften offenbart sind. Demnach vertritt Ibn-Rušd nicht eine doppelte, sondern „eine Wahrheit“.

Der Stolperstein bei Ibn-Rušd ist wohl die sechste These. In der Forschung besteht noch lange kein Konsens zur Lösung des Problems der Wahrheit bei Ibn-Rušd. In „Faṣl al-maqāl“ hält er daran fest, daß Philosophie und Theologie getrennte Wege zur Wahrheitserkenntnis gehen. An diesem Satz stoßen sich nicht wenige Leser: wieviel Wahrheiten gibt es denn? Es müsse wohl eine philosophische und eine theologische, also zwei Wahrheiten, geben.

Man muß aber alle Thesen zusammennehmen. Auf der Basis unserer Zusammenfassung in Form dieser Thesen beantwortet sich die Frage nach der Wahrheit. Für Ibn-Rušd gibt es *eine* einzige Wahrheit, die über zwei unterschiedliche Wege ermittelt werden kann. Es handelt sich um eine sowohl theologisch wie philosophisch ermittelbare *eine* Wahrheit.

Die Meinung, Ibn-Rušd trete für die „doppelte Wahrheit“ ein, ist nach meinem Urteil falsch. Die Position Ibn-Rušds für die „eine Wahrheit“

geht außerdem aus seinen Kommentaren zu Aristoteles Physik und Metaphysik hervor. Aber auch aus „Faṣl al-maqāl“ selbst. Wenn man den Inhalt der ganzen Schrift zusammen betrachtet, kann Ibn-Rušd nur von einer einzigen Wahrheit argumentieren, sonst geht der Sinn seiner Abhandlung nicht auf. Schließlich kann Ibn-Rušd aus dem Kontext seines Gesamtwerkes nicht anders interpretiert werden, als daß es sich in beiden Fällen von Philosophie und Offenbarung um eine und dieselbe Wahrheit handelt: Philosophie und Theologie stimmen in ihrem Endergebnis miteinander überein.

Zusammenfassung: Das umfangreiche Gesamtwerk Ibn-Rušds – so unterschiedlich seine behandelte Thematik auch ist – ist in höchstem Maße einheitlich und konsistent wie bei kaum einem anderen Autor. In diesem großen Opus begegnet uns nirgends eine direkte oder indirekte Erwähnung einer „doppelten Wahrheit“. Zu den Prinzipien Ibn-Rušds gehört die Forderung, Aussagen nicht zwei-, sondern eindeutig aufzustellen, und sie frei von Ambivalenz zu formulieren. Er kann also nicht die „doppelte Wahrheit“ indirekt, verklausuliert vertreten haben. Andererseits verneint er nicht ausdrücklich die Annahme einer „doppelten Wahrheit“; dazu hatte er eben keine Veranlassung gehabt. Doch würde eine Auffassung von zweierlei Wahrheiten seiner Makrotheorie im Kern widersprechen. Die Tatsache, daß er in „Faṣl al-maqāl“ unbefangen von „Wahrheit“ spricht, zeigt, daß er nur an ***eine*** gedacht hat. Darin stimmt er mit dem vorherrschenden Konsens überein. Die Vorstellung, Ibn-Rušd vertrete die doppelte Wahrheit muß man entschieden als eine Fehlinterpretation zurückweisen.

Zu dem Problem, ob Ibn-Rušd *„eine“* oder eine „doppelte Wahrheit“ vertrete, würde er antworten: Glaube und Philosophie sind zwei voneinander unabhängige Wege, die zur *„einen“* Wahrheit führen. Für Ibn-Rušd ist die „eine Wahrheit“ über einen „doppelten Weg“ erkennbar und erreichbar.

Um Ibn-Rušd hermeneutisch gerecht zu sein, müssen wir Faṣl al-maqāl wie folgt lesen: Die „eine Wahrheit“ wird auf zweifachem Wege, dem theologischen Glaubensweg und dem vernunftmäßigen, philosophischen ermittelt. Die eine ist Inhalt der Offenbarungsschriften, die andere wird vermittels logischer Herleitung philosophisch und rational festgestellt. Das sind aber nicht zwei, sondern eine Wahrheit – durch zwei verschiedene Erkenntnissysteme ermittelbar.

Ibn-Rušd wurde ferner unterstellt, in anderer Hinsicht die doppelte Wahrheit zu vertreten: Die eine sei für die Elite, die andere für die Masse bestimmt.

Hierbei müssen wir vor diesem recht verbreiteten Irrtum in der Rezeption Ibn-Rušds warnen. Er vertritt nicht die Auffassung, daß es zwei Wahrheiten in dem Sinne gäbe, daß die eine für die Allgemeinheit (ʿāmma), und eine andere Wahrheit für die Gelehrten, die Elite (ḫāṣṣa), bestimmt sei. Vielmehr soll man auf das Auffassungsvermögen der Adressaten Rücksicht nehmen. Die öffentliche Rede, Unterrichtsinhalte und Didaktik sollen die Hörerschaft nicht überfordern. Sehr wohl räumt Ibn-Rušd ein, daß die Allgemeinheit nicht über die Kompetenz verfügt, alles zu begreifen, was erst durch gründliche, längere Gelehrsamkeit erworben werden kann. Hieraus ergibt sich die Verpflichtung, der breiten Bevölkerungsmehrheit soviel vorzutragen, wie sie zu verstehen imstande ist. Demnach handelt es sich für Ibn-Rušd nicht um zwei Wahrheiten, sondern um zwei Diskurse.

al-ḥikma šaqīqat aš-šarīʿa
wa uḫtuha ar-raḍīʿa

„Die Philosophie ist die Zwillingsschwester der Theologie,
die mit ihr zusammen aus der gleichen Brust gestillt wird",
schreibt Ibn-Rušd in „Faṣl al-maqāl".

Ibn-Rušd legitimiert den Iǧtihād wieder

Iǧtihād wörtlich: „(intellektuelle) Anstrengung", bedeutet die Suche nach Antworten auf offene Fragen. Damit wird gestanden, daß die heiligen Bücher nicht alle Probleme lösen. Vielmehr gibt es offene Fragen, die nach Antworten verlangen. Man orientiert sich dabei an vorgegebenen Prinzipien in den Offenbarungsschriften. Das Recht zum Iǧtihād hat nicht jeder. Seine Ausübung setzt eine hohe Qualifikation voraus. Ein Gelehrter erwirbt die Kompetenz zum Iǧtihād nach langer Ausbildung und praktischer Bewährung. Die rechtliche Anerkennung als „Muǧtahid" muß durch eine Lehrinstitution öffentlich legitimiert werden.

Schon immer erwies sich Iǧtihād als wichtiger Motor des theologischen, philosophischen, politischen und gesellschaftlichen Fortschritts, denn er stellt eine Gegenkraft zum Konservatismus dar.

Seit der Jahrtausendwende, der „zweiten Hälfte der Herrschaft der ʿAbbāsiden", verstärkte sich ihre Tendenz zur Restauration. Hoftheologen haben den Iǧtihād für abgeschlossen erklärt (d.h. alle offenen Probleme seien schon gelöst), um damit Erneuerern den Wind aus den Segeln zu nehmen. Dem Kalifat wurde damit die Legitimation dafür geliefert, den Iǧtihād zu verbieten. Reforminitiativen Niẓām al-Mulks wurden außer Kraft gesetzt.

Diese Wende hat jedoch die Muʿtaziliten und Mutakallimūn nicht zum Schweigen gebracht. Sie beriefen sich auf das Recht zu Iǧtihād, der immer zulässig zu sein hat. Die offiziellen Erlasse bekräftigten weiterhin das Verbot und daß es keinen Handlungsbedarf zu Iǧtihād mehr gebe, da alle offenen Fragen entschieden worden seien. Kritiker sollten endgültig entwaffnet werden.

Im Gegenzug rief Ibn-Rušd zum Iǧtihād auf. Seinerseits betätigte er sich als Vorreiter einer neuen Iǧtihād-Epoche. Die Freiheit zum Iǧtihād war schon immer eine wichtige Bedingung zur Entfaltung der Wissenschaften und gesellschaftlichen Entwicklung überhaupt. Diese Grundhaltung entsprach der Einstellung der Muwaḥḥidūnbewegung gegen die Strenge der Murābiṭūn. Ibn-Rušd, der beide Epochen erlebte, fand die Unterstützung der Muwaḥḥidūn – bis der Konflikt mit Manṣūr ausbrach.

Historizität

Jede Aussage – auch die Offenbarung – ist von Zeit und Raum abhängig

Beachtenswert ist das rationale Verhältnis Ibn-Rušds zu allen religiösen Fragen, ohne daß er grundsätzlich den Glauben und den Monotheismus verworfen hätte. Im Gegenteil, Ibn-Rušd nahm für sich das Recht in Anspruch, selbst über Richtigkeit und Irrtum in theologischen Fragen zu entscheiden. Als oberster Richter hatte er dieses von Amts wegen tun müssen. Bei dieser Praxis wurde er öffentlich bestätigt.

Weit seiner Zeit voraus – 600 Jahre vor Schleiermacher – vertrat er eine aufgeklärte, rationale Einstellung zu allen Fragen des Glaubens. Der Muwaḥḥidūn-Staat, besonders unter Abū-Yaʿqūb Yūsuf förderte bewußt die Modernisierung auch der Religion.

Die Positionen zwischen der Philosophie Ibn-Rušds und der konservativen Theologie widersprachen sich immer mehr. Die Gegensätze spitzten sich zu, wenn die Rede auf die Offenbarung bezogen wurde. Für die Theologen ist der Koran ewig, nicht erschaffen. Ibn-Rušd lehrte hingegen die Erschaffung des Korans; er ist nicht ewig. Er ging noch weiter und vertrat die Abhängigkeit selbst offenbarter Texte von ihrer Zeit. Sollte der äußere Schein eines Verses (ẓāhir al-ayāt) im Widerspruch zur Vernunft stehen, so habe man der eigenen Vernunft zu folgen.

Rational eingestellt waren auch die Dialektikoi und die Muʿtaziliten. Sie hatten ihren Schwerpunkt im Osten und waren im Westen kaum vertreten. Doch konnte Ibn-Rušd sie ebensowenig ignorieren wie ihnen zustimmen.

Die Koran-Hermeneutik bei Ibn-Rušd ist der der Mutakallimūn entgegengesetzt

Im arabischen Osten setzte sich in weiten Kreisen die „Ẓāhir/bāṭin"-Dialektik durch. Demnach sei der äußere Ausdruck (ẓāhir) von Koranversen dem inhaltlich verborgenen Sinn (bāṭin) untergeordnet. Nach dieser Position komme es nicht auf den äußeren Ausdruck, sondern auf den verborgenen Sinn an.

Die Position von Ibn-Rušd: „ẓāhir al-ayāt aqrab ila al-ʿaql min bāṭiniha. wa iḏa iḫtalafa ẓāhir al-ayāt maʿa ma yaqtaḍīh al-ʿaql, fa-yanbaġī ann natbaʿa al-ʿaql".

„Der äußere Ausdruck der Verse steht dem Verstand näher als der (vermeintlich, K.K.) verborgene Sinn. Sollte das Äußere im Widerspruch zur Vernunft stehen, müssen wir der Vernunft folgen".

Nach dieser Auffassung Ibn-Rušds ist eine Polarisierung in „Äußeres" und „Verborgenes" hinfällig. Der äußere Sinn der Offenbarung steht dem Verstand näher als die Interpretationen der Mutakallimūn (Dialektiker, Aschʿariten).

Die eigentliche Kritik an den Dialektikoi ist wohl die, daß die Aufspaltung in „Äußeres" und „Inneres/Verborgenes" den Interpreten und Kommentatoren breiten Raum zur freien Auslegung öffne. Die Herrschenden ebenso wie die Gegner können ihre Interessen durch eine beliebige Auslegung rechtfertigen, indem einem geeigneten Text ein verborgener Sinn zugeschrieben wird.

Ibn-Rušd räumt ein, daß die Dialektik (ʿIlm al-kalām) im arabischen Osten viel weiter entwickelt ist als im Westen. Mit diesem Vorbehalt wollte er seine Zurückhaltung hinsichtlich weitergehender Kritik an ʿIlm al-kalām (Dialektik) begründen. Er läßt jedoch keinen Zweifel daran, daß er die aschʿaristische Dialektik in bezug auf die Koranauslegung ablehnt.

Die philosophischen Gottesbeweise

Der Fortschritt des Rationalismus und der Philosophie begünstigte die Verbreitung von atheistischen Tendenzen. Besonders in intellektuellen Zirkeln und bei Literaten nahm diese Tendenz seit Rāzī zu. Das Phänomen zog soweit Kreise, daß man schon damals von „Malāḥida" (Atheisten) als einem breitem Phänomen sprach. Ibn-Rušd erkannte den Handlungsbedarf und lieferte drei philosophische Beweise dafür, daß es Gott gibt. Damit unternahm er den ersten geistesgeschichtlichen Versuch, die Existenz Gottes rein rational zu beweisen. Ironischerweise haben die Anhänger Ibn-Rušds gerade in Europa die Philosophie ihres Meisters als Argument für die Unabhängigkeit von Gott und der Kirche begriffen und den Averroismus auch so vertreten.

Zum ersten Mal in der Geistesgeschichte wird der Versuch unternommen, die Existenz Gottes philosophisch zu beweisen und die Beweiskette logisch einwandfrei bis zum Resultat durchzuführen. Ibn-Sīnā war in dieser Hinsicht ein Protagonist, konnte jedoch nicht ganz spekulationsfrei die Beweisführung konsequent einhalten.

Bei der Ableitung der Gottesbeweise kommt die Anwendung der Dialektik Ibn-Rušds am deutlichsten zur Geltung. Er geht weit über den schon bei den alten Ägyptern angelegten Ansatz von der Notwendigkeit eines „Urprinzips" zur Erklärung der Entstehung des Seins. Andererseits handelt es sich bei Ibn-Rušd um einen philosophischen, nicht um einen theologischen Ansatz, denn der Glaube bedarf keines intellektuellen Beweises. Gleichwohl legt Ibn-Rušd damit – ohne den Anspruch zu erheben – die Grundlage der heute noch gültigen „systematischen Theologie" an. Aus real existierenden Phänomenen, deren Wirklichkeit kein Mensch leugnet, läßt sich auf die Existenz Gottes schließen.

Die Begriffe Allāh (= Gott), erste Ursache, *causa prima* und muḥarrik la yataḥarrak sind bei Ibn-Rušd inhaltlich synonym. Der Ausdruck „Fā'il" (Macher, Verursacher, Tuender, Täter, Aktivator, Subjekt), der von den Dialektikern geprägt wurde, ging zunächst in die arabische Linguistik im Sinne von „grammatischem Subjekt" ein, dann in die Philosophie allgemein. Seine Verwendung durch Ibn-Rušd gab dem Ausdruck „Fā'il" den Charakter eines Terminus technicus. Seitdem ist Fā'il aus dem philosophischen Begriffsinstrumentarium nicht wegzudenken. Er kommt bei Mūsā b. Maimūn, einem der ersten Rezipienten Ibn-Rušds vor und gehört von da an zum Wortschatz der Philosophie. Aus dem Ausdruck „Fā'il" ist das lateinische „Subjekt" zu seiner grammatischen und philosophischen Bedeutung umgewidmet worden.

Die drei Gottesbeweise Ibn-Rušds im einzelnen:

Erster Gottesbeweis
„Bewegungsbeweis" (dalīl al-ḥaraka)
Causa prima immobile
Der Urbewegerbeweis

Das Vorhandensein der Bewegung ist so zu erklären, daß ein Körper, der sich bewegt, einen anderen ruhenden Körper durch einen Impuls in Bewegung setzt. Die Zurückverfolgung dieser Dynamik zwingt zu der

Schlußfolgerung, daß ein Urprinzip besteht, das die Dinge bewegt, ohne bewegt zu werden. Es muß so sein, daß sich das Urprinzip aus eigener Kraft, autonom, bewegt. Es bewegt, ohne bewegt zu werden, sonst wäre die Bewegung unendlich. Notwendigerweise muß die Bewegung einen Ausgang haben, von der aus die Kausalkette ausgeht. Gott ist der erste Beweger, das Urprinzip der Bewegung: muḥarrik la yataḥarrak.

Ibn-Rušd vertrat die These, daß die „Bewegung" ewig ist. Aus dieser These leitete er seinen ersten Gottesbeweis ab. Die Tatsache, daß die Bewegung eine allgemeine Eigenschaft der Materie ist, verlangt nach einer Erklärung. Durch einen „Impuls" gerät ein Gegenstand in Bewegung. Doch um ein Ding in Bewegung zu setzen, muß der Beweger zuvor bewegt werden. Jeder Beweger muß seinerseits seinen Beweger haben. Die Reihe der bewegten Beweger ist somit endlos. Daraus schloß Ibn-Rušd scharfsinnig, daß es ein Urprinzip, einen primären Beweger, geben muß, der bewegt, ohne bewegt zu werden: muḥarrik la yataḥarrak „*Causa prima immobile*".

Das universelle Phänomen der Bewegung setzt voraus, daß die Urbewegung aus einem Urprinzip hervorgehen muß, nämlich Gott.

So eigentlich verstehen wir erst den Materialismus. Er darf nicht auf das flache Niveau des Marxschen Denkens, der Materialismus und Atheismus aneinander koppelt, reduziert werden. Ibn-Rušd erkennt die Autonomie und die Ewigkeit des Seins. Damit legt er die Grundlage einer spekulationsfreien Wissenschaft. Der Materialismus ist nicht an die Frage gebunden, ob es Gott gibt oder nicht.

Der erste Gottesbeweis leitet zum zweiten über.

Zweiter Gottesbeweis
„Erfinderbeweis" oder Werkerbeweis (dalīl al-iḫtirāʿ)

Werke lassen auf ihren Werker schließen. Jeder Gegenstand weist auf seinen Hersteller hin: Hammer und Ambos auf den Eisenschmied, ein Ring auf den Goldschmied, ein Schrank auf den Schreiner, eine Wand auf den Maurer.

Der Werkerbeweis Ibn-Rušds bezieht sich allerdings konkret und präzise auf die Erfindung des *Lebens*, das durch den Akt eines Erfinders „ins Leben" gerufen wurde (daher „Erfindungsbeweis"). Jedes Produkt läßt auf den Produzenten schließen. Die Erfindung weist auf den Erfinder hin. Das „Leben“ ist die Urerfindung. Leben wird in Lebloses gesetzt, das dadurch zum lebendigen Wesen wird.

Die Erfindung des Lebens kann nur auf einen göttlichen Urheber zurückgeführt werden, der planvoll das gesamte Sein zustande gebracht hat.

Die Herleitung dieses Erfinderbeweises, des zweiten Beweises, basiert auf zwei Prämissen (muqaddima):
a) Die Dinge des Alls sind erfundene Dinge.
b) Alles Erfundene setzt einen Erfinder voraus.
Daraus folgt: Alles Seiende weist auf den Schöpfer hin.

Wir verstehen die Beweisführung Ibn-Rušds richtig erst nach Einbeziehung seiner Auseinandersetzung mit Ibn-Sīnā über diese Frage. Ibn-Rušd kritisiert die Beweisführung Ibn-Sīnās.

Der Erfindungsbeweis – sowohl nach Ibn-Sīnā als auch nach Ibn-Rušd – leitet sich aus dem Prinzip ab, daß aus dem Produkt auf den Produzenten geschlossen wird, aus der Schöpfung auf den Schöpfer.

Ibn-Rušd leitet weiter her: Die „Erfindung“ besteht darin, daß die in der „Materie“ verborgene „Form“ zum „Vorschein“, die „Kraft“ zur „Realität“ (fiʿl), die „Energie“ zur „Tat“ gelangt. Beispiel: Aus der Materie entsteht Leben, auch botanisches Leben. Die Bäume liefern Holz. Also wird aus der Materie „Holz“ hervorgebracht. Gott ist also nicht in dem Sinn ein Werker, wie ein Tischler, der aus dem Holz die „Form Tisch“ herstellt. Vielmehr wirken die in der Materie angelegten autonomen Kräfte selbsttätig, nachdem Gott der Materie Lebenskraft verliehen hat.

Nach Ibn-Sīnā greift Gott in die Materie ein.
Ibn-Rušd hingegen wahrt die volle Autonomie der Materie. Er läßt dem Sein seine Eigenständigkeit und Ewigkeit, während Ibn-Sīnā sich Gott sozusagen als Superhandwerker vorstellt.

Auf diesem Ansatz Ibn-Rušds beruht sein Prinzip von den „Universalien“. Aus den universellen Wesen (ǧawhar) gehen Teilwesen (guzʾiyyāt) hervor. Die Dinge existieren potentiell in der „Materie“ (mādda), aus der die „Form“ (ṣūra) hervorgeht. Zunächst besteht die universelle Materie, aus der Teilwesen hervorgehen. Aus der universellen Form entstehen Teilformen. In der Form ist potentielle „Kraft“ (quwwa) angelegt, die dann in Tat (fiʿl) in Erscheinung „real“ tritt. Aus der Materie wird die Form „Flora, Bäume, Holz“.

Genial vereint Ibn-Rušd den Widerspruch zwischen dem „Schöpfergedanken“ einerseits und der Autonomie des Seins andererseits. Der Erfinder steht nicht in der Werkstatt des Alls und bewirkt die Welt, wie man sich vulgär die Beziehung von „Schöpfer“ und „Schöpfung“ vorstellt. Die Materie hat einen Schöpfer, aber keinen Anfang. Die Materie bleibt ewig, autonom, zu Eigenbewegung befähigt und verfügt über evoltive Kraft. Auch der Schöpfer war auf das Vorhandensein der Materie angewiesen.

Der Herleitung nach handelt es sich beim Erfinderbeweis um eine philosophische Analogie zum Schöpfungsargument der Offenbarung, das seinerseits Grundlage des Glaubens ist. Ibn-Rušd selber nennt seinen dritten, nachstehenden Beweis „dalīl al-ʿInāya“ – Fürsorgebeweis. Somit bilden der zweite und der dritte Beweis eine Einheit. Die Dinge existieren nicht konfus und nicht zwecklos. Sie sind im Interesse des Menschen. Von da gelangt Ibn-Rušd zu seinem dritten Beweis.

Dritter Gottesbeweis
„Teleologischer Gottesbeweis“ oder „Umsorgebeweis“ (dalīl al-ʿināya)

Sämtliche Details der Schöpfung sind aufeinander abgestimmt und ergänzen sich gegenseitig in sinnvoller Weise. Alle Dinge entsprechen dem menschlichen Bedarf und passen zueinander, daher ʿInāya (Umsorge) genannt. Die vollendete Ordnung der Schöpfung entspricht genau den Bedürfnissen der Menschen, dient ihrer Erhaltung, Reproduktion und Mehrung.

Das vollkommene, integrierte Versorgungskonzept, das zum Wohl der Menschen eingerichtet ist, deutet auf seinen Schöpfer hin. Alles kommt dem Interesse der Menschen entgegen. Die gesamte Schöpfung läßt auf Gott schließen.

Nach dem zweiten Beweis wird auf den Erfinder durch sein Produkt, nach dem dritten auf den Schöpfer durch den ***Sinn*** seines Handelns geschlossen.

Erfindungen und Werke, aus denen das Universum bestellt ist, existieren nicht konfus, nicht chaotisch, vielmehr sind sie sinnvoll und zweckmäßig angeordnet. In der Welt bestehen Systematik und Ordnung. Damit kommt Ibn-Rušd zu seinem dritten Beweis, dem teleologischen Gottesbeweis. Teleologie ist die Zweckursächlichkeit. Man schließt auf die Ursache durch den Zweck der Dinge. Man gelangt zum Verursacher durch den Sinn seines Handelns und seiner Taten. Die Schöpfung ist zielgerichtet und läßt so auf den Schöpfer schließen. Die Zweckmäßigkeit und der Endzweck weisen auf einen Plan, auf eine zwecksetzende göttliche ***Vernunft*** hin. Bei Iḫwān aṣ-Ṣafāʾ ist die Vernunft die erste Schöpfung Gottes.

Da alles Seiende dem Menschen dient, und alles, was er zu seiner Existenz bedarf, gewährleistet ist, ist er der eigentliche Sinn der Schöpfung.

Alle drei Beweise hängen eng miteinander zusammen; jeder Beweis führt zum nächsten.

Alle drei Gottesbeweise Ibn-Rušds haben sich durchgesetzt. Sie sind von allen monotheistischen Religionen in West und Ost rasch rezipiert worden und zur Grundlage der Systematischen Theologie von Islam, Christentum, Judentum und allen gottgläubigen Religionen geworden. Sie haben bis in die Gegenwart hinein ihre Gültigkeit beibehalten.

Mit der systematisch, konsequent und streng eingehaltenen Ableitung seiner drei Beweise wird zum ersten Mal in der Geistesgeschichte auf die Existenz Gottes mit intellektuellen, logischen, spekulationsfreien und rein rationalen Mitteln geschlossen. Mit diesen Beweisen hat der Glaube an Gott nicht erst begonnen, ist vielleicht auch nicht fester geworden. Bis dahin beruhte er auf der menschlichen Erfahrung mit Gott, auf der Rezeption von Generation zur Generation und auf dem gesellschaftlichen Konsens. Die Idee und das Prinzip „Gott" waren der Erfolg überzeugender Verkündigung. Propheten, Apostel, Gesandte und Prediger haben ihre eigene Überzeugung auf die Gemeinde übertragen. Durch die mitgeteilte Erfahrung in der Spiritualität und Mystik war die Gottesidee im Volke fest verankert. Ein Atheist galt als Außenseiter. Der Bedarf an rationalen Gottesbeweisen hat sich nicht öffentlich gestellt, da an Gott allgemein geglaubt wurde – ohne die Gottesbeweise Ibn-Rušds. Indes ist schon immer die persönliche Erfahrung des Menschen entscheidend für seinen Glauben. Letztlich wird die Frage: „*Gibt es Gott?*“ nicht rational, sondern spirituell entschieden. Mit den Mitteln der logischen, intellektuellen Beweisführung wird seine Existenz ebenso verneint wie bestätigt werden können.

Ibn-Rušd hat sicher einen Handlungsbedarf erkannt, der ihn zur Aufstellung seiner Gottesbeweise veranlaßt hat. Offensichtlich war dies zumindest in intellektuellen Kreisen eine offene Frage. Es ist ein Verdienst Ibn-Rušds, das Stoffgebiet „Philosophische Gottesbeweise“ begründet zu haben.

Probleme des philosophischen Gottesbeweises

Die Beweisfalle

„Beweise“ entstammen der materiellen Welt und ihrer Denkweise. Intellektuelle, logische, abstrakte Beweise beziehen sich auf das „(materielle) Sein“, seine Komponenten und deren Abstraktionen. Wenn Beweismittel, welche der materiellen Welt entnommen sind, auf Gott angewandt werden, so muß ER zwingend zum Gegenstand dieses Beweises gemacht und folglich materialisiert werden (!). Nur so kann der Beweis ihn, den Gegenstand – sagen wir Gott – ansprechen und erfassen. Anders ist es nicht denkbar. Also schuf der Mensch Gott nach seinem – intellektuellen – Ebenbild.

Der zweite Beweis, durch die seienden Dinge wird auf das Sein Gottes geschlossen, ist aufgebaut analog dem Alltagsansatz: Aus dem Produkt wird auf den Produzenten geschlossen. Schöpfungen weisen auf den Schöpfer hin. Seiner Herleitung nach folgt der Werkerbeweis der Systematik, die sich in den Elementen des Seins und in dem Zusammenhang zwischen ihnen nachweisen läßt.

Der Herleitung nach handelt es sich beim Erfinderbeweis um die Übertragung des universellen Prinzips, hinter jedem Werk steckt ein Werker. Der Mikrosatz lautet: Hinter jedem Produkt steht ein Produzent. Analog der Makrosatz: Die Existenz des Menschen und des Lebens überhaupt weist auf ihren Schöpfer hin. Der Beweis ist also nach dem allgemeinen logischen Schluß und Umkehrschluß aufgebaut.

Die Wahrnehmung von Gesetzmäßigkeiten der Natur und des im materiellen Sein verankerten Prinzips durch den Menschen ist die Grundlage der Herausbildung der intellektuellen Fähigkeiten bei ihm: Äußere Systematik wird angeeignet und als innere Systematik abgebildet. Äußere gesetzmäßige Ordnung schlägt in innere gesetzmäßige Ordnung um, die im Zentralnervensystem lokalisiert ist und kraft derer der Mensch gesetzmäßig denkt und Gesetzmäßigkeiten begreift und darstellt.

Der Herkunft nach hat der Mensch also seinen Verstand und seine Intelligenz aus dem Umgang mit der Natur erworben. Durch seinen Eingriff in die Natur und ihre Veränderung begreift er die ihr innewohnende Systemaik. Er spiegelt äußere Ordnung wider. Die Widerspiegelung der äußeren Systematik bildet sich im Gehirn als logisches Denken ab. Das heißt, der Mensch hat seine intellektuellen Fähigkeiten durch den Umgang mit seiner Umwelt gewonnen, auf die er wiederum durch das Erkenntisvermögen – unter Nutzung ihrer eigenen Gesetzmäßigkeiten – einwirkt.

Ibn-Rušd überträgt diese Fähigkeit, die der Mensch der Natur verdankt, auf Gott. Ibn-Rušd hat die Ebene gewechselt. Das muß nicht gegen die Gültigeit des Ibn-Rušdschen Gottesbeweises sprechen, schließt aber eine andere Erklärung nicht aus.

Gerade der zweite und der dritte Beweis lassen eine Interpretation im Sinne der Autonomie der Materie und der Evolution zu, zwei Prinzipien, die Ibn-Rušd selbst vertritt. Diese These bedingt aber auch die weitere Annahme, daß die Urformen der Materie über einen ihrem Entwicklungsstand entsprechenden Intelligenzgrad verfügen. Somit entwickelt sich alles Seiende sinnvoll und koordiniert vom Niederen zum Höheren.

Aber auch diese Interpretation schließt ihrerseits die Gottesexistenz nicht aus, bedingt aber ein ihr gemäßes Gottesbild: ER hat in der Materie eine evoltive Kraft angelegt. Theologie, Ontologie und Anthropologie sind identisch.

Ein geschlossener hermeneutischer Zirkel kann einen „Beweis" vortäuschen. Der Beweisführung geht der Glaube voraus, der einen Beweis als Bestätigung sucht und auch findet. Das Resultat steht vorab fest und wird nur noch „bewiesen". Der Beweis ist nicht voraussetzungslos.

Der geschlossene hermeneutische Zirkel imponiert als Beweis. Dabei wird eine „*Voraussetzung*" bewiesen. Das heißt, das Ergebnis stand vor dem Beweis. Es stand als Vorstellung, als Annahme oder als Hypothese. Das Resultat wird nicht gefunden, sondern vorgefunden. Auch wenn es nur gedanklich vorbestanden hat, so war das Ergebnis nicht voraussetzungslos.

(Man kann es mit Vorbehalt mit einer arithmetischen Formel vergleichen. Will man ein Gegengewicht zur Summe 11 haben, so konstruiert man die Mengen 5 + 6. Hierauf beruhen allgemein die Rekursionsformeln.)

„Mit der Idee ‘Gott' im Kopf wird seine Existenz bewiesen” ist der Musterfall für den geschlossenen hermeneutischen Zirkel.

Was man mit dem Versuch, einen Gottesbeweis aufzustellen, erreichen kann, ist allenfalls ein Indizienbeweis. Das heißt, Gott wird nicht direkt bewiesen, vielmehr wird durch Taten, z.B. das Vorhandensein des Lebens bzw. durch das Eingreifen des immateriellen Gottes in das materielle Sein auf Gott geschlossen, so wie Ibn-Rušd es getan hat. Der Umkehrschluß, aus dem existenten, sichtbaren, nachweisbaren Sein das Unsichtbare zu beweisen, bleibt hypothetisch – intellektuell betrachtet.

Durch die Gottesbeweise erlangt Gott das Prädikat „Schöpfer“ (zweiter und dritter Beweis) als wichtigstes Attribut. An diesem Punkt stimmen Offenbarung und Philosophie miteinander überein.

Es bleiben aber dann Fragen offen: Handelt der Schöpfer von Außen oder vom Innern des Seins her? Ist er uns heterogen oder ist er mit dem Sein identisch? Ist Gott in uns (*intra nos*) oder außerhalb von uns (*extra nos*)?

Im Laufe des Jahrhunderts nach Ibn-Rušd wuchs die Zahl der Gottesbeweise auf acht an, die jedoch eine weitere Spezifizierung der ursprünglichen Beweise Ibn-Rušds darstellen. Sie werden von Thomas Aquinus dargestellt. Diese acht sind auch die bisher ermittelten. Hinzu kommen ein ontologischer und von mir drei Gottesbeweise, nämlich
a) der Absolutheitsbeweis
b) Kontermaterie
c) das Prinzip Hoffnung.
Alle drei seien nachfolgend dargestellt.

Bertrand Russell (1872-1970) erhebt den Anspruch, die von Thomas Aquinus aufgeführten acht Gottesbeweise zu widerlegen, in: Russell, „Warum ich kein Christ bin“. Aber Thomas von Aquin hat hauptsächlich Ibn-Rušd rezipiert, ohne daß es Russell bewußt war. (Die arabische mathematische Logik der Lauteren Geschwister rezipierte Russell und Ko-Autoren in „*Principia mathematica*“ nach europäischen Übersetzungen).

a) Der Absolutheitsbeweis
Allen Phänomenen des Seins wohnt eine Relativität inne. Die Entwicklung eines jeden Phänomens ist stets relativ bezogen auf ein anderes Phänomen, das seinerseits auch relativ ist. Die Entfaltung der Dinge geschieht nicht diffus, sondern zielgerichtet. Sie entwickeln sich vom Niederen zum Höheren. Sie zeigen stets einen Trend in Richtung Vollständigkeit und Vollkommenheit. Das gilt ebenso für Entwicklungen unter positivem wie unter negativem Vorzeichen; letztere verlaufen aber in umgekehrter Richtung. Die Vollendung der Entwicklung tritt jedoch nie vollständig ein, sondern auch nur relativ. Daraus folgt, daß es ein absolutes Ziel gibt, zu dessen Eigenschaften die „Vollkommenheit“ und „Absolutheit“ gehören. Dieses unsichtbare, finale Ziel ist mit Gott gleichzusetzen. Negative Entwicklungen sprechen nicht gegen diese Tatsache, denn alles Seiende hat seinen Gegensatz.
Es gibt also den Absolutheits-Gottesbeweis, aber nicht den absoluten Gottesbeweis. Jeder rationale Gottesbeweis entstammt einer übergeordneten Erkenntnistheorie, die notwendig stets mit einer gewissen hermeneutischen Unvollständigkeit behaftet ist. Sonst würde die Entfaltung des Denken an einem Endpunkt aufhören und zum Stillstand kommen.

b) Kontermaterie
Ein weiterer Gottesbeweis läßt sich aus dem dialektischen, universellen Prinzip ableiten, daß jedes Phänomen seinen komplementären Gegensatz hat. Wenn wir die Materie als existent wahrnehmen, so schließt ihr Dasein auf die Existenz der Kontermaterie, die mit Gott gleichzusetzen ist.

c) Das Prinzip Hoffnung
Ein Reisender tritt die Fahrt an und kommt an sein Ziel. Obwohl er zum ersten Mal diesen Ort besucht, wundert er sich nicht, daß es ihn tatsächlich gibt. Das gilt im Prinzip für alle Menschen. Ihre Fahrt führt sie in eine Zukunft, die für sie völlig neu, unbekannt ist. Sie treten ihre Fahrt in der Gewißheit an, daß ihre Hoffnung in Erfüllung geht. Im anderen Fall erleben die Reisenden Enttäuschungen, d.h., ihre Hoffnung ist nicht in Erfüllung gegangen. Sie geben auch dann nicht auf, wenn ihre Hoffnung stärker als ihre Enttäuschung ist. Ohne Hoffnung ist unser Leben nicht vorstellbar. Wir lernen, mit Enttäuschungen zu leben, weil noch Hoffnung in uns ist. Wenn jede Hoffnung erlischt, hört das Leben auf. Wer hofft, erlebt keinen Tod. Das Prinzip Hoffnung ist ein aussagekräftiger Gottesbeweis.

Die Häufung der Gottesbeweise ist an sich ein Gottesbeweis. Mag sein, daß mit einem philosophischen Beweis die Existenz Gottes bewiesen werden kann, doch besagt der Beweis darüber hinaus nichts über die Art der göttlichen Daseinsweise, das Was und das Wie Gottes. Das Thema „Gott" bleibt also der persönlichen Erfahrung, dem Erlebnis der Mystik und der Spiritualität vorbehalten, so wie es immer seit Urzeiten war und ist.

Die von mir geprüften Sprachen haben alle einen Begriff für „Gott". Die afrikanischen Sprachen verwenden den Ausdruck „Gott" nur im Singular; dieses Lexem kommt im Plural nicht vor. Das ist gut so. Auch die von mir geprüften nichtafrikanischen Sprachen bestätigen diese Tendenz. Es besteht ein allgemeiner Ausdruck, der jedem Gott verliehen wird. Ebenso ein verehrter Mensch oder auch pejorativ ein absolutistischer Herrscher können mit dem allgemeinen Gottesausdruck belegt werden. Dieser allgemeine Gott kommt im Singular und im Plural vor. Hingegen existiert stets ein besonderer Ausdruck, der nur dem einen Einigen Gott – z.B. in den monotheistischen Religionen – zusteht. Dieser akzeptiert den Plural nicht. Beispielhaft ist Arabisch: „Allāh" versus „Ilāh".[93] Im Deutschen steht er mit dem Nullartikel. Offensichtlich besteht ein Konsens über den einen, einzigartigen, Einigen Gott.

Die Rückkehr zum intuitiven Glauben der Urzeit und der Urgemeinde könnte die Konsequenz und die Lösung sein.

Der dreizehnte Gottesbeweis, der „Erfahrungsbeweis" sei also mit dem nullten Gottesbeweis identisch.
Das Wort „Gott" präjudiziert einen persönlichen Gott. Für ihn hat man auch schon einen Namen gefunden – eben „Gott" und Äquivalente in anderen Sprachen. „Gott" ist ein Lexem. Aber wenn wir auch immer sprechen, benutzen wir eine menschliche Sprache, welche anderen Wesen nie voll adäquat sein kann. Nur aus menschlicher Perspektive vermag es der Mensch, über die Dinge zu sprechen. Jeder sagt „Gott" und umschreibt damit sein eigenes Gottesbild. Statt von „Gott" wäre es vielleicht besser, von „Gottheit" oder „Göttlichkeit" zu reden. Damit wäre es möglich, Gott zu suchen nicht *„außer uns"*, sondern *„in uns"*, nicht *„extra nos"*, sondern *„intra nos"*.

---

[93] Allāh: Gott, Theos, Deus, Īlohīn; Ilāh: (irgendein) Gott.

Schon Ġazālī warnte davor, Fragen des Glaubens zu rationalisieren.

Ibn-Rušd und Ġazālī sind von der fachlichen Qualifikation und der philosophischen Kompetenz sehr vergleichbar, doch in ihren Lehrmeinungen sehr unterschiedlich; ja sie stehen sogar im Widerspruch zueinander. Beide begründen ihren Glauben an Gott jeweils anders.

Ibn-Rušd war weder Atheist noch areligiös. Indes bleibt das Bild Gottes bei ihm aufgeklärt und rational. Er interpretiert ihn philosophisch, als Urprinzip.

Ibn-Rušd schränkt die Kompetenz der Religion stark ein. Bis auf die Notwendigkeit des Gebets und wenige zentrale Glaubensfragen – Gott, Propheten, Ewigkeit, Unsterblichkeit der Seele, Jüngstes Gericht – ist der Mensch frei im Denken und Handeln. Ibn-Rušd betont die Notwendigkeit der Emanzipation der Philosophie und Wissenschaft von der Vorherrschaft der Dogmatik. Es sei gleichgültig, welcher Religion ein Wissenschaftler oder Philosoph angehört; seine Arbeiten sollen unvoreingenommen und ohne Vorurteil studiert werden.

Fragen des Seins leitet Ibn-Rušd streng aus logischen Voraussetzungen (muqaddimāt) ab. Er rehabilitiert die Vernunft (ʿaql) und überträgt ihr die Hoheit für Entscheidungen über Erkenntnis und Handeln, Ethik und praktische Moral. „Wenn der Anschein von Offenbarungsversen Einsichten der Vernunft widerspricht, bleibt die letzte Entscheidung der Vernunft vorbehalten“. Religiösen Dogmen gibt er philosophische Interpretationen. Ibn-Rušd: Wenn ein Offenbarungsvers in seiner sichtbaren Fassung im Widerspruch zur Vernunft steht, müssen wir der Vernunft folgen“. Aufgeklärtheit und Rationalismus in bezug auf das Verständnis religiöser Fragen ist exemplarisch an der Frage der Genesis, der Entstehung der Welt, zu sehen. Philosophiegeschichtlich wird zum ersten Mal ein vollständiger Entwurf zur Entstehung der Welt vorgelegt, der mit dem Schöpfungsmythos der Offenbarungsschriften abbricht und auch nicht bei Aristoteles stehen bleibt.

Zunächst mußte Ibn-Rušd mit dem gerade in intellektuellen Kreisen beliebten Konzept „Faiḍ“ abbrechen.

Emanation

Die Lehre vom „Faiḍ“ gilt als Fortschritt gegenüber dem einfachen Schöpfungsglauben. Die Emanationstheorie, die von der ägyptischen Gnosis stammt, hat in der arabischen Philosophie von Kindī über Farābī bis Iḫwān aṣ-Ṣafā᾽ große Entwicklungen zurückgelegt. Bei Ibn-Sīnā, erreicht sie ihre höchste Ausreifung. Ġazālī stellt zwischen der „Emanation“ und dem orthodoxen Schöpfungsglauben die Synthese von der „permanenten Schöpfung“ her. Erst Ibn-Rušd gelingt es, den Creatio-Mythos und die absolute Schöpfung aus dem Nichts zu erschüttern. Auch Gott braucht die vorhandene Materie, um die Welt zu gestalten. Materie ist ewig und autonom. Bewegung ist die Eigenschaft der Materie.

Unsterblichkeit der Seele
Von den Ansätzen der Unanfänglichkeit und Unendlichkeit ausgehend ist es nur konsequent, wenn Ibn-Rušd die Unterblichkeit der Seele vertritt – allerdings nicht als individuelle oder Teilseele, sondern als Allseele.

Ontologie (2)

Die Philosophie des Seins nimmt bei Ibn-Rušd eine zentrale Stellung ein. Sie wurde nicht nur im arabischen Raum, sondern weltweit rasch rezipiert.

Das Urprinzip ist vollkommen und unveränderlich. Es bewegt, ohne bewegt zu werden (muḥarrik wa la yataḥarrak). Daraus leitet Ibn-Rušd den Gottesbeweis durch das Bewegungsprinzip: „dalīl al-ḥaraka" „*Causa prima immobile*" ab. Gleichwohl vertritt Ibn-Rušd einen materialistischen Ansatz, so wie Materialismus eigentlich richtig verstanden werden muß.

Materialismus

Die arabische Philosophie hat in langer Evolution (800-1200) von Thesen, Antithesen und Synthesen den Materialismus zum integrierten, universellen Verständnis des Seins voll entwickelt. Der Materialismus stellt eine Alternative zu spekulativen Weltanschauungen dar. Daher startet diese Ontologie bei der Materie. Mit diesem Ansatz reifte der Konsens heran, daß die Materie unanfänglich ist. Selbst Ibn Maimūn (Moses Maimonides, 1135-1204) als oberster jüdischer Theologe seiner Zeit mußte in seiner Systematik „Dalālat al-ḥā᾽irīn" die Richtigkeit des (philosophischen) Materialismus nicht nur akzeptieren, sondern auch gegen Kritik verteidigen. Nach ihm bestehe kein Widerspruch zwischen dem biblischen Prinzip vom Schöpfer-Gott und der Unanfänglichkeit der Materie.

Die Frage, ob die Materie und das Universum einen Anfang haben oder unanfänglich sind, erscheint beim ersten Blick als eine Sache von rein abstrakter Bedeutung. Im langen Prozeß seiner Entwicklung erkannte die arabische Philosophie die logische Notwendigkeit der Unanfänglichkeit der Materie, um überhaupt „Sein, Werden und Entwicklung" zu begreifen. Nichts, was da ist, kann in der Vergangenheit Nichts gewesen sein. In dieser langen philosophischen Evolution lehnte Ibn-Rušd die Schöpfung aus dem Nichts (*Creatio ex nihilo*) ab.

Erst bei genügendem Nachdenken und hinreichender Vertiefung erkennt man die gesellschaftliche, anthropologische und politische Tragweite der Materie und ihrer Eigenschaften. Sie bildet die Basis des philosophischen Materialismus und hängt damit unmittelbar mit der Emanzipation des Menschen, seiner Autonomie, Selbständigkeit und unantastbaren Würde gegenüber Obrigkeiten und Hierarchien zusammen. Die Materie hat eine autonome Existenz, die nicht erst durch den Schöpfungsakt zustandegekommen ist. So auch der Mensch. Er erwirbt die Berechtigung zur Selbstbestimmung und Selbstentscheidung. Irdische Instanzen, welche ihre Macht auf eine göttliche Vollmacht zurückführen, verlieren ihre theokratische Legitimation. Auf der Basis von der Unanfänglichkeit der Materie entwickelte sich der Ansatz des arabischen, philosophischen Materialismus und Humanismus.

Die Materie ist ewig und autonom, ebenso der Geist, die Idee, der Weltgeist. Zu keinem Zeitpunkt existierte die Materie ohne den Geist oder der Geist ohne die Materie. Diese Dialektik ist die Lösung aller Probleme der Ontologie und hebt den Widerspruch von „Idealismus" und „Materialismus" auf. Die Dialektik von Geist und Materie begründet jede weitere Dialektik. Der Kreis der Ontologie schließt sich.

Dialektik und Idealismus werden in der europäischen Literatur G.W.F. Hegel zugeschrieben. Das ist ein Irrtum. Er hat ihn bei Ibn-Rušd entnommen – vermittels der lateinischen Übersetzung. Hegel hat ihn aber nur zur Hälfte zitiert. Das Ganze zu begreifen, war zu schwer. So kam es bei Hegel zu einer Reihenfolge, zu einer Präexistenz des Geistes. Die dialektische Abfolge löste eine Spannung bei den Schülern Hegels aus, weshalb es zu einer Polarisierung von orthodoxen Althegelianern und Junghegelianern oder Linkshegelianern kam; eine Spaltung die sich im Materialismus von Marx und Engels zuspitzte. Sie kehrten die Reihenfolge um und fielen von einem Extrem in das andere. Hegel muß aber auch Iḫwān aṣ-Ṣafā᾽ rezipiert haben. Ihnen ist sein „Weltgeist" buchstäblich entnommen: „al-ʿaql al-kullī".

Auf die Probleme der Übersetzung arabischer Philosophie in die lateinische und andere europäische Sprachen haben wir oft hingewiesen, wobei wir Kardinalprobleme angesprochen haben. An dieser Stelle liegt noch ein weiteres vor: „Geist" hat man gewählt zur Wiedergabe des arabischen „ʿaql". Lexikal betrachtet ist es nicht falsch, doch die Vieldeutigkeit des Ausdruckes „Geist" erschwert die Rezeption und den spannungsfreien Nachvollzug der Gedankengänge. „ʿaql" steht für „Vernunft". An dieser Stelle ist die Rede nicht von der individuellen Vernunft, sondern von „al-ʿaql al-kullī", der „universellen Vernunft".

Humanismus

In den Mittelpunkt seiner Philosophie stellt Ibn-Rušd den Menschen. Er ist der Sinn des Seins. Um ihn dreht sich alles Seiende. Ibn-Rušd formuliert die Grundrechte des Menschen aus, dessen Würde „Karāma" unter allen Umständen unantastbar bleiben muß. Im Humanismus wird kein Unterschied zwischen Mann und Frau gemacht. Die hohe Stellung der Frau wird von ihm unermüdlich herausgestellt. Gleichstellung und Gleichberechtigung der Frau in Gesellschaft und Politik gehören zu den Essentials seiner Forderungen.

Wissenschaft

Wissenschaftstheorie

Ein Großteil des Werkes Ibn-Rušds dreht sich um die Fragen „Wissenschaft", „Methodik" und „Wissenschaftstheorie". Er selbst geht allen als Vorbild voran und bemüht sich, sein ganzes geistiges Schaffen zu verwissenschaftlichen und das Ideal der Wissenschaftlichkeit zu realisieren. Er fordert Fachlichkeit „ṣināʿa", praktiziert sie und zeigt auf, wie sie geleistet wird und welche Fehlerquellen sich in das wissenschaftliche Arbeiten einschleichen können.

Systematik

Der Anspruch „Wissenschaftlichkeit" führt ihn zur Einsicht in die Notwendigkeit der Systematisierung. „Systematik" an sich ist keine Erfindung von Ibn-Rušd, doch hat er die Systematisierung fachlicher Inhalte zum Prinzip erhoben. Die Strukturierung des Stoffes einer einzelnen Disziplin und der Gesamtheit aller Fachbereiche ist der Grundstein des wissenschaftlichen Gebäudes.
Wir konstatieren, daß Ibn-Rušd wichtige Bausteine der Erkenntnispyramide gelegt hat.

Methodik

Die Anwendung der Theorie zur Ermittlung wissenschaftlicher Inhalte erfordert die Befolgung einer für jedes Fach spezifisch bestimmten, geeigneten Methodik. Ibn-Rušd hat die Prinzipien wissenschaftlichen Arbeitens nicht nur aufgestellt, sondern auch selbst angewendet.

Somit hat Ibn-Rušd – ohne die Struktur einer Erkenntnispyramide aufzustellen – wichtige Ebenen erkannt, namentlich Methodik und Theorie. Die „Erkenntnispyramide" selbst wurde ja erst vom Neouniversalismus erstellt (hier letztes Kapitel).

Ibn-Rušd prägte nachhaltig das wissenschaftliche Denken. Seine Philosophie führte eine Wende von erkenntnistheoretischer Tragweite herbei, ohne die unser gegenwärtiges philosophisch-wissenschaftliches Gebäude nicht vorstellbar wäre. Akademiker von heute sind meist, ohne sich dessen bewußt zu sein, Ibn-Rušdisten. Zu den hervorragendsten Verdiensten des arabischen Philosophen gehören zuallererst die folgenden grundsätzlichen Theorien:

Theorien

Von Ibn-Rušd begründete Thesen

1. „Methodentheorie"

Der „wissenschaftliche Beweis" als eigenständiges, methodisches Prinzip zur Begründung fachlicher Aussagen: Sowohl im christlichen als auch im islamischen Denken gab es keine Einsicht in die Notwendigkeit des eigenständigen, d.h. religionsunabhängigen Beweises, da die Wahrheit transzendental begriffen wurde. Das Ibn-Rušdsche Werk „al-Burhān" gilt als das Werk zur Darlegung und Systematisierung des wissenschaftlichen Prinzips „Beweisbarkeit". Dafür nennt Ibn-Rušd drei alternative – oder akkumulative – Möglichkeiten. Es sei darauf aufmerksam gemacht, daß es sich hier vordergründig um „Methoden" handelt, doch geht es eigentlich um die „Methodentheorie", die „Notwendigkeit des Verweises" und „welche Beweise in welchem Fall adäquat seien". Die langen Erfahrungen Ibn-Rušds in der Jurisprudenz bewähren sich als Basis einer neuen Wissenschaftlichkeit.

Urheberschaft

In diesem Zusammenhang stellt sich die Frage nach der Urheberschaft. Ibn-Rušd selbst betitelt seine Arbeit „al-Burhān" als Kommentar zu Aristoteles. Hieraus ergibt sich die Notwendigkeit, uns mit dieser Zuschreibung prinzipiell und kritisch auseinanderzusetzen und das Urheberproblem zu klären:

1. Als Erstes steht die Frage an, inwieweit ist Aristoteles als Verfasser der ihm zugeschriebenen Werke legitimiert. Sehen wir von einer festgefahrenen Tradition des „Aristotelismus“ ab, so ermittelt die literaturhistorische Analyse eine Fehlzuschreibung. Das Eponym „Aristotelismus“ ist in mehrfacher Hinsicht anfechtbar. Der Athener war erst achtzehn Jahre alt, als er seine Lehren vertreten hat. Es ist ganz klar, daß es sich nicht um eigene Theorien, sondern um Rezeption handelte.

2. Diese Lehren waren bis dahin nur mündlich überliefert. Auch Aristoteles selbst hat nichts geschrieben. Erst rund zweihundert Jahre später wurden die in vier Abteilungen gegliederten Lehren aufgeschrieben und dem Aristoteles zugeschrieben. Das heißt, die Überlieferung hat eine Fassung festgehalten, die auf Aristoteles zurückgeführt wird.

3. Es ist völlig unhistorisch, Aristoteles als „Urheber“ und nicht als „Vertreter“ dieser Lehren hinzustellen. Diese Philosophie blickt auf eine sehr lange Tradition zurück, die in den ägyptischen Akademien von Theben, Asyūṭ, Aschmunain, Memphis und später Alexandrien gepflegt wurde. Später gelangte sie auch nach Antiochien, Sleukia und schließlich Athen, vermittels Stipendiaten aus diesen Metropolen, die in Ägypten studierten.

4. Ausländische Absolventen der ziemlich langjährigen Ausbildung in Ägypten waren auch jene, welche mit Hilfe ägyptischer Lehrmeister die sogenannte griechische Schrift aus demotischen und koptischen Vorbildern entwickelt haben.

5. Es fällt auf, daß die ägyptische Philosophie in Athen nur mündlich überliefert wurde. Es ist ganz klar, daß eine derart anspruchsvolle Philosophie nie hätte unschriftlich überliefert werden müssen, wenn die Tradenten schreibkundig wären. Wir besitzen genügend Zeugnisse von Plato, Aristoteles und anderen Athenern, die aufgefordert wurden, ihre Lehren aufzuschreiben. Sie haben sich auf die Aufforderung in keinem einzigen Fall eingelassen. Sie redeten sich stets damit heraus, die Bedeutung der Schreibkunst hinunterzuspielen oder gar für schädlich zu halten.

6. In Ägypten wurde auch die Vierer-Einteilung in „Mathematik, Logik, Physik und Metaphysik“ festgelegt und an den Akademien gelehrt. Letzterer Band „Metaphysik“ wurde so bezeichnet, weil er „nach“ der Physik eingeordnet wurde.

7. Diese Einteilung hat sich in der klassischen Philosophie universell durchgesetzt. Auch die arabischen Philosophen haben sie eingehalten.

8. Im vierten Jahrhundert vor Christus setzte sich die ägyptische Koine als *Lingua franca* langsam durch. Die Werke der ägyptischen Philosophie gehören neben der *Septuaginta LXX* zu den ersten Übersetzungen in die Koine. Das Attische lehnt sich sehr stark an die Koine an oder ist sogar eine Variante der Koine.

9. Schriften in der Koine wurden irrtümlich als „altgriechische" bezeichnet. Dieser Irrtum hält sich bis heute in Europa hartnäckig.

10. In Koine überlieferte ägyptische Philosophie wurde als „griechische" fremdetikettiert.

11. Erst durch die Rezeption der arabischen Philosophie, insbesondere Ibn-Rušds, wurde der sog. Aristotelismus, nach Europa übermittelt. Bis dahin war Aristoteles im Westen völlig unbekannt.

12. *Fazit:* Der sog. „Aristotelismus" ist in Wirklichkeit eine Philosophie, die sehr lange vor Aristoteles in Ägypten begründet und während Jahrhunderten entwickelt wurde.

13. Die arabischen Philosophen der Klassik haben sich dieser Tradition angeschlossen. Der Name „Aristoteles", der hier verwendet wird, muß als „Pseudonym" betrachtet werden.

14. In diese ehrwürdige, lange Tradition reihte sich auch Ibn-Rušd ein.

15. Zur Frage der Urheberschaft verhielt sich Ibn-Rušd wie viele andere arabische Philosophen: Der Autor tritt mit seinem eigenen Namen hinter die Sache zurück. Es ist die Pflicht und die Aufgabe der literaturhistorischen, kritischen Forschung, die eigentlichen Urheber zu legitimieren und zu rehabilitieren. Ibn-Rušd betitelte einige seiner Werke als „Aristoteleskommentar" (siehe unsere ausführliche Bibliographie im Anschluß an das Kapitel). Als Philosophiehistoriker ist es meine Schuldigkeit, Originalität und Eigenleistung des jeweiligen Autors, der aus Bescheidenheit hinter einen anderen zurücktritt, vermittels Quellenanalyse und Textkritik wieder zu entdecken und herauszustellen.

Die Analyse demonstriert, wie sehr Ibn-Rušd – auch in den als Aristoteleskommentare ausgegebenen Werken – mit Eigenbeiträgen maßgeblich zur Entwicklung von Philosophie und Wissenschaft beigetragen hat. Die Einzeldarstellung in unserer Abhandlung belegt diese Tatsache.

Gerade das Stoffgebiet „wissenschaftliche Beweisbarkeit" belegt, wie sehr Ibn-Rušd u.a. von juristischen Ansätzen geleitet war. Von seiner Kompetenz auf dem Gebiet der Jurisprudenz profitiert die Wissenschaft heute noch – so auch in der Frage der Beweisführung:

a) *Empirischer Beweis*, womit Ibn-Rušd zum Lehrmeister des wissenschaftlichen Empirismus geworden ist. Sinnliche Wahrnehmung und Erfahrung sind unmittelbare Beweismittel. Ibn-Rušd selbst führte empirische Untersuchungen durch.
b) *Logischer Beweis*, d.h. abstrakt „Rationalitätstheorie". Der logische Beweis geht von Prämissen oder Voraussetzungen „*muqaddimāt*" aus, die zu notwendigen Resultaten führen. Die Richtigkeit der Resultate hängt von der Richtigkeit der Prämissen und der fehlerfreien Ableitung ab. Die Richtigkeit der Muqaddimāt basiert auf ihrer allgemeinen Akzeptanz als verstandesgemäß, vernünftig und richtig.
c) „Evidenz" oder „Intersubjektivität als Beweis": Ein allgemeiner *Konsens* kann als Beweis für die Richtigkeit einer Behauptung gelten. Es kommt vor bei „*Axiomen*" und „*a priori*"-Festlegungen.

Freilich ist Ibn-Rušd nicht der erste, der sich um den „Beweis" bemüht. Schon in der altägyptischen Philosophie wurde der Beweis gefordert und operationalisiert. Der ägyptischen Schule folgten Pythagoras (580-500 v.Chr.), Aristoteles (384-322 v.Chr.), Euklid (300 v.Chr.) und Archimedes aus Syrakos (285-212 v.Chr.). Ibn-Rušd hat die Theorie, Systematik und Methodik des Beweises zu einem vorläufigen Abschluß geführt. Seitdem ist der „Beweis" zum Grundsatz des wissenschaftlichen Arbeitens erhoben worden.

2. Emanzipation der Wissenschaft vom Glauben

Das Denken bewegt sich auf verschiedenen Ebenen. Je nachdem, von welchen Voraussetzungen der Mensch ausgeht, wird jeweils eine entsprechende Ebene eingeschlagen: Ästhetische, theologische, philosophische usw. Jede Ebene bewegt sich im Rahmen eines ihr gemäßen Denksystems. Man kann z.B. Glaubensaussagen nicht mit mathematischen Rekursionsformeln begründen. Diese Tatsache stellt ein systemisches Problem dar, das lange den Philosophen nicht bewußt war. Theologie und Philosophie wurden und werden heute noch bei vielen nach einheitlichem System bearbeitet.

Ibn-Rušd ist der erste, der auf die unterschiedliche Systematik hinweist und die Notwendigkeit der Unterscheidung herausstellt und begründet. Zum ersten Mal wird zwischen den beiden Bereichen von Bewußtseinsinhalten scharf getrennt.

Glaubensinhalte und Dogmen einerseits und ausschließlich vernunftmäßig ableitbare und begründbare Erkenntnisse andererseits haben jeweils ihre eigene Systematik und Methodik der Ableitung und Beweisführung. Ein endgültiger Trennungsstrich wird zwischen spekulativem und rationalem Denken gezogen. Beide Welten geistiger Tätigkeit stehen nunmehr gegeneinander.

An dieser Differenzierung hat man erstmalig die Einsicht in die Notwendigkeit gewonnen, die einem Erkenntnisbereich gemäße Ebene zu bestimmen, um die adäquate Systematik aufzustellen. In „Faṣl al-maqāl" warnt Ibn-Rušd davor, während einer Ableitung die Ebene zu wechseln.

Dabei ist darauf zu achten, daß Ibn-Rušd die Theologie (Šarīʿa) als einen legitimen Erkenntnisweg bestätigt; er ist aber ein anderer als der philosophische Weg. Zum anderen befreit der Ansatz Ibn-Rušds die Spiritualität, Mystik und den Sūfismus von dem Zwang, sich rational legitimieren zu müssen.

Der Ansatz von Ibn-Rušds in „Faṣl al-maqāl" läßt sich nicht nur intensiv, sondern auch extensiv nutzen. Mythologie darf bis zu einem gewissen Grad als eine Erklärungsweise des Seins gelten. Sie ist aber eine andere als die empirische Erkenntnis. Zur Mythologieforschung gehören Analysen der Narration, Metaphern, Allegorien u.a.m. Es zeigt sich, daß Mythen, Fabeln, Erzählungen, Märchen und Sagen Wege zur Lehr- und Moralvermittlung darlegen können und daß sie womöglich Aussagen über tiefere Sinnesinhalte aufstellen, welche durch die materiell geprägte, empirisch reduzierte Sprache nicht entsprechend ausformuliert werden können.

Durch die Rezeption Ibn-Rušds in Europa wurde das katholische Dogma von der Überordnung der Offenbarung über die Wissenschaft entkräftet.

3. Die Welt ist unanfänglich (qadīm: alt)

Die These war nicht nur damals, sondern auch heute noch von großer Bedeutung. Sie deckt sich mit den Vorstellungen des klassischen und modernen Universalismus. Die altägyptische Philosophie – belegt durch die ältesten Schriftzeugnisse – hat die Auffassung vertreten, daß die Materie ewig ist. Der Hauptsatz *„das Universum ist alt"* faßt mehrere Einzelthesen zusammen: Die Materie ist nicht aus dem Nichts entstanden. Sie richtet sich gegen die Vorstellung *„Creatio ex nihilo"*. Die These drückt ferner die Kontinuität des Seins aus. Sie ist zugleich eine Antithese gegen jede Doktrin, welche die Entstehung der Dinge als ein Ereignis ohne Geschichte betrachtet. Das Sein kam nicht als Befehlsakt zustande, sondern als ein ewiges Kontinuum. Die Welt kennt keinen Stillstand, sondern ist ständig in Bewegung. Sie hat also nie die Form gehabt, die sie heute hat. Jeder Status geht aus dem bisherigen hervor. Die Materie erneuert sich aus sich selbst.

Anders als im Dialektischen Materialismus leugnet Ibn-Rušd die Existenz eines Urprinzips, was im religiösen Diskurs als Gott bezeichnet wird, nicht. Im Gegenteil, Ibn-Rušd begründet seine Existenz mit drei philosophischen Gottesbeweisen, die wir weiter oben besprochen haben.

Die These „das Weltall ist ewig" richtet sich gegen die Mutakallimūn. Sie verneinen die Ewigkeit der Materie. Nach ihnen ist die Welt „muḥdaṯ", da Gott sonst überflüssig wäre. Seine Existenz wird bei ihnen durch den Schöpfungsakt begründet. Hingegen begründen Ibn-Rušd und Ibn Maimūn, daß die Existenz Gottes und die Ewigkeit der Welt vereinbar sind. Die Ewigkeit der Welt verträgt sich auch mit der Tätigkeit Gottes als Schöpfer. Wiederum hat der Schöpfer die Schöpfung nicht aus dem Nichts erschaffen. Die Natur entwickelt sich durch Evolution.

4. Das Bewußtsein ist gesellschaftlich, universell, d.h. integriert.

Der individuelle Geist ist gebunden an organische Materie und existiert nur mit ihr zusammen.

Konsequenzen für die Ontologie

Die Theologie vertritt die These von Gott als Schöpfer und erster Ursache.

Ibn-Rušd vertritt die Antithese: das All ist ewig, die Materie erneuert sich aus sich selbst heraus. Der oberflächliche Leser dieser Texte erkennt nichts Bedrohliches. Nur der aufmerksame Leser, der sich in die Lage des Autors versetzt, vermag es, das aussageträchtige Potential der Antithese Ibn-Rušds zu entfalten. „Das All ist ewig" ist in der Weise zu interpretieren, daß aus dem Vorhandensein der Materie nicht auf eine Schöpfung geschlossen werden muß. Dabei war Ibn-Rušd kein Atheist, wohl aber Materialist – im Sinne seiner eigenen Philosophie. Er war vor allem der Wegbereiter einer aufklärerischen Seinsphilosophie.

Ein offenes Bekenntnis zum wissenschaftlichen Atheismus war eher bei Aḥmad ar-Rāzī anzutreffen, der ebenfalls wie Ibn-Rušd zur Verbreitung aufklärerischen Gedankenguts im Maġrib wesentlich beigetragen hat.

Trotz vielfacher Mängel bei der europäischen Rezeption konnte der Einfluß Ibn-Rušds auf die geistige Entwicklung Europas nicht ausbleiben.

Emmanuel Kant (1724-1804) orientierte sich an Averroes und gelangte so zur Emanzipation der Philosophie von der Theologie.

5. Verselbständigung der Philosophie und ihre Emanzipation von der Theologie („Philosophie ist nicht Religion", Ibn-Rušd).

Das letzte Werk Ibn-Rušds
aḍ-Ḍarūrī fī as-siyāsa[94]

In diesem Werk behandelt Ibn-Rušd die politische Theorie. Er nimmt sich eine Revision der „Republik" von Plato vor. Nach dem Kommentar und der grundsätzlichen Auseinandersetzung geht Ibn-Rušd dazu über, die politischen Verhältnisse unter al-Manṣūr in schärfster Form zu kritisieren. Die Muwaḥḥidūn-Ära, die als gewichtige geistige und wissenschaftliche Erneuerung begonnen hat, entfernte sich unter al-Manṣūr von ihren ursprünglichen Idealen und vom Wunschbild Ibn-Rušds, der mit Kritik am herrschenden System nicht sparte. Dabei war al-Manṣūr ein Reformpolitiker, der allerdings seinen Schwerpunkt auf die Bautä-

---

[94] Ibn-Rušd, aḍ-Ḍarūrī fī as-siyāsa, ed. und herausgegeben von: Markaz dirāsāt al-wiḥda al-ʿarabiyya, Bairut 1998).

tigkeit und Städtepracht legte. Zudem mußte er eine Reihe von Verteidigungszügen gegen die wiederholten Aggressionen der Kreuzfahrer selber führen. Es kam hinzu, daß konservative orthodoxe Theologen das Werk Ibn-Rušds über Politik und Gesellschaftskritik dazu nutzten, den ungeliebten Theologen zu denunzieren. Der achtundsechzigjährige Ibn-Rušd wurde im Jahr 1194 zur Audienz bei al-Manṣūr geladen und anschließend gemaßregelt. Ibn-Rušd wurde für ein zweijähriges Exil auf eine Insel verbannt. Sein Einfluß auf die Bildung der öffentlichen Meinung war viel größer, als Ya'qūb al-Manṣūr verkraften konnte. 1196 kehrte Ibn-Rušd in seine Stadt Qurṭuba zurück, wo er ungeduldig erwartet und enthusiastisch empfangen wurde. Die Reaktion al-Manṣūrs auf das Buch Ibn-Rušds gab den Anhängern und Sympathisanten des Philosophen Anlaß dazu, die unwürdige Behandlung ihres Lehrmeisters durch al-Manṣūr nicht nur zu verurteilen, sondern auch auszumalen und mit Übertreibungen zu schildern. Diese verständliche, emotionale Betroffenheit hat allerdings die spätere Geschichtsschreibung sehr gefärbt und weitere Legendenbildungen stimuliert.

Bald nach dem Ende des ungerechtfertigten Exils wurde Ibn-Rušd rehabilitiert. Er starb am 11. Dezember 1198 in voller Würde. Der unendliche Trauerzug ging durch die Straßen seiner Heimatstadt Qurṭuba (Córdoba), die ihrem Philosophen mit großer Anteilnahme und Bewegtheit das letzte Geleit gewährten. Der Sarg wurde von einem Kamel getragen – auf der einen Seite der Schrein, auf der anderen die Werke Ibn-Rušds – beide Seiten hielten sich die Waage. Der Leichnam blieb nicht in Qurṭuba, sondern kam in die Hauptstadt der Muwaḥḥidūn Marākiš (Marakesch). Das Gedenken Ibn-Rušds ist seitdem lebendig geblieben. Seine Bücher sind in den großen Bibliotheken der Städte und in den kleinen Familienbüchereien stets präsent geblieben.

Sūfismus

Auch Ibn-Rušd hat es verstanden, dem Sūfismus einen Platz in seinem Gedankengebäude einzuräumen, ohne sich darauf zu reduzieren. Nicht hauptsächlich durch die Mystik gelang es ihm, einen Schritt weiter als Ġazālī zur Lösung des Erkenntnisproblems zu leisten. Doch die Bedeutung der Mystik für die Konzentration, Vertiefung – aber auch der Transparenz des Geistes – darf nicht unterschätzt werden. Bei der Mystik handelt es sich um persönliche Übungen und Frömmigkeit, nicht um einen Gegenstand von Abhandlungen wie bei Ġazālī.

Paränesen
Ibn-Rušds Mahnung an seine Zeit und noch mehr an unsere Gegenwart beziehen sich insbesondere auf die ethische Verpflichtung von Wissenschaft und Philosophie.

Ethik der Wissenschaft
Zu den vielen Geboten, die Ibn-Rušd dem Nachwuchs auferlegt, gehört der wiederholte Hinweis auf die Notwendigkeit, bei jeder wissenschaftlichen und philosophischen Darlegung zuallererst auf die ethische Verpflichtung hinzuweisen und jede Leistung auf ihre moralischen Konsequenzen zu prüfen. Ibn-Rušd, der sich stets auf das Notwendige beschränkte, wird nicht müde, seine Paränesen an die Denker und im besonderen an das Fachpersonal zu wiederholen. Die Wissenschaft führt zur Katastrophe, wenn sie von der Moral abgekoppelt wird.

Vernunft
Das Primat der Vernunft bei Ibn-Rušd
Begründung des theoretisch abgeleiteten Rationalismus – Die Vernunftsphilosophie

Begriff: Dem Ausdruck „Vernunft“ liegt arabisch „ʿAql“ zugrunde. „Vernunft“ ist nicht mit „Verstand“ oder „Gehirn“ gleichzusetzen. Das Gehirn ist das Organ der Vernunft, die viel weiter geht als die neuroanatomischen Strukturen der grauen Substanz, Cortex und Gehirn. Vernunft ist die Gesamtheit der intellektuellen Fähigkeiten. In ihrer Entwicklung speist sie sich aus Sozialisation, Erziehung und gesellschaftlicher Auseinandersetzung. Im praktischen Leben und im Arbeitsprozeß entfaltet sich die Vernunft weiter und erlangt im Verlauf der Individualgeschichte ihre jeweilige Ausreifung und Ausprägung; ein Prozeß, der nie zum Stillstand kommt. Kurz: Der Begriff „Vernunft“ faßt das gesamte abstrakte Instrumentarium zusammen, das durch Erfahrung, Lernen, Erkenntnis und Handeln, Theorie und Praxis ausreift und dem Menschen dazu dient, sich in seiner Realität zu orientieren.

Zur Entwicklungsgeschichte der Vernunftsphilosophie: Die „Vernunft“ erlangt in der klassischen, arabischen Philosophie einen zentralen Stellwert:

1. Seit Kindī und Farābī über Iḫwān aṣ-Ṣafāʾ, Ibn-Sīnā und Ġazālī reifte die Vernunftsphilosophie aus, bis sie bei Ibn-Rušd ihre volle

Ausprägung erlangte. Im philosophischen Diskurs wird der Vernunftbegriff weiter ausdifferenziert.

2. Iḫwān aṣ-Ṣafā' unterscheiden zweierlei Ausdrücke: Einmal die „universelle Vernunft (al-ʿaql al-kullī)". Sie ist die erste Schöpfung. Darin schlossen sich die Lauteren Geschwister der Gnosis an (ʿAql gleich *Nous*). Eine andere ist die individuelle Vernunft (al-ʿaql al-ǧuz'i).
3. Seit Aristoteles, Ibn-Sīnā und Ibn-Rušd wird die „allgemeine, allen Menschen gemeinsame Vernunft" gegen die individuelle Vernunft abgehoben.
4. Es war ausgerechnet Ġazālī, der als „Antiphilosoph" verdächtigt wird, der eine sehr ausgereifte, rationale Philosophie der Vernunft aufstellte und ihre Entwicklung durch fünf Stadien beschrieb. Ihm halfen dabei seine ṣūfistischen Erfahrungen und sein langer, mühsamer Erkenntnisweg, den er in „al-Munqiḏ min aḍ-Ḍalāl" eindrucksvoll beschrieben hat (bei mir im Kapitel „Ġazālī" behandelt).

Zur Rezeption des arabischen Rationalismus in Europa

Die ersten Übersetzungen aus dem Arabischen ins Lateinische imponierten gerade durch ihre Philosophie der Vernunft und ihre Unabhängigkeit von den Offenbarungsschriften. Ihre Rezeption in Europa erfolgte rasch.

Die Grundlegung der Vernunftsphilosophie war eine der elementaren Prinzipien, welche der Averroismus in Europa nach Ibn-Rušd rezipierte. Er wurde zum entscheidenden Wegbereiter von Aufklärung und Rationalismus.

Sehr bald gerieten Kirche und Averroisten in Europa in heftige Auseinandersetzung. *Der philosophische Streit ergab sich daher, was die höchste Instanz sei: der offenbarende Gott oder die denkend menschliche Vernunft.* Es waren die arabischen Philosophen, welche die Emanzipation der Vernunft von der Offenbarung und den heiligen Schriften befreiten. Genau das war es, was den europäischen Rezipienten arabischer Philosophie, unter dem Namen „Averroisten" historisch geworden, imponierte. ʿAql wurde mit „Intellekt" und „Ratio" übersetzt. Daraus wurde „Rationalismus" gebildet, ein Synonym zu „Averroismus".

XVI.
Averroismus
Die Rezeption Ibn-Rušds in Europa

Die Rezeption der arabischen Philosophie in der westlichen Welt

An den Werken Kindīs, Rāzīs, Farābīs, Ibn-Sīnās, Ġazālīs und anderer arabischer und arabisch schreibender Philosophen hat sich Europa – außerhalb der Anlieger des Mittelmeers – zum ersten Mal in seiner Geschichte in Philosophie systematisch schulen lassen. Doch mit der Rezeption des Werks Ibn-Rušds lernten die ersten europäischen Scholastiker eine neue Qualität komplexer, philosophischer Gedankengänge mit ihrer subtilen Präzision und fachsprachlichen Formulierung kennen. Die Entdeckung arabischer Wissenschaften löste in Europa seit dem zwölften Jahrhundert eine rege übersetzerische Tätigkeit und große Studienbereitschaft aus. Lesezirkel und Arbeitsgruppen bildeten und trafen sich täglich, zunächst unbefangen und öffentlich, bis die päpstliche Enzyklika im Jahre 1210 die Befassung mit der arabischen Philosophie verbot. Die europäische Elite ging in den Untergrund und setzte ihre Schulung (daher Scholastik genannt) konspirativ fort.

Die philosophische Arabisierung des Lateinischen

Das Lateinische war bis zum zehnten Jahrhundert ein begrenzt entwickeltes Sprachmedium. Das schriftliche Latein diente in der Hauptsache Verwaltungszwecken und dem militärischen Apparat. Durch die Übersetzung der Bibel, der Vulgata und der Liturgien aus dem Altsyrischen, der Koine und dem Koptischen ins Lateinische gewann es eine kirchliche und theologische Relevanz. Aber auch dann blieb seine Bedeutung beschränkt. Die Nordafrikaner Tertulian und Augustin und wenige andere Schriftsteller der ersten christlichen Jahrhunderte vermochten es nicht, eine Schriftkultur breiten Ausmaßes zu begründen. In Europa überwog der Analphabetismus bei weitem. Die begrenzten Ausdrucksmöglichkeiten des Lateinischen behinderten die Entwicklung von Wissenschaft und Philosophie.

Der extreme Rückstand der lateinischen Literatur änderte sich durch die intensive Übersetzertätigkeit des arabischen Translationsinstituts zu Sevilla, das bereits seit dem achten Jahrhundert damit begonnen hatte, allgemeine und spezielle Fachliteratur ins Lateinische zu übersetzen.

Um das arabische Begriffsinstrumentarium zu übertragen, mußten für das Lateinische Ausdrücke geschaffen oder bestehende neu geprägt werden. Vielfach wurden arabische Ausdrücke gräzisiert und latinisiert. Aus der Soldaten-, Beamten- und Priestersprache wurde ein neues Medium der Philosophie und Wissenschaft. Die Theologie, die im römischen Katholizismus mehr erbaulichen Zwecken diente, erlangte langsam eine fachliche Kompetenz und war seitdem befähigt, komplexe systematische Gedankengänge adäquat zu verbalisieren.

Der arabische Christ Archidiakon Petros, der in Norditalien wirkte, sei stellvertretend für die unzähligen, oft anonym gebliebenen Übersetzer arabischer Muttersprache genannt, die sich für die Übertragung von Fachliteratur aus dem Arabischen ins Lateinische engagiert haben. Petros übersetzte unter anderem Werke von Johannes Damaskinus (Yūḥannā ad-Dimašqī), Ibn-Sīnā und Ibn-Rušd, vielleicht auch von Farābī, ins Lateinische. An diesen Übersetzungen schulte sich die erste europäische, philosophische Generation mit Albertus Magnus und Thomas von Aquino sowie ihren Schülern. Im Laufe ihrer Schulungen (= Scholastik) an den arabischen Werken lernten sie auch Aristoteles, der bis dahin in Europa unbekannt war, kennen. Seit Kindī haben arabische Philosophen über ihre Grundlagenwerke hinaus eine Revision des Aristoteles vorgenommen. Doch auch Jahrhunderte danach wurde Aristoteles nur durch die aus dem Arabischen ins Lateinische gelangten Übersetzungen gelesen. Erste griechische Aristotelestexte konnten in Europa erst im 16. Jahrhundert verwertet werden.

Wissenschaftliche und philosophische Werke aus dem Arabischen bildeten die Basis für die Schaffung eines modernen Bildungs- und Ausbildungssystems. Bis in das 20. Jahrhunderte gehörte das Studium des Arabischen zum Anspruch höher qualifizierter Wissenschaftler.

Die im dreizehnten Jahrhundert in Europa beginnende intellektuelle Bewegung war darauf angewiesen, überwiegend lateinische Übersetzungen aus dem Arabischen zu lesen. Diese Epoche der europäischen Literaturgeschichte wird als „Scholastik“ (= Schulung) bezeichnet. Es bedeutet, „bei Arabern in die Schule gehen“.

Die Bedeutung des Lateinischen als klassischer Sprache der europäischen Literatur ist nicht aus genuiner Leistung lateinischer Schriftsteller, sondern durch die Übersetzungen aus dem Arabischen aufgekommen. Diese gaben dem Lateinischen die philosophische und wissenschaftliche Prägung. Wenn Lateinisch für diese Zwecke zitiert wird, dann ist es nicht das Latein des Altertums, sondern der Mediävistik, daher auch Mittellatein genannt.

Ibn-Rušd in Europa

Im Prozeß der Rezeption arabischer Wissenschaften und Philosophie stellt das Studium Ibn-Rušds in lateinischer Sprache eine neue Qualität dar, die alle bisherigen Arbeiten übertraf. Die Werke Kindīs, Rāzīs, Farābīs, Ibn-Sīnās und Ġazālīs in lateinischer Sprache behalten nach wie vor ihren hohen Stellenwert, rangieren aber nach Ibn-Rušd.

Ein kritischer Rückblick auf die Aufnahme Ibn-Rušds in Europa führt zum Ergebnis, daß ein nicht geringer Nachholbedarf besteht und daß seine Rezeption noch lange nicht abgeschlossen ist.

Ibn-Rušd in lateinischer Sprache

Die relativ früh zu Lebzeiten des Autors erstellte lateinische Ausgabe des Werkes „tahāfut at-tahāfut" trug den Titel „*Destructio destructionis*", eher eine freie Übertragung, denn die genaue Übersetzung „tahāfut" (VI. Stamm, Inf.) bedeutet „hinunterkommen", „herabsinken auf ein niedriges Niveau (der intellektuellen Auseinandersetzung)". Das zweite „tahāfut" bezieht sich auf den Titel des polemischen Werkes des Theologen al-Ġazālī „tahāfut al-falāsifa", einer Abhandlung, die ihrem Autor sicher zu Unrecht den Ruf eines Anitphilosophen eingehandelt hat. Insofern hätte die lateinische Übersetzung auch „*Destructio tahāfuti*" heißen können. Deutsche Analogien sind Titel wie „Das Elend der Philosophie" (Karl Marx, Erstausgabe: Stuttgart 1885) als Antwort auf Proudhons „Philosophie des Elends". Die Anlehnung an das arabische Vorbild liegt auf der Hand.

Ein zweites Mal wiederholt sich die Ironie der Philosophiegeschichte. Nicht das Originalwerk, sondern seine Übersetzung ins Lateinische stellt einen Musterfall von „Tahāfut" dar. Weder Ibn-Rušd hat eine „*Destructio*", noch hat er gegen eine „*Destructio*" geschrieben. Weder Ġazālī noch Ibn-Rušd waren destruktiv, sondern in höchstem Maße konstruktiv. Die Leistung des lateinischen Übersetzers, „Tahāfut" mit „*Destructio*" gleichzusetzen, ist inhaltlich genau das, was Ġazālī und Ibn-Rušd als „Tahāfut" bezeichnen.

Es wundert in der Tat, wie oft auch das Werk Ibn-Rušds ins Lateinische übersetzt wurde, so bestanden die verschiedenen Vermittler jedesmal darauf, „tahāfut" mit „*destructio*" zu übersetzen.

Destructio destructorum	(Zerstörung der Zerstörer),
Destructio destructionum	(Zerstörung der Zerstörungen),
Destructio destructionis	(Zerstörung der Zerstörung),
Destructio destructis	(Zerstörung der Zerstörung).

Es wundert weiterhin, daß es im Verlauf von jahrhundertelanger Rezeptionsgeschichte und bei wiederholten Übersetzungen nicht möglich war, Fehler zu erkennen und zu korrigieren. Natürlich muß man auch an nicht linguistische Aspekte denken. Hinter den gefälschten Übersetzungen stecken Interessen. Die einen wollten die „Philosophie zerstören", die anderen wollten die „Zerstörer der Philosophie zerstören".

Deutsche Autoren übersetzen „tahāfut" in diesen Titeln mit „Widersprüchlichkeit". Das ist freilich falsch; gleichwohl sind beide Werke – das al-Ġazālīs und das Ibn-Rušds – um die Aufdeckung von Widersprüchen bemüht. Eher lasse ich die englische Übersetzung „The Incoherence of the Incoherence"[95] des van den Bergh gelten.

„Tahāfut" im Kontext von Ġazālī und Ibn-Rušd heißt „unbewiesene Aussagen", „unzureichend begründete Behauptungen".

Trotz all der Mängel ist Ibn-Rušd in lateinischer Sprache zum Begründer einer philosophischen Revolution in Europa geworden. Trotz ungewollter oder gewollter Mängel der Übersetzung leitete der lateinisch aufgelegte Ibn-Rušd den eigentlichen Beginn des philosophischen Denkens in Europa ein. Insbesondere durch sein Werk „Tahāfut at-tahāfut" wurde die lateinische Sprache mit dem notwendigen Begriffsinstrumentarium ausgestattet.

Zu beachten ist, daß in der Apologie Ibn-Rušds der Bezug auf al-Ġazālī meist als Abū-Ḥamīd (Rufname des Ġazālī) ausgedrückt wird. Überhaupt ist es in der arabischen Literatur üblich, daß eine Person verschiedene Namen trägt. Man könnte denken, es handelt sich um verschiedene Personen, was aber nicht der Fall ist.

---

[95] S. van den Bergh, The Incoherence of the Incoherence, 2 Bde., London 1954.

Übersetzungsanalysen und Fehlerkorrektur sollen die Rezeption vervollständigen

Wie Ibn-Rušd gelesen werden sollte, sei an einigen Beispielen erläutert. In seiner Auseinandersetzung mit al-Ġazālī behandelt Ibn-Rušd die zentralen Fragen des Seins und stellt dem theologischen Dogma eine philosophische Antithese entgegen.

Genauer betrachtet prüft Ibn-Rušd die Ableitungen seiner philosophischen Vorgänger bis Ġazālī einschließlich nach Konsequenz und Konsistenz, um festzustellen, ob die angegebenen Voraussetzungen zu den ermittelten Ergebnissen führen. Dabei konstatiert Ibn-Rušd sowohl bei Ibn-Sīnā als auch bei Ġazālī zahlreiche Brüche in der Beweisführung und eine Reihe fehlerhafter Ableitungen. Diese Tatsache, daß nämlich die Beweiskette unschlüssig ist und die Prämissen nicht zu den angegebenen Resultaten führen, ist exakt das, was als „Tahāfut" kritisiert wird.

„tahāfut at-tahāfut"
Der Einfluß von Ibn-Rušds „Destructio destructis" auf das philosophische Denken in Europa

Die Abhandlung „tahāfut at-tahāfut", „*Destructio destructis*" von Ibn-Rušd transferierte mehr als jedes andere Werk die Grundlagen des philosophischen, systematischen Denkens aus dem Arabischen nach Europa. Mit dem Ibn-Rušdschen umfangreichen Opus war die europäische Elite zum ersten Mal im Besitz einer philosophischen Systematik, die ausschließlich auf einer rein rationalen Beweisführung und logischen Herleitung ohne jede Spekulation oder exogene Bestätigung – z.B. durch biblische oder andere Offenbarungsschriften – aufbaut. Die Aufnahme in Europa war enthusiastisch. Einen Eindruck davon vermitteln die Schriften der ersten Rezipienten, Albertus Magnus und besonders Thomas Aquinus, bevor der Vatikan seine Weisung an ihn und Albertus erließ, von Ibn-Rušd radikal Abstand zu nehmen. Auf das intellektuelle Spektrum übte das Werk einen gewaltigen, emanzipatorischen Effekt aus. Es lehrte sie das Denken auf komplexen Ebenen. Es war nicht nur ein Unterricht in Philosophie, sondern ebenso in Systematik, Abstraktion, Kritikfähigkeit, Urteilskraft, Methoden und Prinzipien der Auseinandersetzung. Mit „*Destructio destructis*" wurde eine lange Tradition der philosophischen Evolution nach Europa importiert. Man lernt durch sie die dialektische Kategorisierung: Materie und Denken, Substanz und Form, Wesen und Erscheinung und viele andere gegensätzliche Paare, die zusammengehören. Die analytischen Fähigkeiten, Analogiebildung und Systemdenken, gelangten durch die lateinische Übersetzung von „tahāfut at-tahāfut“ (*Destructio destructis*) nach Europa. Des weiteren vermittelte Ibn-Rušd die bruchlose, konsequente Ableitung und kausale Beziehung. Resultate werden an ihre Voraussetzungen (muqaddimāt) gebunden. Die Wirkung ergibt sich mit Notwendigkeit aus den Ursachen. Voraussetzungen bedingen den Effekt. Kurz: Durch die Rezeption von „*Destructio destructis*“ (tahāfut at-tahāfut) hat in Europa überhaupt erst ein philosophischer Diskurs begonnen, auf den die weitere Entwicklung des abstrakten Denkens aufbaut. Man sieht, wieviel sich unter dem harmlosen Ausdruck „Scholastik“ versteckt. Spontan bekannte sich die europäische Elite zu Ibn-Rušd. Es war die Geburtsstunde des Averroismus.

In der Sekundärliteratur wird oft eine Attacke Ibn-Rušds auf Ġazālī konstruiert. Das konstruierte Gefecht verschwindet jedoch beim Lesen der Primärquellen. Ibn-Rušd spricht mit großem Respekt von Abū-Ḥamīd. Ibn-Rušd kritisierte zwar Ġazālī, doch im gleichen Atemzug würdigt er ihn. Ibn-Rušd bemühte sich, ihn zu verstehen und ihn verständlich zu machen:

1. Ibn-Rušd erkennt prinzipiell die Abhängigkeit des Denkens von Raum und Zeit an. Auch in bezug auf Ġazālī sagt Ibn-Rušd, gilt es, die Epoche und die Bedingungen, unter denen er gelebt hat, zu beachten. Ibn-Rušd entschuldigt Ġazālī: Man muß Ġazālīs Zeit, Standort, Situation und Umstände berücksichtigen.
2. Ibn-Rušd hatte einen hoheitlichen Forschungsauftrag mit der Aufgabe erhalten, Fehler bei Aristoteles zu untersuchen und zu korrigieren. Damit hatte er einen weiteren Grund, sich mit der Kritik Ġazālīs zu befassen. Er stellte dabei fest, daß Ġazālī sich weniger für Aristoteles, Plato und Plutin interessierte, sondern hauptsächlich für deren Darstellung bei Ibn-Sīnā. Dieses Vorgehen kritisiert Ibn-Rušd:
   Es reicht nicht, daß Ġazālī sich mit Farābī und Ibn-Sīnā, die sich wiederum auf Aristoteles beziehen, auseinandersetzt. Ġazālī hätte direkt auf Aristoteles, *al-muʿallim al-akbar*, den großen Lehrmeister, zurückgreifen müssen. Ġazālī hätte die Werke der griechischen Klassiker lesen und nicht vermittels Ibn-Sīnās beurteilen sollen.
3. Ibn-Rušd konstatiert: Die Philosophie des Zweifels ist eine große Denkleistung Ġazālīs. Ibn-Rušd meint, daß Ġazālī dieses Stadium hätte überwinden sollen. Um sichere Aussagen und positive Stand-

punkte zu vertreten, muß der „Zweifel“ überwunden werden. Ich meine, genau das hat Ġazālī geleistet.

Averroismus

Noch zu Lebzeiten Ibn-Rušds verbreiten sich in Europa seine Werke und Lehren. Die Anhänger seiner Philosophie stammen aus allen Schichten der Bevölkerung und sind zugleich sehr kritisch gegen die Katholische Kirche eingestellt. Auch unter dem Klerus und den Mönchen war der Averroismus verbreitet. Insbesondere Intellektuelle engagieren sich für Averroes. Große Anhängerschaft hat Ibn-Rušd unter den Frauen.

Die Gründung der Universität Paris im Jahre 1200, etwas mehr als ein Jahr nach dem Tod Averroes (11. Dezember 1198), war von Anhängern des Philosophen in Angriff genommen worden, um seine Ideen und die Avicennas in Europa als Wissenschaft zu verankern. Aus den Kreisen der Averroisten ging die *Magna Charta* schon 1204, sechs Jahre nach dem Tod Ibn-Rušds, hervor. Albertus Magnus und Thomas von Aquin waren bis zum Verbot des Vatikans, den Averroismus zu lehren, entschiedene Anhänger Ibn-Rušds.

Trotz päpstlichen Verbots aus dem Jahr 1210 hält die Universität Paris weiterhin an den Lehren Averroes fest. Die Professoren lesen die Werke Ibn-Rušds in lateinischer Übersetzung vor, erklären und kommentieren sie. Albertus Magnus (1200-1280) und Thomas von Aquin (1225-1274) gehören zu den ersten bedeutsamen Rezipienten Ibn-Rušds. Sie lehren seine Werke in Köln und Paris. Auf päpstlichen Befehl müssen sie den Averroes-Unterricht einstellen, Ibn-Rušd widerlegen und das Gegenteil von dem behaupten, was sie bis dahin gelehrt haben. Trotzdem ist ihre Achtung vor Ibn-Rušd geblieben.

Thomas Aquinus, nicht, weil er Theologe war, konzentrierte sich auf die Gottesbeweise Ibn-Rušds. Warum dann? Die Leserschaft des Thomas war doch eine gläubige, die eines rationalen Gottesbeweises nicht bedurfte. Es ist ganz offensichtlich, daß der Averroismus eine breite Basis hatte, wohl im Untergrund. Hier lebte das Denken Ibn-Rušds. Unter seinem Einfluß verbreiteten sich Aufklärung, Rationalismus und selbst Atheismus. Thomas wurde auf päpstliche Weisung aufgefordert, die philosophischen Wirkungen Ibn-Rušds zu bekämpfen. Dazu griff er wiederum auf Ibn-Rušd zurück, um Averroes mit Ibn-Rušd zu bekämpfen. Gleichzeitig wurde eine Legende in die Literatur gebracht, Thomas als „Sieger über Averroes“ zu titulieren.

Den Averroismus und seine Verbreitung konnten weder sie noch der Vatikan verhindern. Zu den späteren berühmten Vertretern des Averroismus zählen Siger von Brabant (1240-1282), Boethius von Dacien, Johannes von Jandun und viele andere. Albertus Magnus und Thomas Aquinus, die anfänglich konsequente Anhänger Ibn-Rušds waren, zeigten sich aber auf päpstlichen Befehl zu Kompromissen mit der Kirche bereit. Gegen Albert und Thomas traten Siger von Brabant und Boethius von Dacien entschieden auf und vertraten offensiv die Lehren Ibn-Rušds. Roger Bacon (1214-1294) präsentierte entschlossen und einflußreich das Gedankengut Ibn-Rušds. Im 14. Jahrhundert wurde der Averroismus von Marsilius von Padua mit großem Engagement geführt. Im 15. und 16. Jahrhundert haben Pietro Pomponazzi (1462-1524) und Lucilio Vanini (1585-1619) das Banner des Averroismus hoch und streitbar getragen. Die europäische Renaissance war an das Denken Ibn-Rušds gekoppelt.
Bekannte Averroisten der Renaissance sind Alexander Achilliini, Augustinus Niphus, Andreas Caesalpinus, Jakob Zabarella, Pascal (1623-1662) und viele andere. Die englischen Denker des 17. Jahrhunderts beschäftigten sich hauptsächlich mit dem schier unerschöpflichen Nachlaß Ibn-Rušds. Sie erwarben eine beachtliche Kompetenz in den Werken Ibn-Rušds. Ihre Qualifikation führte dazu, daß der Ibn-Rušdsche Materialismus zur führenden Philosophie im England des 17. Jahrhunderts wurde.

Der Averroismus vertrat vollumfänglich die Gedanken Ibn-Rušds. In Kreisen der Averroisten wurde Ibn-Rušd radikal rezipiert. Noch averroistischer als Ibn-Rušd waren seine Anhänger. Im Unterschied zu Rāzī hat Ibn-Rušd sich nicht als Atheist gesehen, wohl aber haben ihn seine Anhänger als Atheisten interpretiert.

Auch Aspekte, die zum klassischen arabischen, philosophischen Erbe insgesamt zählen, gehörten zum Averroismus, nicht nur weil sie über Ibn-Rušd rezipiert wurden, sondern auch, weil die Averrroisten in höchstem Maße arabisch orientiert waren. An oberster Stelle der Rezeption stand das Primat der Vernunft und ihre Unabhängigkeit von der Offenbarung. „ʿAql" wurde mit „*intellectus*" übersetzt. Eigentlich fehlt im Lateinischen (wie auch in anderen europäischen Sprachen) bis heute ein Äquivalent. Um die lexikale Lücke zu schließen, haben die Übersetzer den Verwaltungsbegriff „*ratio*" neu besetzt und mit neuem Inhalt belegt. Daraus entwickelte sich begrifflich und inhaltlich der Ausdruck „Rationalismus". Andererseits erfaßt der Begriff „Averroismus" ein viel breiteres Spektrum als nur „Vernunftsphilosophie und Ontologie“. Er umschreibt eine Vielfalt von Einstellungen der Aufklärung, des Rationalismus, der Kritik an Kirche und Gesellschaft gegen Unrecht und Gewalt.

Der Averroismus ist einer der hauptsächlichen Transmissionswege der arabischen Philosophie nach Europa. Er ist auch das wichtigste Stadium in der Geschichte der europäischen Philosophie. Während dieser Zeit hat überhaupt ein philosophisches Denken in Europa erst begonnen. Die lateinische Sprache gewann durch die Übersetzungen aus dem arabischen eine philosophische Prägung. Die Lexeme des philosophischen Wortschatzes fanden Zugang ins Lateinische, um später – ab dem 18. Jahrhundert – in andere europäische Sprachen zu gelangen. Ein Fachdiskurs entwickelte sich. Mit großem Geschick und Sachverstand haben zweisprachige Übersetzer lateinische Äquivalente zu den arabischen Begriffen ge- und erfunden. Zum Teil wurden arabische Begriffe gräzisiert und latinisiert. Im anderen Fall mobilisierten sie die Potentiale des Lateinischen. Translatoren verwandelten Wortbedeutungen, um durch die neue Semantik die Stoffgebiete inhaltlich adäquat zu übertragen. Aus konkreter Wortbedeutung wurde eine abstrakte Semantik abgeleitet. Beispiele: „*Substantia*“ („Bestand“ zu „Wesen“), „*ratio*“ (eigentlich „Rechnung“, „Berechnung“ zu „Vernunft“, „Subjekt“, „Objekt“) u.v.a.m. Aus diesem Grund blieb das Lateinische bis in das späte achtzehnte Jahrhundert die einzige akademische Unterrichtssprache an den europäischen Universitäten. Das Lateinische hat auch eine Bedeutung außerhalb Europas gewonnen. Seine Signifikanz gewann es nicht aus eigener Kraft, sondern erst durch die Übersetzungen aus dem Arabischen. Andere, auch traditionsreiche, klassische Sprachen Asiens – Farsi, Türkisch, Hindi, Urdu, Indonesisch, usw. – übernehmen Fachbegriffe nicht aus dem Lateinischen, sondern direkt aus dem Arabischen. Bis heute durchsetzen aus dem Arabischen übernommene oder übersetzte Begriffe den europäischen Fachdiskurs. Sie sind zum Teil arabisch geblieben, zum anderen Teil in wörtlicher Übersetzung übernommen. Als nationale Sprachen das Lateinische ablösten, ging die wissenschaftliche und philosophische Fachsprache in die anderen europäischen Sprachen über.

Eine ganz besondere Bedeutung hat sich Ibn-Rušd bei den europäischen Frauen erworben. Mit der Übersetzung seines Werkes kam zum ersten Mal die Vorstellung von der prinzipiellen Gleichstellung und Gleichberechtigung von Frau und Mann nach Europa. Bis dahin lebte die europäische Frau in unvorstellbarer menschlicher Verachtung und gesellschaftlicher Diskriminierung. Gegen die unwürdige Stellung der Frau in Europa, die ihr die Entfaltung ihrer Persönlichkeit und ihrer Fähigkeiten nicht gestattete, richteten sich die scharfe Kritik und schonungslosen Ausführungen Ibn-Rušds, der aus dem Andalus einen unmittelbaren Einblick in die Situation europäischer Frauen gewinnen konnte. Der Analphabetismus lag bei ihnen bei hundert Prozent, bei Männern nur geringfügig weniger, während im arabischen Raum Lesen und Schreiben für Mädchen und Jungen Pflicht war. Als erstes lernten Averroistinnen – im Untergrund – Lesen und Schreiben. Die Kulturtechniken sind jetzt, wenn auch nur minoritär, im Besitz der europäischen Frauen – an sich schon eine Revolution. Hoffnungsvoll blickten Europäerinnen auf die Stellung der Frau in der arabischen Welt und die Positionen, die sie in Gesellschaft, Kultur und Politik eroberten. Aus der Zeit um Ibn-Rušd regierte in Kairo Šağarat ad-Durr mit dem Titel „Sultanin von Ägypten und Königin der Muslime". Damit entzog sie den Kalifen die Herrschaftslegitimation. Staatsoberhaupt zu sein ist wohl die Pyramidenspitze. Aus dieser Epoche sind viele prominente Frauen bekannt, etwa die Literatin Wallāda oder die Philosophin, Dichterin und Sūfīmeisterin Rābiʿa al-ʿAdawiyya. Der Averroismus brachte die Ansätze einer Frauenbewegung mit sich nach Europa. Während das Bibellesen verboten war, studierten europäische Frauen – im Untergrund – Averroes. Da aber das Lateinische ohnehin eine (männliche) Priestersprache und überhaupt keine Landessprache war, haben viele Frauen es vorgezogen, sich direkt auf Arabisch alphabetisieren und schulen zu lassen. Dadurch öffnete sich ihnen die große arabische Bibliothek mit ihrem Breitspektrum an Fächern, Themen und Inhalten. Der Averroismus löste einen spontanen Aufschwung unter den Frauen aus. Aus den Reihen der Averroistinnen gingen unter anderem Medizinerinnen und Gynäkologinnen hervor. Aber die Heilkunde kam nicht allein. Aus dem Spektrum von Averroistinnen strahlten Aufklärung, Rationalismus, Wissenschaft, modernes Welt- und Menschenbild auf. Hierin konnte die römische Kirche nur eine gefährliche Bedrohung für ihren Bestand sehen. Gerade die große emanzipatorische Wirkung, besonders unter den Frauen, war eins der Hauptmotive für das Verbot der Schriften Ibn-Rušds im römisch-katholischen Europa. Der Anti-Averroismus war ein harter Schlag ganz besonders gegen Frauen. In Europa haben Inquisition und Folter weit stärker diese Hälfte des Himmels betroffen. Die Frauenverfolgung, die sogenannte Hexenjagd, traf in erster Linie Averroistinnen. Aber diese waren nicht im engeren Sinne Averroistinnen, sondern überhaupt Anhängerinnen des arabischen und islamischen Gedankenguts. Ohne die Frauen gäbe es keinen Humanismus.

Die Rezeption Ibn-Rušds und insgesamt der arabischen Philosophie wurde in Europa als „Scholastik" bezeichnet, d.h. „Schulung", will heißen: „bei den arabischen Philosophen und Wissenschaftlern in die Schule gehen". Das Studium arabischer Wissenschaft und Philosophie verzeichnete in der Renaissance größere Fortschritte und reifte in der Romantik, Aufklärung und dem Rationalismus weiter aus.

Averroismus und Humanismus

Durch die Rezeption Ibn-Rušds kam zum ersten Mal in Europa eine anthropozentrische Philosophie auf, welche in großer Konkurrenz zur Theologie stand. Der Humanismus fand Zugang in die Universitäten. Heute noch bezeichnet man im Deutschen das Studium des Lateinischen (und des Griechischen) als „humanistisch", da man durch lateinische Übersetzungen die arabische, humanistische Literatur kennenlernte und lesen konnte.

Mit dem arabischen „Humanismus" vereinbar ist der „Materialismus" Ibn-Rušdscher Prägung. Obwohl der Philosoph selbst sich nicht zum Atheismus bekannte, ist doch die Philosophie Ibn-Rušds dazu geeignet, die Idee „Gott" entbehrlich zu machen. Daher wurde das Denken Ibn-Rušds, gegen den der Bann der Katholischen Kirche bis heute besteht, von ihr bekämpft.

Zu den Elementen des Averroismus zählt auch erstmalig in der Geschichte des europäischen Denkens der philosophische „Materialismus". Dieses Beispiel ist deshalb von ideengeschichtlicher Bedeutung, weil es Probleme der Rezeption demonstriert, die zum einen auf die Komplexität der Inhalte Ibn-Rušds zurückgehen, sich zum zweiten aus den Schwierigkeiten der Übersetzung ergeben und sich zum dritten aus der mangelhaften philosophischen Infrastruktur bei den Rezipienten erklären lassen. So blieb der „Materialismus" in Europa bis heute noch ein diffuser Begriff. Der vulgäre Materialismus umschreibt die Gier nach Besitz, Reichtum und Orientierung an weltlichen Dingen, die sprachlich als „materielle", nicht-ideelle Werte bezeichnet werden. Auch die Jagd nach kurzfristiger Lustbefriedigung wird hier als Materialismus mißverstanden. In allem handelt es sich um Perversionen des

Materialismus-Konzepts Ibn-Rušds. Der philosophische Materialismus seit Feuerbach (1804-72), „anschauender Materialismus" genannt, und seine Weiterentwicklung bei Karl Marx (1818-1883) und Friedrich Engels (1820-95) reduziert den Materialismus auf die rein weltliche Orientierung des Denkens. Die Ideen werden als Reflektion sozialer Zustände erklärt. Daraus entwickelte Marx seine zentrale These: „Es ist nicht das Bewußtsein der Menschen, das ihr Sein, sondern umgekehrt ihr gesellschaftliches Sein, das ihr Bewußtsein bestimmt".[96] Marx erhob das „materielle Interesse" zum generellen Erklärungstheorem. Phänomene werden auf „materielle (oder ökonomische) Basis" und „ideologischen Überbau" verkürzt gesehen. Insgesamt handelt es sich um eine extrem reduzierte Rezeption des Materialismus Ibn-Rušds und Ibn-Ḫaldūns.

Von Ibn-Rušd übernahmen die europäischen Intellektuellen das Prinzip der Autonomie und Ewigkeit der Materie, daraus die Ablehnung des Mythos der Schöpfung aus dem Nichts. Es mußte sie in Konflikt mit der Kirche bringen, die dies als „Atheismus" interpretierte. Sie glaubte, das Schöpfungsdogma sei als Gottesbeweis notwendig. Ohne die „*Creatio ex nihilo*" wäre Gott überflüssig geworden. Diese Schlußfolgerung ist nicht zwingend. Ibn-Rušd und Ibn Maimūn traten für die Unanfänglichkeit der Welt ein, ohne darum Atheisten zu sein. Deshalb wurde der Bann über Ibn-Rušd verhängt – bis heute!

Gegen den Averroismus richtete sich die Inquisition. Averroistinnen wurden als Hexen verbrannt. Averroistische Literatur landete auf dem Scheiterhaufen. Der Averroismus ging in den Untergrund. Als die Inquisition nachließ, kam er wieder an die Oberfläche. Sehr bald konnte der Averroismus das ihm innewohnende Potential entfalten: Aufklärung, Rationalismus, französische Revolution 1789, europäische Revolution 1848, moderne Wissenschaft und Philosophie gehören zu seinen Früchten.

Ibn-Rušd beeinflußte nachhaltig Gesellschaft und Politik: Menschen- und Grundrechte, Säkularismus, Emanzipation, Ideen der Freiheit, Unabhängigkeit des Individuums und seine Autonomie gegenüber allen

---

[96] Karl Marx, Zur Kritik der politischen Ökonomie, verfaßt 1858/59, Edition Berlin 1971, S. 15 (Vorwort).
Siehe bitte dazu auch: Karam Khella, Dialektischer und historischer Materialismus, Hamburg 1979, S. 102 mit Anmerkung.

Institutionen, einschließlich des Staates und der Kirche, sind in das öffentliche Bewußtsein gelangt und zum Konsens geworden. Zum einen wirkte Ibn-Rušd direkt, zum anderen durch Generationen von Schülern über achthundert Jahre hinweg.

Anti-Averroismus

Katholische Kirche gegen Ibn-Rušd:
Albertus Magnus und Thomas von Aquin waren anfänglich entschiedene Vertreter Ibn-Rušds und haben zu seiner Rezeption viel beigetragen. Sie konnten seine Anschauungen mit ihrer Theologie gut vereinbaren. Während des ersten Jahrzehnts nach dem Tod des Philosophen ist die Katholische Kirche zunehmend auf die Gefahren, die von der aufgeklärten, rationalen Philosophie Ibn-Rušds ausging und ihr Dogma erschüttern konnte, aufmerksam geworden. Mit der Erneuerung der Enzyklika von 1210 durch Nachfolgedekrete änderten Albertus Magnus und Thomas von Aquin ihre Position. Der Standortwechsel folgte einem Befehl von oben. Daraufhin bekamen sie den päpstlichen Auftrag, Averroes zu widerlegen.

Die These Ibn-Rušds von der Unabhängigkeit der Philosophie und Wissenschaft und ihrer Souveränität gegenüber der Religion sollten die katholischen Theologen außer Gefecht setzen. Es hieß nunmehr: Die Religion herrsche über Wissenschaft und Philosophie. Albertus Magnus übernahm diese Weisung, die von Thomas Aquinus weiter ausgebaut wurde.

Um sich gegen Ibn-Rušd philosophisch behaupten zu können, hat die westliche Kirche eine Renaissance des nordafrikanischen Theologen Augustins eingeleitet. Augustin wurde als Sieger des Christentums gegen die Ketzerei des Averroes präsentiert.

Auch Aristoteles wurde als Waffe gegen die arabische Philosophie eingesetzt. Da aber Aristoteles in Europa erst durch Avicenna und Averroes bekannt wurde und seine Rezeption erst über die arabische Philosophie erfolgte, bemühte sich Thomas Aquinus um eine direkte Rezeption des Aristoteles an den arabischen Übersetzungen vorbei. Die in der europäischen Literatur aufgestellte Behauptung, Thomas habe für diesen Zweck Griechisch gelernt und eine direkte Rezeption des Aristoteles erworben, ist reine Zweckpropaganda. Die Lektüre der Werke des

Thomas Aquinus beweist, daß er Ibn-Rušd zitierte und positiv erwähnte. Später zitiert Thomas Ibn-Rušd, ohne jedoch seinen Namen zu nennen. Von da an wird Ibn-Rušd in den Thomasschriften nur negativ genannt. Die Aristoteleszitate, die Thomas gegen Ibn-Rušd anführt, stammen von Ibn-Rušd selbst und werden teilweise manipuliert. Unabhängig davon benutzte Thomas Sekundärübersetzungen, die nach den arabischen Übersetzungen der Ḥunain b. Isḥāq-Schule erstellt wurden. Klassisches Griechisch war in Westeuropa bis in das 15. Jahrhundert überhaupt nicht oder nur unzureichend bekannt. Ich selbst habe in Wittenberg im Archiv handschriftliche Zeugnisse eingesehen, in denen man sich darüber beschwert, daß noch im 16. Jahrhundert das Studium des Griechischen keine Fortschritte macht. Entgegen den Mahnungen von Erasmus und Luther wurde von der Studienleitung gesagt, daß die klassischen Sprachen schwieriger denn nützlich seien. Es ist auszuschließen, daß Thomas Aquinus imstande war, Aristoteles auf griechisch zu lesen.

Der Hintergrund für den behaupteten direkten Rückgriff auf Aristoteles ist wohl darin zu suchen, daß man zur Überwindung Ibn-Rušds Aristoteles brauchte. Um Aristoteles zu bemühen, nannte man Griechisch als Quelle, benutzte aber arabische Ressourcen. Das Motto wurde ausgegeben: Aristoteles (in seiner Ibn-Rušdschen Interpretation) mit Aristoteles (in seiner Avicennischen Interpretation) zu schlagen. Doch auch ohne Ibn-Sīna heranzuziehen, kann man Ibn-Rušd in zweierlei Weise verstehen. Die Lateinischen Theologen haben Ibn-Rušd anders ausgelegt als die Averroisten. Real bedeutet das, Ibn-Rušd mit Ibn-Rušd zu schlagen. Tatsächlich kann man Ibn-Rušd in die eine und die umgekehrte Richtung lesen. Er ist der Erfinder der Gottesbeweise, er ist aber auch der Begründer des wissenschaftlichen Materialismus, der atheistisch interpretiert werden kann.

Thomas wurde als der Vertreter des „rechten Aristotelismus" gegen den „linken Aristotelismus" Ibn-Rušds vorgestellt. Sehr bald wurde von konservativen römisch-katholischen Theologen die Legende vom Sieg Thomas über Ibn-Rušd verbreitet.

Real lebte Ibn-Rušd lange in den Köpfen seiner Kenner und Sympathisanten auch in Europa. Sein Einfluß auf das europäische Denken setzte sich durch und wurde gewürdigt. Er stand für den Humanismus, Rationalismus und die Aufklärung. Der Antiaverroismus schien gescheitert zu sein.

Die Textanalysen bringen ein interessantes Ergebnis zum Vorschein. Katholische Theologen und Thomas Aquinus selbst verwendeten weiterhin Ibn-Rušd für ihre eigenen Schriften, ohne seinen Namen zu nennen. Die *name dropping*-Kultur[97] hatte ihren Einzug in die Literatur angetreten.
Nachdem die Ibn-Rušd-Rezeption Avicenna verdrängt hat, wird Ibn-Sina nunmehr neu entdeckt. Er sei mit der Theologie eher zu vereinbaren als Ibn-Rušd. Ibn-Sīnā war zudem weniger kritisch als Ibn-Rušd gegenüber Aristoteles. Es heißt jetzt, Averroes mit Avicenna schlagen. Ibn-Sīnā gelangt so zu erneuter Renaissance in Europa.

Mit den wiederholten Enzykliken ging die Bücherverbrennung einher. Averroistinnen und Averroisten kamen auf den Scheiterhaufen. Zunächst wurden die Übersetzungen der Werke Ibn-Rušds verbrannt, dann viele andere aus dem Arabischen. Verschont und bevorzugt hingegen wurden die Abhandlungen des Syrers Johannes von Damaskus und Ibn-Sīnās. Andere lateinische Übersetzungen aus dem Arabischen wurden in den Untergrund mitgenommen.

Unterdessen ging der erbitterte Kampf der Katholischen Kirche und der herrschenden Gewalt gegen Ibn-Rušd weiter, denn er stand der politischen und militärischen Plänen Europas im Wege. Der Kreuzzug gegen ihn sollte den Weg für den Aufbau der Klassengesellschaft, der Frauenunterdrückung und der Ausbeutung von Mensch und Natur öffnen. Parallel mit dem Anti-Averroismus lief in Europa die Zerstörung des Respektes für die Frau, die bei Ibn-Rušd einen sehr hohen Stellenwert hat. Die europäische Ideologie reduzierte die Funktion der Frau auf die Produktion von Kindern, die Funktion der Erde auf die Produktion von Nahrungsmitteln. Kirche und Staat führten den Kampf gegen Ibn-Rušd als einen Mehrfrontenkrieg weiter: gegen die Frau, dann gegen die Mutter Erde und sehr bald gegen die Völker der Welt: Inquisition, Exploitation, Kreuzzüge, Sklavenhandel, Reconquista, Conquista.

Vor diesem Hintergrund sollte die weitere Entwicklung der Wissenschaft umfunktionalisiert werden, um expansive, aggressive und ausbeuterische Ziele nach Innen und Außen zu realisieren. Damit einher geht die Revision der Semantik. Der Begriff „*Physikus*“, der bis dahin Lebendiges bezeichnete (daher konnte der Arzt auch „*Physikus*“ genannt werden), gilt nun als Umgang mit toter Materie, die frei zur Aus-

[97] siehe auch Fußnote 13

beutung liegt und erst dadurch an Wert gewinnt. Bergbau begann in Europa erst im 14./15. Jahrhundert – auf dem Höhepunkt des Anti-Averroismus. Die ökologische Zerstörung und die Brüche des natürlichen Kreislaufes werden von Europa aus auf die ganze Welt ausgedehnt.

Zusammenfassung wichtiger Thesen

1. Überblick zur Evolution des Materialismus:
„*Vor dem Anfang war die Materie*" ist eine These der ägyptischen Philosophie, die in schriftlicher Form bereits seit den Anfängen der Schrift im vierten Jahrtausend v.Chr. vertreten wird.

Debatten darüber, ob die Materie ewig oder einen Beginn hat, begleitete die Philosophiegeschichte. Ein weiterer Fragenkomplex ist auch zum Streitgegenstand zwischen Philosophie versus Religion geworden:
Ist die Materie zeitlich oder ewig?
Ist die Materie erschaffen oder unanfänglich?
Warum ist die Frage nach der Materie von großer Bedeutung?
Die wichtigsten Positionen zur Frage: Ist die Materie ewig?

- Muʿtaziliten / Mutakallimūn: muḥdaṯ.
- Farābī: qadīm.
- Iḫwān aṣ-Ṣafāʾ: muḥdaṯ (Die Lauteren Geschwister: Die Welt ist in die Zeit eingetreten).

Bīrūnī: Die Welt ist anfänglich.
Ibn-Sīnā: Die Welt ist unanfänglich, hat aber einen Schöpfer.
Ibn-Rušd / Maimonides: qadīm.
Ibn-Rušd: Die Materie ist ewig. In Vereinbarung damit liefert Ibn-Rušd seine drei philosophischen Gottesbeweise.
Mūsā b. Maimūn: Die Welt ist ewig. Gleichwohl ist Gott existent und Schöpfer.
Ibn Maimūn: Die Vertreter der These, die Welt sei muḥdaṯ, glauben, ihre Behauptung sei als Gottesbeweis notwendig, sonst wäre Gott überflüssig. Das ist ein Irrtum. Die Welt ist ewig. Gott existiert.

2. Die Ausgangsfrage Ibn-Rušds, ob die Materie unanfänglich oder zeitlich ist, sollte man nicht auf ein rein akademisches Problem reduzieren. Erst bei tieferer Betrachtung erkennt man die weitreichenden, existentiellen Konsequenzen der These. Sie läßt sich als der Anfang des philosophischen Denkens überhaupt begreifen. An dieses Problem knüpfen sich alle anderen Fragen des Seins an. Ist die Materie erschaffen (aus dem Nichts) so folgt daraus die Abhängigkeit des Menschen von der Offenbarung, der Kirche, dem Klerus, den Obrigkeiten usw. Ist die Materie stets vorhanden, so ergeben sich genau die umgekehrten Konsequenzen für das Welt-, Menschen- und Geschichtsbild. Aus der Feststellung, die Materie ist ewig und autonom, resultiert erst recht die Autonomie des Menschen. Die Thesen Ibn-Rušds über den Materialismus eröffnen dem Denken den Weg zu der Emanzipation des Menschen, dem Rationalismus, der Aufklärung und dem Humanismus. Das Sein, die Welt und die universelle Ordnung insgesamt sind nicht theozentrisch, sondern anthropozentrisch.

3. Bei der Rezeption des Ibn-Rušdschen Materialismus in Europa hat sich offensichtlich ein defizitäres Verständnis eingeschlichen. Er wurde auf die ökonomische Frage reduziert. Marx und Engels haben nur noch auf die Produktionsverhältnisse als materielle Basis der Gesellschaft und die wirtschaftlichen Interessen abgehoben. Genauer betrachtet haben sie ihrer Theorie einen falschen Namen gegeben: Beim Marxismus handelt es sich nicht um Materialismus, sondern um „Ökonomismus".

In seiner Schrift „*Ludwig Feuerbach und der Ausgang der klassischen deutschen Philosophie*" (1886) unterteilt Friedrich Engels die Philosophien in entweder idealistische oder materialistische und definiert sie jeweils. Darin zeigt er tatsächlich, daß er nicht verstanden hat, was „Materialismus" eigentlich ist. Im weiteren ist es absurd, den von Engels so definierten „Materialismus" und „Idealismus" zum Hauptmerkmal einer Einteilung zu erheben.

4. Ibn-Rušd wird in der Forschung zugeschrieben, er vertrete die „doppelte Wahrheit". Dazu aus unserer Sicht:
Ibn-Rušd hat an keiner Stelle seines Gesamtwerkes erklärt, ob es eine oder zwei Wahrheit(en) gebe. Ebensowenig hat er von einer „religiösen Wahrheit" gesprochen, die ausschließlich theologisch zu ermitteln sei. Er sagt auch an keiner Stelle, daß die philosophische Wahrheit eine andere als die philosophische sei. Die Tatsache, daß Ibn-Rušd die „doppelte Wahrheit" nicht ausdrücklich verneint, erklärt sich daher, daß für ihn die „*eine Wahrheit*" evident ist. Inhaltlich tritt Ibn-Rušd für die ***eine***, gegen die „*doppelte Wahrheit*" ein. Diese kann sowohl über den philosophischen wie über den theologischen Weg erkannt und ermittelt werden.

5. Der Averroismus, die Rezeption Ibn-Rušds in Europa, war stellenweise radikaler als Ibn-Rušd selbst; an anderen Stellen wirkten sich Übersetzungsfehler nachteilhaft auf die Rezeption aus. Indes bleibt Ibn-Rušd eigentlicher Begründer der europäischen Philosophie (Erläuterungen im Text).

* * *

Ibn-Rušd lebte in einer Epoche großer Gelehrsamkeit. Sowohl im arabischen Westen als auch im Osten waren Wissenschaft und Philosophie auf dem Höhenflug. Über zwei Drittel der Bevölkerung war des Lesens und Schreibens mächtig. Die Werke Ibn-Rušds wurden rasch vervielfältigt und erfreuten sich weiter Verbreitung. Ibn-Rušd war in keiner Weise ein einsamer Philosoph. Stellen wir uns die wissenschaftliche Kultur als eine Pyramide vor, so thronte er wohl auf der Spitze zusammen mit einem großen Kollegium. Diesem gehörten Größen wie die Ibn-Zuhr-Ärzte an, die zu den Begründern der modernen wissenschaftlichen Medizin zählen. Genannt werden muß auch Abū-Bakr Ibn-Ṭufail. Er wirkte am Hofe der Muwaḥḥidūn (Almohaden) von 1110 bis 1185. Er war es, welcher die Berufung Ibn-Rušds an den Hof empfahl und die Laudatio für ihn hielt. Zu dem Werk Ibn-Ṭufails zählt eine eigene Abhandlung zur Evolution unter dem traditionellen Titel „Ḥayy b. Yaqḏān". Diese wurde schon 1671 von Pocock ins Lateinische übersetzt. Bald gelangte die Übersetzung in die Hände Defoes.[98] Daraus machte er seinen „Robinson Crusoe", veröffentlicht 1719.

[98] Daniel Foe (aus D. Foe), London 1660-1731.

Werke von Ibn-Rušd

Frühwerke

Ibn-Rušd, Abū-al-Walīd Muḥammad b. Aḥmad, Kitāb at-tašrīḥ (Anatomie des menschlichen Körpers, Leichenöffnung und Sektion).

Ibn-Rušd, Abū-al-Walīd Muḥammad b. Aḥmad, al-Kuliyyāt fī aṭ-Ṭibb (Allgemeine Medizin, die medizinischen Universalien).

Nachdem Ibn-Rušd zwei der wichtigsten Grundlagenbücher der Medizin verfaßt hatte, entschloß er sich, keine weiteren medizinischen Lehrwerke mehr zu schreiben. Diesen bewußten Schritt begründete er damit, daß er diese Aufgabe lieber kompetenteren Zeitgenossen überlassen möchte. Dabei verwies er auf die Ärztedynastie der Ibn-Zuhr. Die bereits verfaßte medizinische Literatur zeigt allerdings, welche tiefere Einsichten Ibn-Rušd auf den Gebieten der Pathologie und Therapie besaß. Er gehört zu den ersten Präventionstheoretikern. Krankheiten sind vermeidbar, der Mensch braucht nicht krank zu werden. Ibn-Rušd betrieb außerdem empirische Forschung, z.B. zur Klärung des Vorganges der Eibefruchtung und Schwangerschaft. Ibn-Rušd übte weiterhin die ärztliche Tätigkeit in begrenztem Umfang aus, da u.a. der Kalif Abū-Yaʿqūb Yūsuf und sein Nachfolger sich nur von Ibn-Rušd haben ärztlich beraten und behandeln lassen wollen.

Von Ibn-Rušd stammt ein Werk über die arabische Linguistik.
Ibn-Rušd, aḍ-Ḍarūrī fī an Naḥw.
Es liegt uns nicht vor. Daß Ibn-Rušd es verfaßt hat, wissen wir u.a. aus Aḏ-Ḏail wa at-takmila, und aus einem Hinweis von Ibn al-Abār u.a.

Erhalten sind indes zahlreiche Textstellen von Ibn-Rušd, in denen er auf die Notwendigkeit des Erlernens der arabischen Sprache mit Nachdruck hinweist. Dank ihres ausgeprägten Ausdrucksvermögens für fachliche Zwecke eignet sich das Arabische ganz besonders als Sprache der Wissenschaft und Philosophie. Ibn-Rušd selbst hat den Beweis dafür geliefert, wie wichtig die Sprachqualifikation zum Erwerb philosophischer und fachlicher Kompetenz ist. Von seinen hervorragenden rhetorischen Fähigkeiten (Rhetorik ist die Übereinstimmung der gewählten Formulierung mit dem beabsichtigten Inhalt) profitieren wir heute noch, wenn wir seine Texte lesen. Er vermochte es, die Möglichkeiten des Arabischen voll auszuschöpfen. Wie keine andere Sprache vermag es das Arabische, verschiedene Ebenen des Diskurses nicht nur sukzessiv, sondern auch simultan auszudrücken.

Ferner:
Ibn-Rušd, aḍ-ḍarūrī fī uṣūl al-fiqh. Darin referiert Ibn-Rušd in Zusammenfassung das Buch von Ġazālī „al-Mustaṣfa fī uṣūl al-fiqh", schließt Lücken und ergänzt es. Ibn-Rušd datiert den Redaktionsschluß mit 552 Hiğrī. Edition:
Ibn-Rušd, aḍ-ḍarūrī fī uṣūl al-fiqh, ed. und herausgegeben von: Ğamāl ad-Dīn al-ʿUlwī, Bairūt 1994.
Ibn-Rušd, aḍ-ḍarūrī fī al-manṭiq.
Ibn-Rušd, Bidāyat al-muğtahid wa nihāyat al-muqtaṣid.

Mittlerer Lebensabschnitt
Aus der mittleren Lebensphase stammen die von Ibn-Rušd verfaßten, berühmt gewordenen Kommentare.
Auf Anregung und Wunsch des Muwaḥḥidūn-Herrschers Abū-Yaʿqūb Yūsuf nahm sich Ibn-Rušd eine Revision des Aristoteles vor. Kalif Yūsuf forderte ihn ausdrücklich dazu auf, sich mit fehlerhaften Stellen bei Aristoteles auseinanderzusetzen und diese zu korrigieren (rafʿ al-qalaq ʿanhu). Diesem Staatsauftrag widmete Ibn-Rušd mehrere Jahrzehnte seines Lebens (Hiğrī-Jahresangaben werden umgerechnet und nach dem gregorianischen Kalender angegeben)

Zur Titel-Nommenklatur Ibn-Rušds

Mulaḫḫaṣ / Muḫtaṣar	Kleiner	Kommentar
Talḫīṣ	Mittlerer	Kommentar
Scharḥ / šarḥ	Großer	Kommentar (*Commentarium magnum*).

1157
Ibn-Rušd, al-Muḫtaṣar fī al-manṭiq (kleiner Kommentar zu „*Organon*").

um 1158-60
Ibn-Rušd, al-Muḫtaṣar fī an-nafs (kleiner Kommentar des „*De anima*" (über die Psyche)),
Ibn-Rušd, Kitāb al-Ḥayawān (*De animalibus*).

1164
Ibn-Rušd, al-Muḫtaṣar al-Maqūlāt (*Kategorien*).

1165-67
Ibn-Rušd, Muḫtaṣar al-ʿIbāra (Kleiner Kommentar zu: *Peri Hermenias* des Aristoteles),
Ibn-Rušd, Talḫīṣ al-maqūlāt (Mittlerer Kommentar zu den Kategorias des Aristoteles).
Ibn-Rušd, Muḫtaṣar al-qiyās (Kleiner Kommentar zu:
Aristoteles, Das Buch des Syllogismus – *Analytica Priora*),
Ibn-Rušd, Talḫīṣ al-qiyās (Mittlerer Kommentar zu „*Analytica Priora*").
Später: Ibn-Rušd, Šarḥ al-qiyās (Großer Kommentar zu „Aristoteles, Das Buch des Syllogismus – „*Analytica Priora*"),
Ibn-Rušd, Muḫtaṣar at-taḥlil (kleiner Kommentar der Analytik).
Ibn-Rušd, Muḫtaṣar al-Burhān (Kleiner Kommentar zu: Aristoteles, *Analytica Posteriora*).

1168
Ibn-Rušd, Muḫtaṣar al-Ǧadal (Topiik).
Ibn-Rušd, Talḫīṣ al-Ǧadal.

1170
Ibn-Rušd, Talḫīṣ al-Burhān (Mittlerer Kommentar zu: Aristoteles, *Analytica Posteriora).*
Ibn-Rušd, as-Samaʿ aṭ-ṭabīʿī (Akustische Wahrnehmung)

1171
Ibn-Rušd, as-Samāʾ wa al-ʿĀlam (*De caelo et mundo*).

1172
Ibn-Rušd, al-Kawn wa al-fasād (*De Generatione et Corruptione* – Über Sein und Verwesung).

1173
Ibn-Rušd, al-Aṯār al-ʿUlwiyya (*Epitome meteorologica*).

um 1174
Ibn-Rušd, al-Muḫtaṣar as-Safsaṭa (kleiner Kommentar der Sophistik).
Ibn-Rušd, Talḫīṣ as-Safsaṭa (mittlerer Kommentar der Sophistik).

1176
Ibn-Rušd, Muḫtaṣar al-Ḫaṭāba (kleiner Kommentar der Rhetorik).
Ibn-Rušd, Talḫīṣ al-Ḫaṭāba (mittlerer Kommentar der Rhetorik).
Ibn-Rušd, Muḫtaṣar aš-šiʿr (kleiner Kommentar der Poetik).

Ibn-Rušd, Talḫīṣ aš-ši'r (mittlerer Kommentar der Poetik).

1177
Nikomachische Ethik (so genannt nach dem Sohn des Aristoteles, dem das Buch seines Vaters über die Ethik zugeschrieben wird.):
Ibn-Rušd, Talḫīṣ Kitāb al-Aḫlāq (etwa 1177).

Ibn-Rušd, Rasā'il falsafiyya, das ist eine Sammlung kleinerer Schriften Ibn-Rušds aus verschiedenen Jahren:

Ibn-Rušd, Abū-al-Walīd Muḥammad b. Aḥmad, Maqālāt fī al-Mantiq wa al-'Ilm aṭ-ṭabī'ī, ediert und erläutert von Ǧamāl ad-Dīn al-'Ulwī, Ad-Dār al-Baiḍā' (Casablanca) (Dār an-Naṣr al-Maġribiyya) 1983.

Spätwerke
1180-81
Ibn-Rušd, Abū-al-Walīd Muḥammad b. Aḥmad, Tahāfut at-tahāfut.

1182
Berufung nach Fās (Fes) als königlicher Arzt des Kalifen al-Manṣūr Yūsuf b. Ya'qūb al-Muwaḥḥidī.

1183
Aus dieser Zeit stammen aus der Feder Ibn-Rušds große Kommentare.
Ibn-Rušd, Šarḥ al-Burhān – Großer Kommentar zu: Aristoteles, *Analytica Posteriora*.

Ibn-Rušd, al-Ǧawāmi' fī al-falsafa (Kompendien der Philosophie des Aristoteles).

1186-88
Ibn-Rušd schließt seine Untersuchungen über Aristoteles mit großem Kommentar ab.

Die Kommentare zu Aristoteles dürfen jedoch nicht davon ablenken, daß die eigentliche Bedeutung Ibn-Rušds erst durch seine genuinen Werke begründet ist.
Ibn-Rušd, Abū-al-Walīd Muḥammad b. Aḥmad, Faṣl al-maqāl fī taqrīr mā baina aš-šarī'a wal-ḥikma min ittiṣāl", Bairūt 1997.
Ibn-Rušd, al-Kašf 'an manāhiǧ al-adilla fī 'aqā'id al-milla, Bairūt 1998.

um 1192
Das vermutlich letzte Werk Ibn-Rušds:
Ibn-Rušd, aḍ-Ḍarūrī fī as-siyāsa, ed. und herausgegeben von: Markaz dirāsāt al-wiḥda al-ʿarabiyya, Bairūt 1998.

Seine intensive, kommentatorische Tätigkeit nutzte Ibn-Rušd für den Zweck, seine eigenen Gedankengänge und philosophischen Ansätze als Thesen, Synthesen oder Antithesen zu den behandelten Arbeiten zu entwickeln. Das haben auch seine Anhänger und Gegner genau so verstanden. Das Buch Ibn-Rušds über Politik wurde als ein Kommentar zu Platos Republik ausgegeben. Unter diesem Vorwand entfaltete Ibn-Rušd seine eigene Staatstheorie, blieb jedoch nicht dabei stehen. Er ging dazu über, die herrschenden politischen Verhältnisse an seinen eigenen Kriterien zu prüfen und zu kritisieren.

In seinem Werk über die Politik übte Ibn-Rušd eine solchermaßen heftige Kritik am bestehenden System, daß al-Manṣūr es als eine Gefährdung seiner Macht empfand. 1194 wurde unter dem Vorsitz Yūsuf b. Yaʿqūb al-Manṣūr der Prozeß gegen Ibn-Rušd geführt. Er wurde zu zweijähriger Verbannung auf eine Insel verurteilt. In der Urteilsbegründung hieß es u.a.: Ibn-Rušd habe sich mit altem Wissen beschäftigt „(...) li-ištiġālihi bi-ʿulūm al-awwalīn". Die Befassung mit den Arbeiten früherer Philosophen kann an sich keine strafbare Handlung darstellen. Ibn-Rušd wurde aber für schuldig befunden, diese als Mittel zum Zweck benutzt zu haben, nämlich, die bestehende Ordnung, Politik und Staatsform grundsätzlich in Frage zu stellen. Jedenfalls kann ihm der Vorwurf, ein Hofphilosoph gewesen zu sein, nicht angeheftet werden.

Al-Manṣūr verbot das Siyāsa-Buch Ibn-Rušds. Um so interessanter wurde es. Das politische Werk wanderte vom öffentlichen Buchangebot in den Untergrund. Geschickt machte man von der Möglichkeit Gebrauch, das „aḍ-Ḍarūrī fī as-siyāsa" in die Quadratschrift zu transkribieren. Diese war hauptsächlich in jüdischem gottesdienstlichen Leben verwendet. Bücher in Quadratschrift wurden, weil liturgisch, als unverdächtig angesehen. Ibn-Rušd im Quadratischen fiel nicht mehr auf. Es war keine reine Transkription; es handelte sich um eine arabisch-hebräische Mischsprache, wobei hebräisches Vokabularium sich vom arabischen nicht stark unterscheidet. Äquivalente gehen oft auf einen gemeinsamen etymologischen Ursprung zurück. Der relativ einfache Satzbau des Hebräischen deckt sich dem Prinzip nach mit dem weit komplexeren arabischen Syntax. Außer „Das Notwendige über Politik" wurde eine Anthologie aus den Werken Ibn-Rušds ins Hebräische übertragen. Es handelt sich bedingt um Übersetzungen. In diesen Übertragungen ist das Hebräische stark arabisiert.

Zunächst mußte das hebräische Alphabet um mehrere Symbole ergänzt werden. Sämtliche zweiundzwanzig Buchstaben des Hebräischen kommen im arabischen Alphabet vor. Es fehlt also eine ganze Reihe Buchstaben zur Wiedergabe der übrigen Konsonanten der arabischen Hochlautung:
Die im hebräischen Alphabet fehlenden Konsonanten „Ḍād“, „Ẓā'“ wurden durch Sonderzeichen nachgetragen.
Ein zweites Problem ergab sich dadurch, daß im Hebräischen Buchstaben für zwei verschiedene Laute vorkommen: Tā'/Ṯā', Kāf/Ḫāf, Dāl/Ḏāl, Ǧīm/Ġain. Das hebräische Alphabet mußte daher um mehrere Zeichen erweitert werden, um die arabische Lautsprache adäquat transkribieren zu können. Es entstand eine neue Schrift, das Mittelhebräische.
Weitere Probleme ergaben sich im Bereich der Wort- und Satzbildung. Der Dual kommt im Hebräischen höchstens rudimentär vor. Den zehn Verbstämme des Klassisch-Arabischen stehen im Hebräischen nur drei gegenüber. Relativsätze sind in 'Ibrī selten und einfach. Nur ein Relativpronomen „ascher“ steht zur Verfügung.

Für die Konstitution des Mittelhebräischen entscheidend war die semantische und syntaktische Bereicherung. Komplexere Wort- und Satzbildungen mußten eingeführt werden. 'Ibrī war bis dahin an Tora und Talmud gebunden. Auch Ibn-Maimūn, der Hebräisch konnte, mußte sein anspruchsvolles Werk „Dalālat al-ḥā'irīn“ auf Arabisch schreiben, obwohl er sich auch in diesem Werk an jüdische Leserschaft wendet. Durch die Aufnahme fachlicher Schriften hauptsächlich Ibn-Rušds erlangte der hebräische Wortschatz eine philosophische Semantik. Man hat aber auch oft die arabische Begrifflichkeit in ihrer Ursprünglichkeit belassen und begnügte sich damit, sie in Quadratschrift zu transkribieren Ähnliches taten auch Aramäer und Syrer nach Verbreitung des Arabischen.
Die relativ einfache Syntax des Hebräischen deckt sich dem Prinzip nach mit der weit komplexeren arabischen Syntax. Außer „Das Notwendige über Politik” wurde eine Anthologie aus den Werken Ibn-Rušds ins Hebräische übertragen. Es handelt sich bedingt um Übersetzungen. In diesen Übertragungen ist das Hebräische stark arabisiert. 'Ibrī war bis dahin an Tora und Talmud sehr gebunden. Durch die Auf-

nahme fachlicher Schriften hauptsächlich Ibn-Rušds erlangte der hebräische Wortschatz eine philosophische Semantik. Teilweise hat man arabische Wörter hebraisiert (Beispiel: muṯallaṯ über musallas zu mošeleš). Man hat aber auch oft die arabische Begrifflichkeit in ihrer Ursprünglichkeit belassen und begnügte sich damit, sie in Quadratschrift zu transkribieren. Ähnliches taten auch Aramäer und Syrer nach Verbreitung des Arabischen.

Das arabische Original des ibn-rušdischen „aḍ-Ḍarūrī fī as-siyāsa" konnte bisher nicht gefunden werden. Die Ausgabe des „Markaz dirāsāt al-wiḥda al-ʿarabiyya" wurde nach einem erhaltenen, hebräischen Exemplar ins Arabische zurückübersetzt. Die Edition kommt dem Diskurs Ibn-Rušds sehr nahe.

Die in der europäischen Literatur oft behauptete „Verbrennung (fast) aller Bücher Ibn-Rušds"[99] konnte ich bisher durch die Quellen nicht bestätigt finden. Bekannt ist nur, daß die Zensur al-Manṣūrs sich gegen „aḍ-Ḍarūrī fī as-siyāsa" richtete. Alle anderen Titel Ibn-Rušds sind in mehrfachen Ausgaben erhalten. Vermutlich verwechseln die europäischen Vertreter dieser Behauptung den Tatort. Die Werke Ibn-Rušds wurden vernichtet. Der Scheiterhaufen wurde eingerichtet, aber nicht im arabischen Raum, sondern in Europa. Nach der Enzyklika von 1210 wurde die Inquisition installiert. Die Bücher Ibn-Rušds fielen den lodernden Flammen anheim. Averroistinnen und Averroisten wurden bei lebendigem Leib verbrannt. Mit der Reconquista 1492 dehnten sich die Scheiterhaufen auf die Territorien des einstigen arabischen Staats Andalus aus, also auch auf den Heimatort Ibn-Rušds, Qurṭuba. Bis heute wurde Ibn-Rušd von der Römisch-Katholischen Kirche nicht rehabilitiert.

Insgesamt sind von Ibn-Rušd 51 Titel erfaßt. In diese Zahl geht ein Großteil der Abhandlungen des Philosophen ein, aber nicht alle. Zeitgenössische Berichte geben an, daß Ibn-Rušd 10.000 Blätter geschrieben hat.

---

99 Vgl. z.B. „Geschichte der Araber", hrsg. von Rathmann et al., Berlin 1971, Bd.1, S. 244.

Das Gesamtwerk Ibn-Rušds wird bearbeitet und ediert:
Omnia Opera Ibn-Rušds wird herausgegeben vom interarabischen Projekt: Markaz dirāsāt al-wiḥda al-ʿarabiyya, Bairūt. Ein Großteil dieses unschätzbaren Reichtums ist bereits erschienen. Die harte Editionsarbeit wird fleißig fortgesetzt, auch im Jahr 2006.

Editionen speziell zu den von Ibn-Rušd verfaßten Kommentaren
Ibn-Rušd, Abū-al-Walīd Muḥammad b. Aḥmad, Naṣṣ Talḫiṣ Kitāb al-Burhān li Aristo, bearbeitet und erläutert von: Gérard Jéhamy, hrsg. von: Dār al-Fikr al-Libnānī, Bairūt 1992.

Ibn-Rušd, Abū-al-Walīd Muḥammad b. Aḥmad, Talḫiṣ al-Ḫaṭāba, bearbeitet und erläutert von ʿAbd ar-Raḥmān Badawī, Bairūt o.J.

Ibn-Rušd, Abū-al-Walīd Muḥammad b. Aḥmad, Talḫiṣ al-Aṯār al-ʿUlwiyya, bearbeitet und erläutert von Ǧamāl ad-Dīn al-ʿUlwī, hsg. vom marokkanischen Institut für Ibn-Rušd-Studien, Centre des Etudes avirroistes, Fās (Fes), Bairūt 1994.

Ibn-Rušd, Abū-al-Walīd Muḥammad b. Aḥmad, Mulaḫḫaṣ Kitāb al-Aṯār al-ʿUlwiyya, bearbeitet und erläutert von: Zuhair Faḍl-Allāh, hrsg. von: Maǧlis aṯ-Ṯaqāfa al-Aʿla, Kairo 1994.

Ibn-Rušd, Abū-al-Walīd Muḥammad b. Aḥmad, aš-Šarḥ al-kabīr li-Kitāb an-Nafs li-Aristo, übersetzt vom Lateinischen ins Arabische, von: Ġarbī Brāhīm, Bait al-Ḥikma, Carthage 1997.

Ibn-Rušd, Abū-al-Walīd Muḥammad b. Aḥmad, Muḫtaṣar Kitāb as-siyāsa li Iflāṭon, übersetzt aus dem Hebräischen ins Arabische von: Aḥmad Kaḥlān, Vorwort von: Muḥammad ʿĀbid al-Ǧābirī, Bairūt 1998.

Averroes latinus
Corpus philosophorum
Die bereits zu Lebzeiten des Philosophen in Angriff genommenen Übersetzungen seines Werkes ins Lateinische bildeten die literarische Basis des Averroismus. Insbesondere haben „*Destructio destructis*“ und „Faṣl al-maqāl“ die Vorraussetzungen für das beginnende philosophische Denken in Europa geschaffen.

Ibn-Rušd, Tahāfut at-tahāfut.
Von diesem Werk wurden drei verschiedene Übersetzungen ins Lateinische erstellt (13., 15. und 17. Jhd.). In der Hamburger Staats- und Universitätsbibliothek befindet sich eine lateinische Übersetzung unter dem Titel „*Destructio destructionum*“ („Zerstörung der Zerstörungen“).

Nicht ohne Bedeutung sind die Arbeiten Ibn-Rušds, die ihm den hohen Titel „Aristoteleskommentator“ brachten:

Averrois Cordubensis, – Commentarium magnumin Aristotelis De Anima Libros, recensuit F. Stuart Crawford, in: Corpus philosophorum Medii Aevi – Corpus commentariorum, Cambridge (Massachusetts) 1953.
(Averrois in Aristotelem, Cambridge (Mass.) 1953.).

Averroes’ Middle Commentaries on Aristotele’s Categories and de interpretatione, translated into English by: Charles E. Butterworth, Princeton 1983.

Quellen

Ibn-Rušds selbst hat keine autobiographische Schrift hinterlassen. Dennoch sind wir über sein Leben und den historischen Kontext seiner Zeit gut informiert, da die Muwaḥḥidūn-Ära einen Höhenflug arabischer Klassik darstellt und gut dokumentiert ist. Wegen seiner großen Bedeutung bereits zu Lebzeiten widmeten ihm verschiedene zeitgenössische Autoren längere Ausführungen. Eine der wichtigsten Primärquellen für Leben und Zeit Ibn-Rušds ist:
ʿAbd al-Wāḥid al-Marākischī, al-Muʿǧib fī tarīḫ al-Maġrib, herausgegeben in: Ad-Dār al-Baiḍāʾ (Casablanca) 1978.

Literatur und Untersuchungen über Ibn-Rušd (eine Auswahl)

L. Gauthier, Ibn-Roschd, Averroès, 1948.
G. Darms, Averroes, 1948.
B. Bürke, Das neue Buch des lateinischen großen Metaphysik-Kommentars von Averroes, 1969.
Muḥammad ʿĀbid al-Ǧābirī, Ibn-Rušd – Sīra wa fikr, Bairūt 1998.

Verdienstvoll sind Leistungen al-Gabiris zur Edition und Herausgabe des Werkes Ibn-Rušds, insbesondere im Rahmen des arabischen Instituts:

Markaz dirāsāt al-wiḥda al-ʿarabiyya (Herausgeber), Sitz: Bairūt. Projekt: Edition des Gesamtwerkes Ibn-Rušds.

Eine Reihe bedeutsamer Abhandlungen über Ibn-Rušd verfaßte der ebenfalls marokkanische Wissenschaftler Ǧamāl ad-Dīn ʿUlwī 1984 ff.

Averroismus in Europa

E. Renan, Averroèset l'Averroisme, Paris (2.) 1869.
Grabmann, Der lateinische Averroismus des 13. Jahrhunderts, 1931.

ʿĀṭif al-ʿIrāqī, an-Nazʿa al-ʿaqliyya fī falsafat Ibn-Rušd, Kairo (5.) 1993.

Ferner:
Jameleddine Ben-Abdel-Jelil, Der jüdische Averroismus – Die Geschichte des Rationalismus bis zum Mittelalter und die jüdische Rezeption von Ibn-Rušd (Averroes), (Dissertation) Wien 2002.

Jameleddine Ben-Abdel-Jelil, Ibn-Rušds Philosophie interkulturell gelesen, Nordhausen 2005.

Mit zwei Werken trug der tunesische Wissenschaftler Ǧamāl ad-Dīn Ibn-ʿAbd-al-Ǧalīl maßgeblich zur Ibn-Rušd-Hermeneutik bei. Schwerpunkt seiner Untersuchung ist die jüdische Rezeption des Denkens Ibn-Rušds. Hierzu gelang es ihm, Forschungslücken zu schließen und die geistesgeschichtliche Kontinuität zu rekonstruieren.

XVII.
Mūsā b. Maimūn

(1135-1204)
Abū-ʿUmrān Mūsā b. Maimūn al-Qurṭubī al-Andalusī,

in Europa bekannt geworden als Moses Maimonides.

geboren in Qurṭuba (später Córdoba) am 30.03.1135,
gestorben in Fusṭāṭ (Alt-Kairo) am 13.12.1204.

hinterließ hauptsächlich religiöse Schriften, meist Kommentare zu biblischen Büchern, insbesondere Propheten, sowie pastorale Briefe an jüdische Gemeinden. Das Buch, das sich u.a. mit Dialektik und Philosophie befaßt, ist Dalālat al-ḥāʾirīn. Es ist das Hauptwerk Ibn Maimūns.

Mūsā b. Maimūn war Theologe, Arzt und Philosoph, hinterließ aber keine medizinischen Schriften. Mit Ausnahme von Dalālat al-ḥāʾirīn besitzen wir von ihm ausschließlich religiöse Traktate und seelsorgerische Briefe. Hauptsächlich bediente er sich des Arabischen und zitiert überwiegend arabische Literatur.

Dalālat al-ḥāʾirīn

Das Fehlen eines Synonyms in europäischen Sprachen fällt schon in der englischen Übersetzung auf: „Guide of the Perplexed“. Selbst die alte hebräische Übersetzung hat den arabischen Ausdruck übernommen. Hāʾir (sing.) ist jemand, der sich für eine bestimmte Wahl nicht entscheiden kann. Man muß von der wörtlichen Übersetzung abweichen, um dem Sinn inhaltlich näher zu kommen. So schlage ich vor: „Wegweiser für Suchende“.

Entgegen verbreiteter Annahme hat Ibn Maimūn Dalālat al-ḥāʾirīn nicht auf Hebräisch, sondern auf Arabisch (in Quadratschrift) verfaßt. Ein anderer wurde beauftragt, das Buch ins Hebräische zu übersetzen. Mūsā hat sich unbefriedigt über diese Übersetzung geäußert.

Mūsā b. Maimūn schrieb das Werk „Dalālat al-ḥā'irīn" unter finalen Zielsetzungen. Nicht nur die Lernziele, sondern auch die Adressaten waren vorbestimmt. Zielgruppe des Werkes war die jüdische Gemeinde. In einer Zeit, in der philosophisches Gedankengut verbreitet war, wuchsen auch kritische Einstellungen bei Intellektuellen. Bewegt von seelsorgerischem Interesse, bemühte sich Ibn Maimūn um die Behandlung von Glaubensfragen in einem Diskurs, der für kritische Leser akzeptabel ist. Darin nahm er Friedrich Schleiermachers „Reden über die Religion an die Gebildeten unter ihren Verächtern" (1799) um genau sechshundert Jahre vorweg. Dieser Hintergrund erklärt Konzept, Aufbau und Darlegungen des Werkes Maimūns.

Im zwölften Jahrhundert setzten sich in der arabischen Welt kritisches Gedankengut und das Bestreben durch, sich von der Dogmatik zu emanzipieren. In Frage gestellt wurden Religionen, heilige Schriften und generell traditionelle Anschauungen. Aus pastoralem Anliegen sah sich Maimūn gefordert, seine Gemeinde in Grundfragen des Glaubens zu unterweisen, dies aber auf Akzeptanz und Rezeption anzulegen. Da Maimūn selbst über einen hohen Bildungs- und Aufklärungsgrad verfügte, war er nicht auf einen doppelten Diskurs angewiesen. Er vertrat in dem Werk „Dalālat al-ḥā'irīn" seine eigene Überzeugung.

Das Werk „Dalālat al-ḥā'irīn" besteht aus drei Hauptabteilungen. Es ist hervorragend strukturiert. Mit ihm wandte sich Ibn Maimūn ausschließlich an intellektuelle Mitglieder seiner Gemeinde.

Es behandelt die theologischen Grundfragen in systematischer Abfolge und erläutert sie rational. Mūsā macht sich völlig frei von traditionellem Denken und interpretiert die Glaubensfragen zeitgemäß – für unsere heutigen Verhältnisse sehr modern.

Philosophisch hält sich Mūsā b. Maimūn an Ibn-Rušd. Für Maimonides ist die Welt unanfänglich. Ausdrücklich geht er darauf ein, daß die Erschaffung der Welt in der Zeit nicht notwendig ist, um die Existenz Gottes zu beweisen.

Daß Maimūn engen Kontakt zu Ibn-Rušd hatte, geht inhaltlich aus dem Werk, nicht durch ausdrückliche Erwähnung, hervor. Zunächst lebten beide zur gleichen Zeit in Qurṭuba, wobei Mūsā um rund zehn Jahre jünger war. Als Mūsā b. Maimūn sein Lebensziel realisieren konnte, einem Ruf nach Kairo zu folgen, von wo aus er die jüdische Gemeinde weltweit leiten konnte, schrieb er von dort an einen Freund in Andalus. Das Schreiben ist erhalten. Darin listet Ibn Maimūn jene Bücher Ibn-Rušds auf, die er besitzt, und bittet, ihm alle übrigen zu übersenden.

Das große literaturgeschichtliche Verdienst Maimūns ist wohl dies, daß er, ohne es vorsätzlich geplant zu haben, mit seinem Werk „Dalālat al-ḥā'irīn" die „systematische Theologie" auf- und ausgebaut hat. Begründet wurde die theologische Systematik von Kindī und Farābī. Das dreiteilige Buch behandelt die theologischen Grundfragen, mit „Gott" beginnend in biblischer und in philosophischer Hinsicht. Er leitet die einzelnen Fragen logisch ab und begründet sie.

Mūsā b. Maimūn greift Bibelverse (des Alten Testaments) auf, die Anstoß bei aufgeklärten Lesern erregen, z.B. „Gott kam auf einem Fahrzeug" und erläutert sie auf Akzeptanz. Damit begründete der Oberste Rabbiner eine neue Methode der Interpretation biblischer Schriften, welche die Offenbarung zeitgemäßer gestaltet. Insbesondere betonte Maimūn die Notwendigkeit, sich von der Buchstabenlesart freizumachen, um den Geist der Heiligen Schriften zu entdecken und zu erkennen.

Mūsā kannte sich in den religiösen Strömungen seiner Zeit sehr gut aus. Bemerkenswert ist die Feststellung, daß er sich nicht mit dem orthodoxen Islam, sondern mit den abweichenden Strömungen, insbesondere der Asch'ariten und ahl al-kalām kritisch befaßt und sich mit ihnen heftig auseinandersetzt. Seine Kritik trifft wohl jene „Abweichler", nicht aber den sunnitischen Islam, als herrschte zwischen ihm und der islamischen Orthodoxie – in bezug auf die behandelten Fragen – Konsens.

Dalālat al-ḥā'irīn ist kein Buch für jedermann. Es setzt vielmehr anspruchsvollere Lesererwartungen voraus. Der Verfasser geht auf philosophische Fragen ein und setzt sich mit ihnen intensiv auseinander. Ausführliche Abschnitte widmet er der Polemik gegen die Dialektiker (Mutakallimūn).[100] Diese Abschnitte von „Dalālat al-ḥā'irīn" sind heute von großem Wert. Damit er seine harte Kritik begründet, listet er vorab Auffassungen der Mutakallimūn auf, deren Methode er grundsätzlich ablehnt. Dadurch aber profitieren wir in hohem Maße von seinen guten Kenntnissen über die Dialektikoi, über ihr Denken und ihre Methodik. Analoge Ausführungen vermissen wir bei Ibn-Rušd.

---

[100] Dalālat al-ḥā'irīn, Bd. I., Kapp. 71-77, SS. 179-228.

Bei aller Polemik bleibt Maimūn sachlich, ruhig und bewahrt die Kühle des weisen Denkers. Die Lernziele stellt er klar und deutlich auf: Wo stimmt er mit Dialektikern und Philosophen überein und wo gehen die Meinungen unterschiedliche Wege? Ibn Maimūn gibt dem Gegner Recht, wo er mit ihm übereinstimmt. Über den Konsens und Dissens brauchen die Leser nicht zu rätseln. Gleichwohl kontrastiert er scharf und unmißverständlich die Positionen miteinander.

Ibn Maimūn stellt die Dialektiker den Philosophen gegenüber. Diese Gegenüberstellung deckt sich mit der klassischen Einteilung, welche Dialektik und Philosophie als zwei voneinander unabhängige Denkrichtungen betrachtete. Im Diskurs der Zeit der arabischen Klassik waren „Philosophen“ und „Dialektiker“ zwei unterschiedliche Gruppen, die einander ausschließen. Erst im neunzehnten Jahrhundert wurden „Philosophie“ und „Dialektik“ zu einem einheitlichen System zusammengeführt, so z.B. bei Hegel, Marx und Engels.

Hervorzuheben sind die Didaktik und die Methode des Maimonides. Schwierige dialektische und komplexe philosophische Fragen werden in Einzelpunkte zerlegt und verständnisorientiert aufbereitet. Sie werden kommunikativ vermittelt, ohne beim Leser fundierte Vorkenntnisse vorauszusetzen.

Ibn Maimūn geht streng nach Konzept vor. Im ganzen Werk folgt er nicht einer philosophischen, sondern einer theologischen Systematik. Der Bezug seiner Darlegungen ist stets erkennbar. In den Mittelpunkt seines Interesses stellt er die biblische Wahrheit. Er verteidigt sie mit aufgeklärten Argumenten. Er vertritt sie intellektuell und nicht immanent. Fachlich würde man heute sagen, es handelt sich nicht um Exegese, sondern um „Eisgese“ (eis- = ein-; d.h. nicht den Text aus sich heraus interpretieren [= Exegese], sondern in den Text hinein fremde Inhalte projezieren). So greift Ibn Maimūn anstößige Verse auf, um sie in Übereinstimmung mit der Vernunft zu interpretieren und neu auszulegen. Dadurch entsteht eine Synthese von Philosophie und Theologie, Dogma und Ratio.

Ibn Maimūn weiß auch Prioritäten zu setzen. An oberster Stelle stehen Gottesexistenz und Gottesbild. Bei dieser Diskussion sind wiederum die wesentlichen Fragen gegen untergeordnete abgehoben. Drei Forderungen stellt er in den Mittelpunkt:

a) Gott existiert,
b) Er ist ein Einiger Gott und
c) Gott ist körperlos.[101]

Dalālat al-ḥā'irīn ist eines der ältesten Werke zur systematischen Theologie. Ibn Maimūn vertritt darin eine streng monotheistische Auffassung, die er mit philosophischen Thesen zu vereinbaren sucht. Mūsā b. Maimūn ist entschiedener Gegner des Dogmas von der Erschaffung aus dem Nichts („*Creatio ex nihilo*"). Er vertritt: Die Welt ist alt und ist nicht aus dem Nichts erschaffen.[102] Er folgt Ibn-Rušd, nach dem die Welt unanfänglich ist. Kompromißlos wendet sich Mūsā b. Maimūn gegen die Sicht der Orthodoxie wie auch der Mutakallimūn, daß die Welt einen Anfang habe. Man vertrete die Anfänglichkeit der Welt in der Annahme, ohne dies sei die Existenz Gottes nicht zu beweisen: Die Welt sei erschaffen worden, also gibt es den Schöpfer.[103] Ibn Maimūn kommentiert: „Mir ist diese Rede unerträglich geworden (nafarat nafsī min hāḏā ar-ra'y"[104]). Nach Ibn-Rušd hat Maimūn die Gottesexistenz auch mit der Unanfänglichkeit der Welt vereinbaren können. Philosophiegeschichtlich darf diese Erkenntnis als eine große Leistung gewertet werden.

Auf dem Hintergrund der Anerkennung der These von der Unanfänglichkeit der Welt sieht sich Maimūn gefordert, Gott zu definieren. Maimonides schreibt, daß es einen Seienden gibt, der nicht körperlich und anders als alle Körper des Universums ist. Somit besteht keine Spannung zwischen der Existenz Gottes und der These „Materie ist ewig".

Dalālat al-ḥā'irīn ist zwar ein theologisches Werk; dennoch darf seine Bedeutung für Dialektik und Philosophie nicht unterschätzt werden. Der Beitrag zur Dialektik kommt in den Kapiteln über die Mu'taziliten und 'Ilm al-kalām, gegen die sich Maimūn unzweideutig abgrenzt, zur Geltung.[105] Philosophisch ist das Werk wichtig, weil Mūsā b. Maimūn in Dalālat al-ḥā'irīn eine Synthese von Theologie und Philosophie herzustellen bemüht ist. Darin unterscheidet er sich wesentlich von Ibn-Rušd.

---

[101] ġaira ǧism, Dalālat al-ḥā'irīn, Bd. 1, S. 183 u.
[102] al-'alām qadīm, lā muḥdaṯ, Dalālat al-ḥā'irīn, Bd. 1, S. 183.
[103] Dalālat al-ḥā'irīn, Bd. 1, S. 182.
[104] Dalālat al-ḥā'irīn, Bd. 1, S. 183.
[105] Dalālat al-ḥā'irīn, Bd. I., Kapp. 71-77, SS. 179-228.

Eindrucksvoll ist die Rezeption des ʿIlm al-kalām durch Maimūn. Offensichtlich hat er sich intensiv mit arabischen Schulen der Dialektik auseinandergesetzt. Er präsentiert sie im ersten Band seiner „Dalālat al-ḥāʾirīn" und faßt ihre Anschauungen in zwölf Thesen zusammen, gegen die er Antithesen entwickelt.[106] Die von Mūsā b. Maimūn dargelegten Thesen sind nicht identisch mit den von uns weiter oben aufgestellten Thesen über die Dialektik der Mutakallimūn; nur stellenweise stimmen die beiden Präsentationen miteinander überein. Gleichwohl kann auf den Beitrag von Mūsā b. Maimūn über die arabische Dialektik nicht verzichtet werden. An seine Rezeption des ʿIlm al-kalām knüpft Maimūn eine Kritik, in der Konsens und Dissens deutlich formuliert werden und die ein klares Zeugnis für die intellektuelle Redlichkeit des Autors zum Ausdruck bringt. Ibn Maimūn warnt seine gläubigen Leser eindringlich davor, den Irrtümern der Dialektikoi anheimzufallen.

Ibn Maimūn vertritt eine realistische Philosophie: „Es ist nicht das Sein, das den Meinungen (ārāʾ) folgt; vielmehr folgen die richtigen Meinungen dem Sein (wuǧūd: Existenz)."[107]

Werke von Mūsā b. Maimūn

Das Hauptwerk von Mūsā b. Maimūn ist „Dalālat al-ḥāʾirīn";
es wurde in Kairo verfaßt. Von hier wurde es nach Andalus und an andere Orte jüdischer Präsenz gesandt.

Ibn Maimūn schrieb die Abhandlung „Dalālat al-ḥāʾirīn" auf Arabisch. Es wurde zu Lebzeiten von Ibn-Ṭabbūn ins Hebräische übersetzt, wobei der Autor sich unzufrieden über die Übersetzung äußerte. Da Maimūn in seinem Werk bemüht war, biblische Stellen (des Alten Testamentes) zu erklären und zu kommentieren, nennt er diese Begriffe sowohl hebräisch als auch arabisch.

Handschrift

Mūsā b. Maimūn, Dalālat al-ḥāʾirīn, Istanbul – Ǧaralla, Sulaimāniyya-Bibliothek, Ms. Nr. 1279 (189-301).

---

[106] Mūsā b. Maimūn, Dalālat al-ḥāʾirīn, Bd. 1, SS. 179-213.

[107] Mūsā b. Maimūn, Dalālat al-ḥāʾirīn, Bd. 1, 182 (Mitte).

Mūsā b. Maimūn, Dalālat al-ḥā'irīn, drei Bücher in einem Band, ediert von Ḥusain Atāy, herausgegeben von Aḥmad Ḥiğāzī as-Saqqā, Kairo 1935.

Dalālat al-ḥā'irīn deutsch:
Mose ben Maimon, Führer der Unschlüssigen, hrg. Von Adolf Weiß, erschienen 1923, neuaufgelegt: Hamburg 1995.

Ferner:

Mūsā b. Maimūn, Fī ṣinā'at al-Manṭiq (Über die Logik),
Mūsā b. Maimūn, Mischna Tora,
Mūsā b. Maimūn, Brief an (die jüdische Gemeinde in) Jemen.
Mūsā b. Maimūn, Maqāla 'an al-Ba'ṯ (Über die Auferstehung).

Die beiden Aufsätze „Brief an den Jemen" und „Über die Auferstehung" wurden zusammen ediert und erstmalig herausgegeben in: New York 1952; spätere Editionen folgten.

Literatur über Mūsā b. Maimūn
Biographie: Mūsā b. Maimūn, ḥayātuh wa muṣannafātuh (Leben und Werk)
Arabic Writings of Maimonides, in: Semitic Study series No XII, Leiden 1951.

Klassik
Abū-'Umrān Mūsā b. Maimūn (st. 605 Hiğrī = 1204 A.D.), al-Muqaddimāt al-ḫams wa al-'ušrūn fī iṯbāt wuğūd Il-lāh (Kommentar zu den Gottesbeweisen bei Mūsā b. Maimūn).

Neuere Zeit
Fockock, Korta Mosis.
J. Münz, Maimonides, Boston 1935.
S. Pines, The Guide of the Perplexed, Introducution, Chicago 1963.
Leo Strauss, How to Begin to study the Guide of the Perplexed, Chicago 1963.

Gesamtdarstellungen

Ḥanna al-Fāḫūrī, Tārīḫ al-falsafa al-ʿarabiyya, 2 Bde., Bairūt 1957.

W. M. Watt, Islamic Philosophy and Theology, Edinburgh 1962.

F. Niewöhner, Klassiker der Religionsphilosophie, München 1995.

Ḥusain Muruwwa, an-Nazʿāt al-Mādiyya fī al-falsafa al-ʿarabiyya al-islāmiyya, geplant waren 4 Bde, Bd. 1, Bairūt (5.) 1985, Bd. 2 (4.) 1981. Der Autor starb 1987. Neue Auflagen Bd. 1-4, Bairūt und Algier 2002.

ʿAbd-al-Munʿim al-Hašimī, al-ʿUlamāʾ wal-ʿAbāqira al-Muslimūn, Bairūt 2004.

Zum historischen Kontext der arabischen Klassik

Maurice Lombard (1904-1965), Blütezeit des Islam – Eine Wirtschafts- und Kulturgeschichte (8.-11. Jahrhundert), Frankfurt am Main 1992.

Khella, Karam, Geschichte der arabischen Völker, Hamburg (4.) 1994.

XVIII. Ramón Llull

(1232-1316)

Rezeption und Vermittlung

Das breite und progressive Schulwesen der Muwaḥḥidūn-Ära öffnete allen Lernwilligen die Möglichkeiten zur qualifizierten Bildung und Ausbildung. So gelangten auch christliche und jüdische Kinder in den Besitz fachlicher Kompetenzen. Als Absolventen erwiesen sie sich als Wegbereiter von Toleranz, Aufklärung und Völkerfreundschaft. Als einen Repräsentanten dieser Generation wählen wir Ramón Llull.

Seit dem Beginn des dreizehnten Jahrhunderts verstärkt sich die Rezeption der arabischen Philosophie im übrigen Europa außerhalb des Andalus. Als wichtiges Bindeglied gilt das bedeutsame Wirken des leider wenig bekannten
Ramón Llull (1232-1316), im Lateinischen als „Raimundus Llullus" benannt. Er gilt als Begründer der katalanischen Literatur. Zu den hervorragenden Leistungen Llulls zählt das Verdienst, die im Andalus vorherrschende Toleranzkultur und das fruchtbare Zusammenleben von Muslimen, Christen und Juden zu reflektieren. Er war von der Hoffnung bewegt, das menschliche Klima und den theologischen Austausch jenseits des arabischen Reiches zu verbreiten und seine Absichten durch Übersetzungen aus dem Arabischen zu fördern. Llull stellte unter anderem fest, daß unter den drei monotheistischen Religionen gemeinsame Begriffe und Grundlagen bestehen. Llullus thematisierte diese verbindenden Prinzipien und erhob sie zum Gegenstand des interreligiösen Dialogs. Er war Franziskaner. In seinem Zentrum auf der Insel Mallorca richtete er eine arabische Bibliothek ein. Von seiner Mehrsprachigkeit machte er Gebrauch, indem er multilinguale Wortlisten erstellte. Sein Wirken wurde von den Muwaḥḥidūn (Almohaden) unterstützt.

Llull erkannte die Bedeutung der Leistungen arabischer Philosophen und nahm sich vor, sie planmäßig und optimal ins Lateinische zu übertragen. Seiner intensiven übersetzerischen Tätigkeit ist es zu verdanken, daß Ideen des Humanismus und Universalismus von Europäern früh gelesen werden konnten. Llull legte Wert darauf, den Geist der arabischen Sprache ins Lateinische zu übertragen. Die Verwirklichung dieser – sehr schwer zu realisierenden – Zielsetzung ist ihm hervorragend gelungen. Gedanken, die bei Juden, Christen und Muslimen gemeinsam sind, erhielten – analog dem Arabischen – einheitliche Termini, welche die Ideenverwandtschaft unter Religionen und Kulturen herausstellen. Dabei konnte Llull von seinen Reisen in der arabischen Welt von Osten nach Westen, die ihn bis Paris führten, profitieren.

In der Evaluation muß man rückwirkend konstatieren, daß Llull letztlich leider doch gescheitert ist. Von seinem Wirken profitierten Theologie und Philosophie in Europa, während die Prinzipien des Humanismus und des Universalismus auf Desinteresse stießen.

Von Llull erhalten:
Corpus Llullianum Latinum, Mainz 1721-1742.

XIX.
Die Fachphilosophie

Gesellschafts- und Geschichtsphilosophie

In der arabischen Welt beobachten wir, daß seit dem 13. Jahrhundert die Autoren eine viel stärkere Schwerpunktlegung in ihren Werken anstreben. Es entwickelt sich die Fachphilosophie, d.h. die auf ein bestimmtes Fach, z.B. Geschichte oder Soziologie, bezogene Philosophie. In der Regel handelt es sich um philosophische Einleitungen – *Muqaddima* – zu Fachdarstellungen. Die Fachphilosophie war stets interdisziplinär. Sie stellt den Zusammenhang zwischen verwandten Fächern her. Standort der Fachphilosophie ist die dritte Ebene der Erkenntnispyramide.

Zwei Beispiele:

Ibn-Ḫaldūn

(1332-1406)
ʿAbd ar-Raḥmān Ibn-Ḫaldūn

Ibn-Ḫaldūn, geb. 1332 in Tunis, gest. 1406 in Kairo, muß als der Begründer von Geschichtsphilosophie, Sozialgeschichte und Soziologie als Wissenschaften anerkannt werden. Heute noch muß man seinen Sinn für strenge Systematik bewundern. Die umfangreiche Einführung „Muqaddima“ hat ihre literarischen, verdienstvollen Vorgänger in den Hintergrund gedrängt. Es sei deshalb zumindest an die Einleitung von Ṭabarī (838-923) zu seinem umfangreichen Geschichtswerk erinnert, in dem er u.a. die Zeitsemantik entwickelt. Auch andere arabische Autoren haben ihre Werke mit philosophischen Thesen zu ihrer Thematik eröffnet. Indes hat Ibn-Ḫaldūn eine neue Qualität von „Einführungen“ in eine Wissenschaft begonnen. Seine genialen sozial- und geschichtswissenschaftlichen Abhandlungen haben dazu geführt, daß man den Philosophen Ibn-Ḫaldūn übersieht. Er hat das große Erbe seiner arabischen Vorgänger gebührend fortgesetzt. Eines seiner Hauptwerke „Kitāb al-ʿIbar", das Buch der Lehren aus den (Geschichts-) Erfahrungen, integriert Philosophie und Geschichte zu einer theoretischen Einheit, aus der Konsequenzen für die gesellschaftliche Praxis und das menschliche Verhalten gezogen werden müssen. Das berühmt gewordene Prolegomena „Muqaddima" schrieb Ibn-Ḫaldūn zu diesem seinem ʿIbar. Hier erlangt die praktische Philosophie eine besondere Prägung.

Auf philosophischem Gebiet hat Ibn-Ḫaldūn den von Kindī, Rāzī, Farābī, Ibn-Sīnā und Ibn-Rušd begründeten theoretischen Materialismus aufgegriffen und daraus die Konsequenzen für die Gesellschaftsanalyse, aber auch das Wissenschaftsverständnis gezogen. Ibn-Ḫaldūn hat als Erster den Materialismus auf die Prozesse der Gesellschaft, ihre Schichten und ihre Klassenstruktur angewandt und die Dynamik, die sich daraus für die Entwicklung von Geschichte ergibt, sorgfältig abgeleitet. Ibn-Ḫaldūn ist der wahre Begründer des historischen Materialismus.

In den „Deutsch-französischen Jahrbüchern" veröffentlichte Karl Marx 1844 seinen Aufsatz „Zur Judenfrage"[108], eine Rezension des Buches von Bruno Bauer „Die Judenfrage".[109] Diese beiden Aufsätze sind unmittelbar vor den „Ökonomisch-philosophischen Schriften" geschrieben worden. Letztere entstanden von April bis August 1844. Alle drei Schriften sind also in engster zeitlicher Nähe zueinander entstanden. Zwischen der „Judenfrage" von Marx und seinen „Pariser Manuskripten" ist ein derartiger Bruch im Denken Marxens eingetreten, der sich nicht anders erklären läßt als durch die Begegnung mit Ibn-Ḫaldūn auf der Basis der Muqaddima. Erst bei Ibn-Ḫaldūn lernte Marx die Gesellschaftsanalyse, von der in den Beiträgen unmittelbar zuvor nichts zu erkennen ist.[110] Marx selbst gesteht, daß er von seiner Ausbildung her keinen Zugang zu ökonomischen und Gesellschaftsanalysen hatte: „Mein Fachstudium der Jurisprudenz, die ich jedoch nur als untergeordnete Disziplin neben Geschichte und Philosophie betrieb (...)"[111]. Erst nach seiner Graduierung (als Jurist) hat er die Schwerpunkte gewählt, die ihm sein bleibendes Profil verliehen haben.

---

108 Karl Marx, Zur Judenfrage, in: Deutsch-französische Jahrbücher, hrsg. v. Karl Marx und Arnold Ruge, Paris 1844, pp. 56-71.

109 Bruno Bauer, Die Judenfrage, Braunschweig 1843.

110 Zum Ganzen siehe: Khella, Mythos Marx – Eine Geschichts- und Theorierevision, Hamburg 1995, SS. 31-41.

111 Karl Marx, im Vorwort; Zur Kritik der politischen Ökonomie, 1859, MEW 13, 7.

Die Übersetzung von Ibn-Ḫaldūns Muqaddima ins Französische wurde im Jahre 1844 publiziert. Im Jahr 1844 war Karl Marx von Bonn nach Paris umgezogen, um sich hier für mehrere Jahre aufzuhalten. Das Werk Ibn-Ḫaldūns – in französischer Übersetzung – übte unmittelbar einen tiefgreifenden Einfluß auf europäische Intellektuelle aus. Durch das Studium Ibn-Ḫaldūns hat Marx eine innere Metamorphosis vollzogen. Es war eine geistige Neugeburt. Schlagartig bekehrte sich Marx vom kritischen, bürgerlichen Intellektuellen zum Gesellschaftsanalytiker. Der Einfluß Ibn-Ḫaldūns auf Marx ist zu einprägsam, als daß man ihn leugnen könnte. Dieser radikale Wandel springt ins Auge, wenn wir die Schriften Marxens vor und nach der Begegnung mit Ibn-Ḫaldūn vergleichen. Die „Pariser Manuskripte" aus dem Jahre 1844 muß Marx mit der aufgeschlagenen Muqaddima auf dem Schreibtisch verfaßt haben. Die Parallelen springen geradezu ins Auge (z.B. der Vergleich mit der „Biene"). Marx hat den Namen Ibn-Ḫaldūn nicht erwähnt, doch die textlichen Analogien und literarischen Abhängigkeiten sind insbesondere in den Pariser Manuskripten, den philosophisch-ökonomischen Schriften, zu auffällig.[112]

In seiner Einführung in Geschichte und Soziologie, „Muqaddima", entwickelt Ibn-Ḫaldūn die Theorie von den Voraussetzungen und Bedingungen, welche die historischen Prozesse bestimmen. Er behandelt die Fragen der Sozial- und Machtstrukturen, den Aufstieg und Untergang von Mächten und der progressiven Entwicklung der Gesellschaft von Niederem zu Höherem. Für ihn ist das Zusammenleben der Menschen keine zufällige Anhäufung, sondern eine bewußt gestaltete, sozial organisierte Struktur, deren Entwicklung durch die gesellschaftliche Praxis bestimmt ist. „Geschichte" ist demnach keine Abfolge von Fakten und Ereignissen, wie es scheint, sondern es sind Prozesse, die ihren Bedingungen gehorchen. Doch verfiel Ibn-Ḫaldūn nicht dem irrtümlichen Extrem, die später in die europäische Rezeption eingeschlichen ist, Geschichte als eine zwingende, gesetzmäßige Entwicklung zu verstehen. Dieser Mechanismus des europäischen historischen Materialismus ist Ibn-Ḫaldūn fremd. Was historisch eingetreten ist, hätte nicht eintreten müssen. Daß es eingetreten ist, haben Menschen und Entscheidungsträger zu verantworten. Indes präjudizieren Handlungen ihre Konsequenzen und Entwicklungstendenzen. Eine einmal gewählte Op-

---

[112] Karl Marx, Ökonomisch-philosophische Manuskripte, aus dem Jahr 1844, bekannt unter dem Titel: „Pariser Manuskripte" (posthum gedruckt), MEW, EB I, SS. 465-562; ferner: Khella, Mythos Marx, SS. 39-41.

tion engt entsprechend den Freiheitsgrad ein, doch nie schicksalhaft. Geschichte bleibt immer anthropogen. Sie ist weder statisch noch nomistisch, es sei denn, der Mensch lasse sich die Selbstbestimmung, die Wahlfreiheit und Flexibilität nehmen. Geschichte ist ständig veränderbar. Der Aufstieg und Niedergang von Reichen bleibt indes abhängig von realen Verhältnissen. Darin schloß Ibn-Ḫaldūn Willkür und spekulative, übernatürliche Erklärungsmuster über den Hergang von Geschichte ebenso aus wie Mechanismus und Nomismus.

Ibn-Ḫaldūn bearbeitet die Beziehung von Freiheit und Gesetzmäßigkeit sorgfältig, betont aber, daß die Voraussetzungen die Resultate, die Bedingungen die Ergebnisse bestimmen. Insofern könne eine unaufmerksame Rezeption leicht dazu verführen, nur den Nomismus zu sehen. Diesem Irrtum verfiel der historische Materialismus in seiner Aufarbeitung von Marx, Engels, Lenin und Stalin. Der Fehlschritt geht auf Marx selbst zurück: „In der gesellschaftlichen Produktion ihres Lebens gehen die Menschen bestimmte, notwendige, von ihrem Willen unabhängige Verhältnisse ein, Produktionsverhältnisse, die einer bestimmten Entwicklungsstufe ihrer materiellen Produktivkräfte entsprechen. (...) Die Produktionsweise des materiellen Lebens bedingt den sozialen, politischen und geistigen Lebensprozeß überhaupt.[113] Das ist Ibn-Ḫaldūn plus mechanistische Geschichtsauffassung. Bei der Rezeption der These Ibn-Ḫaldūns hat Marx übersehen, daß im Kontext der Muqaddima die Machbarkeit der Geschichte und die Wahlfreiheit zwischen Handlungsalternativen nie aufgehoben wird.

Ibn-Ḫaldūn analysierte die Formen sozialer Zusammenschlüsse, Elemente der Identität, der Zusammenführung und Auflösung politischer Zusammenhänge (ʿaṣṣabiyya) sowie den erheblichen Einfluß der menschlichen und Produktionstätigkeit. Ibn-Ḫaldūn ging auf die Fragen von Krieg und Frieden ein. Seine Differenzierung in den ungerechten Krieg zur Unterdrückung und den gerechten Krieg zur Befreiung wird heute noch allgemein anerkannt und wurde von der UNO als Definitionsbasis angenommen.

Die aufklärerischen Thesen Ibn-Ḫaldūns sind heute nicht weniger aktuell als zuvor. Er erteilte dem Ethnozentrismus, Rassismus und jeder Differenzierung nach Herkunft eine radikale Absage. „Al-ansāb wahm“, Genealogien sind eine Illusion.

---

[113] Karl Marx, Zur Kritik der politischen Ökonomie, 1859, Ausgabe Berlin 1971, S. 15 (Vorwort).

Die Herangehensweise Ibn-Ḫaldūns an historische Prozesse ist ein mustergültiges Beispiel für die Anwendung der universalistischen Geschichtsauffassung. Er wird nie müde, sämtliche Faktoren, die bei der gesellschaftlichen Entwicklung und im historischen Prozeß eine Rolle spielen, einzubeziehen. Dabei wird es nie unübersichtlich oder ermüdend. Ausführlich geht er auf die Differenzierung der Gesellschaften ein. Er analysiert die Ursachen von Reichtum und Armut, Stabilität und Dekompositionsprozessen. Produktionstypen rufen die ihnen entsprechende gesellschaftliche Strukturierung hervor. Nachdem sie ihre historische Rolle geleistet haben, bedingen sie den Rückgang, wenn sie sich selbst überleben. Die Zusammenschlüsse der Menschen im Produktionsprozeß erkannte Ibn-Ḫaldūn als die eigentliche Kraft, welche zur Veränderung der Lebensformen, der sozialen und politischen Organisation führen. Ibn-Ḫaldūn gehört zu den welthistorischen Evergreens.

Ibn-Ḫaldūn, wie andere Größen der Epoche, lebte mit der Hoffnung, seine akademische Laufbahn mit einem Aufenthalt in Ägypten zu krönen. Auf der Basis seiner zu Lebzeiten berühmt gewordenen Veröffentlichungen wurde er tatsächlich von den wissenschaftsfreudigen Mamlūken nach Kairo berufen. Er erhielt einen Ausbildungsauftrag in Verbindung mit Funktionen der höheren Beamtenlaufbahn. Seine Lehrtätigkeit in Kairo übte große Anziehungskraft auf Studienwillige aus. Zu den berühmten Schülern Ibn-Ḫaldūns zählt der Historiker und Universalgelehrte Maqrīzī.

Während seiner Tätigkeit im Staatsdienst konnte Ibn-Ḫaldūn seine große politische und diplomatische Begabung und sein Verhandlungsgeschick unter Beweis stellen. Dafür wurde er in den Beraterstab des Sultans einberufen. Seine größte Mission hat aber nicht stattgefunden.

Im Jahr 1405 bedrohte Timūr Lenk Ägypten. Die ägyptische Regierung bildete eine Delegation unter Leitung Ibn-Ḫaldūns mit dem Auftrag, die Mongolen von der Sinnlosigkeit eines versuchten Angriffs auf Ägypten abzuraten. Auf dem Weg nach Syrien starb Timūr Lenk bereits an fieberhafter Erkrankung. Die Verhandlungen fanden nicht statt. Die Mission war trotzdem erfolgreich.

Während Ibn-Ḫaldūn in Europa erstmalig 1844 erschienen ist, setzte sich seine Rezeption auf breiter Basis erst im zwanzigsten Jahrhundert durch. Soziologen, Historiker, Philosophen und Intellektuelle in aller

Welt erkennen zunehmend die große wissenschaftliche Leistung Ibn-Ḫaldūns an, der an Aktualität nichts eingebüßt hat.

Entsprechend angewachsen ist die Literatur über Ibn-Ḫaldūn. Die „Muqaddima" ist mit Abstand das am häufigsten aufgelegte Werk seines Opus. Von mir benutzte Auflage:

Ibn-Ḫaldūn, al-Muqaddima, (arab. Ausgabe: Dār al-Qalam) Bairūt 1989, Dazu auch: Khella, Geschichte der arabischen Völker, Hamburg 1994, S. 300 ff. Eine gute deutsche Übersetzung gibt es leider noch nicht. Die Übersetzungen ins Farsi und ins Türkische sind sehr gut gelungen.

Tarīḫ Ibn-Ḫaldūn, Edition in 7 Bänden, Bairūt 1971

Empfehlenswert über Ibn-Ḫaldūn:
Ṭaha Ḥusain, Falsafat Ibn-Ḫaldūn al-iǧtimā'iyya (Gesellschaftsphilosophie Ibn-Ḫaldūns), Bairūt 1973

Zainab Maḥmūd al-Ḫuḍairī, Falsafat at-tārīḫ ainda Ibn-Ḫaldūn, Kairo 1991

XX.
Maqrīzī

(1364/5-1442)
Abū al-ʿAbbās Aḥmad b. ʿAlī b. ʿAbd al-Qādir al-Huṣain Taqi ad-Dīn Maqrīzī

Maqrīzī wurde in Kairo geboren und starb 845 Hiğrī. Er verfügte über eine hohe, vielseitige Gelehrsamkeit. Entsprechend ausgewiesen sind seine kompetenten Abhandlungen auf vielen Wissenschaftsgebieten. Seit Ibn-Ḫaldūn auf einen Lehrstuhl in Kairo berufen wurde, zählte Maqrīzī zu seinen verbundenen und überzeugten Schülern. Er betrachtete Ibn-Ḫaldūn als ein großes, nachahmenswertes Vorbild. Auf vielen Gebieten erwarb Maqrīzī Fachkompetenz. Seine Ausbildung qualifizierte ihn zum Richterberuf. Er bekleidete auch hohe Ämter in der Mamlūkenadministration. Doch hat die verantwortungsvolle Berufsausübung ihn nie daran gehindert, seinen wissenschaftlichen Interessen nachzueifern, denen er seine ganze Freizeit widmete. Er hinterließ eine von ihm verfaßte, umfangreiche Bibliothek, zu der einbändige Monographien als auch mehrbändige Enzyklopädien gehören. Er erstellte Werke über Archäologie, Geographie, Theologie, Gesellschaftswissenschaften, Mineralogie, Ökonomie, Wissenschafts- und Technikgeschichte, Kunst sowie andere Disziplinen. Dabei war das Fach Geschichte sein bevorzugtes Gebiet. Seine historischen Abhandlungen umfassen die Geschichte des Islam, des Christentums und die Universalgeschichte. In seinen Arbeiten nimmt Ägypten eine Sonderstellung ein. Das Wichtigste darunter dürfte wohl sein: „al-Mawāʿiẓ wal-Iʿtibār fī Ḏikr al-Ḫiṭaṭ wal-Aṯār“. Es behandelt die Geschichte Ägyptens und seiner Zivilisation. Maqrīzī geht auf einzelne Städte ein, stellt ihre Geschichte, genauere Chronologie, Topographie, Infrastruktur, Wirtschaft, Soziologie und Denkmäler dar. Der Fāṭimidenära, der er sich besonders hingezogen fühlte, widmete er die besondere Monographie „Ittiʿāẓ al-Ḥukamāʾ“. Ohne die Arbeiten Maqrīzīs wäre unser Wissen über viele Sektoren von Geschichte und Gesellschaft nicht mehr gewährleistet, so in den Bereichen der Metallurgie- oder der Wirtschafts- und Sozialgeschichte. Es sei ferner die Wissenschafts- und Technikgeschichte genannt. In seinem Abschnitt über die Geschichte des Turmes von Alexandrien (eines der Sieben Weltwunder) erläutert er Funktionssysteme,

die heute noch mit Erstaunen bewundert werden, aber auch nach Erklärungen ihrer Arbeitsweise verlangen. Jahrhunderte vor Maqrīzī war der Turm mit einer Bewachungsanlage ausgestattet, die Bewegungen auf dem Mittelmeer, z.B. feindliche Schiffe aus weiter Ferne registrierte und gleich Alarm auslöste, so daß die Abwehr sofort vorrückte. Dieses älteste uns bekannte Frühwarnsystem und viele andere Techniken werden von Maqrīzī im Detail berichtet. Da er stets bestrebt war, nicht fragmentarisch, sondern allseitig den Gegenstand festzuhalten, zu erläutern und historisch abzuleiten, haben seine Werke an Aktualität nichts verloren. Diese und viele andere fachwissenschaftliche und technologische Einzelheiten finden sich zum Teil nur bei Maqrīzī. In seinem Werk über das „Schrifttum und die Archäologie" (al-ḫuṭaṭ wal-aṯār) beschreibt er Metropolen in der Vergangenheit und in seiner Gegenwart. Man wundert sich, wie Kairo zur Maqrīzī-Zeit ausgesehen hat. Für die Geschichte der Qarmaṭen ist er unentbehrlich, denn ihre Selbstdarstellung ist vollständig verlorengegangen. Maqrīzī bewahrte im Rahmen seines Dokumentationsprojekts einen Teil ihrer Literatur auf, darunter das Buch von ʿAbd-Allāh b. Ruzam „Antwort auf die Ismāʿīliten". Mit akademischer Akribie und Neutralität behandelte er die langlebigste sozialistische Gesellschaft der Menschheitsgeschichte. Er zeigte die Beziehungen von Ismāʿīliten, Fāṭimiden und Qarmaṭen auf. Nur durch Maqrīzī sind wir über die verlorengegangene Monographie von ʿAbd-Allāh b. Ruzam, eine der wichtigsten Quellen zur Qarmaṭengeschichte, unterrichtet. So hat Maqrīzī eine große qarmaṭische Geschichtslücke, wenn auch nur zum Teil, geschlossen. Ohne seinen Beitrag wäre unser historisches Erbe um einen wesentlichen Sektor ärmer.
Die literarische Kompetenz Maqrīzīs erkennt man daran, wie sehr er Form und Inhalt harmonisch vereint. Äußerst sensibel paßt er den gewählten Stil an den behandelten Stoff an. So auch seine Beschreibung der Pest, die Ägypten in Maqrīzīs Altentagen heimgesucht hat. Bewegt und betroffen registriert er die Veränderungen in den Städten und auf dem Land und schildert die Auswirkungen der Epidemie auf Bevölkerung, demographische Struktur, Wirtschaft und Gesellschaft. Mit großer Anteilnahme und Bewegtheit geht Maqrīzī auf die menschliche Not ein, die immer weiter um sich greift. Ohne Maqrīzī wäre die epidemische Katastrophe, die Ägypten im zweiten Drittel des fünfzehnten Jahrhunderts heimgesucht hat, aus unserem Gedächtnis gelöscht. Die Fachlichkeit der Darstellung macht seinen Bericht epidemiologisch, medizinisch, sozialgeschichtlich unentbehrlich. Hautnah beschreibt er den Prozeß, durch den Zustände und Kulturbereiche verlorengehen. Für

ihn war kein noch so großer Verlust in Relation zu bringen zu der Dezimierung der Einwohnerschaft.
Zur ungewöhnlichen Gelehrsamkeit des Aḥmad b. ʿAlī Taqiyy ad-Dīn al-Maqrīzī kommen ausgeprägte Toleranz und Respekt vor Kulturen und Religionen, denen er als Muslim nicht angehört, hinzu.

Als Historiker hat uns Maqrīzī einen Gutteil Philosophiegeschichte erhalten. Viele Quellen, die er benutzen konnte, sind unauffindbar verloren gegangen, so daß wir auf ihn in vielfacher Hinsicht angewiesen sind. Überdies gilt das Werk Maqrīzīs als angewandte Philosophie, Geschichts- und Sozialphilosophie.

Quellen und Ausgaben

Auswahl aus dem umfangreichen Maqrīzī-Werk
Aḥmad b. ʿAlī Taqiyy ad-Dīn al-Maqrīzī, al-ḫiṭaṭ wal-aṯār (Hrsg.: Dār al-kutub al-miṣriyya).

Taqiyy ad-Dīn Abū al-ʿAbbās Aḥmad b. ʿAlī al-Maqrīzī, Kitāb al-Mawāʿiẓ wa al-Iʿtibār bi-Ḏikr al-Ḫiṭaṭ wa al-Aṯār (= al-Ḫiṭaṭ al-Maqrīzīyya) (Ausgabe: Dār Ṣādir, Bairūt)., 2 Bde.

Bemerkenswert ist Maqrīzīs „Geschichte der Kopten". Mit großem Sachverstand und kompetenten Fachkenntnissen geht Maqrīzī auf subtile theologische und christologiksche Fragen ein, welche für die dogmatische Position der Kopten innerhalb des Christentums maßgeblich sind.
Aḥmad b. ʿAlī Taqiyy ad-Dīn al-Maqrīzī, Geschichte der Kopten, arab. Text und deutsche Übersetzung: ed. F. Wüstenfeld, in: Abhandlungen der Gesellschaft der Wissenschaften zu Göttingen (AbhGöttGw), Hist.-philol. Klasse, 3, 1845.

An Maqrīzī knüpft Qalqašandī (st. 1418) an mit seinem:
Ṣubḥ al-Aʿša (XIII, S. 818 ff.).

Daraus schließen wir, daß Maqrīzī sein Werk über die Kopten schon zu Beginn des 15. Jahrhunderts veröffentlicht hat und daß es unmittelbar und breit rezipiert wurde. Das spricht ferner dafür, daß er schon zu Lebzeiten als historische Autorität gegolten hat.

XXI.
Postklassik

Auf Taġrībardī (1411-1469), einen Schüler und Fortsetzer Maqrīzīs, folgt eine Reihe Autoren, Literaten, Wissenschaftler und Philosophen der postklassischen Periode.

Die in den Jahren 1516-1518 vom Osmanischen Imperium heimgesuchte arabische Welt und die lang anhaltende Fremdherrschaft haben die Entwicklung der Region spürbar zurückgeworfen. Das wissenschaftliche und philosophische Schaffen konnte davon nicht verschont bleiben. Auf philosophischem Gebiet wird auf die Schriften der Klassiker zurückgegriffen. Sie werden um Erläuterungen und Kommentare erweitert und neu herausgegeben. Im anderen Fall werden wichtige Autoren der Klassik zusammengefaßt und mit ihren wesentlichen Thesen wieder zum Studium und zur Diskussion veröffentlicht. Neue, schöpferische Leistungen halten sich in Grenzen.

Erst mit der Befreiung Ägyptens unter ʿAlī Bey al-Kabīr (1757), ʿUmar Makram (1790er) und Muḥammad ʿAlī (1805) konnte sich die Region wieder erholen. Schlagartig ist Anschluß an die eigene ehrwürdige wissenschaftliche und philosophische Tradition geknüpft worden. Indes betrachtet man die arabische Klassik als eine inhaltlich abgeschlossene Periode, von der gelernt, aber die nicht nachgeahmt werden soll. Seit dem 19. Jahrhundert ist ein deutlicher Aufschwung der modernen arabischen Philosophie feststellbar.

XXII.
Die Moderne

Neue Zeiten werfen neue Fragen auf. An allen arabischen Universitäten wird der Fachbereich Philosophie von führenden Wissenschaftlern geführt und betreut. Jährlich erscheinen Hunderte von Titeln aus allen Gebieten der Philosophie. Zahlreiche Fachzeitschriften und Periodika bringen mit jeder Ausgabe die neuesten Erkenntnisse und den Stand der Diskussion heraus.

Von hohem Stellenwert sind die umfangreichen editorischen Aktivitäten zur Neuherausgabe klassischer Autoren. In allen arabischen Ländern bestehen spezialisierte Institute zur Bearbeitung kritischer Ausgaben von Philosophen und Wissenschaftlern der vorigen Jahrhunderte. Zur Neuauflage der Klassik kommen neuere, schöpferische Beiträge und originelle Leistungen in großem Umfang und beträchtlicher Zahl hinzu, welche die gegenwärtige Fachdiskussion bestimmen. Sie begründen eine neue philosophische Epoche. Es ist berechtigt, den Stand des Diskurses in der Gegenwart als „Moderne arabische Philosophie" zu bezeichnen. Diese geht neue Wege. Zu ihren Schwerpunkten gehören unter anderem die politische Philosophie, die Auseinandersetzung mit weltanschaulichen Problemen der Gegenwart und der Analyse der Widersprüche der Weltlage.

Die zeitgenössische arabische Philosophie befaßt sich mit allen Bereichen menschlichen Denkens.

Autoren und Literatur (Auswahl)
Seit der Mitte des zwanzigsten Jahrhunderts ist ein beachtlicher Aufschwung der modernen arabischen Philosophie zu verzeichnen (izdihār al-falsafa al-ʿarabiyya). Die Zahl der Autoren aus den verschiedenen arabischen Ländern ist beträchtlich, die Titel sind schier unüberschaubar geworden. Jedes Jahr erscheint eine Vielfalt von Abhandlungen unterschiedlicher Schwerpunkte. Einige bedeutsame Repräsentanten des zwanzigsten Jahrhunderts seien nachstehend stellvertretend genannt. Zur Kurzpräsentation wählten wir zwei Autoren, die nicht nur mit philosophischen Anspruch schrieben, sondern auch in Lehre, Forschung und Ausbildung auf dem Gebiet der Philosophie als akademischer Disziplin tätig waren und allgemeine Anerkennung der Fachöffentlichkeit

erfahren haben. Ohne bedeutende Denker wie ʿAbd ar-Raḥmān Badawī (143 Werke philosophischer Thematik), ʿAbd al-ʿAzīz ad-Dūrī (Wirkung im Irak und Jordanien), Ḥusain Muruwwa, an-Nazʿāt al-mādiyya fī al-falsafa al-ʿarabiyya al-islāmiyya, 4 Bde, Bd. 1, Bairūt (5.) 1985, Bd. 2 (4.) 1981. Der Autor plante vier Bände. Nur die ersten Beiden sind zu Lebzeiten erschienen. Am 17. Februar 1987 starb Husain Muruwwa als Opfer eines Attentats. Aus dem Kreis der Zeitgenossen nennen wir ferner: Ṣādiq Ǧalāl al-ʿAẓm (Syrien), Naqd al-fikr ad-dīnī („Kritik des religiösen Denkens"), Bairūt 1969, Ṭayyib Tayzīnī (Universität Damaskus), Muḥammad ʿĀbid al-Ǧābirī (Marokko) (Naqd al-ʿaql al-ʿarabī, 1983-90) u.v.a.m. Ohne in irgendeiner Weise die Vielzahl zeitgenössischer Autoren und Philosophen unterschätzen zu wollen, haben wir zwei Repräsentanten aus Ägypten mit einer großen und breiten Wirkung ausgewählt.

Yūsuf Karam
geboren am 8. September 1886, gestorben am 28. Mai 1959.

Auch Yūsuf Karam behandelte die Philosophie in doppelter Stoßrichtung: Geschichte des philosophischen Denkens und Darstellung des Eigenen. Im Mittelpunkt seines philosophischen Interesses stand der Mensch – und was es heißt, ein Mensch zu sein. In seiner interdisziplinären Anthropologie nimmt auch das theologische Menschenbild einen besonderen Stellenwert ein. Interessant ist auch die Beobachtung, die wir ebenso bei anderen Philosophen feststellen, daß sie ihr eigenes philosophisches System als Spätwerk – nachdem sie sich mit anderen Philosophen befaßt hatten – herausgeben. 1956 erschien die Abhandlung, al-ʿAql wal-wugūd, mit der Darstellung der eigenen Anschauungen.

Von großer Bedeutung und analytischer Kompetenz ist die berühmt gewordene Trilogie über die Geschichte der Philosophie von Yusuf Karam:
Yūsuf Karam, Tārīḫ al-falsafa al-yūnāniyya, Kairo 1936,
Yūsuf Karam, Tārīḫ al-falsafa al-Urūbiyya fī al-ʿaṣr al-wasīṭ, Kairo 1946,
Yūsuf Karam, Tārīḫ al-falsafa al-ḥadīṯa, Kairo (6.) 1979 (ISBN 977-247-821-8).
Yūsuf Karam, Ṯalāṯat durūs fī Descartes, Kairo 1937.

Zusammen mit Ibrāhīm Bayyūmī Madkūr publizierte Yūsuf Karam:

Ibrāhīm Bayyūmī Madkūr und Yūsuf Karam, Durūs fī tārīḫ al-falsafa, Kairo 1946.
Ibrāhīm Bayyūmī Madkūr und Yūsuf Karam, al-Muʿǧam al-falsafī, Kairo 1946.

Yūsuf Karam, al-ʿAql wal-wuǧūd (Vernunft und Sein), Kairo 1956.

Yūsuf Karam, Physik und Metaphysik, Kairo 1959.

Dieses Buch erschien am selben Tag, an dem der Autor starb.
Beachte bitte: Unter dem klassischen Titel „Physik und Metaphysik" legt Yūsuf Karam sein eigenes philosophisches System dar. Die Kapitel behandeln u.a. die Themen „Materie", „Leben", „Was kann über die Metaphysik gesagt werden?", „Gottesbeweise", „Atheismuskritik", „Was kann über die Eigenschaften des Göttlichen gesagt werden?"
Als einen der Schwerpunkte dieses Werkes stellt Yūsuf Karam seine eigene ethische Philosophie dar. Zwar aus dem Titel nicht erkennbar, doch bildet die Ethik einen wichtigen Bestandteil seiner Weltanschauung. Eine Monographie zur „Ethik" hatte Karam als Frühwerk verfaßt. Das Manuskript hatte viel Zeit und Kraft in Anspruch genommen, da der Verfasser es wiederholt revidierte, bis er sich endlich für die Freigabe der Endfassung zur Drucklegung entschließen konnte. Das Buch ist nie erschienen, da es unter den Ruinen seines eingestürzten Wohnhauses für immer verschwand.

Über Yūsuf Karam ist ebenfalls beträchtliche Literatur erschienen. Genannt sei das „Yūsuf-Karam-Memorial" (arab.), herausgegeben vom ägyptischen Hohen Kuratorium für Kultur. Darin schreiben zahlreiche Kollegen und Schüler Yūsuf Karams über den von ihnen verehrten Philosophen.

Zakī Naǧīb Maḥmūd
geboren im Februar 1905, gestorben am 8. September 1993.
Lehrte an den Universitäten in Kairo und Kuwait.

1965-67 Chefredakteur der philosophischen Fachzeitschrift „al-Fikr al-mu'āṣir", Erscheinungsort Kairo.

Zakī Naǧīb Maḥmūd hinterließ einundfünfzig Abhandlungen von bleibendem Wert. Exemplarisch seien genannt:
Zakī Naǧīb Maḥmūd, al-ma'qūl wa al-lā-ma'qūl („Was der Vernunft zugänglich und was ihr unzugänglich ist", Kairo, bereits zu Lebzeiten mehrfach aufgelegt. Letzte vom Verfasser selbst betreute Auflage erschien in seinem Todesjahr 1993. Es kann als ein Grundlagenwerk des philosophischen Denkens angesehen werden. Schwerpunkt: Philosophie der Vernunft und was der Vernunft zugänglich ist.

Besonders wichtig ist Ferner:
Zakī Naǧīb Maḥmūd, Ḥaṣād as-sinīn – Taǧdīd al-fikr al-'Arabī, 9. und letzte vom Autor selbst geprüfte Auflage Kairo 1993.
Bei diesem Werk liefert Zakī Naǧīb Maḥmūd eine autobiographische Reflexion des eigenen philosophischen Denkens. Gleichzeitig präsentiert er eine analytische Einschätzung der Evolution des arabischen literarischen Erbes.

Über Zakī Naǧīb Maḥmūd sind zahlreiche Abhandlungen und Forschungsarbeiten erschienen: Biographischorientiert sind u.a.:
Muṣṭafa 'Abd al-Ġanī, „Zakī Naǧīb Maḥmūd", Kairo wiederholt aufgelegt.
Lam'ī al-Maṭī'ī, „Zakī Naǧīb Maḥmūd", in: Nisā' wa-riǧāl min Miṣr, Kairo 2003, SS. 341-48.

Aus Schülerkreisen dieser beiden und anderen Philosophen ist eine neue Philosophengeneration hervorgegangen, die maßgeblich zum zeitgenössischen Denken: Murād Wahba (al-Wūǧūdiyya), Fu'ād Zakriyyā Ibrāhīm, und viele andere.

XXIII.
Neouniversalismus oder moderner Universalismus

Übersicht

- Grundzüge des klassischen Universalismus der arabischen Philosophie
- Moderner Universalismus
- Universalistische Erkenntnistheorie
- Offener versus geschlossener hermeneutischer Zirkel
- Das Universalistische Dreieck
- Gegenwartsbezug und soziale Korrelation

Aus dem Studium der „Geschichte und Inhalte der arabischen und islamischen Philosophie" lassen sich wenige Worte als Fazit nennen:

Die Grundzüge des klassischen Universalismus der arabischen Philosophie beinhalten:
Humanismus
Universalismus
Einheit versus Dualismus
Die Lehre von Tawḥīd und ihr existentieller Sinn
Universalismus und Einheit

Der Neo- oder moderne Universalismus schließt sich an den klassischen Universalismus nahtlos an. Der moderne Universalismus ist aber keine Neuauflage des Klassischen. Wesentliche Gemeinsamkeit ist das Dreieck im klassischen und im modernen Universalismus.

Universalistische Erkenntnistheorie

Die von mir in schriftlicher Form erstmalig 1994 und 1995 vorgestellte „Universalistische Geschichtstheorie" und die „Universalistische Erkenntnistheorie" waren von ihrer Entstehung her keine Neuauflage des klassischen Universalismus; es verhielt sich geradezu umgekehrt. Die

(Neu-)Entdeckung des Universalismus war der Motor dafür, nach ihm in der Geschichte zu suchen. Meine „Universalistische Theorie“ entstand vielmehr aus dem dringenden Bedarf meiner beruflichen Tätigkeit, meine Lehrinhalte theoretisch zu begründen und zu vermitteln. Die gegenwärtige akademische Ausbildung findet in einer Zeit statt, in der das theoretische Denken überhaupt extrem vernachlässigt wird. Theoretisches Lehrangebot verschwand nahezu vollständig aus den Vorlesungsverzeichnissen. Wenn das Wort „Theorie“ zur Bezeichnung eines Lehrangebots erscheint, z.B. „theoretische Mechanik“, dann handelt es sich kaum um Theorie im wissenschafts- oder erkenntnistheoretischen Sinn des Begriffs. Diese Tatsache der ***a-theoretischen*** Ausbildung ist nur das Symptom dafür, daß der Pragmatismus vorherrscht. Das bildungspolitische Interesse konzentriert sich zunehmend auf „angewandte Wissenschaften“. Forschung und Lehre fokussieren auf verwertbares Wissen. Elementare theoretische, marktunabhängige Lehrinhalte geraten zunehmend unter Legitimationszwang, ja in bedrohliche Existenzängste.

Noch dramatischer ist das Verschwinden des ethischen Diskurses aus der etablierten Lehre. Die Produktivkraft Wissenschaft wurde zur Destruktivkraft erster Ordnung.

Dieses Phänomen, daß Wissenschaft atheoretisch, ahistorisch, akausal, fragmentarisch, pragmatisch, atomistisch, interessenorientiert, ethisch verarmt vermittelt wird, ist geistesgeschichtlich neu. Um nicht vor den Umständen und dem Verfall von Bildungsidealen zu kapitulieren, suchte ich nach anderen Traditionen in der Geschichte. Es war nicht vergebens.

Im Ergebnis dieser Suche und Untersuchungen stellte ich fest, daß zu einem gegebenen Zeitpunkt der Geistesgeschichte eine Entgleisung von Wissenschaft und Forschung eingetreten ist. Dieser Zeitpunkt ist bestimmbar und datierbar. Er muß nach dem Ende der arabischen Klassik und vor der Reconquista und Conquista stattgefunden haben. Die Fehlentwicklung ist überwindbar. Es ist niemals zu spät, einen Irrtum zu korrigieren.

Diese Einsichten trieben mich im weiteren auf die Suche nach den verlorenen Linien der Philosophie- und Wissenschaftsgeschichte. Erste Resultate lege ich in Form dieser Abhandlung allen Interessierten vor.

Ein wichtiges Motiv der klassischen arabischen Philosophie und Wissenschaft läßt sich in drei Begriffen zusammenfassen: „Universalismus“, „Humanismus“ und „Einheit“. Nun mußte ich also feststellen, daß ich nicht der erste Entdecker des Universalismus bin. Zunächst überfiel mich eine tiefe Enttäuschung. Bald aber schlug sie in große Freude um. Ich stehe in einer langen, ehrwürdigen Tradition.

Es kommt hinzu, daß der Universalismus noch härter betroffen war als die Theorie. In der gespaltenen Welt hat der Universalismus als Erziehungsideal keinen Platz, denn er verträgt sich nicht mit der Spaltung als politischem Ziel und leider auch als Realität. Die existierende Auseinanderdividierung der Menschheit begründet Wissenschaft und Forschung als Mittel zur Herrschaft und Unterdrückung. Diese Wirklichkeit widerspiegelt sich im Bildungsangebot.

Universalismus ist heute notwendiger denn je.

Es zeigt sich, daß Wissenschaft ohne Attribute gar nicht existiert. Die eine ist destruktiv, die andere konstruktiv. In dem Maße, wie hegemoniale Mächte die Wissenschaft als Mittel der Zerstörung und Unterdrückung nutzen, müssen wir im Gegenzug die Wissenschaft als Mittel der Befreiung und zur Wiedererlangung der Würde des Menschen einsetzen. Wissenschaft ist weder neutral noch Wertfrei. Auf das Interesse und das Motiv kommt es an.

Drittes Motiv für die Entdeckung des Universalismus war paradoxerweise die Tatsache, daß die Abwesenheit von Theorien keine Theorielücke hinterlassen hat. Die Lücke wurde rasch ausgefüllt. Fragt man nach „Theorie“, so kann rasch eine bereitwillig serviert werden. Bis sich ein Anfänger damit auseinandergesetzt hat, um letztendlich festzustellen, daß es eine trügerische Beruhigung des Geistes war, hat er die Kraft und die Motivation zur Lösung des Theorieproblems schon verloren. Der Theoriedrang läßt nach. Weder der „dialektische und historische Materialismus“ noch die unterschiedlichen positivistischen Varianten waren für mich Alternativen zur Theorielosigkeit. Ich hielt es sogar für meine Pflicht, Studierende in Kritik an Positivismus und historischem Materialismus auszubilden.
Die Universalistische Erkenntnistheorie erhebt den Anspruch, keine Theorie in dem Sinne zu sein, wie andere Theorien Theorien sind. Die einen versklaven dem Lernenden durch theoretische Dogmatik den Geist. Die anderen verlocken ihn in ihren geschlossenen hermeneuti-

schen Zirkel. Wäre also die Theorielosigkeit die Alternative? Viele gehen diesen Weg. Es erweist sich aber, daß die Theorielosigkeit die schlimmste Variante aller Theorien ist. Man steht den Behauptungen theoretisch wehrlos gegenüber.

Der Universalismus erhebt den Anspruch, eine Alternative zu sein. Die Autonomie, Unabhängigkeit und Freiheit des Anwenders dürfen nicht beeinträchtigt werden. Gleichwohl muß ihm geholfen werden. Es gelang der Universalistischen Erkenntnistheorie, den geschlossenen hermeneutischen Zirkel aufzubrechen. Der „hermeneutische Zirkel" ist an sich nichts Schlechtes und nichts Gutes. Er ist die Arbeitsweise des Gehirns; am „Hermeneutischen Zirkel" kann man nicht vorbei. Er ist auch hilfreich und nichts Schädliches; er ist aber störanfällig. Die Universalistische Erkenntnistheorie entwickelte den „offenen hermeneutischen Zirkel".

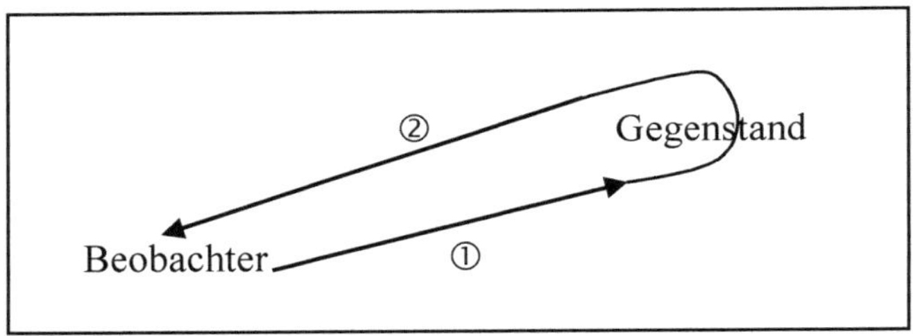

Schematische Zeichnung des hermeneutischen Zirkels

Hermeneutische Synopse

Geschlossener / Offener hermeneutischer Zirkel

Geschlossener	Offener
Erkenntnisgewinn ist Erweiterung von Vorwissen	Erkenntnisgewinn ist Erweiterung von Vorwissen
Verstehen neuer Inhalte durch Mobilisierung des eigenen Vorwissens	Verstehen neuer Inhalte durch Mobilisierung des eigenen Vorwissens
Kreisförmige Erkenntnisentwicklung. Sich verstärkender circulus vitiosus	Spiralförmige Erkenntnisentwicklung
Der Vorgang der Hermeneutik vollzieht sich relativ ruhig und dauert kurz	Der Vorgang der Hermeneutik vollzieht sich unruhig und dauert länger, da der gespeicherte Sinnzusammenhang oft de- und remontiert wird
Neue Informationen werden als Bestätigung der vorgefaßten Meinung wahrgenommen	Neue Informationen bewirken ständige Überprüfung der Erklärungsmuster
Das Vorverständnis wird als abgeschlossen betrachtet	Das Vorverständnis wird als nicht abgeschlossen betrachtet
Die vorgefaßte Meinung wird durch neue Information bestätigt	Das Vorverständnis wird durch neue Information ständig geprüft, bestätigt, erweitert, gegebenenfalls korrigiert
Weltbild statisch, dogmatisch, starr, unflexibel	Weltbild dynamisch, beweglich, fortschreitend, flexibel
Erkenntnistheoretische Stagnation, weltanschauliche Erstarrung	Erkenntnistheoretischer Fortschritt, dynamisches Welt-, Geschichts-, Gesellschafts- und Menschenbild

Es war für mich keine Enttäuschung, sondern eine Bestätigung, zunehmend feststellen zu können, daß in der Geschichte der Universalismus existierte: Zwar nicht unter dem Namen, der von mir der Theorie verliehen wurde, doch in vielen Punkten inhaltlich identisch. Die Rezeption des klassischen Universalismus fand erst nachträglich statt, nämlich nachdem der moderne Universalismus konstituiert wurde. Das ist auch der Grund dafür, warum in den bisherigen Auflagen der Hinweis auf ideengeschichtliche Bezüge fehlte.

Die Aufstellung der Erkenntnispyramide führte dazu, daß ich gezielt nach ihren Aufbaustufen in der klassischen Literatur recherchierte. Ich konnte viele Elemente ermitteln. Die Freude ist um so größer, sich in einer Tradition aufgehoben zu wissen, als außerhalb jeder Überlieferung stehen zu müssen, denn jede Entdeckung bringt neue Aspekte und weitere Bereicherung.

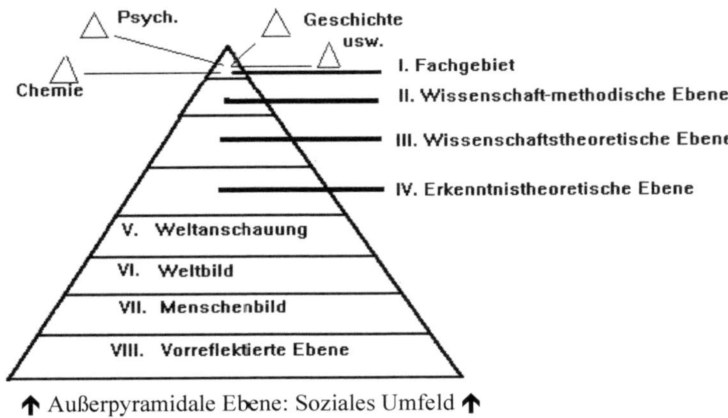

Die Erkenntnispyramide wird – wie jeder andere Bau – von unten nach oben aufgebaut. Die Bewußtseinsebene, die alle tieferen Ebenen reflektiert, steht an der Spitze der Pyramide. Die Ebenen werden von oben nach unten gezählt (also ihrem Aufbau entgegengesetzt), da sie vom Bewußtsein her reflektiert werden. Bei guter Ausbildung lernen die Studierenden, ihre intellektuelle Sozialisation aufzuarbeiten, den Aufbau ihres Erkenntnissystems zu reflektieren und so die Ebenen von oben nach unten zurückzuverfolgen, um sie wiederum von unten nach oben neu aufzubauen.

I. Ebene – Disziplinen und Studienfächer: Die einzelnen Fächer und Fachgebiete, z.B. Agrarkunde, Biologie, Psychologie, Geschichtskunde.
II. Methodik: Den Wissenschaften liegen Methoden zugrunde, mit deren Hilfe die Bausteine und Fakten eines jeden Faches ermittelt werden. Methoden sind Empirie, Statistik, Logik, Experiment, Exegese, Hermeneutik, Heuristik. Es gibt zwar noch mehr Methoden, dennoch nimmt ihre Zahl insgesamt stark ab, wenn sie zahlenmäßig zu den Wissenschaften in Relation gebracht werden. Eine einzige Methode bedient verschiedene Fächer, z.B. das „Experiment" als Methode der Fächer Physik und Chemie. Offensichtlich verbirgt die Vielzahl der Fächer die Tatsache, daß es eine einzige Wirklichkeit gibt, die unter verschiedenen Aspekten gesehen, untersucht und gelehrt wird. Überhaupt nimmt die Zahl der Möglichkeiten innerhalb der Erkenntnispyramide von oben nach unten ab. Auf der letzten reflektierten Ebene, der siebten Stufe, sind es nur noch zwei Möglichkeiten. Die verschiedenen Menschenbilder lassen sich reduzieren auf zwei: „Dualismus" oder „Humanismus".
III. Wissenschaftstheorie/Epistologie: Den einzelnen Wissenschaften und den Methoden liegt die Wissenschaftstheorie zugrunde. Die Theorie ist den Wissenschaften (I. Ebene) und der Methodik (II. Ebene) übergeordnet, daher wird sie in der Erkenntnispyramide tiefer eingereiht. Wissenschaftstheorien sind Geschichtspositivismus, Empirismus, Dialektik u.a.m. Die arabische Klassik hat Philosophie und Wissenschaft zusammengefasst zu Ḥikma, die ihren Standort auf der dritten Ebene hat.
IV. Erkenntnistheorie ist der Wissenschaftstheorie (III. Ebene) übergeordnet. Letztere, die dritte Ebene, stellt die Anwendung der vierten Ebene dar. Daher wird die Erkenntnistheorie eine Ebene tiefer eingeordnet. Erkenntnistheorien sind z.B. dialektischer und historischer Materialismus, Positivismus, Universalismus u.a.
V. Weltanschauung, Kosmovision, Kosmologie, Beziehung von Mikrokosmos und Makrokosmos: Die Erkenntnishierarchie gewinnt von oben nach unten an Bedeutung. Die weltanschaulichen Ansichten bestimmen die Erkenntnistheorie (IV. Ebene). Letztere ist eine Anwendung der fünften Ebene. Weltanschauungen sind z.B. Religion, Parteilichkeit, Ideologie, Rationalismus, Toleranz, Intoleranz, Optimismus, Pessimismus, Skeptizismus, Nihilismus, Solidarität, Liebe, Dualismus, Einheit.

VI. Weltbild: Es ist der Weltanschauung (V. Ebene) übergeordnet. Letztere ist ja nur eine gedankliche Darlegung und Spezifizierung des Weltbildes. Gemäß der Pyramidalstruktur der Erkenntnis liegt es eine Ebene tiefer. Das Weltbild bestimmt die Weltanschauung und alle höheren Ebenen. Weltbild ist z.B. Materialismus, Eurozentrismus, Dualismus, Einheit, Universalismus. Das Weltbild bestimmt alle höheren Ebenen.
Es sei in diesem Zusammenhang an unseren Kommentar zur ersten Risāla der Lauteren Geschwister erinnert. Die Zahl *Eins* hat neben ihrem numerischen und quantitativen Wert einen inhaltlichen, qualitativen Sinn. Dualismus bedeutet Kampf. Einheit bedeutet Wiederherstellung des Humanismus und des Einklangs mit dem Universum, der Natur und den übrigen Äußerungen des Lebens in Mensch, pflanzlichem und tierischem Sein. Nur in der Einheit und Harmonie ist die Kosmologie universalistisch.
VII. Menschenbild: Es hat die Führung des gesamten Pyramidalsystems inne. Es bestimmt den Erkenntnisprozeß. Das Menschenbild gibt die grundsätzliche Richtung einer jeden höheren Ebene an. Es stellt die Wegweiser, Weichen und Schienen für den Weg, den Menschen einschließlich Wissenschaftler und Forscher wählen und gehen. Menschenbild ist z.B. Ethnozentrismus, Rassismus, Sexismus, Humanismus. Man kann auch sagen, daß ein Menschenbild entweder „dualistisch" oder „humanistisch" ist. Das Menschenbild bestimmt alle höheren Ebenen.

Die oben bezeichneten sieben Ebenen sind alle reflektierte Ebenen. Ihnen entgegengesetzt ist die achte Ebene:

VIII. Vorreflektierte Ebene: Sie umfaßt Inhalte aus der frühesten und frühen Sozialisation sowie sämtliche Einflüsse, welche ein Mensch empfängt, ohne sie zu reflektieren, wobei sie dennoch sein Verhalten mitbestimmen, z.B. irrationalen Haß oder Untertänigkeit und Gehorsam. Zwar unreflektierte Verhaltensmuster, bestimmen sie dennoch menschliches Handeln mit – so weit, daß ein Mensch zerstörerische und selbstzerstörerische Befehle empfängt und umsetzt.

Daraus ergibt sich die Notwendigkeit, sich mit den Inhalten der vorreflektierten Ebene auseinanderzusetzen, sie zu reflektieren, ihre Komponenten kritisch zu analysieren und je nachdem auszuselektieren oder sich anzueignen.

Außerpyramidale Ebene: Die Erkenntnispyramide schwebt nicht im luftleeren Raum, sondern steht im historischen Kontext. Die herrschenden Interessen und Ideologien setzen alles daran, die Erkenntnisstruktur eines jeden Menschen zu programmieren, um ihn gemäß ihren Absichten zu lenken und zu steuern.

Der Universalismus hat die Erkenntnispyramide unter doppeltem Interesse rekonstruiert und nachgezeichnet:
a) Die Notwendigkeit der Demontage destruktiver Erkenntniswege: In der hierarchisch, auf Ausbeutung aufgebauten Gesellschaft begleiten diese den Menschen von seiner frühesten Sozialisation über Bildung, weiterführende Schulen, den Wissenschaftsbetrieb bis in das Forschungslabor, in die berufliche Tätigkeit, in die Freizeit, buchstäblich von der Wiege über alle Winkel seines Lebens bis in das Schlafzimmer hinein und am Schluß zur Bahre.
b) Konstruktiv: Die Erkenntnispyramide neu aufzubauen im Zeichen des Humanismus, Universalismus und der Einheit.

Während meiner Lehrtätigkeit habe ich feststellen müssen, daß Studierende ohne theoretische Vorbildung und Ausbildung ihr Studium absolvieren. Theorie fehlte selbst auf Fachtagungen. In den letzten Jahren verschwand sie nahezu total aus dem Bildungsangebot. Das Theoriedefizit ist der schwerwiegendste Aspekt des Bildungsnotstands, denn ohne Theorie ist das Denken völlig entwaffnet. Ein Theoriebedarf ist also dringend begründet.

Durch diesen historisch realen Zustand des Theoriedefizits habe ich die Einsicht in die Notwendigkeit gewonnen, meine Lehre auf theoretische Basis zu stellen. Zunächst habe ich das in der Literatur verfügbare Angebot an Theorien rezipiert und angewandt, bis ich das Ungenügen der Ansätze feststellen mußte. So war ich mit der Aufgabe konfrontiert, einen neuen Weg gehen zu müssen, der den Theoriemangel kompensiert. Die „Universalistische Erkenntnis-, Wissenschafts- und Geschichtstheorie" entstand als Antithese. Die „Kritik der Wissenschaften" war schon immer ein Anliegen meines Vorlesungs- und Seminarangebots. Wissenschaften existieren heute in einer besonderen Prägung, die geschichtlich neu ist. Nicht nur der Forschungsstand geht voran, sondern auch die Destruktivität ist fortgeschrittener denn je. Entsprechend müssen wir nach Antworten auf die neugestellten Herausforderungen nicht nur in der Geschichte, sondern auch aus dem historischen Kontext der

Gegenwart suchen. Es gibt also eine Notwendigkeit für den Neouniversalismus. An dieser Stelle ist nur noch eine Erklärung der drei Begriffe nötig, welche in diesem Kapitel vorkommen, ohne zuvor erläutert worden zu sein.

Zur begrifflichen Erläuterung des Dreiecks „Universalismus", „Humanismus", „Einheit"

Universalismus im Sinne der „Universalistischen Erkenntnistheorie" bedeutet „Integration", „Integration in weitester Bedeutung". Der Erkenntnisvorgang soll den Horizont der Betrachtung so weit ausdehnen, bis er nicht mehr erweitert werden kann. Selbstverständlich setzt sich eine Untersuchung ein klar umrissenes Erkenntnisziel. Dadurch wird eine Eingrenzung der Thematik vorgenommen. Die Spezialisierung, die gegenwärtig den Wissenschaftsbetrieb beherrscht, ist nicht deshalb falsch, weil sie nicht sein darf, sondern weil das Breitspektrum der Realität mit der Folge ausgeblendet wird, daß der Spezialist nicht mehr weiß, wozu seine Forschungsergebnisse genutzt werden.[114]

Die Spezialisierung ist nur richtig, wenn das Breitspektrum der Wirklichkeit nicht aus den Augen verloren geht. Die universalistische Betrachtung in der Spezialforschung schränkt nicht die Leistungsfähigkeit ein, im Gegenteil. Andererseits, wer das Breitspektrum nicht versteht, begreift das Spezialgebiet auch nicht. Er kann nur noch in einem Forschungslabor sitzen, wobei andere ihn lenken und steuern.

Universalismus hat mit „Globalisierung" nichts gemeinsam. Globalisierung in einer gespaltenen Welt verschärft nur die Kluft zwischen Nord und Süd. Die Reichen werden reicher, die Armen ärmer. Selbstverständlich ist die Integration der Realität und der Menschheit zu einer zusammengehörigen Gemeinschaft und zur Großfamilie, in der die friedliche Koexistenz ungestört von Aggression und Krieg besteht, die Völker in Liebe miteinander leben in dem gemeinsamen Wohnort unterhalb der Mondkreisbahn, das vorrangigste, absolute Ziel des Universalismus, dem Wissenschaft, Forschung, Lehre und Bildung zu dienen

[114] Denke an die Antwort Otto Hahns (1879-1968), Nobelpreis 1945 (!) auf die Frage der Journalisten, ob er einen möglichen Atombombenabwurf zu verantworten bereit sei. Hahn erwidert, *er sei Chemiker und Atomphysiker; die Verwendung der Atombombe ist eine Sache der Politiker*. Kurze Zeit später fielen die Atombomben auf Hiroschima und Nagasaki.

haben. Nur so können die Einheit, der Frieden und die Unversehrtheit des Globus und des ökologischen Kreislaufes wiederhergestellt werden. Die Universalistische Geschichtstheorie ist eine wahre Revolution im historischen Denken. Ihr ist es gelungen, die innere organische Einheit des historischen Gesamtprozesses zu beweisen und wiederherzustellen.

Humanismus: Im Mittelpunkt des Interesses der „Universalistischen Erkenntnistheorie" steht der Mensch. Die Völkerfamilie ist unteilbar – weder durch Hautfarbe noch durch Sprache, Glaubensform, Weltanschauung oder sonstige Merkmale. Der Mensch, als Gattung und als Einzelwesen, irgendwo auf der Erde, ist der Sinn aller Bemühungen in Theorie und Praxis, Erkennen und Handeln, Wissenschaft und Anwendung.

Sein Wohlergehen und seine Integrität sind in der gegenwärtigen Welt nicht gewährleistet. Es herrscht keine Gerechtigkeit, sondern Ungerechtigkeit, kein Frieden, sondern Aggression und Krieg, keine Gleichstellung, sondern Bevorzugung und Diskriminierung. Diese Symptomatik des Verfalls in Gesellschaft und Politik ist nicht schicksalhaft. Sie hat ihre klaren Ursachen und ihre Macher, die in Medien, Propaganda und leider auch in Bildung und Ausbildung verschleiert und vernebelt werden.

Daraus stellen sich für die Universalistische Theorie Aufgaben, klare, konkrete und unmittelbare Zielsetzungen, über die niemand zu spekulieren braucht. Der Wiederherstellung von Gerechtigkeit geht keine andere Aufgabe voraus. Ohne die Freiheit der Völker gibt es keinen Frieden in der Welt.

Geschichte ist anthropogen. Ebenfalls bestimmbar und machbar ist die Marschrichtung des historischen Prozesses, ob die Menschheit untergeht oder in Würde überlebt.

Einheit: Vorab sei der grundsätzliche Unterschied zwischen „Einheit" und „Homogenisierung" herausgestellt. Beide Begriffe sind nicht identisch, sondern antagonistisch. Homogenisierung ist Gewalt. Das Einheitsdenken ist brutal. Bei diesem Verhalten hören Entwicklung und Fortschritt auf oder sie verlaufen rückwärts. Die Gesellschaft marschiert unter negativem Vorzeichen. Homogenisierung und Einheitsdenken sind nur verschleierter Dualismus.

Das universalistische Prinzip wahrt die Integrität und Individualität eines jeden Einzelnen.
Die „Einheit“ im Sinne der Universalistischen Erkenntnistheorie bedeutet die Zusammengehörigkeit und Integrität der Menschheit auf der Basis der Gerechtigkeit gegen Unrecht, des Friedens gegen Aggression und Krieg, der Gleichstellung gegen Bevorzugung und Diskriminierung. Die Völkerfamilie findet sich in einer Gemeinschaft wieder, in der sich alle in Freiheit und Selbstbestimmung gleiche Chancen der Entwicklung und der Persönlichkeitsentfaltung teilen.

Einheit contra Dualismus

Die Zerstörung der Einheit von Menschheit und Welt bedeutet, daß eine Fehlentwicklung besteht, die geradlinig in den Niedergang führt. Entweder wird der Dualismus überwunden oder er zerstört alles Bestehende. Die Botschaft der arabischen Philosophie ist Einsicht in die Notwendigkeit der Wiederherstellung des Dreiecks aus Universalismus, Humanismus und Einheit. Diese Option ist eine reale Utopie, denn so hat die Menschheit den größten Teil ihrer Geschichte gelebt. Die augenblicklichen Zustände, die mit der Reconquista und Conquista begonnen haben und bis heute anhalten, stellen keine Regel, sondern historisch einen Ausnahmezustand dar.

Einheit ist universelles Prinzip:

Einheit der Menschheit

Einheit der Natur

Einheit des Universums.

Das Weltall besteht nicht aus Einzelteilen. Diese sind vielmehr die Glieder eines einheitlichen Körpers. Die Einheit des Makrokosmos ist analog der Einheit des Mikrokosmos, wobei Mikro- und Makrokosmos wiederum eine Einheit bilden.

Der Globus, der Wohnort der Menschheit, ist ein einheitlicher Körper.

Die Einheit ist aber nicht leidensunfähig; sie ist vielmehr in höchstem Maße störanfällig.

Historisch ist: Die Menschheit ist mit einer einzigen Gruppe angetreten. Gegenwärtig real: Nord-Süd-Spaltung, Militarismus, Krieg.

Folglich wird die Einheit des Globus, der Natur und des Kosmos zerstört und den Ausbeutungsinteressen unterworfen. Unsere Welt ist nicht mehr durch die Einheit, sondern durch den Dualismus, die Spaltung, stigmatisiert.

Existentieller Sinn der Tawḥīd-Lehre

Gesellschaftliche Konsequenzen und Soziale Korrelation von jeweils Einheit und Dualismus

Dualismus	Einheit
Spaltung	Eintracht
oben ./. unten	Gleichheit
Herrschaft	Bruderschaft
Feindschaft	Freundschaft
Krieg	Frieden
Unterdrückung	Freiheit
Ausbeutung	Gerechtigkeit
Partikularismus	Menschheit
Rassismus	Humanismus
Klassen	Volk
Elend	Wohlergehen
Pathologie	Wiederherstellung
Antagonismus	Harmonie
Ungleichheit	Gleichstellung
destruktiv	konstruktiv
Kampf	Geschwisterschaft
Gewalt	Liebe
Zerstörung	Licht
Vernichtung	Leben
Unmenschlichkeit	Menschlichkeit
Zwei Naturen	eine Natur

Die wachsenden Aggressionen gegen friedfertige Völker und die zunehmenden Kriege, die immer vom Norden herkommen und Hunger, Ruin und Massentod mitbringen, übertreffen alles bisher in der Geschichte Dagewesene. Die Wissenschaften und die Philosophie tragen einen großen Anteil an der Verantwortung für die Entwicklung der Weltlage. Nicht nur deshalb, weil sie das fachliche Instrumentarium liefern, sondern auch deshalb, weil sie kaum etwas dagegen tun. Die Wissenschaften im Nordwesten haben sich vom humanistischen Rahmen gelöst und sind auf Verwertung und Funktionalität aus. Der ethische Diskurs verschwindet völlig aus dem Wissenschaftsbetrieb.

Die Lektüre dieses Buches zeigt wohl, daß es nicht immer so war. Philosophie und Wissenschaften haben sich als die Kontrollinstanz für Gesellschaft, Politik und Entwicklung begriffen. Sie eroberten die Kanzel der politischen Moral und haben sich zur ethischen Instanz ihrer Zeit selbst ernannt. Nach Ibn-Rušd und dem Averroismus trat eine Entgleisung ein. Möge das vorliegende Buch nicht nur unter dem theoretischen, sondern auch dem praktischen Aspekt gesehen und gelesen werden.

Neben dem Gegenwartsbezug und dem aktuellen Bedarf müsse es doch einen Fortschritt der Ideengeschichte geben, so daß der Neouniversalismus keine Wiederholung des klassischen, sondern dessen Fortsetzung, Erneuerung, Entfaltung und Weiterentwicklung sein solle.

Die Universalistische Erkenntnistheorie ist universalistische Praxis mit dem vorrangigen Bestreben zur Wiederherstellung. Im universalistischen Dreieck sind Dualismus und Spaltung der Welt aufgehoben. Der Mensch lebt in Einklang mit sich selbst, mit der ganzen Menschheit, mit der Natur, mit dem Universum. Mikrokosmos und Makrokosmos sind wiedervereint. Der alte Traum des Menschen von Freiheit, Gerechtigkeit, Frieden, Selbstbestimmung, Liebe und Selbstverwirklichung ist keine Utopie mehr, sondern Realität. Es besteht Universalismus, Humanismus und Einheit.

Hinweise zu Publikationen des Verfassers zur Universalistischen Geschichts- und Erkenntnistheorie (Achtung: Wiederholungen kommen vor!):

„Die Universalistische Geschichtstheorie und andere historische Schulen", zweites Buch in: Khella, „Geschichte der arabischen Völker", SS. 289-352, Hamburg (4. Aufl.) 1994.

Khella zur: Universalistischen Geschichts- und Erkenntnistheorie.

Khella, K., „Universalistische Geschichtstheorie", Uni Bremen 1995.

Khella, K., Fondement de la „Théorie universaliste de l'histoire", 1996.

Khella, K., Teoría Universalista de la Historia, 1996.

Khella, K., Wer macht die Geschichte – Die Universalistische Geschichtstheorie stellt sich vor (arab.), 1996.

Quintern, D., Zur Leistungsfähigkeit der „Universalistischen Geschichtstheorie" von Karam Khella in der Analyse internationaler Zusammenhänge, Hamburg 1996.

Khella, K., Die Universalistische Erkenntnistheorie, in: Risāla – Jahrbuch 3, SS. 9-33, Bremen 1997.

Khella, K., Der umzingelte Geist (arab.), 2000.

Khella, K., Die Universalistische Theorie und das Erkenntnisproblem, in: Risāla – Jahrbuch 6, 2005.

Personen-, Orts- und Sachregister

Vorbemerkung: Die Nachschlageworte werden im Index gemäß dem lateinischen Alphabet geordnet. Arabische Lexeme werden in Transkription integriert.

Karam Khella

Der Philosophenstreit

Ibn-Sīnā

Ġazālī

Ibn-Rušd

THEORIE UND PRAXIS

Karam Khella
Der Philosophenstreit

Der Philosophenstreit schreibt eines der bedeutsamsten Kapitel der Geistesgeschichte. Vor über eintausend Jahren wurde er von Ibn-Sīnā (Avicenna) durch seine kühnen, wohl aber umstrittenen Thesen begründet. Eröffnet wurde er hingegen von Ġazālī, welcher das Werk Ibn-Sīnās einer Kritik unterzog. Ibn-Rušd (Averroes) fühlte sich berufen, in diesen Streit einzugreifen und über beide Autoren zu urteilen. Mit seinem Werk hat er den Streit nicht beendet, sondern weiter verschärft. Im Mittelpunkt stehen wesentliche Fragen, die jeden Menschen angehen. Sie werden kontrovers vorgetragen. Karam Khella behandelt den heute noch unentschiedenen Streit und erläutert die einzelnen Positionen. Zum ersten Mal wird die komplexe Debatte übersichtlich integriert dargestellt, aufgeschlüsselt und aktualisiert. Mit diesem Werk schließt Khella eine empfindliche Forschungs- und Literaturlücke und demonstriert die Bedeutung des Philosophenstreits für die Menschen von heute.
Die Kontroversen werden nicht nur im historischen Kontext, sondern auch mit Bezug auf die Gegenwart analysiert.

Erschienen im:
Theorie und Praxis Verlag
Goldbachstr. 2
22765 Hamburg
info@tup-verlag.com

ISBN 978-3-939710-19-6